社会主义核心价值体系与中国特色社会主义政治建设研究

郑　慧/主编　葛　荃/副主编

中国社会科学出版社

图书在版编目(CIP)数据

社会主义核心价值体系与中国特色社会主义政治建设研究/郑慧主编.
—北京:中国社会科学出版社,2014.12
ISBN 978 - 7 - 5161 - 5436 - 6

Ⅰ.①社⋯　Ⅱ.①郑⋯　Ⅲ.①社会主义政治学—中国—文集
Ⅳ.①D6 - 53

中国版本图书馆 CIP 数据核字(2014)第 308041 号

出 版 人	赵剑英
责任编辑	周晓慧
责任校对	无 介
责任印制	戴 宽

出　　版	中国社会科学出版社
社　　址	北京鼓楼西大街甲 158 号
邮　　编	100720
网　　址	http://www.csspw.cn
发 行 部	010 - 84083685
门 市 部	010 - 84029450
经　　销	新华书店及其他书店

印　　刷	北京市大兴区新魏印刷厂
装　　订	廊坊市广阳区广增装订厂
版　　次	2014 年 12 月第 1 版
印　　次	2014 年 12 月第 1 次印刷

开　　本	710×1000　1/16
印　　张	29
字　　数	501 千字
定　　价	99.00 元

凡购买中国社会科学出版社图书,如有质量问题请与本社联系调换
电话: 010 - 84083683

目 录

第一编　当代中国政治文化与社会主义核心价值体系建设

第二编 中国特色社会主义政治发展

第三编 中国特色社会主义公共政策与公共管理

卷首　培育和践行社会主义核心价值观
推进中国特色社会主义政治建设

——中国政治学会 2013 年年会暨"社会主义
核心价值体系与中国特色社会主义
政治建设"学术研讨会纪要

　　2013 年 10 月中旬，中国政治学会与山东大学政治学与公共管理学院联合举办的中国政治学会 2013 年年会暨"社会主义核心价值体系与中国特色社会主义政治建设"学术研讨会，在山东济南顺利召开。来自全国各地政治学会、各地方社科院以及全国多所大学的政治学系和国际政治系的代表约 200 人参加了会议，山东大学党委书记李守信出席了开幕式并致词。

　　中国政治学会会长李慎明代表学会致辞并作了主旨发言。李慎明回顾了 2012—2013 年中国政治学会的各项工作，过去的一年里，学会重点围绕党的"十八大精神"及"十八大"以来的各项重大方针政策、社会主义理论建设课题，引领政治学领域从事重大理论问题和现实问题研究，致力于鼓励、引导具有中国话语特点的政治学研究，坚持为社会主义政治制度服务，学会的工作取得了丰硕成果。在开幕式上，学会秘书处还组织全体与会代表观看了《居安思危——苏共亡党亡国的历史教训》的教育政论片。开幕式后举办了为期两天的"社会主义核心价值体系与中国特色社会主义政治建设"学术研讨会，重点就"当代中国政治文化与社会主义核心价值体系建设"、"中国特色社会主义政治发展"以及"中国特色社会主义公共政策与公共管理"三大专题进行了分组研讨，形成了一系列研讨成果。

一 当代中国政治文化与社会主义核心价值体系建设

围绕社会主义核心价值体系建设，研讨会重点就社会主义核心价值体系的重要性与历史演变，中国政治文化与社会主义核心价值体系的关系，以及构建社会主义核心价值体系的合理路径三个方面，展开深入讨论并形成一系列理论认识。

（一）社会主义核心价值体系的重要性及其历史演变

参会学者普遍认为，中国共产党之所以能够长期有效执政，是因为中国共产党在每一个历史阶段都能提出科学、合理并符合社会发展的执政伦理。社会主义核心价值体系就是中国共产党在当代提出并不断完善的现代政治伦理观，是对中国特色社会主义意识形态的本质表述，是为解决现阶段社会问题而不断进行的又一理论创新成果。

有学者提出，社会主义核心价值体系建设的本质要能够反映中国特色社会主义建设和发展的理想，要以此为中心重构当代中国的政治认同。也有学者认为，构建社会主义核心价值体系不仅要构建人民的政治认同，而且从历史宏观层面来看，是构建更高政治文明的内在要求。有学者则从党的"十八大"提出的文化强国战略出发，指出推进文化强国建设，不能就文化本身谈文化建设，而是要抓住文化建设与发展的根本和内核，要充分认识到"文化是受价值引导的体系"，提升文化"软实力"必须强调并重视核心价值观建设和核心价值体系的培育。另外还有学者提出，今天的核心价值体系是中国共产党在马克思主义伦理观指导下，从国际、国内各种意识形态和文化并存的现实条件下提出的进行社会建设的基本主张，这个体系是中国共产党不同历史时期伦理观不断调整的结果，是革命伦理观向建设伦理观演进的结果。

（二）中国政治文化与社会主义核心价值体系的关系

任何社会的核心价值体系都无法脱离各自的历史文化，没有一种进步的政治文化作为内核，社会主义核心价值体系的构建就会根基不牢。参会学者普遍认为，政治文化与社会主义核心价值体系紧密关联。

有学者分析了改革开放以来主流政治文化的发展趋势以及左右两种

"亚政治文化"——"僵化派"和"西化派"——对主流政治文化的干扰,提出构建主流政治文化和社会主义核心价值体系,就要善待并继承民族传统政治文化的优秀成果。围绕构建社会主义核心价值体系的政治文化资源,不少学者提出,有必要重新认识和评判儒家思想的现代意义。有学者认为,儒家思想围绕着人伦展开,从人生的终极意义定位人的社会存在的合理方式,对某些问题的回答依然具有现实意义,其中最重要的是大同理想和仁政思想。另有学者从国际视角出发,通过对苏联解体前民众政治文化状态的数据介绍和分析,提出这一时期苏联民众所表现出的明显的政治冷漠、政治分歧以及对党的信心的丧失,是导致苏联出现政治动荡直至解体的重要因素。

（三）构建社会主义核心价值观体系的合理路径选择

参会学者普遍认为,构建社会主义核心价值体系,既是一个理论问题,又是一个实践问题。换句话说,它需要正确有效的路径,关键取决于如何在"中西古今"相互作用中吐故纳新、汲取精华,形成具有中国特色的社会主义政治文化与核心价值体系。

有学者认为,中国当代社会主义核心价值理念建构最重要的问题,是如何将马克思主义的社会公正与个人自由思想和中国传统文化中的"仁义礼智信"及现代西方的"自由、平等、民主、博爱"等价值观念相交融。这一观点认为,"十八大报告"在社会主义核心价值观方面的表述,实际上是一个思想综合、对接和吸收的过程。有学者认为,社会主义核心价值体系的构建,不是简单的思想传播和对接,要实现"十八大报告"提出的"牢牢掌握意识形态工作领导权和主导权,坚持正确导向,提高引导能力,壮大主流思想舆论"的要求,还需要结合思想领域的特点,进行适当的教育运动是必不可少的环节。也有学者提出,社会主义核心价值体系的建立离不开制度建设,要避免出现核心价值观与制度体系不契合、"价值与制度"两张皮、"价值空置"和"制度空转"的情况。

二　中国特色社会主义政治发展

中国特色社会主义政治发展在探索中取得了巨大成就,成为推动中国政治、经济、社会全面发展的动力源泉,但是中国的政治发展也存在大量不适应、不协调、不完善等多方面的问题和挑战，研讨会围绕中国特色政治发展的历史经验、现实难题以及未来挑战和路径，进行了集中研讨。

（一）从国内外政治转型看中国特色社会主义政治发展

参会学者普遍认为，中国特色社会主义政治发展是一个在探索中前进的过程，它受到国内外两个环境的影响和制约。

首先，从外部环境和世界政治转型方式的变化看中国特色社会主义政治发展。有学者认为，世界范围内的政治转型方式已经发生了重大变化，表现为政治转型日益由激进性和暴力性呈现出温和与渐进的特征。人们不再把民主化和政治转型视为一场革命或改朝换代，而是一种渐进的、温和的权力交接。这种变化无论从实践上还是从心理上都会对中国的政治发展产生重要的影响。其次，从国内现代化发展与社会转型看中国特色社会主义政治发展。有学者提出，中国的现代化进程产生了回应型政治需求，今天的政治发展需要强化政治回应的及时性、主动性、整合性和包容性，注重宏观政制设计、时序选择和地方基层探索。还有学者提出，中国共产党的"利益代替"角色必须向"利益代表"角色转变。"利益代表"角色强调权力有限和双向互动，民众有通畅的渠道向执政党反映和反馈政策诉求和意见，同时执政党有着健全的权力行使纠错机制。

（二）中国特色社会主义政治发展的路径选择

参会学者普遍认为，中国政治发展必须坚持客观务实地走自己的道路，这是中国政治发展的基本原则，也是逻辑起点。中国政治发展要以最小成本实现政治发展效益的最大化目标，对此，学者们主要提出了三种路径选择。

首先，通过参与式民主推动政治发展。多数学者认为，如何进一步丰富直接民主形式，扩大公民对政治生活的参与，特别是探索一种具有中国特色的参与式民主，是深化政治体制改革，推进社会主义民主政治建设，有效实现人民民主的重要路径。其次，通过各种形式的协商民主推动政治发展。有学者提出，中国特色协商民主的制度设计应当遵循五项基本原则：协商主体的平等性与多元性原则、协商客体的理性与包容性原则、协商方式的多样性与程序性原则、协商过程的公开性与协商性原则、协商结果的合法性与责任性原则。还有学者基于中国协商民主的实践提出了富有中国话语特点的"党群协商"作为协商民主内核的观点。最后，也有学者认为，应当通过发展党内民主带动党际民主，建议从动力机制、制度机制和保障机制三方面加强和建立党内民主对党际民主的带动机制。

（三）政治发展中的防腐倡廉与权力监督

参会学者就如何加强防腐倡廉与权力监督等议题，分别从历史发展、理论思考与制度建设等角度进行了深入研讨。

党的纪检监督制度是目前中国政治生活中最重要的权力监督机制。有学者总结了改革开放以来党的纪检监督制度的模式演变，提出改革开放以来党的纪检监督先后经历了从运动式治理到文件治理，再到规范化的党纪规章制度建设。这一过程凸显了党的纪检监督的制度化成长和制度独立性的提升；从附属性纪检体制到双重领导体制，再到派驻机构统一管理，显现了党的纪检监督体制自主性的增强；而"政党反腐"形式的确立，又使得党的纪检监督权力的干预范围不断拓展，影响力与威慑力显著提高，这一脉络构成了党的纪检监督发展和改革的基本路径。围绕反腐倡廉和权力监督的制度建设，有学者提出反腐倡廉需要由规范体系走向制度体系，建议通过包括考核评价机制设计在内的制度设计以改变相关规范的动因结构，从而使相关规范由规则转变为制度。

三　中国特色社会主义公共政策与公共管理

是否拥有依法有效的公共政策和健全的公共行政管理体制，既是决定执政团体能力与水平的核心关键，也是保证社会健康稳定发展的基本前提。作为本次研讨会的最后一项议题，参会学者围绕中国特色社会主义公共政策与公共管理的特点与要求，展开了深入讨论。

（一）优化地方治理结构，提升公共政策水平

在中国的制度环境下，地方治理结构的特点在很大程度上决定着公共政策的产出能力和公共管理水平。

有学者提出，目前中国的公共治理水平存在严重的不平衡现象，这与改革开放以来中国实施的"梯度分权"政策以及由此造成的"府际"权力不平衡的治理结构密切相关。要改善不均衡发展的局面，必须调整中国

的"府际"关系，重点在于变"梯度分权"为"均衡分权"。有学者讨论了城市地方治理的问题，通过对广州市城市管理经验的分析提出，公共权力规范运行是提升公共政策和公共管理水平的关键。也有学者将视角投向乡镇一级基层政权，从"压力型体制"角度解释基层公共政策与公共管理，提出"压力型体制"可以激励地方政府积极行使公共服务职能，但是自上而下的目标设置和激励方式容易脱离实际，有时还会超出地方的实际承受能力，僵硬的监督考核机制甚至会导致基层政策执行偏离实际。基于此，应当探索更加灵活的监督考核机制。

（二）转变政府职能，创新行政理念

中国特色社会主义公共政策和公共管理建设，还需要积极转变政府职能，创新行政理念。参会学者认为，政府职能转变是一项系统的行政改革工程，它受到先进的理论和由实践探索得来的经验两个层面的"双轮"驱动。

有学者指出，理念是行动的先导，政府职能转变需要完善制度，更需要创新理念。有什么样的行政价值与理念，就有什么样的行政态度和思维方式，也就会产生相应的行政行为和决策。另有学者提出，当前不少观点借助"服务型政府"概念，兜售新自由主义的改革理念，实际上削弱了政府职能，服务型政府必须建立在"服务行政"这个核心理念之上，服务是政府的责任，改革是要完善政府职能结构，而不是削弱政府能力。在研讨中，不少学者表达了对当前公共行政中行政伦理缺失的忧虑。有学者提出，目前伦理约束刚性不足，不仅会造成腐败现象，而且严重地影响了行政执行力和服务效能。

（三）创新中国特色社会管理体系

加强和创新社会管理，是中央提出的当前和今后一个时期改革的重要方面。参会学者普遍认为，加强和创新社会管理的主要动力来自于发展中所出现的各种不平衡、不协调、不可持续等问题，社会管理创新的目标是要适应这一系列转变所提出的新要求，通过加强和完善社会管理使人民共享改革成果。

围绕如何创新加强社会管理机制，参会学者给出了不同的思路。有学者分析了目前地方治理实践中所出现的协同治理机制，通过一系列经验比

较，提出了通过组团式服务实现协同治理机制的模式。有学者则分析了如何在新媒体环境下加强和创新社会管理，认为政府话语与民间舆论话语相互分歧甚至相互冲突的现象日趋普遍，改革的重点是要通过话语权的重新分配和话语方式的变革来协调、改善公共话语关系，促进官民互动。还有学者从政策参与过程的角度，提出合理利用互联网推动政策咨询和参与，可以改善公共政策制定的质量。通过对一系列现实案例的分析，有学者提出中国共产党正在将"群众路线"这个"传家宝"运用于虚拟世界，善用互联网进行决策，可以极大地优化议程设置，提升政策决策透明度，增强政策决策的民主性、科学性与合法性，因而对优化决策系统起到了重要的促进作用。

（作者：樊鹏，中国社会科学院政治学研究所副研究员）

第一编

当代中国政治文化与社会主义
核心价值体系建设

中国特色社会主义共同理想与当代中国的政治认同

一 当代中国政治建设中的一个重大问题

政治认同是政治建设的重要范畴，是政治发展的重要前提。所谓政治认同，即社会成员在一定的政治生活和政治发展中所产生的一种感情和意识上的归属感，具体体现为政党认同、国家认同、制度认同、体制认同、理想认同、政策认同、宗教认同等。在人类社会发展史上，任何一种政治组织，都离不开组织成员和社会成员的广泛认同，否则，这种政治组织就失去了存在的合理性与合法性。政治认同既是把社会成员团结和组织起来的重要凝聚力量，又是激励和促进社会成员共同奋斗与前进的重要思想基础，同时还是社会成员共同遵循的价值目标和理想归宿。

政治认同包括多方面内涵，是一种综合性的政治心理和政治行为过程：体制方面的认同，有助于使政治组织及其制度获得合法性，提高组织制度化程度，这是促进政治稳定发展的重要前提；政策方面的认同，可以使政治过程获得更多社会成员的参与和推进，使政治组织的方针、政策得到贯彻落实，任务得到圆满实现；政治思想方面的认同，有助于政治组织的成员树立共同目标和共同理想，激发为共同事业而奋斗的热情和信心。

政治认同表现为多层次性，是一种递进式的政治心理和政治行为过程：初级层次的认同是本能的认同，带有极大的盲目性；中级层次的认同是情感性的认同，具有一定的被动性；高级层次的认同是一种自觉的认同，即组织成员和社会成员在认知和把握事物发展规律的基础上自觉地追求某一理想，并自觉地投身到为实现这一政治理想而奋斗的事业中。许多事实表明，本能的认同未必能与情感性认同相吻合，情感性认同也未必会得到理智认同的支持，这就使得政治认同呈现出十分复杂的状况和结果：盲目的或单纯情感性的政治认同，容易使组织成员和社会成员丧失自我判断能力，在一种"集体无意识"的状态中作出背离甚至危害社会的行为；只有建立在对事物发展规律深刻理解和自觉认知基础上的理智的政治认同，才会产生有利于政治进步和社会发展的良好政治行为。

任何一种进步的政治组织和社会形态，都离不开一定范围组织成员和社会成员的政治认同，都需要构建与政治结构性质和社会发展性质相适应的政治认同。政治认同在当代中国政治建设和社会发展中尤其具有特殊的意义。这是由于中国正处在转型性发展的重要历史时期，新时期转型性发展的最鲜明特点是改革开放，最基本的启动力量是市场经济，最基本的坐标体系是如何使社会主义制度的优越性得以充分释放和国家如何以坚强的综合实力跻身于世界强国之林，最根本的价值取向是实现由传统社会向现代社会的嬗变。这种具有特殊形态和特殊意义的转型性发展，必然会带来社会利益的暂时分化，并在此基础上产生经济、政治、文化、社会等方面的结构多元化状态；与此相联系，无论是政治组织还是社会组织，抑或是广大社会成员，都难以避免地会产生价值判断和价值选择方面的差异甚至逆反，从而构成对传统政治认同的严峻挑战。面对这样一种转型性发展的现状和趋势，用社会发展的远大目标和共同理想重构当代中国的政治认同，统一认识、凝聚人心、激发热情、提振信心，就愈益成为当代中国政治建设中亟待解决的一个重大问题，成为中国特色社会主义政治发展必须完成的一个重大任务。

今天，需要用什么样的价值目标和共同理想重构我们的政治认同呢？答案早已明确，这就是中国特色社会主义。中国特色社会主义，既是改革开放以来中国共产党人始终高举的光辉旗帜，又是当代中国社会变革与社会发展的永恒主题，同时也是实现中华民族伟大复兴、达到更高形态的理想社会的必由之路。包括道路、理论体系、制度在内的中国特色社会主义，在增进政治认同方面具有多重意义：它既是一种制度与体制层面的认同，又是一种政党与国家层面的认同，同时也是一种理想与目标层面的认同。以中国特色社会主义为政治价值和政治理想重构当代中国的政治认同，可以多层面多角度地产生凝聚成员共识、校正价值取向的政治社会效应，推进中国特色社会主义政治建设和社会发展。总结历史经验，着眼现实要求，我们党将"中国特色社会主义共同理想"列为社会主义核心价值体系的一个重要内容，其深远的价值意义正在于此。

当前之所以需要用中国特色社会主义这面旗帜重构当代中国的政治认同，是因为在如何认识、理解和对待中国特色社会主义这一重大问题上存在着种种与我们的共同目标和共同理想相悖的倾向：有的把中国特色社会主义等同于马克思主义经典作家关于社会主义的原则构想，把一些理想化的原则强加到中国特色社会主义之上，从而陷于空想；有的把中国特色社会主义同 20 世纪五六十年代我们党对社会主义的探索混同起来，把某些已经被实践证明为过时的甚至是错误的东西附加到中国特色社会主义上，从而产生困惑；有的企图用"中国模式"替代"中国道路"，把某些僵化的模式与做法当成中国特色社会主义加以宣扬与追捧，从而产生与改革开放要求相左的观念与做法；有的把现实生活中的某些暂时性的问题与差异当成中国特色社会主义的本质和特征，从而产生怀疑乃至责难；也有的企图用民主社会主义或西方资本主义的理念与做法解释中国特色社会主义，从而产生信念动摇，迷恋甚至鼓吹"全盘西化"……凡此种种，都直接地、深刻地影响了社会成员甚至一部分党员干部对社会变革目标和制度、体制的认同，甚至影响其对党和国家的认同。无论是现实的状况还是长远的发展都深刻地警示我们：用中国特色社会主义共同理想重构当代中国的政治认同，增强对中国特色社会主义道路的理论自信和制度自信，其意义重大，既是当前中国思想意识形态工作的一项全局性任务，又是中国政治改革和政治发展方面的一项根本性建设工作。

二　对中国特色社会主义本质的政治认同

什么是中国特色社会主义？如何认识和把握中国特色社会主义的本质？这是以中国特色社会主义共同理想重构当代中国政治认同必须搞清楚的根本问题。习近平指出：中国特色社会主义是社会主义而不是其他什么主义。那么，中国特色社会主义是什么样的社会主义？习近平进而作了明确回答：中国特色社会主义是科学社会主义理论逻辑和中国社会发展历史逻辑的辩证统一，是植根于中国大地、反映中国人民意愿、适应中国和时代发展进步要求的科学社会主义。这一精辟论述，言简意赅，为我们正确认识和把握中国特色社会主义的本质指明了方向，为我们增强对中国特色社会主义的政治认同提供了根本遵循的原则。

——中国特色社会主义,是和平与发展时代的社会主义。

社会主义是时代的产物。正确判断时代变化的实质和特点,把握时代发展的主题和趋势,是正确认识和把握社会主义本质的重要前提。中国特色社会主义,是和平与发展时代的产物,是和平与发展时代的社会主义,而不是帝国主义与无产阶级革命时代的社会主义,更不是自由资本主义时代的社会主义,因此同传统的社会主义具有许多不同的本质特点。党的十八大以来,以习近平同志为总书记的党中央进一步坚持和发展了"和平与发展"的时代主题论,并运用"和平与发展"的世界眼光和时代视野进一步把握中国特色社会主义的本质。强调指出,在新的世界格局中,中国特色社会主义既面临着前所未有的机遇,也面临着前所未有的挑战,只有紧紧抓住和运用中国发展的重要战略机遇期,始终抓住发展这个主题和转变发展方式这条主线,才能沉着应对挑战,不断实现科学发展、和谐发展、和平发展。

——中国特色社会主义,是符合中国国情的初级阶段的社会主义。

对社会主义所处历史方位和发展阶段的判断,直接关系到社会主义的历史进程,也直接关系到社会主义的本质定位。中国还处于并将长期处于社会主义初级阶段,我们要建设的社会主义,是初级阶段的社会主义,必须一切从社会主义初级阶段的实际出发。党的十八大报告明确指出:"建设中国特色社会主义,总依据是社会主义初级阶段";"我们必须清醒地认识到,我国仍处于并将长期处于社会主义初级阶段的基本国情没有变,人民日益增长的物质文化需要同落后的社会生产之间的矛盾这一社会主要矛盾没有变,我国是世界最大发展中国家的国际地位没有变"。这三个"没有变",是我们科学认识、长期坚持、不断完善中国特色社会主义的根本依据。

——中国特色社会主义,是以人民为主体的社会主义。

《共产党宣言》明确指出:社会主义就是要建成"每个人的自由发展是一切人的自由发展的条件"这样"一个联合体"。以人的解放和自由全面发展作为本质和目标,决定了社会主义在长期发展过程中必须坚持以人民为主体,必须将以人为本作为核心价值理念。改革开放以来,我们党高举人民民主的光辉旗帜,结合新的实践,不断丰富、发展了马克思主义人民主体的光辉思想。党的十八大报告总结和提炼了夺取中国特色社会主义新胜利"必须牢牢把握"的八条"基本要求",其中第一条就是"必须坚

持人民主体地位"。习近平指出："人民对美好生活的向往，就是我们的
奋斗目标"；中华民族伟大复兴的"中国梦归根到底是人民的梦，必须紧
紧依靠人民来实现，必须不断为人民造福"。这些精辟论述是对中国特色
社会主义本质的深刻揭示，深刻表明了我们党以人民为主体坚持和发展中
国特色社会主义的根本立场和价值取向。

——中国特色社会主义，是全面发展的社会主义。

社会主义是全面发展的过程。中国特色社会主义是经济、政治、文
化、社会、生态"五位一体"的社会主义。中国特色社会主义经济，就
是在坚持社会主义条件下发展市场经济，不断解放和发展社会生产力；这
一经济形态的科学内涵和基本特征是，坚持以公有制为主体、多种所有制
经济共同发展。中国特色社会主义政治，就是在坚持中国共产党领导下更
好地保障和发展人民民主权利；这一政治形态的科学内涵和基本特征是，
坚持党的领导、人民当家做主、依法治国的有机统一。中国特色社会主义
文化，就是在坚持以马克思主义为指导的方向下发展社会主义先进文化；
这一文化形态的科学内涵和基本特征是，发展面向现代化、面向世界、面
向未来，民族的、科学的、大众的社会主义文化。中国特色社会主义社
会，就是在坚持以人为本这一核心立场上实现社会和谐发展；这一社会形
态的科学内涵和基本特征是，坚持民主法治、公平正义、诚信友爱、充满
活力、安定有序、人与人自然和谐相处，开创社会和谐人人有责、和谐社
会人人共享的生动局面。中国特色社会主义生态文明，就是在尊重自然、
顺应自然、保护自然的生态文明理念指导下努力建设美丽中国，实现中华
民族的永续发展；这一生态文明的科学内涵和基本特征是，切实处理好人
与自然、人与环境的关系，着力建设资源节约型和环境友好型社会。"五
位一体"的总体布局，使中国特色社会主义进程越来越自觉，使中国特
色社会主义道路越走越宽广。

——中国特色社会主义，是改革开放的社会主义。

1978 年党的十一届三中全会开启了改革开放的历史新时期。从那时
起，改革开放就与中国特色社会主义不可分割地联系在一起，成为中国特
色社会主义最本质的动力和最鲜明的特征，贯穿中国特色社会主义每一步
发展进程和每一个发展阶段。三十多年来，从农村到城市、从经济到政
治、从文化到社会，全面改革进程势不可当地展开了；从沿海到沿江、沿
边，从东部到中部、西部，对外开放的大门毅然决然地打开了。这场历史

上从未有过的大改革大开放，极大地调动了亿万人民的积极性，成功开启和推进了当代中国现代化发展的新阶段。党的十八大以来，习近平反复强调：坚持和发展中国特色社会主义，不断推进中国特色社会主义制度的自我完善和发展，解决中国发展所面临的一系列突出矛盾和挑战，实现经济社会的持续健康发展，都要求全面深化改革；改革开放是决定当代中国命运的关键一招，也是决定实现"两个一百年"奋斗目标、实现中华民族伟大复兴的关键一招；实践发展永无止境，解放思想永无止境，改革开放永无止境，停顿和倒退没有出路，改革开放只有进行时，没有完成时。这些重要论述是我们准确把握中国特色社会主义本质、在新的历史起点上推进中国特色社会主义的根本指针。历史与现实的实践反复证明，中国特色社会主义每一个方面的建设、每一个阶段的发展，都离不开改革开放，都迫切要求进一步深化改革开放；离开改革开放，对中国特色社会主义的认识就会陷于偏颇乃至谬误。

——中国特色社会主义，是独立自主与开放包容相统一的社会主义。

中国特色社会主义，是中国共产党人依靠和带领全国各族人民从中国国情出发进行自主选择和自主创新的伟大创造。正如习近平深刻指出的：独特的文化传统，独特的历史命运，独特的基本国情，注定了我们必然要走适合自己特点的发展道路。中国特色社会主义，同时又是积极借鉴和吸纳人类文明成果和各国成功经验的产物。在不断进行中国特色社会主义的探索中，我们党带领人民坚持以时代的视野和宽广眼界观察世界，以与时俱进的理论品格和实践品格参与国际事务和全球化竞争，在积极学习、借鉴中不断探索和把握人类社会的发展规律，把握世界格局变化的大趋势和时代发展的大潮流，从而引领中国真正融入世界，不断增强中国特色社会主义的对外包容性和国际竞争力。这一鲜明品格正是中国特色社会主义在当代全球化大潮中沉稳应对各种挑战、屹立于世界舞台上的一个重要原因。

综上所论，中国特色社会主义，不是照搬马克思主义经典"本本"的社会主义，也不是囿于本国经验的社会主义，更不是模仿别国模式的社会主义，而是以和平与发展为时代背景、以社会主义初级阶段为根本依据、以人民主体力量为根本基础、以"五位一体"全面发展为总体布局、以改革开放为根本动力、以独立自主与开放包容相统一为鲜明特点的科学社会主义。具有这样科学本质的社会主义，在实践中必然会得到不断完善，在发展中必然会充满活力，成为科学社会主义学说的理论逻辑在当代中国的成功实践和有力证明。

三　对中国特色社会主义道路的政治认同

道路问题是第一位的问题，也是最根本的问题。道路关乎党的命脉，关乎国家前途、民族命运、人民幸福。在中国这样一个经济文化十分落后的国家探索国家富强、民族振兴、人民幸福的道路，是极为艰巨的任务。在 1840 年鸦片战争以来的 170 多年漫长岁月中，中华民族的许多仁人志士和英雄儿女，为寻求一条能够实现民族复兴、国家富强、人民幸福的道路，上下求索，英勇奋斗，付出了沉重的代价，也走了许多弯路。历史反复表明，中国不能走英美国家的现代化道路；闭关自守的改良主义道路，在中国走不通；苏联模式道路，在中国不管用；民主社会主义道路，在中国不合适。唯有中国共产党领导人民在历史传承的基础上、在改革开放的实践中所开创的中国特色社会主义道路，才是实现国家富强、民族振兴、人民幸福的光明坦途，才是引领中国进步、实现人民福祉的唯一正确道路。

中国特色社会主义道路，既不是对科学社会主义原理和原则的照搬，也不是对传统社会主义道路的简单复归，更不是对别国发展道路和模式的模仿，而是中国共产党领导全国各族人民，在科学社会主义基本原则同中国具体实际相结合过程中所进行的独立自主的创造，是既适合中国国情又体现时代特色，既体现社会主义共性又凸显"中国特色"个性的创新型道路。

中国特色社会主义道路，既坚持马克思主义的基本原理和科学社会主义的基本原则，又坚持一切从中国具体实际出发，把实践作为"结合"的逻辑起点和根本依据，实现了科学社会主义的理论逻辑和当代中国社会发展历史逻辑的有机统一。遵循科学社会主义基本原则，中国特色社会主义道路把建设富强、民主、文明、和谐的社会主义现代化作为远大理想和奋斗目标。同时强调必须从中国现实国情出发，解决最紧要最现实的问题，把解放生产力、发展生产力作为现实任务，把不断促进经济建设、政治建设、文化建设、社会建设和生态文明建设作为坚持这条道路的主体内容。中国特色社会主义道路之所以完全正确，之所以能够引领中国的发展

位和重大意义。2012 年 11 月召开的党的十八大，着眼于夺取中国特色社会主义新胜利，谋划了"新三步走"战略，即到中国共产党成立 100 年时全面建成小康社会，到新中国成立 100 年时建成富强、民主、文明、和谐的社会主义现代化国家，进而实现中华民族伟大复兴的中国梦。这一"新三步走"战略，将中国特色社会主义道路的真谛揭示得更加清晰、更加具有前瞻性了。进一步坚定不移地坚守中国特色社会主义道路的真谛，并使广大社会成员都能自觉地理解和把握这一真谛，是中国现阶段增进政治认同的最重要内容。

四　对中国特色社会主义理论体系的政治认同

包括邓小平理论、"三个代表"重要思想、科学发展观在内的中国特色社会主义理论体系，是中国共产党人在长期的社会主义探索中尤其是在改革开放实践中所凝结的创新性理论成果，是对马克思列宁主义、毛泽东思想的坚持和发展，是马克思主义中国化的新的理论飞跃，是判断和推进当代中国社会变革与社会发展的最根本政治思想。在当代中国，坚持中国特色社会主义理论体系，本质上就是要在改革开放新的实践中创造性地坚持和发展马克思列宁主义、毛泽东思想。实践表明，增强对中国特色社会主义理论体系的政治认同，必须着力厘清两个最基本也是最重要的关系：

一是中国特色社会主义理论体系与毛泽东思想的关系。

依据不同的时代主题和时代需要，研究不同时代条件下社会主义运动的实践经验和特殊规律，回答和解决时代变化和实践发展所提出的特殊的历史任务和现实问题，从而形成既一脉相承又与时俱进的马克思主义发展的不同历史阶段，这是马克思主义发展的基本规律。这一基本规律是我们正确认识中国特色社会主义理论体系与毛泽东思想的关系的根本指针。这就是要从马克思主义中国化的两次历史性飞跃的逻辑关系中理解两大理论体系相互之间的关系。以此解开认识之"扣"，一切与此相联系的模糊认识就都可以迎刃而解了。

马克思主义中国化的第一次历史性飞跃，主要是在帝国主义战争和无产阶级革命深入发展的时代条件下和社会实践中进行的。这次飞跃所解决的核心问题，是在半殖民地半封建的中国进行什么样的革命、怎样进行革命这一根本问题，成功开辟了中国特色民主革命道路和社会主义改造道路，并初步探索了社会主义建设道路。这次历史性飞跃形成了毛泽东思想这一伟大成果。马克思主义中国化的第二次历史性飞跃，是在世界格局发生重大变化，和平与发展的时代主题日渐形成并深入发展的时代条件下和社会实践中进行的。这次飞跃所解决的核心问题，是在社会主义初级阶段的中国建设什么样的社会主义、怎样建设社会主义以及建设什么样的党、怎样建设党，实现什么样的发展、怎样发展等重大理论和实际问题，成功开辟了中国特色社会主义道路。这次历史性飞跃，形成了包括邓小平理论、"三个代表"重要思想和科学发展观在内的中国特色社会主义理论体系。两次历史性飞跃，两大科学理论成果相互联系、交相辉映，构成马克思主义中国化生生不息的历史进程。从两次历史性飞跃相互之间的逻辑关系中，我们不难得出这样的结论：毛泽东思想为中国特色社会主义道路的开拓和理论体系的形成奠定了思想理论基础，但是由于时代和历史的局限，毛泽东思想并没有明确提出中国特色社会主义概念，更没有明确形成中国特色社会主义理论；中国特色社会主义理论体系，是在改革开放新时期明确形成并不断丰富完善的。

二是中国特色社会主义理论体系所包含的三大理论成果之间的关系。

中国特色社会主义理论体系，既是一个内在统一的有机联系的整体，又是一个动态的理论创新过程。邓小平理论、"三个代表"重要思想、科学发展观，既一脉相承，又与时俱进，承前启后、继往开来，形成了关于中国特色社会主义比较完整的理论体系。这就是理论创新与发展的普遍性。而在不尽相同的时代条件下和不尽相同的社会实践中，这三大理论成果在同一主题下又具有不尽相同的历史地位，呈现出不尽相同的理论特色和时代价值。这就是理论创新和发展的特殊性。

邓小平理论是中国特色社会主义理论体系的基础性、架构性组成部分。这突出表现在，它打下了中国特色社会主义的理论基石，这就是创造性地提出了和平与发展的时代主题论和社会主义初级阶段论；揭示了中国特色社会主义的基本规律，这就是明确形成了社会主义本质论、社会主义发展战略论、社会主义改革动力论、社会主义市场经济论、社会主义民主法制论、社会主义精神文明论等一系列带有规律性的基本理论；确立了中国特色社会主义的科学方法，这就是把一切从实际出发作为实现马克思主义基本原理同中国实际相结合的逻辑起点，把解放思想与实事求是有机统一起来作为中国特色社会主义的重要法宝，把人民满意、人民答应、人民放心作为制定一切路线方针政策的根本出发点和根本标准。

"三个代表"重要思想，是中国特色社会主义理论体系开创性的组成部分。这突出表现在，密切适应经济全球化以及政治多极化、文化多元化、科技信息化的发展潮流，密切适应国内经济、政治、文化体制改革深入推进的发展趋势，把始终代表先进生产力发展要求、始终代表先进文化前进方向、始终代表最广大人民根本利益作为党的先进性和中国特色社会主义生命力的根本体现，作为加强党的建设和推进经济社会发展的根本出发点，从而进一步拓宽了中国特色社会主义的世界视野，在更加适应共产党执政规律、社会主义建设规律、人类社会发展规律的基础上进一步推进中国特色社会主义伟大事业。

科学发展观是中国特色社会主义理论体系的最新成果。这突出表现在，既积极借鉴当今世界各国科学的发展理念，顺应了时代发展潮流，又一切从中国的实际出发，对中国特色社会主义规律作出了进一步揭示；既继承了邓小平理论、"三个代表"重要思想关于发展的基本观点，又结合时代新变化、实践新发展和人民新期待，进一步揭示了中国现代化发展的第一要义、核心立场、基本要求、科学方法和价值目标，进一步回答了"为谁发展、靠谁发展、怎样发展"等重大问题。以上逻辑关系表明，中国特色社会主义理论体系，是一个既一脉相承又与时俱进的有机整体，是一个探索真理、把握规律的认识深化和理论创新过程，必须紧紧抓住这一科学把握中国特色社会主义理论体系的真谛，增进对中国特色社会主义理论体系的认同。

五 对中国特色社会主义制度的政治认同

中国特色社会主义制度是在改革开放中不断完善、在经济社会发展中逐步定型的，还存在着许多可变性和不稳定性因素。因此，对中国特色社会主义制度的政治认同更具有特殊性和复杂性，必须牢牢抓住制度的本质和发展的要求来增进制度认同。

没有民主就没有社会主义，更没有中国特色社会主义。人民民主作为中国特色社会主义制度的本质，突出地体现为：其一，人民作为国家和社会主人地位和权利的真实实现，为中国特色社会主义制度的形成奠定了根本性基础；其二，人民积极性、主动性、创造性的充分发挥，是中国特色社会主义制度不断完善的主体依靠力量；其三，人民根本利益的维护与实现，是中国特色社会主义制度建设的根本价值取向；其四，人民受惠、人民高兴、人民满意，是促进中国特色社会主义制度不断完善的根本动力。以上四点在三十多年改革开放进程中得到了比较完整的体现和实现。

人民民主是中国特色社会主义制度的本质，这不是一句空话，而是通过与之相适应的一系列基本制度和具体制度来体现和实现的。我们党从人民当家做主这一制度本质出发，带领人民在改革开放实践中创造了一系列独具特色的具体制度，从而使原有的基本制度进一步走向成熟与完善，使人民当家做主的制度本质得以实际体现。中国特色社会主义的制度创造，概括起来就是形成了特色鲜明的"五大民主"制度，即以"选举民主"为主要标志的人民代表大会制度；以"协商民主"为主要标志的政治协商制度；以"直接民主"为主要标志的群众自治制度；以"党内民主"为主要标志的政党政治制度；以"经济民主"为主要标志的社会主义市场经济制度。五大民主制度的核心是人民民主，把中国特色社会主义民主进一步具体化、实效化了。

作为人类社会发展进程中的一种先进社会制度，社会主义是"不变"与"变"的辩证统一的过程。不变，是指决定社会主义本质和性质的根本制度不能变，决定社会主义前进方向和发展前途的基本要素不能变，否则，改变了"根本制度"，丢掉了"基本要素"，社会主义就失去了存在和发展的合理性，就有可能陷入困境甚至走向失败；"变"，是指在"根本制度"和"基本要素"不变的基础上，必须适应时代新变化、实践新发展和人民新期待，不失时机地革除陈旧的体制和制度，改变落后的观念和做法，在变革之中求发展。这种"变"与"不变"的辩证统一，是社会主义的内在要求，也是社会主义的内在规律。

中国特色社会主义制度是新时期改革开放的产物，而改革开放孕育、形成、完善中国特色社会主义制度的过程，就是"不变性"与"可变性"有机统一的过程。一方面，我们党明确指出，改革不是对原有制度和体制的细枝末节的修补，而是一种革命性变革，"改革是第二次革命"；另一方面，我们党又明确强调，社会主义根本制度和基本原则不可动摇，比如"四项基本原则"，比如公有制占主体地位和实现共同富裕。正是这种"变"与"不变"有机统一的改革观，指引着人们在改革开放实践中逐步探索和形成了中国特色社会主义的经济、政治、文化、社会和生态文明制度。中国特色社会主义制度能够彰显人民民主，能够充满生机活力，能够与时俱进，能够在日趋激烈的国际竞争和严峻挑战中愈益显示出强大的生命力，其根本原因正在这里；中国特色社会主义在当代中国具有根本性、长远性、全局性的价值认同意义，其根本原因也正在这里。

（作者：包心鉴，济南大学政治与公共管理学院教授、院长，中国政治学会副会长，中国科学社会主义学会副会长）

传统价值与中国政治文明

——对儒家思想现代意义的一种再认识

从一定意义上讲，过去、现在与未来是一条绵延不断的时间长河，人类的历史就是在这个时间长河中走出自己的历程的。因而，人的任何活动或创造，都脱离不了过去、现在以及未来所形成的历史规定性、现实规定性以及时代规定性。这正如马克思所言："人们自己创造自己的历史，但是他们并不是随心所欲地创造，并不是在他们自己选定的条件下创造，而是在直接碰到的、既定的、从过去承继下来的条件下创造。"①

中国的现代化是中国社会发展的内在要求，它面向世界与未来，然而，其源头与根基在中国，要实现的是中国社会的现代转换与发展。所以，以世界与未来为取向的中国现代化发展，是不能脱离中国历史与文化所形成的历史规定性的。近代以来，中国现代化发展的正反两方面经验都证明：试图通过割裂传统来寻求现代化的合理性与发展动力的现代化努力，都必然是事倍功半的。这就意味着在现代化发展过程中，任何现代化的努力在面向未来的同时，都要充分考虑历史所形成的传统给予现代化的价值与意义。美国学者 E. 希尔斯在《论传统》一书中对此给予了充分论证。② 由此，本文提出一个力图予以论述的问题：以民主共和为取向的社会主义政治文明建设，在面向人类现代政治文明成就的时候，应如何看待中国传统的思想文化，尤其是作为传统政治文明的思想、文化和理论基础的儒家思想。

---

① 《马克思恩格斯选集》第 1 卷，人民出版社 1995 年版，第 585 页。
② 参见［美］E. 希尔斯《论传统》，上海人民出版社 1991 年版。

一 传统价值对现代政治文明建设的意义

政治产生于因资源相对匮乏而形成的私人利益和公共利益之间的矛盾与冲突。马克思主义认为，国家产生于阶级冲突，而阶级冲突的背后实际上就是不同利益之间的冲突；而阶级冲突之所以需要国家，是因为只有通过国家这样的公共权力才能使阶级冲突得以缓和，从而使社会得以维系和保存。① 由此可见，政治的最基本使命就是调节社会的基本利益冲突，使这种冲突被限制在不至于使国家或社会解体的范围内。所以，美国学者戴维·伊斯顿认为，政治就是公共权力对社会资源的有效分配。② 人类社会发展的不同历史时期，或者说，不同社会发展的不同历史时期所面临的社会内在利益冲突是不同的，由此决定了人们用于解决利益冲突并保存社会的政治形式也就不尽相同。人类的政治文明正是在寻求合理的政治形式的过程中创造的。所以，人类在不同社会形态或不同历史时期所创造的用于解决现实问题的政治形式，只要是具有推进历史进步意义的，就都应该属于政治文明的范畴。由此，本文认同这样的政治文明概括：政治文明是人类在一定的经济基础上为建立公共秩序、推动社会进步而形成的用于调节公共权力与私人利益关系的价值规范、组织体系和制度安排的有机总和。③

从政治文明的定义可以看出，任何形态的政治文明建设，都必然包括三个方面：价值建设；组织建设；制度建设。价值建设决定政治文明发展的历史方位和现实取向；组织建设决定政治文明发展的现实基础与内在动力；制度建设决定政治文明发展的具体形态和生命力。显然，政治文明建设不能缺少其中的任何一方面建设。其中，价值建设对政治文明建设和发展具有深刻的作用和影响，因为它直接关系到作为政治生活主体的人的价值判断和行为选择的心理与信仰基础；而人的这种心理与信仰基础，往往是人们自觉接受或认同公共权力及其权威的决定性因素。在政治生活中，通过信仰和心理调节来推行政策和制度安排，实现社会的协调发展，是公共权力最有效的实现方式。

---

① 参阅《马克思恩格斯选集》第 4 卷，人民出版社 1995 年版，第 170—174 页。
② 参见戴维·伊斯顿《政治体系》，商务印书馆 1993 年版。
③ 参见林尚立主编《上海政治文明发展战略研究》，上海人民出版社 2004 年版，第 63 页。

所以，中国的政治文明建设必须高度重视价值建设。价值的接受者是人，而人在本质上是历史与文化的产物。这就意味着任何形式的政治文明建设，都必然要面对传统价值是否具有现代意义的问题。在中国的历史与文化背景下，这个问题就直接转化为思想文化史的一个基本问题，即儒家思想是否具有现代的价值和意义。对于这个问题，近代以来的中国学术界和思想界一直争论不休，有肯定的，也有否定的，还有部分肯定部分否定的。纵观所有的讨论和争论，问题的关键在于，评价儒家思想是否具有现代的价值和意义，不仅要从儒家思想本身的价值体系和知识结构的现代适应性来判断，而且要从现代化发展所追求的价值与儒家思想内在价值的契合性来判断。所以，要判断这个问题，不仅要考虑儒家思想本身，而且要充分考虑现实发展本身的内在价值需求。在分析儒家思想之前，我们要考察一下中国的现代化发展，尤其是中国政治文明建设对价值的内在需求。

一方面，中国所要建设的政治文明是社会主义的政治文明，其内在的规定性有三重：社会主义的规定性；现代政治文明的规定性；中国社会的规定性。因而，在这种政治文明建设中，价值建设虽然是以社会主义民主为根本取向的，但其文化基础不是单一的，而是多元的，这其中必然包括中国传统价值体系的现代转换所形成的文化资源。从一定意义上讲，中国社会的文化因素，是中国政治文明建设中价值建设的最现实的基础。任何现代的价值体系，包括社会主义价值体系，都必须根植在这个基础上才能生存和发展，进而转化为能够被中国社会普遍接受并产生实际意义的价值体系。马克思主义中国化所形成的中国共产党的思想体系，是马克思主义基本原理与中国实际相结合的产物，在这种结合中，中国文化在其中所起的作用是不可忽视的。毛泽东就明确指出："形式主义地吸收外国的东西，在中国过去是吃大亏的。中国共产主义者对于马克思主义在中国的应用也是这样，必须将马克思主义的普遍真理和中国革命的具体实践完全地恰当地统一起来，就是说，和民族的特点相结合，经过一定的民族形式，才有用处，决不能主观地公式地应用它。"① 民族的特点本身就是一个历史与文化的产物，与其结合，也就是与中国历史和文化传统中一些核心价值和理想结合，如借用中国传统社会的小康和大同理想，中国共产党提出了具有中国特色的现代化发展目标，即小康社会的发展目标。

---

① 《毛泽东选集》第2卷，人民出版社1991年版，第707页。

另一方面，作为一种政治文明的价值体系，不仅要引导整个政治文明的发展方向，而且要提供在一定政治文明下展开的具体政治生活的基本准则，这种准则不仅要与支撑政治文明的制度体系相协调，而且要与政治所面临的社会发展的内在要求相协调。在 21 世纪的今天，在现代化和全球化的共同作用下，政治所面临的问题，不仅是个体解放的问题，而且是人类的共同生存与发展问题，而这两个问题的核心就是人、社会和自然三者如何有机协调的问题。大量的理论与学术研究都表明，当今政治所要解决的重大问题，仅靠西方的价值体系是远远不够的，还必须依靠东方的价值体系，其中就包括中国传统的价值体系，如天人合一的价值理想对于协调人、社会和自然的关系就具有直接的现实意义。在全球范围内，东亚社会的成功发展，在这方面给出了十分有力的注解。

所以，不论从哪个角度讲，在进行社会主义政治文明建设中，不能因为政治文明建设的社会主义取向和现代化取向，而忽视对中国传统价值体系的开发和吸收。当然，正如不能简单照搬西方的价值体系一样，也不能对传统的价值体系采取简单的拿来主义态度。对其开发和吸收，都必须在社会主义政治文明这个基本平台上展开。

二　儒家思想与传统价值体系

在中国的文化思维中，一提到传统价值，就必然会想到儒家思想；一提到儒家思想，就必然会想到传统的君主专制政治的意识形态。正是在这样的文化思维下，中国社会在追求民主与科学的现代化发展过程中，在力图摆脱传统专制统治的历史羁绊的时候，往往把儒家思想作为现代化的反面力量予以否定，进而将中国的传统价值一并扫入历史的垃圾堆。中国现代化发展的事实证明，这种文化思维逻辑是完全不对的，是不符合现代化发展运动的内在规律的，必须予以深刻反思。

有一点可以肯定，在中国传统价值体系中，儒家思想占据着核心地位，起着决定性作用。但是，不能因此就把儒家思想与中国传统的价值体系完全等同起来。杜维明教授和朱维铮教授都认为，中国传统文化是各种文化的大汇合，并非由儒家一根而发。① 在这个事实下，存在于中国传统

---

① 参见朱维铮《中国经学史十讲》，复旦大学出版社 2002 年版，第 40 页。

文化之中的儒家思想，从根本意义上讲，也是整个传统文化与儒家学说互动的产物。换句话说，儒家思想在服务传统的政治文明体系的同时，也整合着传统文化本身。所以，当从传统政治统治的意识形态角度解读儒家思想时，人们更多地看到的可能是儒家思想中与现代政治文明格格不入的思想与价值主张；但是从中国传统文化的角度解读儒家思想时，人们又很容易发现儒家思想与现代文明发展所具有的一定的价值契合性。新儒学正是在这种契合性基础上发展起来的。

作为一种传统的政治统治意识形态，儒家思想在维系中国传统政治文明的过程中，实际上承担了三项重要功能：一是提供基本的人生关怀；二是提供基本的社会理想；三是提供维系秩序的行动准则。儒家思想成功之处就在于将这三大功能的实现有机地统一在"天人合一"和"内圣外王"的理想空间之中。"天人合一"是"内圣外王"的基础，"内圣外王"的最高境界就是"天人合一"。为此，儒家思想在其成长的不同历史时期，都极力吸收其他思想的精髓，逐渐将道家、法家和佛家思想杂糅其中，形成了相当严密的思想与价值体系。由此可见，儒家思想固然是维系传统政治统治的意识形态，但是作为一种思想和文化，它本身应该是文化发展的产物，而且由于它直接关注人生和社会理想，作为文化发展的产物，它具有内在人类性和民族性。人类性体现为对人的基本关怀，民族性体现为对中华民族生存与发展的基本关怀。在这一点上，杜维明先生对儒学的看法是值得肯定的。他认为："理解中国的传统文化，特别是儒学，可以有两个层面。第一层面，是把它作为一种'封建意识形态'，即沉淀在中国人的文化心理结构中具有'封建'色彩的经济、政治、社会和文化形态，特别是那些在下意识层面还起作用的价值和观念。这也就是大家常说的'封建遗毒'。但是，另外还有一个层面，就是中华民族的文化认同，即象征中华民族优良传统的文化精神。"① 因此，面对传统的价值体系，如何认识和把握儒家思想至关重要，这不仅关系到对儒家思想本身的认识与把握，而且关系到整个中国传统文化和传统价值体系在现代政治文明建设中的命运和前途。

厘清儒家思想与传统文化和价值体系的关系，也就明晰了这样一个基本道理：在现代条件下，认识和把握儒家思想，不能简单地从儒家思想本

---

① 杜维明：《儒家传统的现代转化》，中国广播电视出版社1992年版，第49—50页。

身入手，而应该从中华民族文明发展所沉淀的优秀文化精神入手，这样把握的儒家思想才是在体现中华民族精神的逻辑上所展现的儒家思想，而不是维系传统政治文明体系的儒家思想。中华民族精神的逻辑，就是中华民族基于对人、社会和自然的最根本把握所形成的对自身生存状态和发展理想的最基本的价值取向和思维路径。

儒家思想毕竟是一个历史文化产物，要使其作为一种传统价值体系具有现代意义，就必然会面临在中华民族精神的逻辑上把握儒家思想如何实现现代转化的问题。这个问题得不到解决，传统价值体系对现代政治文明建设的意义就无法得到充分的展现。实际上，解决这个问题的原则还是明确的，主要有两个：一是从现代的要求出发吸收传统；二是从现代的根本关怀出发把握传统。就政治文明建设来说，则应该从现代政治文明最基本的问题上把握和吸纳传统价值体系的合理要素，如人格与人生问题，人与社会关系问题，人与自然关系问题等。本文也正是在这样的层面上重新认识和把握儒家思想对中国政治文明建设的有益补充作用的。

三　儒家思想的现代意义

对于政治文明建设来说，儒家思想的现代意义应该体现为对现代政治文明建设中的一些基本问题所具有的启示作用。从政治运行的角度来看，任何一种政治生活都是人与制度的互动过程：人创造制度，制度规范人，人与制度相协调。因而，政治文明建设在很大程度上是围绕着人的成长和制度的成长展开的。古希腊的亚里士多德在设计优良的城邦政治生活的时候，就强调不仅要创立优良的政体，而且要培育优良的公民，只有两者有机统一，相互协调，城邦才能长治久安。所以，人的问题和制度问题，实际上是政治文明建设中的基本问题。

儒家思想是围绕着人伦展开的，它力图从两个层面回答人的社会存在的合理方式：一是从维系基本人伦和政治秩序的角度定位人的社会存在的合理方式；二是从人生的终极意义定位人的社会存在的合理方式。儒家从前一个层面所作的回答基本上不适合现代的要求，然而它从后一个层面所作的回答在现代依然具有现实意义。因为，基于"天人合一"的思想所作出的回答，往往触及人的社会存在方式中的最基本问题。对于政治文明建设来说，如果政治无法解决人的社会存在方式的合理性问题，那么制度就无法产生效能，其自身也无法得到巩固和完善。所以，从这个角度把握儒家思想的现代意义，对于政治文明建设具有深刻的价值和作用。引导社会成员选择合理的社会存在方式，政治文明建设中的价值建设，应该有意识地挖掘儒家思想中的精神和思想要素。

第一，为己之学。人是天生的政治动物。人如何认识自己、把握自己和设定自己的社会生活，对政治生活和国家治理具有直接的意义。因而，"人应该怎样生活才有意义"这一人生问题，一旦进入社会领域，就成为具有政治意义的问题。作为处于传统价值体系轴心的儒家思想对人格与人生问题的回答，长久地支撑着中国人的人生信仰，使中国的整个文化具有比较积极的入世倾向和君子、圣人情结。在世俗世界培育完美的人格，成为君子和圣人，从而贡献家庭与社会，是中国人对人生的最基本追求。然而，世俗世界是人伦世界，个人要在人伦关系中获得合理的存在，就必须遵循基本的原则。杜维明教授把儒家思想这方面的原则概括为"为己之学"。他说："在儒家人文精神里，第一个最基本的信念和看法即'为己之学'。这与西方的个人主义不太相同，但是又非常尊重人的自觉、人的个性、独立人格、独立价值。'为己之学'在儒家传统里要遵循的一个最基本的做人道理，即'己所不欲，勿施于人'。"① 人性本善，人完全能够通过修身而育成"己欲立而立人，己欲达而达人，己所不欲，勿施于人"的生活境界。由于这种修身在完善个体独立人格的同时，也协调了人与社会的基本关系，从而保持了社会的内在协调。所以，这种修身也就自然拥有了"内圣外王"的人生功效和政治功效。值得一提的是，"己所不欲，勿施于人"的人生信念和社会生活原则，在近代西方的资本主义社会发展中，成为自然法原则的基本精神之所在。法国思想家霍布斯所提出的自然法原则就完全贯穿着这种精神。

第二，"天人合一"。如果说"为己之学"，是在人与人的关系上解决人的社会生存方式的合理性的话，那么"天人合一"则在人与自然的关系上解决了人的社会存在方式的合理性。"天人合一"的本质在于强调人生的幸福和社会的安宁应该基于三重和谐：自然本身的和谐；人与自然的和谐；人内心的和谐。在"天人合一"的状态下，这三重和谐可以相互促进，相互转化。新儒学的代表人物方东美认为，这种多重和谐、有机统

① 杜维明：《儒家传统的现代转化》，中国广播电视出版社1992年版，第390—391页。

一和紧密联动正是中华民族的生命力之所在，同时也是中国社会兴盛之动力。他说："正因中华民族慧命寄托在此伟大而美满的宇宙，所以才能效法宇宙的伟大美满，顶天立地，奋进不已，而趋于至善，纵然民族生命间或遭受外来的胁迫，险象环生，但我们更能取法天地万物之心，而化险为夷转危为安。这正是天的万物之心的最佳写照。""只有真正的人——真人、至人、完人、圣人，才是道德人格中最值珍贵的理想，他们所共同追求的，正是要摄取宇宙的生命来充实自我生命，更而推广其自我的生命活力，去增进宇宙的生命，在这样的生命之流中，宇宙与人生才能交相和谐，共同创进，然后直指无穷，止于至善！这就是中国民族最可贵的生命精神。"① 由此可见，我们今天不能仅仅从人与生态和谐的角度开发"天人合一"的思想精神，更应该从一个民族如何塑造健全的公民人格的角度开发"天人合一"的思想精神，从而使社会中的个人成为有自我完善欲求的人，使整个社会成为有共同理想的高度和谐与团结的社会。人与社会的共同完善，是政治文明建设的内在要求。

第三，大同理想。近代以来，中国的现代化发展面临的一个基本问题：就是现代化应该把中国带向何处，或者说中国的未来应该是怎样的。在回答这个历史课题的过程中，儒家的大同理想产生了很深刻的影响，不仅影响着中国未来理想社会的构建，而且影响着整个民族对发展趋向的期待，以致"'大同'实际上成为 20 世纪中国政治合法性论证的支柱之一"。② "大同"的观念最初当然是儒家思想传统的一部分，它来自儒家经典《礼记》中的《礼运篇》："大道之行也，天下为公。选贤与能，讲信修睦，故人不独亲其亲，子其子。使老有所终，壮有所用，幼有所长，矜寡孤独废疾者，皆有所养。男有分，女有归。货恶其弃于地也，不必藏于己；力恶其不出于身也，不必为己。是故谋闭而不兴，盗窃乱贼而不作，故外户而不闭，是谓'大同'。"显然，这是农业社会理想的大同社会。作为一种社会形态，这种大同社会不再是现代化发展所追求的目标，但是，在中国文化中，作为一种文化象征，大同社会却一直是中国人梦寐以求的美好生活理想，近代以来中国社会的重大革命都是以大同社会生活的理想作为重要的政治设计和政治动员的思想与理论文化基础的。不管近代

---

① 方东美：《生命理想与文化类型》，中国广播电视出版社 1992 年版，第 83—84 页。
② 高瑞泉：《中国现代精神传统》，东方出版中心 1999 年版，第 255 页。

以来的思想家或学者，都没有改变对大同理想核心价值的追求，这个核心价值就是平等。政治平等是现代政治文明的基础，平等与自由的有机统一，是现代政治文明追求的基本价值目标。但是，不同社会对平等有不同的理解和定位，这其中，不仅有来自价值取向的差异，也有来自民族心理的差异。所以，任何社会的平等都不仅仅是原则的产物，同时也是平等的普遍原则与特定的社会心理、文化相互协调的产物。从这个角度讲，大同理想作为一种文化因素和价值因素具有一定的现代意义。所以，有学者认为：" '大同'说毕竟曾经引导过中国历史的进程，并且已经成为我们文化传统的一部分。在一个经验主义和相对主义盛行的时代，它受到某种冷落并不奇怪；但是它内部包含的价值却一定依然为当代人所信服。从这一意义上说，'大同'仍然是一种鼓舞人心的理想。"①

第四，仁政治理。"仁"是儒家学说的核心，孔子把"仁"作为儒家最高的道德规范，提出以"仁"为核心的一套学说。"仁"的内容包含甚广，其核心是爱人，强调在社会关系中，人们应互存、互助、互敬、互爱。"仁"的学说施于政治，形成仁政。作为一种政治的治理方式，仁政一方面强调伦理在社会治理中的重要作用，另一方面强调社会治理应追求平衡与和谐，反对暴政，为此，主张行王道，反对霸道政治，使政治清平，人民安居乐业。为此，仁政十分注重三大治理要素：一是民生；二是教育；三是民心。儒家思想认为，这三大治理要素是实现国泰民安的关键，它们相互之间往往互为条件。所以，这种治理不是权力单向作用的结果，而是公共权力、社会关系、人生信仰以及官民关系等多重因素综合作用的产物。孟子说："无恒产而有恒心者，惟士为能。若民，则无恒产，因无恒心。苟无恒心。放辟邪侈，无不为已。乃陷于罪，然后从而刑之，是罔民也。焉有仁人在位，罔民而可为也？是故明君制民之产，必使仰足以事父母，俯足以畜妻子，乐岁终身饱，凶年免于死亡。然后驱而之善，故民之从之也轻。"② 要使民有恒产，政治上就必须实行以民为本的治理原则，孟子提出"民为贵，社稷次之，君为轻"③ 的治理秩序。在这种治理秩序下，统治者只有以民为本，才能赢得民心。民心向背，决定着治理

---

① 高瑞泉：《中国现代精神传统》，东方出版中心1999年版，第288—289页。
② 《孟子·梁惠王上》。
③ 《孟子·尽心下》。

的成败，天下的得失。孟子告诫说："桀纣之失天下也，失其民也；失其民者，失其心也。"① 儒家仁政的民本思想，与现代意义的民主思想是两个完全不同范畴的思想主张，其价值取向也不在同一个层面上。但是，作为一项治理原则，现代的民主政治逻辑在具体的社会治理上，不但不排斥民本治理原则，相反，会从制度上保障民本治理原则。在这一点上，社会主义民主中的人民代表大会制度的制度设计比西方的议会制度更能体现民本原则。因为，在人民代表大会制度下，选民可以罢免人大代表；而在议会制度下，选民则没有这项权利。在现代民主政治条件下，民本原则的实质就是权为民所用。要做到这一点，制度固然重要，但是，执政者的价值取向在一定条件下也可能起决定性作用。所以，从确立合理的执政取向来看，传统的价值体系中的民本思想依然具有很强的现代意义，值得开发和转化。

四　结语

建设社会主义政治文明是中国现代化发展的必然要求，其动力一方面来自中国现代化和中国政治本身的发展；另一方面来自政治建设中对人类政治文明成果的有效借鉴、吸收和消化。就后者而言，必须注意的是，在价值和文化层面上，如何处理好国外的政治经验与政治文明成就的中国化问题。纵观西方发达国家，虽然各国都建立了现代民主政治，但是，各国具体政治生活的展开，从制度形式到运作方式，都有很大的不同。这就告诉我们，虽然现代民主政治的基本原则是共同的，但各国所确立的具体的现代政治形态却是十分具体的，带有强烈的民族性和国别性。从这个角度讲，建立社会主义政治文明，不是政治文明成就的简单引入过程，而是从中国发展的内在需要出发对现代政治文明成果进行消化和再创造的过程。显然，这个过程是不能脱离中国的历史与文化的。既然如此，进行社会主义政治文明建设，一开始就应该积极面对中国的历史传统和文化传统，不但不能排斥它，相反，还应该积极地利用和转化其中的合理要素，为中国特色的社会主义政治文明建设服务。为此，我们有必要在思想和观念上重新认识和评判儒家思想的现代意义。对于中国的现代化建设来说，这项工

---

① 《孟子·离娄上》。

作不仅对政治文明建设有现实意义，对精神文明建设也有现实意义。各国的实践表明，在现代化发展过程中，任何形式的价值失落都是危险的，而价值一旦失落，拯救价值的力量，不可能来自外部，只能来自自身的觉醒和创造。从这个角度讲，本文对传统价值在政治文明建设中意义的强调多少还是有现实意义的。

（作者：付春，上海财经大学公共经济与管理学院副教授）

中国社会主义协商民主的
政治文化资源探析

　　20 世纪 80 年代以来，西方理论界提出了一种协商民主（deliberative democracy）理论，把民主视为各种政治力量友好协商的公共论坛，而不是权力争夺的角斗场。协商民主关注的重点是决策的形成过程，力图使权力的行使更为充分地反映公民意志。西方的协商民主理论不仅受到国内学者的关注，也为中国执政党所吸纳和借鉴。2012 年十八大报告首次确认了"协商民主"概念，并在此基础上确立了"社会主义协商民主制度"概念。但是，中国许多学者认为，协商民主理论是由西方提出来的，只适合于西方，而不适合于中国，因为在中国缺乏实行协商民主的政治文化基础，本人对此观点不敢苟同。澳大利亚教授约翰·S. 德雷泽克（John S. Dryzek）曾说："对协商民主的追求本身就是一个不断协商的过程，并不存在一个普遍模式。因此，各个国家与地区应当因地制宜地创建协商民主，中国的民主实践也是如此。"[1] 虽然协商民主是来自西方的一种民主范式，但它本身并不包含西方中心化的色彩，它同样是一个开放的可讨论的体系，发展中国家不应陷入西方化的迷思，而应把握其内核——协商。协商就意味着对特殊化的关注。中国政治文化中存在着许多契合于现代中国协商民主的思想因子，而且在中国革命和建设的实践中，协商民主早已实际存在着。"中国政治发展的现实条件、承担的历史责任和基本政治理念，共同决定了在中国民主政治发展的程序选择上必须以协商为价值偏好。"[2] 在新世纪中国政治文明建设的进程之中，发掘契合于中国社会主

---

　　[1]　［澳］John S. Dryzek：《不同领域的协商民主》，王大林摘译，《浙江大学学报》（人文社会科学版）2005 年第 3 期。

　　[2]　林尚立：《协商政治：对中国民主政治发展的一种思考》，《学术月刊》2003 年第 3 期。

义协商民主发展的政治文化资源，支撑起协商民主在中国茁壮成长的一片天空，对推进社会主义民主政治建设具有重要的意义。

一 传统政治文化为中国社会主义协商民主建设提供了深厚的文化基础

中国传统政治文化崇尚兼容并蓄、和而不同，倡导协商、协调等，认可多元化与多样性，接纳多元共存与发展，这些思想既与现代民主政治的基本精神有所契合，又为中国社会主义协商民主建设提供了深厚的文化基础。

（一）中国传统政治文化中的"和""合"思想

"和""合"思想，体现在政治价值观念上是重和谐，贵合一，和为贵。"和"是政治追求的最高境界，也是国泰民安的基本表征。"和"作为中国古代政治文化的范畴，指不同事物的统一、和谐，不同事物或不同因素的结合。

中华传统文化的基本精神是追求和谐，寻求平衡、协调和稳定，反对分裂和冲突。孔子、老子分属儒家、道家，却都重视"和"。孔子提出"礼之用，和为贵"，"君子和而不同，小人同而不和"①。他既肯定事物的多样性，又强调多样性的和谐，主张以海纳百川的气概容纳不同意见。老子讲"知和曰常"②，以"和"为恒常的准则。春秋末年，齐国的晏婴用"相济"、"相成"的思想丰富了"和"的内涵。这种"重和去同"的思想认为，人与自然、与社会的和谐统一，家庭、邻里的和谐与国家的统一是天经地义的事情。《孟子·公孙丑下》中"天时不如地利，地利不如人和"，《中庸》中"和也者，天下之达道也"无不表达了这种思想。

"和"含有合乎节度的意思，强调构成"和"的各种因素必须保持一定的度和量。但讲求"和"并不是要求"同"、"一致"，而恰是一种对于差异与矛盾的认同和承认。"和"的内在精神就是和谐而又不千篇一律，不同而又不相互冲突。和谐以共生共长，不同以相辅相成。西周末年

---

① 《论语·子路》。
② 《老子》第五十五章。

至战国时期思想史上出现的所谓"和同之辨",就开始关注"众多不同事物和谐与整合",也即"和"的思想。西周晚期,史伯提出了"和实生物,同则不继"①,认为把不同的东西结合在一起却能产生新的事物,而把相同的东西结合在一起却不能产生新的东西,最先明确地区分了"和"与"同"。

"和"不仅是和谐,而且是正确地看待冲突与矛盾,冲突只有运用"和"的思维,通过互相对话、谈判,互相谅解、理解来化解,非此即彼的对立斗争只能使冲突尖锐化,矛盾更难消融。②

尽管儒家的"和"是建立在封建等级制度基础之上的,而不是如现代协商民主所主张的以明确承认主体间的平等为前提的,但是,儒家"和""合"文化对利益主体多元共存与发展的强调,与现代民主政治所主张的兼容并蓄、共存发展、平等开放、对话交流以及追求政体的清正、政治的澄明、民生的康乐等基本精神甚为契合。因此,以"和""合"为依归的传统政治文化为中国社会主义协商民主的建立提供了良好的文化背景和思想资源。

(二) 中国传统政治文化中的"中庸"思想

"中"在中国传统政治文化中占有十分重要的地位,强调凡事应当有一个合适的"度",超过则为"过",没有达到则为"不及"。"中"的概念在尧舜禹时代就已出现,孔子对此加以弘扬,将中庸纳入了儒家的政治思想范畴,强调"宽以济猛,猛以济宽,政是以和"③,力主"执其两端,用其中于民"。以后,《中庸》更把中庸之道提到了宇宙人生大本大源的高度,作了相当明确的表述:"万物并育而不相害,道并行而不相悖。""中也者天下之大本也,和也者天下之达道也。致中和,天地位焉,万物育焉。"至张载,更有"有象斯有对,对必反其为,有反斯有仇,仇必和而解"④ 的说法。

"中庸"可以理解为一种以客观的态度看待万事万物并力求"公允相待"的胸怀。具体而言,中庸即意味着允许"多样"的存在,主张"平

---

①　《国语·郑语》。

②　张立文:《和合思想的现代意义》,《国家图书馆学刊》2006 年第 1 期。

③　《左传·昭公二十年》。

④　张载:《正蒙·太和篇第一》,《张载集》,中华书局 1978 年版,第 10 页。

衡"，对不同的意见、事物持宽容的态度。将这种"宽和"用于政治，就能促进新事物、新思想的产生，调节各种社会矛盾达到中和的状态，形成稳定祥和的团结局面。协商民主的内涵和具体制度运作中恰恰包含了这种"中庸"的传统政治文化特征。

（三）中国传统政治文化中的"民本"思想

中国传统的民本政治文化，强调君主是人民的父母，《尚书·洪范》所谓"天子作民父母，以为天下主"，其职责是推行"仁政"，爱民如子，养民、保民和教民，提出"民可近，不可下。民为邦本，本固邦宁"① 的思想。孔子也说过"己所不欲，勿施于人"，这也包括"勿施于民"的思想。孟子的民本思想最著名也最为后世称道的就是他的"民贵君轻"说："民为贵，社稷次之，君为轻。"荀子亦说："天之生民，非为君也。天之立君，以为民本。"同时，荀子又以"民水君舟"论对其"民本论"作了进一步的阐释："君者，舟也；庶人者，水也。水则载舟，水则覆舟。"② 这些都说明了儒家仁政学说的核心就是"民本"。

"民本"思想主张政治必须协商，强调君主要善于接纳人民的建议和批评。这一点在早期儒家的思想里表现得尤为突出。如孔子所推崇的春秋时期郑国著名思想家子产，其治国之道就是主张政治需要协商。子产在执政期间，鼓励国人议论朝政，允许公众对国家的政策进行讨论、批评和辩论。秦汉以后，尽管大一统的封建专制政体成为历代王朝的定制，但政治需要协商、讨论、辩论和批评的传统，一直为历代王朝所沿袭。在历代朝廷的官制中，均设有言官（谏官）制度，让言官"不治而议"，批评朝政之得失。西汉设谏大夫，负责议论朝政得失，东汉有谏议大夫；唐朝在设置谏议大夫的同时，还设置了专门负责对皇帝进行规谏的补阙、左右拾遗等官职。宋朝又专门在朝廷设置了一个名为谏院的机构，以左右谏议大夫、司谏、正言为谏官，专门负责规谏朝政缺失，谏官可以对大臣和百官的任用、朝廷各部的政策措施提出意见。

虽然从本质上说言官（谏官）制度只是一种咨询式协商制度，是君主主权的专制政治形态，这种咨询式协商在实现民本政治的理想方面，有

---

① 《尚书·五子之歌》。

② 《荀子·王制》。

其局限性。但其中包含的政治需要协商、需要争论和辩论的思想，无疑构成了协商民主植入中国的一大本土资源。

二 近代政治文化为中国社会主义协商民主建设提供了丰富的思想资源

"民主"在现代汉语中意味着"人民的权力"或"大多数人的统治"。其意义与古希腊所说的"民主"是相同的，但不同于中国古代所说的"民主"。在儒家经典《尚书·多方》篇中，"民主"意味着"人民之主"或"人民的君主"，可以说，在中国古代没有现代意义的"民主"。一直到19世纪下半叶，现代民主思想从西方传入中国，弥补了中国传统政治文化的不足，形成了以人民主权、平等、自由等民主思想为核心内容的近代政治文化。以民主为基础的近代政治文化为中国社会主义协商民主的实施提供了重要的政治民主资源。

（一）中国近代政治文化中的人民主权思想

中国近代政治思想家运用卢梭的社会契约论来批判封建专制，提出人民主权的思想。严复在《直报》上发表《辟韩》一文，抨击君权神圣的荒谬，指出人民是社会生产的主人，是社会财富的创造者，强调人民是天下的主人："斯民也，固斯天下之真主也。""是故西洋之言治者曰：国者斯民之公产也，王侯将相者，通国之公仆隶也。""是故君也臣也刑也兵也，皆缘卫民之事而后有也。"由此，他尖锐而深刻地指出："秦以来之为君，正所谓大盗窃国者耳。国窃谁，转相窃之于民而已。"[①] 谭嗣同在《仁学》中写道："生民之初，本无所谓君臣，则皆民也。民不能相治，亦不暇治，于是共举一民为君。夫曰共举之，则非君择民，而民择君也。"[②] 何启、胡礼垣在其合著《新政真诠》中说："横览天下，自古至今，治国者惟有君主、民主以及君民共主而已。质而言之，虽君主仍是民主。何则政者民之事而君办之也，非君之事而民办之者也。"[③] 资产阶级

---

① 严复：《辟韩》，《严复集》第1册，中华书局1986年版，第33—35页。
② 蔡尚思、方行编：《谭嗣同全集》（增订本），中华书局1981年版，第339页。
③ 转引自郑大华《晚清思想史》，湖南师范大学出版社2005年版，第172页。

革命家孙中山则提出："余之从事革命，以为中国非民主不可。其理由有三：既知民为邦本，则一国以内人人平等，君主何复有存在之余地，此自学理言之者也。……中国历史上之革命，其混乱时间所以延长者，皆由人各欲帝制自为，遂相争相夺不已。行民主之制，则争端自绝，此自将来建设而言之者也。有此三者，故余之民权主义，第一决定者民主。"①

近代人民主权思想的提出及广泛传播，打破了几千年的君权神授思想与君主专制体制，使人民有机会参与国家事务和社会事务管理，奠定了中国近代社会政治民主的基础。

（二）中国近代政治文化中的自由民主思想

严复是中国自由主义之父，他认为，民主政治不是西方资本主义的根本，民主不过是自由在政治上的应用，"自由"才是体，"民主"只是用。中西的根本不同以及中国败弱的根由都在于自由不自由。"故言自由，则不可以不明平等，平等而后有自主之权；合自主之权，于以治一群之事者，谓之民主。"② 在严复心目中，"无自由"是中国封建政治文化的基本特征之一，也是中国贫穷落后的根本所在。"自由一言，真中国历古圣贤之所深畏，而未尝立以为教者也。"③ 其原因是统治者期以相安相养而已。"故宁以止足为教，使各安于朴鄙颛蒙，耕凿焉以事其长上。"④ 因此，造成了中国封建社会无自由特征、更无自由观念的局面。于是，严复大力提倡西方自由，鼓励人们奋起争回自由权利，培育独立人格。严复认为，个人自由和国家自由富强有着密切关系，"身贵自由，国贵自主"。"天下之物，未有不本单之形法性情以为其聚之形法性情者也。是故贫民无富国，弱民无强国，乱民无治国。"⑤ 因此，必须取法西方，建立保障人民自由的政治制度，变民无权为民有权，使人人能得其自由权利："知吾身之所生，则知群之所以立矣；知寿命之所以弥永，则知国脉之所以灵长矣。一身之内，形神相资；一群之中，力德相备。"⑥ 只有人人得自由，国家才

---

① 孙中山：《中国革命史》，《孙中山全集》第 9 卷，中华书局 1986 年版，第 60—61 页。
② 严复：《主客评议》，《严复集》第 1 册，中华书局 1986 年版，第 118 页。
③ 严复：《论世变之亟》，《严复集》第 1 册，中华书局 1986 年版，第 2—3 页。
④ 同上书，第 1 页。
⑤ 严复：《原强修订稿》，《严复集》第 1 册，中华书局 1986 年版，第 25 页。
⑥ 同上书，第 17 页。

能自由昌盛。

严复批判中国的封建专制思想，系统介绍、引进西方自由民主观念，使自由民主观念在中国近现代政治舞台上产生了持续而深远的影响。到"五四"前后，无论什么党派和人物，不管他们是否真正想实现民主政治，都很少敢于公开否定民主的价值，自由民主精神逐渐成为近代先进中国人的政治理想追求。

三　现当代政治文化为中国社会主义协商民主建设提供了系统的理论资源

中国的协商性政治生发于现当代中国的政治生态环境中。"中国形态协商民主反映的是中国由半殖民地半封建社会走向社会主义现代社会这一政治生态环境中民主政治成长的生态特征。"① 中国的协商性政治本质上属于社会主义民主政治的一部分，是马克思主义中国化的一个重要的积极成果，是中国共产党人将社会主义的种子移植到中国特定的土壤里，用自己的政治智慧浇灌、培育出的政治文明果实，是中国社会主义协商民主建设直接的理论来源。

（一）革命阶级联合专政的思想

孙中山领导的辛亥革命及其在 1912 年仿照西方建立的资产阶级民主共和制度的失败，使中国人民深切认识到，在中国照搬西方资本主义政治制度的道路是走不通的，要完成救亡图存和反帝反封建的历史任务，必须以新思想、新理论开创中国革命的新道路，建立全新的政治制度和政治模式。十月革命后，马克思主义传入中国和中国共产党的成立，为中国政治制度探索带来了新的理论和希望。中国共产党在中国革命的艰难探索中逐步认识到，中国的社会结构和阶级状况决定了中国既不能选择以资产阶级为主导的资产阶级民主共和，也不能选择苏联式的以无产阶级专政为直接取向的民主共和，因为不论是资产阶级还是无产阶级，在中国都没有成为主导阶级。除了无产阶级以外，民族资产阶级、小资产阶级等也是当时中国的进步阶级，在一定历史时期内他们理应在政治上拥有一席之地。而不

---

① 袁峰：《中国形态协商民主的缘起与内涵》，《理论与改革》2006 年第 6 期。

间断地抗击外侮，争取中华民族彻底独立的历史现状，更需要各阶级各阶层将自身利益与民族利益统一起来，结成政治上的联盟。

因此，中国共产党在新民主主义的政治纲领里明确提出建立"工人阶级、农民阶级、小资产阶级、民族资产阶级及其他爱国民主分子的人民民主统一战线的政权"，形成一个"新民主主义即人民民主主义的国家，实行工人阶级领导的、以工农联盟为基础的、团结各民主阶级和国内各民族的人民民主专政"。这一政治纲领包含了政治协商、政治合作的题中应有之义，其目的在于造就一种以工农为主导、多阶级多阶层参与的政治模式，以适应民族团结、党派和解与政治宽容的历史需求，形成中国实现由半殖民地半封建的专制政治向社会主义的现代民主政治转型的中介。这种转变既符合理论逻辑，也符合历史逻辑。

（二）政治协商的思想

民国初年模仿西方竞争性政党制度的失败，以及国民党一党专政模式的不得人心，促使中国人民探索中国政党建设的新途径。国民革命时期和抗日战争时期，中国国民党与中国共产党曾两度合作，两党在一定范围内形成了党际之间的政治协商和政治交往机制。中国共产党在抗日民主根据地局部执政的实践中，创造性地提出了一系列具有独创性的关于协商民主的重要思想。在1941年11月召开的陕甘宁边区参议会上，毛泽东就指出："国事是国家的公事，不是一党一派的私事。因此，共产党员只有对党外人士实行民主合作的义务，而无排斥别人、垄断一切的权利。"[1] 共产党应当同党外人士实行民主合作。"要学会和党外人士实行民主合作的方法，善于同别人商量问题。"[2] 随后他又提出了建立由各党各派以及无党派民主人士代表参加的联合政府的设想。在这一思想的指导下，中国共产党在陕甘宁边区所建立的"三三制"政权，其实质就是践行协商民主。在新中国成立前夕召开的党的七届二中全会上，毛泽东又指出：为了"把中国建设成一个伟大的社会主义国家""要求我们党去认真地团结全体工人阶级、全体农民阶级和广大知识分子"。"我们党同党外民主人士长期合作的政策，必须在全党思想上和工作上确定下来。我们必须把党外

---

① 《毛泽东选集》第3卷，人民出版社1991年版，第809页。

② 同上书，第810页。

大多数民主人士看成和自己的干部一样，同他们诚恳地坦白地商量和解决那些必须商量和解决的问题。"① 周恩来说："新民主主义议事的特点之一，就是会前经过多方协商和酝酿，使人家都对要讨论决定的东西事先有个认识和了解，然后再拿到会议上去讨论决定，达成共同的协议。""新民主主义的议事精神不在于最后的表决，主要地在于事前的协商和反复的讨论。"② 这些思想为中国协商民主的实施做了思想上的准备。

1949 年召开的"中国人民政治协商会议"，体现了民主协商的内容和活动方式，体现了中国共产党关于新中国政治制度民主化与政治和谐发展的深层思考。1956 年社会主义私有制改造完成之后，毛泽东又说："究竟是一个党好，还是几个党好？现在看来，恐怕是几个党好。不但过去如此，而且将来也可以如此，就是长期共存，互相监督。"③

在改革开放的新时期，邓小平曾说：中国的社会主义现代化建设事业，继续需要政协就有关国家大政方针、政治生活和四个现代化建设中的各项社会经济问题，进行协商、讨论，实行互相监督，发挥对宪法和法律实施的监督作用。④ 邓小平指出"党要领导得好"，"就要受监督，就要扩大党和国家的民主生活"，就要坚持各党派"长期共存、互相监督"和思想上的"百花齐放、百家争鸣"，这"十六字方针"，"对我们国家有深远的影响，对我们党有极大的好处，对发展马克思列宁主义有很大的好处"。否则，"思想要僵死起来，马克思主义要衰退"，"在苏联，马克思主义在一个时期衰退了"⑤。苏东剧变以及在政党制度和党际关系方面的教训，给我们留下了许多值得深思的问题。邓小平赋予协商民主新的历史意义。

20 世纪 90 年代至新世纪初，国际国内形势发生了深刻变化，以江泽民为核心的第三代中央领导集体，在总结多党合作历史经验的基础上，以"与时俱进"的马克思主义理论品质，在坚持和完善多党合作方面提出了一系列新的理论和方针政策，制定了《中共中央关于坚持和完善中国共产党领导的多党合作和政治协商制度的意见》《关于加强统一战线工作的

---

① 《毛泽东著作选读》下册，人民出版社 1986 年版，第 665 页。
② 《周恩来统一战线文选》，人民出版社 1991 年版，第 129 页。
③ 《毛泽东文集》第 7 卷，人民出版社 1999 年版，第 34 页。
④ 《邓小平文选》第 2 卷，人民出版社 1994 年版，第 187 页。
⑤ 《邓小平文选》第 1 卷，人民出版社 1994 年版，第 272 页。

决定》，为多党合作的完善和发展奠定了坚实的理论基础。江泽民在多党合作方面提出了一些重要的理论思想；提出建立和实行适合国情的政治制度和政党制度，对一个国家的发展和稳定具有极为重要的意义；必须充分认识多党合作制度的优越性，把这一制度坚持好，完善好，落实好；明确了中国多党合作制度的显著特征是共产党领导、多党派合作，共产党执政、多党派参政，这一政党制度既避免了多党竞争、相互倾轧造成的政治动荡，又避免了一党专制、缺少监督所导致的种种弊端；提出了衡量中国政治制度和政党制度的标准，即能否促进社会生产力的持续发展和社会的全面进步；能否实现和发展人民民主，增强党和国家的活力，保持和发扬社会主义制度的特点和优势；能否保持国家政局的稳定和社会的安定团结；能否实现和维护最广大人民的根本利益。这四条标准对于充分认识中国多党合作和政治协商制度的合理性和优越性，自觉抵御西方多党制的影响，具有重要的理论和实践意义。

十六大以来，加强政治协商，推进社会主义民主政治的制度化、规范化、程序化，成为中国社会主义民主政治建设的重要内容。党的十七大更是明确提出要"把政治协商纳入决策程序"。2012 年十八大报告指出，要健全社会主义协商民主制度，完善协商民主制度和工作机制，推进协商民主广泛、多层、制度化发展。中国特色社会主义政治协商理论与实践为中国协商民主的发展奠定了基础，体现了推进中国社会主义协商民主发展的深厚政治文化底蕴，这是任何其他国家都无法比拟的。中国传统政治文化、近代政治文化与社会主义政治文化的结合，为当代中国社会主义协商民主建设提供了丰富的政治文化资源，也为当代中国社会主义民主政治的发展提供了源源不断的理论源泉。

（作者：黄斌，西安财经学院公共管理学院副院长、副教授、法学博士；刘慧娟，西安财经学院公共管理学院讲师）

论如何构建当代中国政治文化的核心理念

《中国共产党第十八次全国代表大会工作报告》在论及社会主义政治建设时指出："中国特色社会主义政治发展道路是团结亿万人民共同奋斗的正确道路。我们一定要坚定不移沿着这条道路前进，使我国社会主义民主政治展现出更加旺盛的生命力。"坚持中国特色社会主义政治发展道路不仅要从实际国情出发，坚定社会主义的政治方向，也要通过扎扎实实的政治体制改革，不断推进民主法治，还要通过加强政治文化建设来提供精神动力和思想保证。正因如此，十八大工作报告同时提出要"倡导富强、民主、文明、和谐，倡导自由、平等、公正、法治"。在社会主义政治文化建设中，树立社会主义政治文化的核心理念是当务之急。本文就如何构建社会主义政治文化核心理念提出一点初步看法。

一

坚持和推进中国特色社会主义政治发展道路迫切需要建构中国社会主义政治文化建设核心理念。

政治文化是人们关于政治生活的思想观念和价值判断的总和，在政治建设中具有重要功能。政治文化对社会政治生活的影响是显而易见的。政治文化直接影响着人们政治行为的方式、政治活动的性质、政治过程的方向、政治结构的模式、政治社会的稳定、政治变革的进程、政治社会的优劣。可以说，没有一种进步的政治文化作为精神保证，真正的民主法治就很难发展起来。

任何一种政治文化都有其核心理念作为建构的灵魂，核心理念决定着政治文化的性质和方向。中国共产党第十一届三中全会以来，随着"解放思想、实事求是"思想路线的重新恢复和确立，中国人民义无反顾地走上了改革开放和社会主义现代化建设的道路。三十多年来，党和人民在坚定不移地以经济建设为中心的同时，将发展民主和推进法治建设提上日程。通过民主法治建设的实践，广大人民群众的自由、平等、民主、法治意识不断提高，社会主义政治文化有了一定的发展。在当代中国，从中国实际国情出发发展民主和法治，走中国特色社会主义政治发展道路，坚定不移地推进政治体制改革，是中国政治文化的主流和多数人的共识。但是，由于种种原因，社会主义政治文化思想体系还不很健全，政治文化的核心理念也没有得到完全廓清，这就使得中国政治文化建设的现状呈现出错综复杂的局面。正因如此，改革开放以来，"西化"和"僵化"两种亚政治文化一直干扰着社会主义主流政治文化的健康发展。

当代中国的"西化"思潮是伴随着改革开放而生的。中华民族实现新的伟大振兴，一方面要从实际国情出发推进改革；另一方面要引进国外特别是发达国家先进的科学技术、管理方式和合理理念。但是，对外开放绝不是照抄照搬别国的全部做法和模式。然而，恰恰是在这个过程中，一股主张照抄照搬发达国家思想理念和制度模式的"全盘西化"思潮出现了。这股思潮的出现，当然有着错综复杂的原因。应该承认，"文化大革命"及之前我们在社会主义建设探索中的失误，历史上长期的文化封闭所造成的中外文化的强烈反差而导致的某种心理失衡，难免使得西方文化示范效应在一部分人中引起了简单的仿效思维。加之我们实行对外开放的时候正值西方新自由主义在发达国家经济、政治和文化舞台上登堂入室，主宰西方社会经济生活、政治生活和文化生活方向的时期，新自由主义就成为"全盘西化"论者的不二法门。这种"全盘西化"思潮不加分析地盲目崇拜西方的经济、政治制度模式和文化理念，认为中国现存制度是现代化的障碍，以为尽快引入西方制度就能够实现中国的现代化。这种思潮表现在政治文化上，就是崇拜西方自由主义民主，主张多党竞争、议会民主。毋庸讳言，这种思潮在中国一部分人中确实有着一定的思想市场，客观上影响着社会政治生活的健康发展。

无独有偶。与"西化派"相对立的是"僵化派"。尽管"僵化派"又分为"老左派"和"新左派"，两者在一些问题的认识和思想方法上也存在不同。但"僵化派"本质上一直陷于"传统社会主义"的观念里不能自拔，理论上带有强烈的民粹主义色彩。从改革开放伊始直到今天，"僵化派"对改革开放始终抱有微词。他们要么认为改革开放偏离了社会主义方向，是"中国特色资本主义"；要么认为改革过程中所出现的贫富不均、消极腐败等现象是改革开放带来的，由此对改革开放产生非议。尽管他们希望中国走向现代化的历史进程应尽可能地避免两极分化，实现公平正义，但是，他们欣赏"文化大革命"及之前的"平均主义"分配方式和"无产阶级专政下继续革命"的政治生态，甚至主张用"文化大革命"时期那种无政府主义"大民主"方式解决当前的矛盾和问题。显然，这是一种逆历史潮流而动的思想倾向。由于当前改革处于"攻坚期"、"深水区"的复杂性和艰难性，人民群众对现实生活中的矛盾和问题有所不满，这种思潮也在一部分群众中占有市场。

上述两种思潮都是将片面当成全面作为其思想特征的，犯了形而上学的毛病，应当通过讨论加以批评。问题在于，这些亚政治文化的存在和蔓延在一定程度上告诉我们，在当代中国加强社会主义政治文化建设，树立社会主义政治文化核心理念具有紧迫性和必要性。"西化"和"僵化"两种思潮能够在中国现代化的进程中此起彼伏、此消彼长，在很大程度上与我们的社会主义主流政治文化建构不足、理论上缺乏逻辑力量和可信服的程度有关。在推进中国特色社会主义政治发展道路上，只有进一步健全社会主义政治文化思想体系，树立社会主义政治文化核心理念，我们才能真正排除来自"西化"和"僵化"的思想干扰，为中国特色社会主义政治发展道路提供精神动力和思想保证。

二

在当代中国，我们要建构的社会主义政治文化核心理念应该是适应和推动中国特色社会主义政治发展道路客观需要的政治价值观念。

政治文化既是政治发展的精神动力和观念保障，又是政治发展的重要内容。政治发展理论倡导者之一阿尔蒙德曾经指出："政治发展首先是政治文化的世俗化，这主要是指人们的政治态度、政治观念的变化，即某种政治文化成为普遍化的、大众化的政治文化。其次才是政治结构的分化和政治决策能力和贯彻政策能力的提高。"[1] 国内一些学者也认为，政治发

① 参阅［美］加布里埃尔·A. 阿尔蒙德、G. 宾厄姆·鲍威尔《比较政治学：体系、过程和政策》，曹沛霖等译，上海译文出版社1987年版，第22—25页。

展"意味着政治关系各种外延形态和表现形式的发展变化。因此，它包括政治行为性质、主体、方向、方式的变革和调整，政治体系性质、基本构成和运行方式的变革，政治文化取向、观念、情感、态度、认识、思想、理论规范的变革和调整"。① 政治发展是不发达政治系统在特定社会、经济条件下，按照某种政治价值共识向发达政治系统变迁的过程。这种政治价值共识就是政治文化的核心理念。

政治文化的核心理念是具有民族特性的。"在一定的国家、民族、宗教、政治、经济和文化条件下，也就是在一定的历史—社会文化条件下，政治文化有其一定样式、色彩、特点和内容。当代的观念越来越倾向于承认，每个政治共同体都有自己特定的物质和精神生态环境，那么也必然会形成与之相符合、相平衡的政治文化。"② 在人类世界走向政治现代化的历史进程中，追求政治进步和发展民主法治是有着普遍意义的，这是对政治文明的共识。但是，不同国家由于受历史传统、经济制度、文化背景及其他社会条件的相互影响和制约，其政治发展方向和形式却是多种多样的，其政治文化也必然会打上民族的烙印。近代以来的社会历史发展说明，不同国家的政治发展道路在普遍追求人类政治文明的共同要求的同时，本民族和国家的客观实际即国情决定了自己的特有模式。西方社会在反对封建专制主义的资产阶级革命胜利以后大多数建立的是代议制民主政体，但由于各国国情和政治文化传统的不同，其代议制的具体实现形式也不同。在英国就是君主立宪制，而在美国、法国、德国就是民主共和制；同样是实行民主共和制的国家，美国实行的是三权分立下的总统制，而法国则是总统内阁制。在法律制度上亦然，英美就是以判例法为指导的英美法系；而欧洲大陆则是以成文法为主导的大陆法系。出现这种情况绝不是偶然的，都是每个国家的政治历史传统包括政治文化和具体国情使然。

中国在走向政治现代化的历史进程中，同样也要从实际国情出发探索自己的政治发展道路和政治文化观念。中国特色社会主义政治发展道路就是中国共产党领导人民从中国国情出发探索社会主义政治建设的实践结晶。它既遵循人类政治文明的共同要求，不断追求主权在民和现代法治的

---

① 王浦劬主编：《政治学基础》，北京大学出版社1995年版，第375页。
② 王沪宁：《比较政治分析》，上海人民出版社1987年版，第157页。

理念；又坚持从实际国情出发，具有自己丰富的内容和鲜明的特点，正是这些内容和特点构成了当代中国政治文化核心理念的基础。在深入推进民主法治建设的进程中，进一步廓清这些适应中国特色社会主义政治发展道路要求的核心理念，对于加强政治文化建设具有重要的意义。

建构当代中国政治文化的主要核心理念，应当以坚持党的领导、发扬人民民主和依法治国的有机统一这个中国特色社会主义政治发展道路的根本原则作为统领。在当代中国，共产党的领导是人民当家做主和依法治国的根本保证。中国正处于全面建成社会主义小康社会的关键历史时期，我们正面临着加快转变经济发展方式，进一步完善社会主义市场体系，建设社会主义先进文化，构建社会主义和谐社会，建设生态文明等一系列任务。要实现上述任务，就需要在政治上以发展民主和完善法治作为保证。社会主义民主和法治不能离开共产党的政治领导、思想领导和组织领导。社会主义民主是人民内部各个阶级和阶层的利益要求与政治诉求通过平等协商和少数服从多数的原则进行表达和集合；而社会主义法治则是确认、规范、保护社会主义民主的国家和社会治理体系。在民主法治建设过程中，如果没有一个能够有效整合各种政治资源、协调各方政治利益、代表最广大人民利益的政治领导核心在中间起着领导和组织作用，社会主义民主法治就不可能健康顺利地发展，整个社会就会是一盘散沙。所以，坚持中国共产党作为政治领导核心对中国社会生活包括对政治建设的领导具有客观性和必然性。当然，坚持党的领导必须改善党的领导。在过去一个相当长的时期内，由于种种原因，党的领导方式和执政方式还存在与民主法治建设不相适应的地方，从而影响了民主法治的发展，所以，必须更加注重通过改革和完善党的领导方式、执政方式以适应发展民主和加强法治的需要。坚持共产党的领导、人民民主和依法治国的有机统一，不是人民民主和现代法治适应共产党的领导，而是共产党的领导必须适应和融入民主法治建设之中。坚持和改善党的领导最终是为了更好地发展人民民主。人民当家做主是社会主义民主政治的本质和核心，只有人民群众切实享有法律规定的各项权利，能够通过各种形式和途径参与管理国家事务和社会事务，才能真正体现社会主义民主。人民民主是靠制度来保障的，离开了社会主义政治制度，人民当家做主就是空谈。人民代表大会制度是中国人民实现主权在民的主要平台和根本途径，具有独特的政治优势。从中国国情出发发展民主，就必须坚持这个制度，而不能简单地照抄照搬西方的

"三权分立"和"议会民主"。如果简单地照搬西方的"三权分立"、"议会民主",实行立法、行政、司法平行设置,人民代表大会的地位就会下降,人民权利高于一切的原则就会发生扭曲。中国的协商民主制度涵括国家和社会生活中所有能够实行协商的民主活动,既有国家政治生活层面的共产党领导的多党合作和政治协商制度,又有社会生活层面的基层协商民主活动,也有其特有的优势,应当在实践中进一步扩大和发展,而不能照抄照搬西方的多党竞争制度。中国民族区域自治制度的建立完全是从中国实际国情出发的,有利于民族平等和民族区域的地方自治。基层民主制度是改革开放以来党和人民在政治实践中的崭新创造,为广大人民群众直接行使民主权利,自己管理经济、政治和文化生活提供了广阔的空间和制度保障。所以,坚持中国特色社会主义政治制度,用制度保证人民当家做主,是坚持社会主义主权在民、人民至上价值追求的体现。民主离开法治,民主就是空的,社会主义民主的制度化特别是法律化,是实现人民当家做主的有力保证。依法治国是共产党领导人民治理国家的基本方略,只有实现依法治国,党的领导才能真正在宪法和法律的范围内活动,与人民民主和依法治国实现有机统一。依法治国是坚持党的领导和发扬人民民主有机结合的有效载体和重要形式。坚持党的领导、人民民主和依法治国的有机统一不是三个方面的简单组合,而是三个方面的有机融合。党的正确领导要通过民主和法治的不断发展得到体现;民主和法治建设中要体现党的正确领导。所以,坚持党的领导、人民民主和依法治国有机统一的原则,以这个原则统领社会主义政治文化建设核心理念的建构,在全体人民中形成共识,获得理解,是中国社会主义政治文化核心理念的主要特点,是区别于西方政治文化的关键所在。

建构当代中国政治文化核心理念必须着眼于树立积极稳妥地推进政治体制改革的政治信心和政治理念,树立勇于在政治建设上不断探索、不断创新的政治意识。坚持中国特色社会主义政治发展道路的根本途径是不断积极稳妥地推进政治体制改革。中国政治体制改革所面临的任务千头万绪,首先,最根本的任务是通过改革完善中国的社会主义政治制度。制度问题带有根本性、长期性、稳定性。如上所述,中国特色社会主义政治制度体现了社会主义主权在民和现代法治的价值追求,具有自己独有的优势和特点。但是,由于历史和现实的种种原因,中国社会主义政治制度的具体运行机制、操作规范即政治体制中还存在一些问题和弊端,使得这些制度的功能、作用没有充分发挥出来。因此，必须通过政治体制改革进一步完善这些制度，为发展民主和推进法治创造条件。其次，应当更加注重改革和完善党的领导方式和执政方式。完善社会主义民主制度不可避免地要求改革和完善党的领导方式、执政方式。我们党的现行领导方式和执政方式是在革命战争中和原有计划经济体制下孕育和形成的，它在一定时期内有过合理性和适应性，但已不太适应新的历史要求了。必须看到，党领导人民发扬民主不等于代替人民行使民主权利，党对国家政治生活的领导是政治领导而不是行政领导。要解决好这个问题，客观上就要求党的领导方式、执政方式必须而且应当变革，从以往的"政策治国"逐步转变到依法执政上来。党实行依法执政，就要支持和维护人民代表大会制度，切实发挥人民代表大会的民主平台和政治权威作用，因此要处理好同人民代表大会的关系，处理好同政府之间的关系，处理好同司法机关的关系，并且要将这些关系规范化，制定一整套权力配置科学合理，既能相互制约又能提高效率的制度和法律。最后，推进政治体制改革应当集中精力解决影响经济和社会发展、阻碍政治进步的突出矛盾。譬如切实转变政府职能，深化行政体制改革，在充分发挥市场资源配给作用的同时，合理运用政府宏观调控杠杆，为发展市场经济创造切合的环境和维护社会的公平正义，并且善于将两者统一起来，是深入推进经济体制改革与构建和谐社会的客观需要；进一步建立健全权力运行制约和监督体系，坚持用制度管权管事管人，保障人民的知情权、参与权、表达权、监督权，让权力在阳光下运行，做到决策权、执行权、监督权既相互制约又相互协调，是从根本上预防和惩治腐败的当务之急；进一步深化司法体制改革，确保审判机关、检察机关依法独立公正地行使审判权、检察权，是全面推进依法治国的客观要求，等等。总之，必须为解决这类问题抓紧出台改革方案和措施。政治体制改革作为上层建筑领域的调整既艰巨又复杂，客观上要求改革的领导者既要树立解放思想、与时俱进、开拓进取、勇于创新的政治勇气和改革信心，又要具有审时度势、把握全局、善于协调、真抓实干的政治艺术和组织本领，这些无疑要有正确的社会主义政治文化理念作为思想引导。同时，民主法治的深入发展是以公民政治参与的扩大为标志的，而公民政治参与需要良性的公民文化。在全体社会成员中普遍树立公民意识、权利意识、理性合法参与意识，是实现政治发展与政治稳定保持良好互动的重要前提。因此，以坚持党的领导、人民民主和依法治国有机统一的原则统领社会主义政治文化核心理念的建构，是推动中国特色社会主义政治发展道路的必然要求。

三

任何一种政治文化都不可能离开民族传统，建设中国社会主义政治文化要善于正确对待民族政治文化传统。

毛泽东说过："中国现时的新政治新经济是从古代的旧政治、旧经济发展而来的，中国现时的新文化也是从古代的旧文化发展而来的，因此，我们必须尊重历史，而绝不能割断历史。"[1] 中国有上下五千年的可考历史，政治文化积淀悠久深厚，其中有不少人类政治文明的精华。千百年来，中华民族在维系自己内部政治生活和抵御外敌入侵的过程中，形成了许多具有民族特点的政治理念和行为规范，至今仍然发挥着积极影响。譬如，儒家倡导的"政者正也"的政治正义追求，"先天下之忧而忧，后天下之乐而乐"的群体主义精神，"位卑未敢忘忧国"的政治关注情怀，以及在这些政治理念影响下所形成的不拘一格选拔人才的科举制度、博采众议的谏官制度、监督官吏的御史制度等，这些都对几千年中华民族的政治生活和政治活动产生过积极作用，甚至西方国家也都认真研究并且合理吸收过。对这些中国古代政治文化优良传统，不能简单地采取数典忘祖的历史虚无主义态度，不加分析的全盘否定，而是要在改造的基础上发扬光大。

在发掘民族政治文化优良传统的同时，必须坚定不移地清理封建主义思想糟粕。中国毕竟是一个具有两千多年漫长封建社会历史的国度，两千多年来，与封建主义自然经济基础和政治上层建筑相适应，形成了一整套封建主义政治文化。这种文化的特点是讲究宗法亲情和封建等级，推崇封建特权和君主至上，人们在政治生活中缺乏自主性、独立性，民主法治观念很少，专制主义人治思想始终占据支配地位。这种封建政治文化无孔不入地渗透到了社会生活的各个方面，影响着一代又一代人的头脑，阻碍着社会的进步和发展。党的十一届三中全会以来，在深入推进改革开放、发展社会主义市场经济的历史进程中，随着民主法制建设的不断深入，中国

---

[1] 《毛泽东选集》第2卷，人民出版社1991年版，第708页。

社会主义政治文化正在逐步发展，公民的自由观念、权利意识、参与精神、法治理念日益增强。但是，肃清封建专制主义思想残余需要一个长期的历史过程。中华民族可以不经过资本主义而直接进入社会主义初级阶段，但却不能一下子摆脱几千年来封建传统和旧的习惯的影响。在中国深入推进改革开放的进程中，封建主义思想残余始终困扰着我们，阻碍着社会的发展和进步。当前党内政治生活中存在的特权意识、等级观念、潜规则、腐败现象，当前社会生活中盛行的"清官意识"、关系学、厚黑学等，其源盖出于封建主义思想残余的影响。这说明，进一步肃清封建主义思想残余仍然是摆在党和人民面前的重要任务。

正因如此，如何辩证地对待民族政治文化传统是我们在构建社会主义政治文化过程中必须面对而且应该解决好的问题。毛泽东曾经指出："清理古代文化的发展过程，剔除其封建的糟粕，吸收其民主的精华，是发展民族新文化提高民族自信心的必要条件；但是决不能无批判地兼收并蓄，必须将古代封建统治阶级的一切腐朽的东西和古代优秀的人民文化即多少带有民主性和革命性的东西区别开来。"① 对于传统政治文化必须而且应该进行认真而科学的梳理，真正采取去粗取精、去伪存真、取其精华、弃其糟粕的态度。然而，由于历史和现实的种种原因，这个历史任务始终没有能够顺利完成，使得我们对传统政治文化遗产没有从总体上科学地对待和把握。要么将其完全视为封建主义的历史垃圾，要么将其封建主义的东西也视为文化瑰宝，使得中华民族在走向现代化的历史进程中缺乏民族政治文化之根。这个艰巨任务客观地提上了建构社会主义政治文化的工作日程。

四

既要善于合理吸收人类文明的共同成果，又不能简单地照抄照搬全部西方政治文化，也是构建社会主义政治文化核心理念过程中应该把握好的问题。

必须看到，由于价值追求、历史传统、现实状况和社会制度的不同，对于西方政治文化和制度模式我们绝不能也无法照抄照搬，鸦片战争以来

---

① 《毛泽东选集》第2卷，人民出版社1991年版，第707—708页。

的历史事实告诉我们，那既不可能也行不通。我们的人民代表大会制度和共产党领导的多党合作与政治协商制度是中国的根本政治制度，这些制度为社会公众实现自己的民主权利提供了空间和可能。尽管目前这些制度还存在许多不完善的地方，使社会主义民主的优越性还没有完全充分得到体现，但是，只要我们坚定不移地通过政治体制改革进一步加以发展和完善，社会主义民主制度的优势和效能最终将会体现出来。如果我们接受"全盘西化"，将西方的多党政治、议会民主、三权分立照抄照搬过来，这些政治制度就会发生根本变化，社会主义国家人民当家作主的性质就会遭到扭曲。与此同时，也应该看到，抵制政治文化建设上的"全盘西化"倾向，不等于简单地对待西方政治文化。在相当长一段时间内，我们对西方政治文化除了口号式的抽象批判之外，缺乏应有的理性分析和系统研究，其结果是要么对之顶礼膜拜，要么全盘拒绝，难以在理论上真正弄懂弄清西方政治文化的真实状况。所以，用辩证的方式廓清西方政治文化，在理论上说清楚、搞明白，这是构建社会主义政治文化核心理念的基础工作之一。

西方政治文化的主流是自由主义，其中既有很多带有资产阶级特有属性的东西，也有一些是人类文明的共同成果，而两者又错综复杂地交织在一起，需要我们认真研究和思考。譬如，关于自由和平等关系的理念就需要深入研究。自由通常是指人类在改造自然和社会的过程中摆脱控制和实现自主的发展程度；而平等则是人们在获得资源的过程中尽可能地实现相对均衡。在政治社会中，自由是专制的对立物，而平等则是特权的对立物。坚持自由和平等是社会主义题中应有之义。社会主义者不仅追求自由而且更加追求平等，并且将真正的自由和平等看成是实现无产阶级解放的最终目标。马克思在批判资本主义"异化劳动把自我活动、自由活动贬低为手段，也就把人类的类生活变成维持人的肉体生存的手段"[①] 的基础上，认为未来社会"将是这样一个联合体，在那里，每个人的自由发展是一切人的自由发展的条件"。[②] 恩格斯在《反杜林论》中说过，平等是一个古老的观念，也是近代以来各种理论派别都坚持的一个原则。平等作为一种美好的理想，不仅对于资产阶级反对封建统治的革命起到了巨大的

---

① 《马克思恩格斯全集》第 42 卷，人民出版社 2008 年版，第 97 页。
② 《马克思恩格斯选集》第 1 卷，人民出版社 1995 年版，第 273 页。

鼓动作用，而且也对无产阶级反对资产阶级的革命运动产生了重要的鼓动价值。① 社会主义政治制度的建立，为劳动人民实现真正的自由、平等奠定了基础，提供了可能。当然，由于社会主义都是在经济文化落后的国度里建成的，受生产力发展水平和文化发展程度的制约，社会主义自由和平等在发展的进程中还程度不同地存在着这样或那样的问题，都有待于通过发展社会主义民主和扩大社会主义法治加以逐步解决。但是，社会主义应当高扬自由与平等的思想旗帜，而且要比资本主义做得更好。改革开放以来特别是发展社会主义市场经济之后，我们确实应当不断扩大公民的经济自由和政治自由，以适应发展社会主义市场经济与构建和谐社会的需要，在这方面我们做得还远远不够。但是，社会主义自由强调的是个性自由与公共自由（即公共利益）的统一而不是分离，这是社会主义自由与西方自由主义的根本区别。同时，社会主义自由与社会主义平等紧密相连。邓小平始终强调要坚持社会主义平等的原则，认为"社会主义就是要消灭剥削，消除两极分化，最终达到共同富裕"。② 只有人民实现了共同富裕，才能实现社会的真正平等。没有共同富裕，就谈不上真正的社会平等。坚持平等的社会主义社会发展价值目标，就必须坚持整个社会最终走向"共同富裕"的原则。当然，平等不是平均主义，也不是同步富裕，需要通过不断提高效率来为实现平等创造物质基础，但是效率提高以后却绝不能忽略平等问题。

毋庸讳言，对自由和平等给予充分和系统的论述是随着西方自由主义思潮在反对封建专制主义的革命斗争时期开始的。资产阶级革命时期的自由主义原则尽管也不是尽善尽美的，但毕竟体现了革命精神，成为推翻封建专制制度的强大思想武器。然而，资产阶级在掌握政权以后为了维护自己的政治统治在对这些理念的诠释和理解中加入了一些自己的阶级属性，自由主义开始颓变。尽管如此，在西方自由主义阵营内部，也一直存在着主张"消极自由"和"积极自由"两种观点的分歧和对立。主张"消极自由"的古典自由主义和新自由主义在经济上推崇自由放任的市场经济理论，主张完全听凭"市场这只看不见的手"主宰经济活动，反对政府的必要调控和对公平的维护；在政治学说方面推崇功利

---

① 《马克思恩格斯选集》第 3 卷，人民出版社 1995 年版，第 444—449 页。
② 《邓小平文选》第 3 卷，人民出版社 1993 年版，第 373 页。

主义个人主义，主张个性自由和个人权利，否定平等的合理性，贬低公众的民主能力。这些都与社会主义的自由、平等理念存在着重大差别，我们不能全盘接受西方自由主义理念的原因也在这里。但是，"积极自由"理论与"消极自由"理论截然不同。西方主张"积极自由"的自由主义大师托马斯·希尔·格林指出，积极的自由就是人们充分利用自己的创造性去主动克服客观外界对主体发展的障碍而扩大自由；消极自由则是被动地适应客观外界以相对减少主体障碍。主张"积极自由"的自由主义者批评传统自由主义鼓吹"绝对个人主义"、"个人至上"的"消极自由"倾向。他们认为，个人的自由只有在对社会福利有用，符合于己于他都有益的道德准则下才是一种权利。同时，自由应当为所有社会成员平等地分享。自由既包括经济自由，又包括政治自由，政治自由必须建立在经济自由的基础上。主张"积极自由"思想的代表约翰·罗尔斯在他的代表作《正义论》中，尤其强调平等自由。他强调的平等自由，实际上不仅指法律的平等和机会的平等，而且指事实上的平等、结果的平等，为此就需要对最少受惠者（弱势群体）作出必要的补偿，以减少社会的不平等。在主张"积极自由"的自由主义者看来，作为公共利益协调者和法律制定者的国家，必须能够为所有社会成员的自由发展提供所需要的各方面外部条件。他们认为，古典自由主义主张国家奉行放任主义，对待经济和社会生活的完全不干涉态度，是 20 世纪的"过时"理论，它无视社会中不平等的发展，导致自由的逐渐毁灭，其结果只能使国家在政治上软弱无能和民主政治的破产。克服这一状况的最佳途径就是适当扩大国家干预经济和加强国家在社会生活中的作用，建设"积极的"福利性国家。与此同时，他们重视公民的民主权利，主张为了保证自由和民主的实现，应该尽可能地为公民提供更多行使政治权利的机会。显然，在自由主义内部主张"积极自由"的理论对于我们发展社会主义自由和平等是有一些理论参考价值和借鉴意义的。

又譬如对民主问题也需要深入研究。民主问题的确是当今世界被人们搞得最为混乱的问题。在西方的主流话语体系看来，民主就是多党竞争、"三权分立"。"民主"这个词汇在古代希腊是与"城邦"和"公民"联系在一起的，后来转义为"人民的权利"和"多数人的统治"。突出的是主权在民的理念，这是关于民主内涵的正确理解。然而，现代西方民主理论流派普遍关注的是民主的实现形式，因此出现了林林总总"带修饰词的民主"①，这种所谓"带修饰词的民主"其实就是民主的外延。当代西方主流政治话语的通病是将民主的外延混淆于民主的内涵，企图将西方的"消极自由"民主理念和制度模式在全世界范围内推广。民主的核心理念是人民主权原则和按照多数人意志进行决定，而选举、在自由平等基础上协商、代议制、权力制约等，只是民主的外延即具体实现形式。民主的内涵与外延当然有联系，共性（内涵）总是通过个性（外延）体现的；但民主的外延绝不等于民主的内涵，民主的外延总是同一国的国情联系在一起的。所以，任何一国的民主在坚持民主共同价值的同时，只能从本国的实际国情出发。正是在这个意义上，我们坚持中国特色社会主义民主发展道路，绝不能照抄照搬西方的民主模式是正当的、合理的。以自由主义民主为例。自由主义民主强调自由并不错，自由是民主的前提，没有自由就没有民主。但是，自由和民主并不是同一个范畴，两者不能混同；民主就包含着在按照多数人的意见进行决定之后，事实上少数人的某些自由必须向多数人作出让渡，如果在少数服从多数的基础上作出决定并且将之上升为制度和法律之后，少数人只强调个人自由，甚至在行动中反对按照多数人的意见所作出的决定，民主就不可能实现了。孟德斯鸠就认为："自由是做法律所许可的一切事情的权利；如果一个公民能够做法律禁止的事情，他就不再有自由了，因为其他的人也同样会有这个权利。"② 自由主义民主在理论上难以自圆其说，更不适合注重集体主义的中国国情。但是，我们也必须看到，西方"积极自由"多元民主理论主张扩大民主主体，社群民主主张公民积极参与和强调集体的重要性，协商民主主张通过协商扩大和实现民主以弥补选举民主的不足，都有其一定的合理内核，值得我们研究和思考。

此外，西方政治文化中的法治理念、权力制约理念等都是人类政治文明成果的体现，对此，我们切不可盲目加以排斥，全盘否定。认真批判吸收这些人类文明的共同成果，有助于我们在新的历史条件下进一步加强民主和法治建设，把中国特色社会主义政治建设推向前进。

（作者：李良栋，中共中央党校政法教研部教授）

---

① 参见王绍光《祛魅与超越》，中信出版社2010年版，第98页。
② 孟德斯鸠：《论法的精神》，中国社会科学出版社2007年版，第154页。

政治文化心理与社会主义核心价值观认同

自从党的十八大报告提出社会主义核心价值观概念以来，学术界便围绕着如何增强社会主义核心价值观的认同度展开了热烈讨论。本文从政治文化心理这一微观视角入手，在阐述政治文化心理对于增强社会主义核心价值观认同度的重要作用的同时，着重论述了通过多角度培育政治文化心理并以此增强对社会主义核心价值观认同度的方法论路径。

一 政治文化心理相关概念界定

政治文化最初是由加布里埃尔·阿尔蒙德于 1956 年在《比较政治系统》一文中率先提出来的。之后，阿尔蒙德曾先后三次界定政治文化概念。第一次他指出，政治文化是特定政治体系固定于特定政治行为的特定取向模式；第二次他指出政治文化是指特定国家中的人们就其相同或不同的政治态度、价值、感情、资讯、技术的一个特定分配；第三次他指出，政治文化是流行于特定国家特定时期的一组有关政治的态度、信念与感情。不论何种说法，政治文化在阿尔蒙德看来都是特定国家中的人们关于政治现象的主观心理层面，并且是该国家政治体系得以维持、变更的基础。

中国学术界关于政治文化的界定主要分为三类。第一类是将政治文化广义化，即认为政治文化不仅包括政治心理，还包括政治思想理论及政治制度。持这一观点的代表人物有朱日耀、赵军、郑敬高等。第二类主张政治文化包含政治思想、政治心理两个层次的内容。持这一观点的代表人物有王沪宁、刘泽华、葛荃等。第三类认为政治文化只应包括政治心理层面。持这一观点的代表人物有俞可平、马起华、丛日云等。

通过以上国内外政治学专家对政治文化的不同阐释，我们可以看出，政治文化心理是隶属于政治文化的一个重要内容。具体来说，政治文化心理可以从横向与纵向两个维度加以分析。从横向上看，政治文化心理大体上可以分为政治认知、政治情感、政治动机以及政治价值四个部分；从纵向上看，政治文化心理大体上可以分为村民文化心理、臣民文化心理与公民文化心理。阿尔蒙德在《公民文化：五个国家的政治态度和民主制》中，将政治认知分为"村民性认知"、"臣民性认知"和"公民性认知"三个种类，与此相对应，政治文化心理可以划分为村民文化心理、臣民文化心理与公民文化心理①三个部分。关于社会主义核心价值观的阐释，可谓仁者见仁、智者见智。笔者认为，党的十八大报告中提到的"倡导富强、民主、文明、和谐，倡导自由、平等、公正、法治，倡导爱国、敬业、诚信、友善"的社会主义核心价值观具有组织权威与科学权威。通过由宏观到微观的结构化思维来梳理政治文化心理与社会主义核心价值观的相关概念，我们会得出这样一个结论，即要增强中国现阶段社会主义核心价值观的认同度，需要切实培育与之相适应的中国特色的政治文化心理作为认同基础。

二　增强社会主义核心价值观的认同度，亟须培育中国特色的政治文化心理

（一）从理论上说，中国核心价值观理论实现了从传统经学到现代马克思主义的转变，这就提出了培育中国特色的政治文化心理以增强社会主义核心价值观认同度的新要求

几千年来经学一直是中国传统文化的核心价值理论，直至十月革命一声炮响给中国送来了马克思主义，马克思主义便成了中国共产党以及新中国的核心价值理论。尽管经学嬗变与接受马克思主义完成了中国核心价值观理论形态的转变，但这并不意味着经学理论所渗透的政治文化心理完成了从传统臣民文化心理向中国特色的现代公民文化心理的转变，原因主要有以下三点：第一，政治文化心理相对于社会形态演进来说具有滞后性，

---

① 阿尔蒙德在《公民文化：五个国家的政治态度和民主制》中，将政治认知分为"村民性认知"、"臣民性认知"和"公民性认知"三个种类，与此相对应，政治文化心理可以划分为村民文化心理、臣民文化心理与公民文化心理。

不会随着社会形态的改变而迅速发生变化。第二，臣民文化心理具有本质上的落后性，由于其具有强调个人义务与忽视个人权利等基本特征，而难以成为增强社会主义核心价值观认同度的中国特色政治文化心理。第三，公民文化心理具有双重性。公民文化心理既强调个人义务，又强调维护个人权利。应该说，这是比臣民文化心理相对进步的地方。但是公民文化心理又可以分为两种：一种是重视个体权利与义务的公民文化心理；另一种是重视集体权利与义务的公民文化心理。前者不属于马克思主义理论范畴，这是不容置疑的。问题是隶属于马克思主义理论范畴的后者能否体现出中国特色与时代特色，并因此增强对社会主义核心价值观的认同度，这是一个值得关注的问题。总之，中国核心价值观理论实现了从传统经学到现代马克思主义的转变，从理论上提出了培育中国特色的政治文化心理以增强对社会主义核心价值观认同度的新要求。

（二）从实践上说，新时期社会结构转型带来了社会各界价值观念与政治文化心理的新变化，这就提出了培育中国特色的政治文化心理以增强对社会主义核心价值观认同度的新要求

社会价值观日趋多元化的发展趋势提出了培育中国特色的政治文化心理的迫切要求。改革开放以来，随着社会大众物质生活水平的逐步提升，人们的价值观也日趋多元化。从总体上说，有盲目崇拜西方价值准则的"洋"价值观，有迷信古代价值准则的"古"价值观，当然也有遵循马克思主义价值准则的社会主义核心价值观。价值观就是主体以自身的需要为尺度，对外在于自身的事物或现象所蕴含意义的认识和评价，不同的政治文化心理会带来不同的价值观。这样看来，要增强对社会主义核心价值观的认同度，亟须培育遵循马克思主义价值准则的中国特色的政治文化心理。

新中国成立后动态发展的政治文化心理本身就提出了培育中国特色的政治文化心理的迫切要求。上文提到，政治文化心理在横向上主要包括政治认知、政治情感、政治动机以及政治价值四个部分。其中，新中国成立后社会各界的政治认知途径经历了从单一向多元的变化过程；政治情感经历了从笃信到冷漠再到回暖的变化过程；政治动机经历了由狭义到广义的变化过程；政治价值经历了由崇拜、迷信个人权威到独立、理性思考的变化过程。政治文化心理的动态发展在一定程度上和在一定范围内是好事情，但是如果超出了一定范围将会直接影响社会主义核心价值观的主导地

位，甚至引发一些更具破坏性的社会问题。所以，新中国成立后动态发展的政治文化心理提出了培育中国特色的政治文化心理的迫切要求。

三　多角度培育中国特色的政治文化心理，增强对社会主义核心价值观的认同度

（一）坚持以社会主义核心价值观作为培育中国特色的政治文化心理的总体指导思想，增强对社会主义核心价值观的认同度

坚持以社会主义核心价值观作为培育中国特色的政治文化心理的总体指导思想，在理论上需要对社会主义核心价值观保持清醒的认识，这主要表现在以下两个方面：一是需要弄清楚社会主义核心价值观是否须凸显"社会主义"这一制度属性？此问题的实质在于是否承认核心价值观具有阶级性，或者说，中国特色的社会主义核心价值观是否需要继续坚持用群众观点、阶级观点、辩证唯物主义观点分析并解决问题？如果认为社会主义核心价值观不须凸显制度属性，那就意味着核心价值观不具有阶级性，其结果将是无产阶级核心价值观、资产阶级核心价值观以及地主阶级核心价值观三者混为一谈。这样看来，社会主义核心价值观还是要凸显"社会主义"这一制度属性的。二是要弄清楚社会主义核心价值观与普世价值是什么关系？此问题的核心在于如何看待中国特色的社会主义民主与西方民主的相互关系。关于这一问题，笔者认为，西方民主经过了上百年的发展历史，肯定有一套适合西方国家国情的民主政治制度，但这并不是说西方国家的民主政治制度适合世界上任何一个国家的国情。换句话说，西方民主不具有普世价值。尽管如此，西方国家在民主政治建设过程中积累的诸多人类优秀文明成果，还是值得我们借鉴的。总之，从理论上对社会主义核心价值观保持清醒的认识，是培育中国特色的政治文化心理并增强对社会主义核心价值观认同度的基本前提。

坚持以社会主义核心价值观作为培育中国特色的政治文化心理的总体指导思想，实践上需要在社会主义核心价值观理论的指导下实现自我突破。由于建设中国特色的社会主义事业既具有社会主义意义上的普遍属性，又具有中国意义上的特殊属性，再加上在建设中国特色的社会主义过程中所遇到的种种阶段性问题，社会主义核心价值观践行能力的不足是不可避免的。要提升社会主义核心价值观的践行能力，需要着重做好以下两

点：一是运用党纪与法规规范各级党组织和政府的日常行为，并以此提升各级党组织和政府的社会主义核心价值观实践能力。目前社会主义核心价值观践行能力不足的，不可否认导致这一现象的部分原因是党员和政府人员先锋模范作用的丧失。目前，社会各界对各级党组织和政府大多持切割性评价态度，如"党中央和国务院是亲民务实的"，"省委和省政府是优秀的"，"市委和市政府是良好的"，"县委和县政府是合格的"，"镇党委和镇政府是不及格的"等。各级党组织和政府在社会主义核心价值观实践方面部分丧失的先锋模范作用，不仅会日益拉大社会主义核心价值观理论与实践之间的差距，而且会造成社会各界对于党和政府从切割性评价转向整体否定性评价。二是进一步健全、完善社会主义政治经济体制，消除腐败产生的根源。社会主义核心价值观践行能力的不足，在很大程度上源于腐败的滋生与蔓延，而非对社会主义核心价值观理论本身的怀疑与否定。社会主义市场经济体制是利国利民的千秋大计，但是不可否认还有不够完善的地方。随着改革开放与社会主义市场经济体制的推行，特别是在调整中央与地方关系过程中权力下放政策的逐步实施，由于上级对下级缺乏强有力的监督与约束，部分党组织和政府打着改革开放的旗号大行腐败之实。腐败行为本身就是对社会主义核心价值观的践踏，腐败的滋生、蔓延会逐步弱化社会主义核心价值观的践行能力。总之，在实践上提升社会主义核心价值观的践行能力，是培育中国特色的政治文化心理并增强对社会主义核心价值观认同度的重要前提。

（二）合理扬弃臣民文化心理，增强社会主义核心价值观的理论认同度

臣民文化心理既有消极影响，也有积极影响。要增强社会主义核心价值观的理论认同度，就需要合理扬弃臣民文化心理。

臣民文化心理的消极影响主要源于二个方面：其一是封建专制主义的影响。中国是一个有着两千多年封建专制统治的国家。政治上的极权统治，经济上自给自足的小农经济强化了广大人民群众的臣民文化心理。其二是苏联社会主义模式的影响。中国传统社会主义建设是按照苏联模式进行的，这就导致了苏联政治文化中某些不合时宜的东西也一并被照抄照搬。改革开放以来，尽管中国特色的社会主义建设理论扬弃了苏联模式，但由于意识形态的相对独立性，苏联模式在一些地区、部门、行业中仍在运转。因此，臣民文化心理的消极影响需要予以坚决抛弃。

臣民文化心理的积极影响主要源于传统文化的精华方面。传统臣民文化心理并非都是糟粕，其中也包含一些优秀特质。比如，传统臣民文化心理中"修身"的最佳方法是"致广大而尽精微，极高明而道中庸"，即把形而上与形而下结合起来，既要有超出俗世的精神境界，也要不脱离客观现实；从修身的途径来说，《大学》提出了格物、致知、诚意、正心、修身、齐家、治国、平天下的路线；从修身的目的来说，就是要达到以天下为公，敢于担当社会责任，实现为"天下"服务的终极旨趣。又如，传统臣民文化心理"正己"要"三省吾身"①，做到"不二过"②，以求"子帅以正，孰敢不正?"③ 对公事坚持秉公办事，不偏私心，不存异心，"法不阿贵，绳不挠曲"④；对国家坚持公心为上，去其私利，"好问而好察迩言，隐恶而扬善，执其两端，用其中于民"⑤。传统臣民文化心理的精华远不止于此，为篇幅所限，仅举此二例加以说明。通过上述分析可以看出，传统臣民文化心理并非都具有私利性，其中一些优秀特质也具有鲜明的自觉性、集体性和进取性。从这个意义上说，臣民文化心理的精华部分需要继续发扬。

（三）建立中国特色的公民文化心理，增强社会主义核心价值观理论的认同度

能够增强社会主义核心价值观理论认同度的中国特色的公民文化心理至少应该包括先进性、时代性与民族性指向三个方面。

中国特色的公民文化心理的先进性指向主要指的是认同社会主义核心价值观的新型公民的出现。唯此，社会各界才能对各种政治事务作出正确的价值判断，并在中国特色的社会主义建设中再次成为重要的政治力量。社会发展有其内在规律，不以任何人的意志为转移。随着中国特色的社会主义经济、政治、文化、社会的日益现代化，中国特色的公民社会必将逐步形成，与此相适应的中国特色的公民文化心理也将日渐成熟。

中国特色的公民文化心理的时代性指向主要指的是能够合理安排权利与义务、个体与集体两种矛盾关系的现代公民的出现。一是合理安排权利

---

① 《论语·学而》。
② 《论语·公冶长》。
③ 《论语·颜渊》。
④ 《韩非子·有度》。
⑤ 《礼记·中庸》。

与义务的关系。根据现代民主政治发展的要求，现代公民既应积极争取自己的政治权利，同时也应自觉履行相应的政治义务，否则会造成冲突型政治和顺从型政治。无论是冲突型政治还是顺从型政治，都不利于增强社会主义核心价值观的认同度。只有做到权利与义务相统一，才能孕育出成熟的中国特色的公民文化心理，并因此增强社会主义核心价值观的认同度。二是合理安排个体与集体的关系。中国特色民主政治的实质是实现人民当家做主，这就要求公民在政治实践中能够做到自主、自决、自控，并具有独立的政治人格和意志。但是，公民个体在面对强大的政治权力时，往往显示出个体力量的弱小，因而在常规政治参与中公民个体应善于借助集体的力量来解决问题，如通过结社或参加政治组织以增强政治影响力，从而实现有效的政治参与。因而，能够合理安排权利与义务、个体与集体两种矛盾关系的现代公民的出现，是衡量中国特色的公民文化心理的时代性指向的重要指标。

中国特色的公民文化心理的民族性指向主要指的是对民族精神、民族作风、民族气派形成心理认同的现代公民的出现。现代性色彩浓厚的公民文化心理是民族进步的主要表现，也是增强民族自信的有力载体。但是，现代公民文化心理又是建立在传统政治文化心理的基础之上的，我们不能割裂二者之间的联系使之相互走向孤立。传统政治文化心理积淀下来的天人合一、贵和尚中、刚健自强、君子风范等民族精神、民族作风、民族气派为现代公民文化心理补充了无限的正能量。吸收传统政治文化心理后的现代公民文化心理才有可能成功转化为中国特色的政治文化心理，并在此基础上增强社会主义核心价值观的认同度。

（四）充分运用结构化思维来加强中国特色的政治文化心理的培育工作，增强社会主义核心价值观的认同度

要加强中国特色的政治文化心理的培育工作，增强社会主义核心价值观实践的认同度，除了上述三方面宏观思路外，还需要运用从宏观到微观的结构化思维来细化中国特色的政治文化心理的培育工作，这主要包括以下四个方面：

一是不断拓展政治认知渠道，培育中国特色的政治文化心理，增强社会主义核心价值观的认同度。改革开放以来，中国民众政治认知途径由传统社会主义时期单调的"两报一刊一广播"拓展为包括党报党刊、电视新闻、网络新闻、广播新闻、阳光政务、电子政务等在内的多层次复合

体。尽管多渠道的政治认知是改革开放时期政治文化心理的特色所在，但是社会各界的政治知情权还仅仅限定在一定的范围内，这种情况在某种程度上还困扰着中国特色的政治文化心理的培育工作。随着改革开放的纵深发展，政治认知渠道要进一步拓展，做到除国家机密与军事机密以外的政治信息及时向社会公布。只有这样，各级党政机关与社会大众才可以准确、快速、高效地实现双向互动，这样更有利于开展中国特色的政治文化心理的培育工作，并以此增强社会主义核心价值观的认同度。

　　二是善于引导政治情感走向，培育中国特色的政治文化心理，增强社会主义核心价值观的认同度。改革开放以来，随着社会结构转型所带来的社会震荡幅度的不断加大，社会各界的政治情感一直处于不断变动中。1978—1988 年是中国改革开放的黄金时期，随着家庭联产承包责任制与社会主义市场经济体制的逐步实行，社会各界在政治上拥有自由的同时，经济上迅速摆脱了贫困。这一时期，社会各界对党和国家怀有较为浓厚的情感；1989—2002 年，中国改革开放事业出现了一些阶段性问题，社会各界对党和国家的政治情感开始不同程度的降温。在此背景之下，生存与发展压力日益加大的社会各界对党和国家的政治情感骤然降温。2003 年以来，由于党和国家采取有力措施发展经济、改善民生，广大人民群众的政治情感开始回暖。社会各界对党和国家的政治情感总体上是积极的，但也难免会出现阶段性波动。是否善于引导政治情感的走向，直接影响着社会各界的政治文化心理及其对社会主义核心价值观的认同度。

　　三是适应政治参与动机多元化现实，培育中国特色的政治文化心理，增强社会主义核心价值观的认同度。在新中国成立后的 30 年里，社会各界的政治参与动机主要源于最高领袖的个人权威，而非基于自身利益的诉求，其政治参与动机具有明显的被动性特征。20 世纪 80 年代以来，随着中国公民政治权利获得制度化实现渠道的政治体制改革的深入，社会各界的政治参与动机已从根本上由被动转变为主动，并具有多元化色彩。其中，寻求经济利益是社会各界政治参与最基本、最主要的动机。这里的经济利益既包括集体利益，又包括个人利益，这在今天的诸多维权行动与基层群众自治行为中都有充分体现。多元化的政治动机能否得到满足以及得到何种程度的满足，也会影响社会各界的政治文化心理及其对社会主义核心价值观的认同度。

　　四是实现政治价值理性化，培育中国特色的政治文化心理，增强对社会主义核心价值观的认同度。事实已经证明，中国新时期的人民大众不同于马克思恩格斯时期法国的人民大众，也不同于孙中山、毛泽东时期的人民大众。三十多年的改革开放给予他们一定的经济自主权，多种群众自治实践培育了他们的公民权利意识，文化教育的发展使他们有了独立判断的政治思维能力，现代化的通信和宣传为他们提供了获取政策信息的广阔渠道，这些都使得广大人民群众超越了传统的局限，在政治情感上不再迷信、盲目狂热。他们正逐步形成独立判断、自主管理、理性表达的公民文化心理。理性化的政治价值思维不会简单地肯定一切与否定一切，这对于提升社会主义核心价值观的认同度是一件好事情。我们有理由相信，经过比较研究之后的理性化政治文化心理，必将有助于社会主义核心价值观认同度的提升。

　　总之，对于如何增强社会各界的社会主义核心价值观认同度这一热门话题，我们可以将政治文化心理这一微观视角作为突破口与切入点，在高度重视政治文化心理对于增强社会主义核心价值观认同度的重要作用的同时，争取从多角度培育政治文化心理并以此作为增强社会主义核心价值观认同度的重要方法论路径。

　　（作者：李涛，北京师范大学马克思主义学院教授，中国政治学会理事，北京市政治学行政学学会副会长；王新强，北京师范大学马克思主义学院博士研究生）

制度建设：践行社会主义核心
价值观的路径

社会主义核心价值观是在中国社会主义事业建设和改革开放的伟大实践中逐渐形成的，是关于社会主义制度相对稳定的价值本质的凝练表达。它能为当今社会的生存和发展提供普遍的价值认同，形成社会的凝聚力，促进和谐社会的建设。党的十八大报告指出："要深入开展社会主义核心价值体系学习教育"，"倡导富强、民主、文明、和谐，倡导自由、平等、公正、法治，倡导爱国、敬业、诚信、友善，积极培育和践行社会主义核心价值观"①。"三个倡导"的表述，表明了我们党对社会主义核心价值观认识的不断深化。社会主义核心价值观是在中国社会主义建设实践过程中逐渐形成的，并被广大人民群众广泛认可的普遍价值规范，通过价值共识的凝聚，可以把价值观逐渐转化为人民群众的内在信念和自觉行为，更好地促进重要战略机遇期中国政治秩序的稳定。

一　把握社会主义价值观生成的一般规律

社会主义核心价值观的三个基本层次是一个完整的体系，体现了中国社会主义公民应当提倡和遵循的基本价值准则。一个国家价值观的形成，都有其特定的社会环境。社会主义核心价值观也不例外。从一般的意义上讲，社会主义核心价值观是在中国特色的社会主义这个历史阶段自然形成的，"是一种自生自发的价值体系，脱离特定社会场域人为地臆造的价值

---

① 胡锦涛：《坚定不移沿着中国特色社会主义道路前进　为全面建成小康社会而奋斗》，人民出版社 2012 年版，第 31—32 页。

观是不可能被人们所接受的"①。社会主义价值观都是在科学揭示、正确把握社会的发展规律和正确认识价值观的内在规律的基础上生成的，它凝聚着时代精神，对社会积极的、进步的价值进行倡导，依赖国家意识形态的灌输、引导和强化，通过长期的积累和推进，被逐步内化到人们的思想深处和意识深处，最终形成人们的自觉价值取向和价值追求。

将社会主义核心价值观作为中国人民行为的最高指导原则，最重要的是如何让这些原则进入人们的内心，成为一种信念并内化到人们的日常行为中去。社会主义核心价值观是坚持中国特色的社会主义道路自信、理论自信、制度自信的内在要求。党的十八大报告分别从国家、社会、公民三个层面论述和阐释了社会主义核心价值观的内涵、层次，包含了社会主义的物质文明、精神文明和政治文明，它是在建设社会主义先进文化和弘扬民族精神基础上提出来的，系统地表述了中国社会主义建设过程中所形成的价值体系中最根本、最重要和最集中的精神内核，是对社会主义核心价值体系的高度凝练和集中表达。作为一种先进理念的社会主义核心价值观，它能凝聚人心，激励和引导人民群众寻找真善美，为人们的社会生活和价值追求提供精神指导，并促使人们把这种价值观转化为社会生活的自觉行动。目前，改革开放已进入攻坚期、深水区，经济转轨和社会转型使利益矛盾错综复杂，与之相伴的是文化上的激荡、思想观念的冲突、价值观的碰撞，造成社会政治秩序风险增大。社会主义核心价值观是我们党在凝聚全党全社会价值共识基础上作出的重要论断。因此，首先必须在思想观念上认识社会主义核心价值观的生成规律。社会主义核心价值观与中国特色社会主义的改革开放要求相契合，符合时代发展的要求。社会主义的核心价值观是中国制度建设的灵魂和内核，体现了与中国现行政治制度的一致性，同时很好地解决了核心价值观各要素之间的关联性。即符合社会主义的本质要求，又适应了现实中国发展的要求，也与中国优秀的传统文化和人类文明优秀成果相衔接。社会主义核心价值观是在中国特色的社会主义建设的伟大实践中，依据核心价值观生成的一般规律和社会主义本质规定性的内在要求，在充分借鉴和吸收世界文明成果和中国传统价值观合理内核的基础上，经过充分的论证、理论的升华逐步凝练而成的，它是中

---

① 虞崇胜：《凝练社会主义核心价值观应把握其生成规律》，《中国党政干部论坛》2013 年第 2 期。

国特色的社会主义思想体系的内核和行动指南，是国家政治制度安排的灵魂，也是社会核心机制体系的逻辑起点。体现了自生自发性、历史时代性、主观凝练性、制度凝结性和要素相关性，是一个不断生成的规律过程。

其次在开放观念和利益观念上把握社会主义核心价值观的生成规律。社会主义核心价值观为改革开放的推进整合力量、凝聚共识。改革是一场深刻的社会变革，包括观念转变、体制转轨、社会转型，涉及艰难复杂的利益关系调整，在改革过程中触动现有的既得利益，形成新的利益矛盾和问题是在所难免的。当前改革已进入攻坚阶段，与改革初期我们选择风险比较小、容易推进的领域相比，一些深层次的利益矛盾越来越凸显出来，造成改革的风险系数逐渐增大，这些复杂的利益矛盾既有改革过程中利益格局的重大调整，又涉及机制体制等方面的改革，解决这些问题的难度更大。所以，目前凝聚共识的主要着力点，已经不是要不要改革的问题，而是如何改和改什么的问题。社会主义核心价值观从三个不同层面体现了价值上的最大公约数，通过对社会利益观念和社会思潮的动态分析，强化对改革难点、热点问题的正确引导，在尊重差异中扩大改革认同、政治认同和社会认同，在包容不同利益主体利益追求的多样性中形成思想共识，最大限度地为改革过程中的利益调整减震和抗压。

二 加强制度建设，推动社会主义核心价值观认同的途径

只有将社会主义核心价值观体现在中国特色的社会主义基本制度中，才能逐步引导人们形成对社会主义价值观的信念，才能产生对基本制度的忠诚。制度是一系列被制定出来的约束、激励人们行为的稳定的规则体系，可以发挥约束行为、确定活动边界、塑造个人选择偏好、营造环境和形成秩序等多种功能，可以将社会主义核心价值观所倡导的理念有效地内化到人们的行为中去。因此，系统的制度建设对推动社会主义核心价值观的形成具有重要意义。

首先，制度建设具有普适性。制度作为普遍的行为规范具有普遍的适用性和强制性。在制度面前人人平等，制度一旦形成并发挥了作用，任何人和组织的行为都会受到制约和监督，人们的行为一旦违反制度，就必然

会受到制度的惩罚。社会主义核心价值观不仅继承了中国传统文化的精髓，也吸收了世界文明进步的成果，所以，它所倡导的理念本身就具有一定的普适性。制度建设的主要任务就是将这些理念通过完美的制度体系进行表达，因此，制度建设也就天然地具有了一定的普适性，其功能的发挥可以有效地保证人们对社会规范的遵守。其次，制度建设具有稳定性。按照新制度主义的观点，制度可以被理解为一套行为规则，而这一套行为规则又可以理解为制度安排。① 一方面，制度安排可以是正式的，也可以是非正式的。正式的制度如宪法、法律与规定等，而价值、意识形态和习惯就是非正式的制度安排。宪法、法律与规定这些正式的制度一经确立，不太可能轻易改变；而价值、意识形态和习惯本身就是在经历较长的历史时期以后才会形成的，所以，站在一个特定的历史阶段来看，制度的变化可以说相当缓慢，因此，制度建设具有稳定性。另一方面，制度一旦制定并上升为法律意志，就不会因为领导人的改变而改变，更不会因为领导人个人的好恶而出现异化。制度建设蕴含的是法治精神，它克服了人为的随意性、片面性和局限性，从根本上保证了稳定性和连续性，从而使践行社会主义核心价值观沿着规范化、稳定化的道路前进。最后，制度建设具有长期性。社会主义核心价值观建立在中华民族优秀文化传统之上，是国家和民族价值体系中最本质、最具决定作用的部分，是社会主义精神和价值体系中最根本、最重要和最集中的价值内核，支撑和影响着所有价值判断及社会发展的未来走向。因此，社会主义核心价值观建构和践行在关注人民大众现实需求的同时，更注重引领社会思潮、凝聚社会共识的长期目标和价值传递的效用。制度建设不是一时一事的，是全方位、全过程的，是长期性的政府行为，是一个从整体、宏观、长远的角度，以逐步建成内容科学、程序严密、配套完备、有效管用的制度体系为追求，并通过制度规范的目标、模式和程序的系统运行，为社会主义核心价值观的践行提供明确的选择空间和前进方向的系统工程，从而推动社会主义核心价值观成为人们共同遵循和维护的行为准则并内化为人们的文化精神。因此制度建设具有促进社会主义核心价值观践行的根本性和长期性。

制度建设是一个不断实践，不断修正、补充、完善制度法规体系的动

① ［德］柯武刚、史漫飞：《制度经济学：社会秩序与公共政策》，韩朝华译，商务印书馆2001 年版，第 35 页。

态调适过程；是根据制度自身发展的规律，通过加强制度的建立、完善、贯彻执行和监督，形成结构完整、配置科学、程序严密、制约有效的制度法规体系，从而使践行社会主义核心价值观的活动日益成为制度化、民主化、科学化的动态过程。为此，推动制度建设主要体现在：

首先，通过制度建设拓宽社会主义核心价值观践行的制度空间，促使社会主义核心价值观内化为制度文化。社会主义核心价值观能否转化为人们自觉的行为实践，是由其社会认同度和内化度来决定的。制度具有塑造个人选择偏好、提供行为预期的激励功能，要想使社会主义核心价值观成为中国社会支撑性价值观，就必须让这种价值观在现行的制度体系中得到体现，并内化为整个制度体系的精神内核，增强价值与制度间的耦合效应。

其次，通过制度执行的环节，构建一套比较健全的、配套的、操作性强的具体制度，保证科学完善的制度得到有效运转和落到实处，从而为社会主义核心价值观创造可切实践行的条件和机会。制度建设不仅仅指制度的制定、完善，还包括制度的执行和制度的监督，三者是制度建设不可或缺的环节，其中，制度的执行是制度建设的关键环节。我们在践行社会主义核心价值观的过程中，普遍存在着重宣传轻制度的倾向。在这种倾向的影响下，我们倡导的一些价值理念不能内化到人们的日常行为中，反而一些人类社会应该共同坚守的道德底线却不断被突破。因此，必须通过确立具体实施细则，增强制度的可行性和操作性，有效化解制度执行乏力、执行扭曲或难以执行等问题。

最后，通过制度的监督环节，促使制度管权、管事、管人，强化社会主义价值观的贯彻落实。一方面，应建立健全保障践行社会主义核心价值观的工作机制，建立一套保障践行社会主义核心价值观的监督制度，明确践行社会主义核心价值观的责任和要求。另一方面，应建立践行社会主义核心价值观的科学合理的绩效评估制度，增强践行者尤其是制度执行者的积极性，避免执行不力、执行走样的状况发生，从而确保社会主义核心价值观切实发挥制度行为的作用。

要将社会主义核心价值观转化为人们的自觉行为实践，还需要有相应的载体。从某种程度上讲，观念能否转化为行为实践，主要由人们的认同程度所决定。因此，必须通过广泛的传播，提升社会主义核心价值观的社会认同度。只有有了较高的社会认同度，观念才有可能内化为人们的实践行为。正如历史制度主义者所认为的那样，"观念在找到适当的组织表达途径时才会变得强大起来"，"观念的传播和扩散并不是一个社会行为体的接纳或否决的简单过程，其间涉及一些基本的中介载体：组织或制度"①。历史制度主义者认为，制度和组织二者间没有明显的差异，但他们强调的主要是制度（或组织）在观念传播中极其重要的作用。

任何特定时代的价值观都是多元的，也是处于不断发展和变化当中的。要想使这些价值观中的任何一种成为一个社会的支撑性价值观，就必须让这种价值观在现行的制度体系中得到体现，必须让这种价值观成为整个制度体系的精神内核。否则，如果核心价值观与制度体系不契合，那么社会主义核心价值观就有可能被浅表化和碎片化。如果一个社会长期处于"价值与制度"两张皮的状态，或处于"价值空置"和"制度空转"状态，就会与社会发展的终极目标渐行渐远，民心就会离散，社会就会混乱。②

马克思指出："'思想'一旦离开'利益'，就一定会使自己出丑。"③价值观是思想之精髓，因此，价值观要想在实践中产生影响，决不可以只是在纯粹的思想领域内封闭循环。践行社会主义核心价值观应是一项涉及社会各领域的系统工程。因此，就只能充分让最广大的人民群众自觉地加入践行社会主义核心价值观的活动中，只有这样，才有可能完成这一系统工程。正如经典作家所说的："思想本身根本不能实现什么东西，思想要得到实现，就要有使用实践力量的人。"④要让最广大的人民群众的行为符合社会主义核心价值观所倡导的理念，就一定要有系统的制度建设来调整社会利益关系，进而内化为人们的行为习惯。

三　从中国优秀的传统文化中汲取正能量

特定社会转型成功所采用的具体形式都是建立在特定的社会历史文化背景基础上的，只要这些社会历史文化背景无法复制，那么盲目照搬这些

---

① 杨光斌：《政治变迁中的国家与制度》，中央编译出版社 2011 年版，第 48 页。

② 虞崇胜：《凝练社会主义核心价值观应把握其生成规律》，《中国党政干部论坛》2013 年第 2 期。

③ 《马克思恩格斯文集》第 1 卷，人民出版社 2009 年版，第 286 页。

④ 同上书，第 320 页。

具有个性化的形式是没有用的。"东方国家在面对借鉴西方国家社会转型成功经验时，巨大的跨文化差异决定了，我们要把'功能'上的看齐而不是形式上的效仿放在首要位置上。"① 学习而不盲从，从传统社会主义的教条主义、经验主义中解放出来，从西化的、封建的意识形态中解放出来，在多元文化共同繁荣、多种信仰相互包容中重建中国信仰。"无论是现代化的模式与道路开拓、社会转型过程中体制样式的建立，还是当代政治价值体系建构中外在形式的确定，实际上都应该从自己传统中的'比较优势'出发，都要围绕着满足市场经济良性运行所提出的功能性要求来展开。"②"功能看齐"是价值创新之路。因此，对于传统政治资源需要创造性转换，对于现有政治资源需要适应性创新，需要坚持固本与纳新策略，创造途径来维持一定的连续谱系的价值共识，提高社会的凝聚力和国家的政治整合能力，为重要战略机遇期政治秩序的形成提供理念支撑。

传统使人类代与代之间，使人类社会阶段与阶段之间获得了某种连续性和同一性。它构成了一个社会创造与再创造自身的文化密码。它给人类生存带来了精神上的秩序感和意义感。它依赖人们的信仰而获得自己的本质并发挥对社会发展的作用。在社会转型期，信仰的危机问题就是传统的危机问题，信仰的重建问题就是传统的转换和创新问题。传统的现代性转换是一个发现传统、诠释传统与"生成传统"的过程，是一个充分展现自己应变能力与身段灵活性的过程。在这个过程中，人类文明在历史长河中不断积淀下来的"生存大智慧"不仅得以展现，而且也得以"续写"。延续传统文化，丰富现代社会的信仰资源，但不能完全回到传统。

传统政治文化与思想是在当时特定的时空中形成的，尽管在基本内涵、目标诉求、价值主体等方面与今天存在差异，但其包含着丰富的人民性和自主性精华，可以通过对传统政治文化和思想进行扬弃、改造、嫁接、借鉴，实现对它的超越和升华，从而达到一种更高的境界，使之融入今天流行的执政为民和民主执政学的语境中，形成具有中国风格的执政话语体系，为理论自信增添新的元素和支撑，丰富为民务实清廉、以人为本的马克思主义中国化理论成果。在重要的战略机遇期要全面深化改革，既

---

① 张铭：《政治价值体系建构：理论、历史与方法》，社会科学文献出版社 2012 年版，第346—347 页。

② 同上书，第 347 页。

有来自思想观念的障碍，也有来自利益固化的藩篱，要冲破这些障碍和藩篱，一方面要尊重市场经济发展的规律，另一方面也要尊重社会历史发展的规律。市场经济发展的规律要求市场在资源配置中起决定性作用，通过利益的分配充分调动人们的积极性，创造更多的社会财富，但由于在市场经济的发展中存在着市场失灵的现象，在资源的配置中会形成利益分配的巨大差异，这种差异形成了不同的利益集团。这些利益集团为了本集团的利益产生利益博弈，最终可能导致两极分化，影响改革的深入。因此，在人们思想活动独立性、社会选择多样性、利益分配差异性、价值观念和价值追求多元性的今天，如何形成新的共识，是我们必须面对的一个重要问题。中国优秀的传统文化是中华民族在漫长的历史发展进程中逐渐培育形成的，积淀着中国发展的巨大内力，它可以强化改革中的人们在文化价值信仰、心理习惯、思维方式等方面的共同性；坚守中国优秀传统文化精神，可以提升个体的自我超越能力和社会认同能力，与社会主义核心价值体系紧密相连，以增强中华文化的认同感；中国优秀的传统文化是中华民族的精神标识，具有很强的感召力和凝聚力。汲取中国优秀的传统文化并对之加以现代价值转换，对于强化社会主义核心价值观的引领，汇集改革发展的正能量，激发人们参与改革、支持改革的情感向心力和责任感，凝聚改革共识并注入更大的动力起着重要的作用。

（作者：秦国民，郑州大学公共管理学院教授，副院长）

风险社会的政治伦理重塑

　　现代政治的困境与政治伦理的缺失不无关系。人类步入工业社会之后，功利主义和虚无主义逐渐主导了政治伦理。正像施特劳斯所揭示的，现代性危机表现为人们不再知道想要什么，也不相信自己能够知道什么是好的，什么是坏的；什么是对的，什么是错的。[①] 人类在不断用"进步"、"新"、"效率"等观念取代"传统"、"旧"、"正当"等观念时，丧失了起码的"好坏"、"对错"、"是非"、"善恶"标准。功利取向和价值虚无纵容了风险和冲突的累积，最终导致工业社会的终结和风险社会的来临。面对人类自由发展的需求和文明自我毁灭的危境，我们需要对政治伦理进行反思，并对公共生活作出调适。当风险成为政治的中心议题，营造客观普遍的道德标准再无可能，诉诸非理性和个体的道德情感主义也不足以应对社会的复杂性。这为各类排他性道德原教旨主义的卷土重来提供了机会。正如吉登斯所说："曾经由'自然'决定的东西——无论是'环境'还是传统——一旦成为决策对象，那么便会出现新的道德空间和政治的复杂性。在新的道德空间里，对话与对道德确定性的维护之间存在的紧张关系常常会加剧。自然的改变和传统的改变所展开的所有舞台上都可能出现原教旨主义。"[②] 那么，在风险社会的文化和结构发生嬗变，价值分化和多元化日益凸显，伦理标准确定性失效以及原教旨主义构成威胁的条件下，政治伦理应当如何进行重塑，才能使人类共同体有可能应对空前严峻的挑战呢？

---

　　① ［德］施特劳斯：《现代性的三次浪潮》，贺照田：《西方现代性的曲折与展开》（学术思想评论第 6 辑），吉林人民出版社 2002 年版，第 86 页。

　　② ［英］贝克、吉登斯、拉什：《自反性现代化》，商务印书馆 2001 年版，第 241 页。

一　责任

随着人为的新型风险（例如核能、转基因农作物、克隆技术、食品添加剂、金融衍生品等）的不断涌现，对公共决策与风险后果的关联更加难以把握，既有的伦理规范愈发失去了着力点。新近涌现出来的科技伦理、生态伦理等思潮对于现代科技和工业所造成的风险给予了充分关注，强调自然界应成为伦理学的对象，对传统伦理学进行了一定程度的校正和补充。但其缺陷是未能把握风险的社会本质，没有触及问题的政治根源，结果导致其在摒弃"人类中心主义"的同时，滑向了"自然中心主义"，从而舍弃了发展的人文向度，也因此难以承担风险社会伦理重塑的使命。发展必须以人类的生存为前提，这就需要从事改造自然的实践活动；同时，实践存在着不确定性风险，而风险总是与人对自身行为的反省以及责任的追究相关。现代科技的日新月异和迷宫一般的制度设计，使风险责任愈发难以追究，"保险原则"的责任承诺不再能够成立，"有组织的不负责任"滋生蔓延开来。政治精英与企业精英、知识精英结成联盟，在制造风险的同时，千方百计掩盖风险、推脱责任，导致政治权力的滥用和政治程序的失效。"科学的无责任（non-responsibility）与商业暗含（implicit）的责任以及政治合法化的单纯（mere）责任相对应。"① 越来越频繁地发生的公共安全事件以及后续处置的敷衍塞责，引发了公民社会日渐升高的质疑和反弹。责任的伦理意义是什么？责任与人的行为有何关系？责任应当如何分摊？责任制度为何形同虚设？这些问题成为当今时代政治和道德争议的主要引爆点。问题的关键不是"责任"是否被纳入了基本的政治伦理规范之中，而是以怎样的价值内涵被纳入其中。

韦伯对于心志伦理和责任伦理的区分，有助于厘清责任伦理的准确含义。韦伯认为，一切具有伦理意义的行动，都可以归属到两种准则中的某一种之下；而这两种准则在根本上互异，同时有着不可调和的冲突。这两种为人类行动提供伦理意义的准则，分别是心志伦理和责任伦理。对于接受心志伦理的人而言，若一个纯洁的意念所引发的行动，竟会有罪恶的后果，那么对他来说，责任不在行动者，而在整个世界，在于其他人的愚

---

① ［德］贝克：《风险社会》，译林出版社 2004 年版，第 265 页。

昧，甚至在于创造出这般愚人的上帝的意旨。与此相对，按照责任伦理行动的人，考虑的正是平常人身上这些平常的缺陷。这种人会说：这些结果都应该归因于我的行动。① 传统政治伦理的内核正是所谓的心志伦理。只要意图、动机和信念是崇高的，行动者就有理由拒绝对行动的后果负责。对决策者而言，只要是为了实现美好远大的理想，只要是以国家或者公益的名义行事，就无需为由此产生的风险后果承担责任。对执行者而言，执行上级命令是免除个人责任的最佳理由。与此不同，责任伦理则强调伦理价值的根据在于行动的后果，它要求行动者为自己的行动后果义无反顾地承担责任，这包括作为机构的政府和作为个人的官员。与心志伦理注重行动者主观的"善良意志"不同，责任伦理注重的是实践活动。责任伦理建立在对人的有限性和非决定性的认知基础之上，会考虑周边的环境影响和行为以及后果的各种可能性，赋予人作出选择的权利，同时要求人对行动的风险后果承担责任。正如伯林所说："如果我们是理性的，我们应该承认，只有在我们对世界的真实本性仍然无知的情况下，我们才会称赞与谴责、提醒与鼓励、促进公正与自我利益、谅解、宽恕、作出决议、发布命令、感到合情合理的自责。我们所知越多，人类的自由因此还有责任的领域就越窄。"②

可以看到，责任伦理不是为人的选择和行为套上枷锁，而是解除枷锁。如哈耶克所说："自由不仅意味着拥有选择的机会和承担选择的负担，它还意味着个人必须承担自由行动的后果，并接受对自己行动的赞扬和非难。自由与责任不可分。"③ 责任伦理将会扩大人的自由选择机会，也就是发展的机会，同时促使我们对现代社会的风险环境保持冷静的认识，从而规范所有个人及社会组织的决策和行为。现代人面临着特殊的双重性境遇，一方面是对自我超越和个性实现的期许，另一方面是不确定性风险的如影随形。面对发展中的风险，我们既不能踟蹰不前，也不能借口某种终极目的而恣意妄为。承认风险的不确定性和未来的多种可能性，就需要积极参与、自觉反省和勇敢担当。一切权力或权利的拥有者，应该慎用和善用手中的权力或权利，尽可能地减少风险所带来的不良后果，并为

---

① ［德］韦伯：《学术与政治》，广西师范大学出版社 2004 年版，第 259—262 页。
② ［英］伯林：《自由论》，译林出版社 2003 年版，第 123 页。
③ ［英］哈耶克：《自由宪章》，中国社会科学出版社 1999 年版，第 107 页。

自己的每一个行动承担必要的道德责任。对责任的逃避或许会变得容易，却会让我们在变幻莫测、层出不穷的风险面前完全失去抵御能力。这就是重建责任伦理的意义之所在。责任伦理寻求权利和责任的平衡，强调没有责任就没有权利。它坚决捍卫个人的自由权利，同时要求现代人提高发展的自觉性和能动性，增强风险意识以及应对风险的能力，承担应尽的社会责任。例如，福利制度就不应由国家以施舍或恩赐的心态包办，而应当围绕公民的联合行动和责任意识来进行。责任伦理同时还基于人类生存的伦理原则，它要求人们具有风险意识、忧患意识和人类意识，为人类共同的现在以及未来的存续承担责任。恰如贝克所言，在风险社会中，"责任就更需要成为普遍性的伦理原则……在'责任原则'之下，没有人能够逃避彼此休戚与共的责任要求"。①

二　信任

人类所身处的世界纷繁复杂，包含着无穷的未知因素。不确定性往往与复杂性相联系，要减少不确定性，就需要简化复杂性。人类的能力是有限的，这就迫使人类应用特殊的策略去应对生活的不确定性。按照卢曼的说法，信任就是基于人的生存策略的一种简化机制。我们借助信任将周围复杂的环境和千差万别的交往对象简化为"可以相信"和"不可以相信"。可以说，信任是个体间交往、团体活动、公民社会乃至政治稳定的基础。缺乏信任，风险将变成一种煎熬，人生将寸步难行。"风险和信任交织在一起，信任通常足以避免特殊的行动方式所可能遇到的危险，或把这些危险降到最低的程度。安全经验通常建立在信任与可接受的风险之间的平衡之上。"② 一旦信任得不到预期的回报，信任关系就会逐步瓦解。现代政治体系就是因为公民生活保障预期升高与实际能够供给的公共安全与公共产品之间存在落差，而陷入了政治信任流失的困局。公民的合理发展诉求无可非议，一味地扩张政府权力又只会让情况变得更糟。公民之间的信任关系也处于持续紧张之中，现代政治的核心价值观念和制度设计对

---

① 薛晓源、刘国良：《全球风险世界：现在与未来——德国著名社会学家、风险社会理论创始人乌尔里希·贝克教授访谈录》，《马克思主义与现实》2005 年第 1 期。

② ［英］吉登斯：《现代性的后果》，译林出版社 2000 年版，第 31 页。

此却无能为力。对信任价值的理解偏差是问题的症结所在。传统社会是按照亲缘关系和熟人关系组织起来的具有高度可预测性的社会，认同和义务仅限于系统内。从共同体本位向个体独立的急剧转变，使信任成为现代社会伦理的主题之一。个人在摆脱了人身依附关系和身份限制后，依靠信任重新组建共同体，进而委托政府行使公共权力。现代"公民社会和信任都仰赖于那种特殊的浸透着道德力量和自主性的个体和私人观念，公民间的相互关系是依靠我们称之为信任的东西来调节或协商的。"① 信任充分发挥积极政治功能的前提是确保个人的自由和自主。信任还表达了对行为预期实现程度偶然性的认识，它内化于对变化的行为认知中。信任意味着承认变化，信任中蕴含着对偶然性和他人自由权利的认可。

信任起源于行动者对自由和自主的意识，而自由和自主正是现代社会的特征。卢曼就是从传统与现代的差异中区分信心与信任的。他将信任理解为与风险有关的产生于现代的概念。信任意味着事先已经意识到了风险的存在，但信心却相反。一个不考虑其他可能性的人所怀有的是信心，而那个意识到种种可能性又力图避开风险的人所怀有的则是信任。在怀有信心的状态下，一个人对失望的反应是责备他人；而在怀有信任的情况下，他或她会承担部分责任，并且懊悔自己怎么会轻易就轻信某人或某事。② 吉登斯也认为，信任与现代性相关，存在于以下情境之中：人类活动乃是社会性创造的一般意识，而非由事物之自然本性或神明之影响所形成的；由现代社会制度之动力特征所导致的急剧扩大的人类活动的变革范围。③ 现代性张扬了个体的自主性，使信任关系的建立成为可能。然而，启蒙现代性却完全用契约取代了信任，用规则和法律代替了交往和协商。现代社会秩序的高度契约化构建了信用关系，却无力阻止人际信任的流失。"因为个体间关系用抽象的、法律的和正式准则界定得越多，公共领域建立在历史、观念、爱、关怀和友谊等具体联系基础上的团结就会越少。"④ 信任机制的崩溃将会撕裂社会，使政治整合以及人的生存发展变得异常困

---

① ［美］赛里格曼：《信任与公民社会》，李惠斌：《全球化与公民社会》，广西师范大学出版社 2003 年版，第 362 页。

② 转引自［英］吉登斯《现代性的后果》，译林出版社 2000 年版，第 28 页。

③ ［英］吉登斯：《现代性的后果》，译林出版社 2000 年版，第 30 页。

④ ［美］赛里格曼：《信任与公民社会》，李惠斌：《全球化与公民社会》，广西师范大学出版社 2003 年版，第 369 页。

难，导致人人自危与相互冷漠，最终陷入吉登斯所说的"存在性焦虑"之中，内心充满无助与恐惧。应当认识到，城市化和全球化已经使我们日渐远离传统的熟人社会，需要培育对"陌生人"的基本信任感，扩大社会信任的范围。只有当信任跨越了亲缘关系和地域关系时，风险意识才能真正确立起来。在现代社会发展的风险境遇中，信任的重建会发生怎样的作用呢？信任是针对风险问题的一种解决办法，它强化了对不确定性的承受力。虽然信任不会消除风险，但可以促使人们勇敢面对，从而敞开了发展的可能性。因此，现代社会发展需要正视信任的危机，重建公共生活的信任伦理。

　　重建的信任应当是一种"主动信任"。主动信任是对公众参与权和选择权的认可。信任感不是先天存在的，也不应是强迫性的，而是通过参与和选择确立起来的。在工业社会中，信任被倾注于由资本、技术和知识构成的抽象系统中，高度依赖专家意见和政治家的最终裁决。信任是被动的，甚至是盲目的。在风险社会中，社会运行的自反性要求专门知识和政治决策接受公民的审议。公民对公共事务的积极参与和自主选择，使信任变成了"主动信任"。主动信任还意味着自我与他者之间的开放互动。如果我们承认他者的自主性，尊重他者的权利，理解他者的存在意义，就会认识到自我的实现可以有更多的选择。"对自我实现的关心，不仅是个人对几乎无法控制的带威胁性的外部世界的自恋式的防卫，而且部分的也是向全球化影响、对日常生活环境冲击的一种积极调适。是建立在基本信任关系上的自我实现的趋势：这种基本信任在个人化的情境下只有通过自我向他人敞开胸怀才能得以确立。"① 信任不是预先给定的，也不是外力施舍的。信任必须通过主体的争取才能得到，且必须主动加以经营。平等对话和理性协商是实现主动信任、重启公共空间、拓展民主价值的可行路径。个体化尽管是风险社会的发展趋势，但并不表示社会将不可避免地原子化，我们有机会透过主动信任来重建联系的纽带，这种信任关系将更加稳固、更加能够适应风险社会的复杂性。如吉登斯所言：在风险社会里，"信任机制发生了很有趣的、重要的转变。主动信任（active trust）变得越来越重要，它决定着后传统社会关系的出现。主动信任必须得到强有力的对待和维系。从亲密的私人关系到全球的交互系统，主动信任在各种情

---

① ［英］安东尼·吉登斯：《现代性的后果》，译林出版社2000年版，第109页。

境中都处于新式的社会团结的本源地位。我同意贝克的看法，他认为（在他心目中的）个性化与利己主义并不是一回事。把这种个人主义与人尽皆知的唯我一代联系得太紧是错误的。与过去相比，新式的社会团结往往可能并不那么严格地建立在地域基础之上，然而这种社会团结可能很紧密，甚至可能很持久"。①

三　团结

团结是一个共同体或社群存在的前提，社会团结意味着社会整合和社会秩序，没有团结也就没有社会。按照涂尔干的说法，传统社会靠"机械团结"来维系，成员们采取同样的谋生手段，保持同样的习俗，这种共同性使他们意识到大家同属一个集体。传统社会是从"相似性"中生成的，即所谓"同质"的社会。在现代社会中，人们在意识、信仰上的差异日益扩大，但社会没有解体，是因为社会分工使每个人依赖于其他人。分工使社会像有机体一样，每个成员都为社会整体服务，同时又不能脱离整体。因此，现代社会是差异的社会，又是有机团结的社会。涂尔干对于现代社会的整合是乐观的，如多德所评："涂尔干只是赋予现代社会发展的病态以暂时的困境，因为现代社会有能力矫正它们。"② 如今，现代社会的结构正在转型，风险社会朝着更具偶然性的方向发展，集体意识淡化，劳动方式发生改变，个体化日趋明显。贝克认为，现代化导致了一种普遍的个体化模式。这使得建立在高度社会分工和相互依赖基础之上的"有机团结"变得越来越不牢靠，人与人之间的关系变得越来越疏离。鲍曼曾这样形容现代人的处境："我们被抛进了浩渺沧溟的大海，我们没有航行图，所有的航标也已沉没，几乎隐而不见。无论是实际上，还是预感上，所有的人也许都是流浪者。我们在分裂中前行。"③ 问题是"分裂"的人类能前行多远？"分裂"的人类又将如何面对现代文明的风险？

当然，试图用某种不以人的意志为转移的终极目标将价值多元的现代社会强制统一起来，已被实践证明是一个糟糕的选择。哈贝马斯、罗蒂和

① ［英］贝克、吉登斯、拉什：《自反性现代化》，商务印书馆2001年版，第241页。
② ［英］多德：《社会理论与现代性》，社会科学文献出版社2002年版，第22页。
③ ［英］鲍曼：《全球化：人类的后果》，商务印书馆2001年版，第82—84页。

伽达默尔的见解非常具有启发性。在哈贝马斯看来，一切高度复杂的社会都要解决一体化问题。团结是指一个共同体成员的善的生活，主体间性地共享生活世界。他给出的实现途径是包容他者和商议性政治。罗蒂认为："人类团结乃是大家努力达到的目标，而且达到这个目标的方式，不是透过研究探讨，而是透过想象力，把陌生人想象为和我们处境类似、休戚与共的人。团结不是反省所发现到的，而是创造出来的。如果我们对其他不熟悉的人所承受痛苦和侮辱与详细原委，能够提升感应相通的敏感度，那么，我们便可以创造出团结。"① 他主张用"协同性"取代传统形而上学对"客观性"的追求，尽可能扩大"我们的范围"。伽达默尔指出："真正的团结、真实的共同体应该实现。""实践与他人有关，并依据实践的活动共同决定着共同的利益。""人应该对某种人类团结有一种重新觉醒的意识，慢慢地把自己作为整个人类来认识。"② 透过三位学者的阐释可以看到，没有基于人类生存的人类意识，没有相互尊重和包容的"我们"意识，社会团结将无法实现。这种团结并不是建立在某种共通人性、共享力量或客观性原则基础上的，而是源自人是人类共同拥有的情感、价值、尊严，源自人类共同拥有的对风险的感知，源自人类最基本的价值共识：承认人类生命的神圣性以及尊重每个人追求幸福和自我实现的权利。

如此说来，当代人类面临的全球性风险就不仅仅意味着威胁，它也可以培育现代人的团结感。现代化风险的扩散呈现出打破阶级和民族界限的趋势，"那些生产风险或从中得益的人迟早会受到风险的报应，风险在它的扩散中展示了一种社会性的'飞去来器'效应，即使是富裕和有权势的人也不会逃脱它们。"③ 按照贝克的说法，平等的乌托邦包括很多积极的社会目标，而风险社会的乌托邦是特别消极的和防御性的。人们不再关心获得"好"的东西，而是关心如何预防更坏的东西；自我限制作为一种目标出现了。阶级社会的梦想是每一个人都需要和应该分享蛋糕。风险社会的乌托邦则是每一个人都应该免受毒害。阶级社会的驱动力可以概括为这样一句话：我饿！风险社会的驱动力则可以表达为：我害怕！风险用一种否定的方式将人们联合起来，但风险社会并未标示着阶级社会的消

---

① ［美］理查德·罗蒂：《偶然、反讽与团结》，徐文瑞译，商务印书馆 2003 年版，第 7 页。

② ［德］伽达默尔：《科学时代的理性》，国际文化出版公司 1988 年版，第 70、72、76 页。

③ ［德］乌尔里希·贝克：《风险社会》，译林出版社 2004 年版，第 39 页。

逝。在两个社会的并存中，焦虑促动型团结与福利需求型团结，各自构成一种政治力量。在全球风险时代，人类的延续和发展、个体的生命和幸福都受到了严重的威胁。政治不再只有解放的政治，不再只有围绕自由和平等、个体和共同体价值展开的左右之争，还包括生活的政治和风险的政治，团结的价值和伦理在其中具有重要意义，需要用一种积极的姿态实现一种新式自我，创立一种新式团结，构建一种新式社群。"在权威（authorities）方面，这种社会是无中心的，但在机遇和困难方面却又是有中心的，因为它聚焦于新型的相互依赖关系。认为自恋或个人主义处于后传统秩序的核心的看法是错误的——从它所蕴含的未来的潜力方面说是如此。在人际关系领域中，向对方敞开胸怀是社会团结的条件；在更大的范围内，在全球性世界秩序中伸出'友谊之手'从伦理角度来看是不言而喻的。"①

综上所述，"责任"、"信任"与"团结"有着一致的伦理导向，而且彼此关联，相辅相成。团结、信任内含责任，信任和责任促成团结，责任和团结增强信任。以"责任"、"信任"和"团结"重新塑造的新的政治伦理将致力于通过观念和制度的转型，不断促进人的自由发展，增进社会的和谐，同时为风险治理和再现代化提供道德保障。

（作者：任春雷，辽宁师范大学政治与行政学院副教授，博士）

---

① ［英］安东尼·吉登斯：《现代性与后传统》，赵文书译，载"社会学视野"网站：ht-tp：//www. sociologyol. org/yanjiubankuai/fenleisuoyin/shehuixuelilun/2010－06－08/10383. html。

文化自觉：中国道路开拓的历史审视

文化自觉不仅仅涉及文化的发展和繁荣问题，更重要的是包蕴在中国特色的社会主义道路开拓中的重要内因，中共十八大报告突出强调了树立高度的文化自觉和自信问题，这促使我们更进一步将文化自觉与道路的开拓联系起来进行思考和探讨。中华民族和中国共产党不仅应该有对自己发展道路更加全面和深刻的认识，而且应该有对自己发展道路的属性和根本价值追求的高度自省和自觉。这种从思想和文化上体现出来的觉悟，与无产阶级政党的思想路线有关，涉及无产阶级政党运用唯物史观和科学的理论改造世界和推动社会发展的根本问题。对历史的透视可以发现，中国道路的开拓始终是与中国共产党人文化的自觉联系在一起的，中国的变迁和发展，依赖先进思想理论的引入和确立；中国的成功是把马克思主义同中国革命实践相结合的自觉性成功。

一

近代中国的觉醒是以文化的觉醒为标志的，从向外寻求先进文化，到对封建文化的反思，拉开了中国文化的千年变局。当先进知识分子确立了马克思主义的指导思想时，中国就开始了一条全新的现代化道路开拓。

近代中国在遭受西方列强连续的打击和侵略后，终于痛苦地认识到自己的落后。然而，追赶西方和寻求救国救民方略及正确路径的过程，则是一个艰难困苦和充满斗争的过程。其实，无论太平天国还是洋务运动以及戊戌维新等诸多寻求社会变革的尝试，都不能否认其具有一定的积极意义。中国的落后是全方位的落后，中国需要的改变也是全方位的改变。从这一点上来说，先进生产力的引入，乃至主张实业救国，都是无可厚非的。

　　然而，中国既然需要全方位的变革，也就需要对中国的社会发展有总体的认识和科学的分析，头痛医头、脚痛医脚显然不能够真正解决中国的问题。越能够对中国社会作出深入科学的分析，就越能够对中国的社会变革和发展方向作出正确的决策。毫无疑问，归根到底这是一个思想方法即理论武装的问题。

　　正如毛泽东所说："从一八四〇年的鸦片战争到一九一九年的五四运动的前夜，共计七十多年中，中国人没有什么思想武器可以抗御帝国主义。"① 中国在屡屡败北中的一个巨大进步，就是开始审视自己的思想方法和理论武器问题，尤其是在西学东渐的冲击下。

　　西学东渐在中国的文化觉醒中扮演了重要的角色，它打破了儒家思想一统天下的格局，尽管最初仅仅是一个表面的缺口，如"中体西用"的定位。比较早的是冯桂芬19世纪60年代在《校邠庐抗议》中提出的"以中国之伦常名教为原本，辅以诸国富强之术"观点。后来，张之洞在此基础上完整地阐述了"中学为体，西学为用"的思想。

　　一个有生命力的文化，在坚持自己主体地位的同时，吸收其他文化作为补充，这是促进自身发展的有利选择，也体现了文化交融的基本规律。如果这一前提存在，那么，"中学为体，西学为用"应该是正确的选择和相当明智的定位。遗憾的是这一前提并不存在，即儒家思想已经失却了时代性和生命力，已经无法应对中国的挑战和解决中国的发展问题，所以，中体西用只能是应对外来文化的败笔。

　　值得欣慰的是，儒家一统天下缺口的打开，大大促进了西学东渐的潮流，为中国的文化觉醒奠定了不可或缺的基础。中国对外文化寻求和学习逐步深入，经历了一个由社会生活文化到科学技术文化再到人文社科文化不断深化的过程。严复算得上是人文社会科学借鉴之第一人，他已明确地认识到：西学的精华不仅仅在其格致之学，那些声光电化、"气机兵械之伦，皆其形下之粗迹"，"而非命脉之所在"②。严复把寻求命脉之所在的目光投向了社会科学，先后翻译了十多种西方资产阶级的哲学、经济学、社会学、法学和名学（逻辑学）著作，其中最有代表性的八本社会科学名著为：赫胥黎的《天演论》（1897）、亚当·斯密的《原富》（1902）、

---

① 《毛泽东选集》第4卷，人民出版社1991年版，第1513页。
② 《严复集》第1册（上），中华书局1988年版，第2页。

斯宾塞的《群学肄言》（1903）、约翰·穆勒的《群己权界论》（1903）、孟德斯鸠的《法意》（1904—1909）、甄克思的《社会通诠》（1904）、约翰·穆勒的《穆勒名学》（1905）、耶方斯的《名学浅说》（1909），合称"严译八大名著"。这些学说的引进，才真正从根基上震撼了思想界，特别是《天演论》，惊醒了整整一代中国近代知识分子。

到 19 世纪末，文化输入的格局发生了根本性的变化。与 19 世纪六七十年代同文馆和江南制造局译书馆所译西书 80% 以上是属于自然科学截然不同的是，进入 19 世纪八九十年代后，上海广学会的译书 80% 为社会科学著作。1902—1904 年，中国翻译文、史、哲、经、法等社会科学书计 327 种，占同期译书总数的 61%，而同期自然科学和应用科学分别只占总数的 21% 和 11%。①

社会科学新思想的引入，促进了对儒家文化的反思。新文化运动拉开了中国文化重构的大幕。"打倒孔家店"的口号，推倒了中国封建专制的文化支撑，这是两千年来任何一次社会大变革都没有做到，甚至没有想到的事情。不破不立，它为中国最深刻的变革奠定了文化基础。新文化运动的代表人物陈独秀从 1916 年的 10—12 月在《新青年》上连续撰文，批判封建礼教和孔孟之道。他指出："孔子生长封建时代，所提倡之道德，封建时代之道德也；所垂示之礼教，即生活状态，封建时代之礼教，封建时代之生活状态也；所主张之政治，封建时代之政治也。封建时代之道德、礼教、生活、政治，所心营目注，其范围不越少数君主贵族之权利与名誉，于多数国民之幸福无与焉。"②

文化自觉的一个重要意义在于它提供了思想分析的锐器。把文化批判与制度批判联系起来，是这一时期对传统文化反思的重要特点，为中国的制度改造和道路开拓营造了思想氛围。李大钊指出："孔子者，历代帝王专制之护符也……今以专制护符之孔子，入于自由证券之宪法，则其宪法将为萌芽专制之宪法……此专制复活之先声也。"③ 强调批判孔子的实质是批判专制："而孔子云者，遂非复个人之名称而为保护君主政治之偶像矣。……故余之抨击孔子，非抨击孔子之本身，乃抨击孔子为历代君主所

---

① 熊月之：《西学东渐与晚清社会》，上海人民出版社 1995 年版，第 14 页。
② 陈独秀：《孔子之道与现代生活》，《新青年》第 2 卷第 4 号。
③ 李大钊：《孔子与宪法》，《李大钊选集》，人民出版社 1959 年版，第 77 页。

雕塑之偶像的权威也；非抨击孔子，乃抨击专制政治之灵魂也。"①

　　文化否定的环节必然联系着文化发展和创新的环节，苏俄的十月革命更进一步推动了这一进程。李大钊是最早从理论上分析十月革命的先进知识分子，并且将十月革命同选择马克思主义的指导思想联系起来。1918年7月1日，他发表《法俄革命之比较观》，指出"俄罗斯之革命是二十世纪初期之革命，是立于社会主义上之革命"，法兰西革命预示着资本主义时代的到来，而俄国十月革命则是社会主义的"世界的新文明之曙光"。紧接着，他在《庶民的胜利》和《布尔什维主义的胜利》两篇文章中谈到革命及其指导思想的问题。他说，布尔什维克主义"就是革命的社会主义；他们的党，就是革命的社会党；他们奉德国社会主义经济学家马客士为宗主；他们的目的，在把现在为社会主义的障碍的国家界限打破，把资本家独占利益的生产制度打破"，"这是二十世纪世界革命的新信条"，从此将开辟人类的"新纪元"。②

　　1919年，李大钊作为《新青年》的轮值主编，将《新青年》6卷5号编为马克思主义研究专号，同时，又帮助北京《晨报》开辟"马克思研究"专栏，继而又在《新青年》6卷5、6号上连载了《我的马克思主义观》一文。该文是中国第一篇系统介绍马克思主义的论文，也是中国先进知识分子确立以马克思主义作为指导思想的最早标志。

　　后来成为中国共产党创建者和领导者的陈独秀、毛泽东、蔡和森、周恩来等人，也在这一时期把马克思主义确立为自己的指导思想。1920年，在法国留学的蔡和森写信给毛泽东，说自己在法国"猛看猛译"马克思主义的著作。这年的2月，蔡和森写信给陈独秀，声明"和森为极端马克思派，极端主张：唯物史观，阶级斗争，无产阶级专政"。毛泽东复信说："见地极当，我没有一个字不赞成。"1921年1月，毛泽东在给蔡和森的信中指出"唯物史观是吾党哲学的根据"③。周恩来在1920年底赴法国勤工俭学，到法国后最终确立了自己的共产主义信仰，并且庄严表示："我认的主义一定是不变了，并且很坚决地要为他宣传奔走。"④

---

① 李大钊：《自然的伦理观与孔子》，《李大钊选集》，人民出版社1959年版，第79页。
② 《李大钊选集》，人民出版社1959年版，第101—121页。
③ 《毛泽东文集》第1卷，人民出版社1993年版，第4页。
④ 参见钟家栋、王世根主编《20世纪：马克思主义在中国》，上海人民出版社1998年版，第73页。

　　中国道路选择中的文化自觉的一个鲜明体现是，坚持"主义"的统帅地位。新文化运动的著名代表人物胡适 1919 年 7 月在《每周评论》上发表《多研究些问题，少谈些"主义"》一文，认为"空谈好听的'主义'是极容易的事"，而应当"多研究些问题"。李大钊随即发表《再论问题与主义》予以反击，强调"我们的社会运动，一方面固然要研究实际问题，一方面也要宣传理想的主义"①。这一场著名的争论反映了文化建设的重大问题。平心而论，主张研究问题也无可厚非。然而，如果思想文化不思考社会发展的大方向而只停留在问题的层面，那就不配称为统帅社会的文化，社会发展也难以得到精神力量的强大推动。以李大钊为代表的中国先进知识分子，以寻求正确的"主义"为己任，高举"主义"的旗帜，从而为中国道路的开拓奠定了不可或缺的思想基础。事实证明，当作出马克思主义的正确选择之后，中国开始了翻天覆地的变化。正是在先进思想和正确道路的引领下，共产党才破解了社会发展的一系列问题——"主义"照亮了前程。正如胡锦涛在纪念中国共产党成立 90 周年大会上所指出的："在近代以来中国社会发展进步的壮阔进程中，历史和人民选择了中国共产党，选择了马克思主义，选择了社会主义道路，选择了改革开放。"②

二

　　文化自觉不仅有先进文化的选择问题，还有先进文化的本土化问题。接活外来的先进文化，使其在中国获得蓬勃的生机，是中国文化发展的又一次跨越，这一文化自觉的直接成果就是中国化马克思主义的诞生，完成这一认识上的飞跃，为革命和建设道路的开拓提供了思想条件。

　　马克思主义的先进思想诞生在欧洲，马克思、恩格斯通过分析欧洲的社会发展，特别是资本主义的发展，阐释了人类社会发展的基本规律。但他们坚持唯物史观的科学态度，并没有对各个国家和民族的社会发展道路作具体的阐述。并且反对将他的理论作这样的推演，他指出："一定要把

　　① 李大钊：《再论问题与主义》，蔡尚思主编：《中国现代思想史》第 1 卷，朱维铮编，浙江人民出版社 1982 年版，第 189 页。
　　② 《胡锦涛在庆祝中国共产党成立 90 周年大会上的讲话》，参见中央政府门户网站（ht-tp：//www. gov. cn/ldhd/2011－07/01/content_ 1897720. htm）。

我关于西欧资本主义起源的历史概述彻底变成一般发展道路的历史哲学理论，一切民族，不管它们所处的历史环境如何，都注定要走这条道路，——以便最后都达到在保证社会劳动生产力极高度发展的同时又保证每个生产者个人最全面的发展的这样一种经济形态。但是我要请他原谅。他这样做，会给我过多的荣誉，同时也会给我过多的侮辱。"①

如何运用马克思主义，是中国文化创新和社会发展的重大命题。

如果说，中国的先进知识分子从近代以来对道路探索一再失败的教训中，总结出对传统文化的批判和对马克思主义的选择，那么，进一步的文化自觉则体现于，从中国社会主义革命道路开拓的坎坷中提出了指导思想的中国化命题。

先进思想武器的选择，并没有自动地迎来中国革命和社会发展的坦途，工人在城市的武装起义一再遭到失败，轰轰烈烈的大革命也被扼杀在血泊之中，借鉴马克思主义在俄国成功的经验遭遇了巨大的挑战。其实这既反映了中国社会发展状况与西方的差异，也反映了理论和认识还需要在实践中加以进一步检验和获得新的飞跃的问题。

中国共产党既没有因此告别革命，也没有因此放弃理论的旗帜，而是把关注的重心放到理论与实践的结合上，放到马克思主义的中国化上；这既促进了理论与实践结合的再一次飞跃，也开辟了中国革命的崭新里程。

马克思主义中国化的命题，是中国共产党人对马克思主义发展的重大贡献。如前所述，马克思、恩格斯从来不认为自己已经为不同民族国家的革命提供了具体的理论指导，而且十分谨慎地对西欧以外的社会主义革命发表意见。1881 年初，马克思在给俄国早期社会主义女活动家查苏里奇回信，就她要求发表关于俄国革命的看法和予以指导时，显示出十分慎重的态度。马克思先后拟就了四份草稿，共有 13000 多字，分析了诸多落后国家进行社会主义革命的问题，并提出了"跨越卡夫丁峡谷"的天才设想。然而，在正式的复信中，马克思仅落笔短短的 600 字，除了强调俄国面临与西欧不同的所有制变迁，又明确地肯定了"农村公社是俄国社会新生的支点"外，并未作更多的阐述，而前面一再提到的"可以不通过资本主义制度的卡夫丁峡谷"②的论断也不再出现。显然，马克思不愿意

---

① 《马克思恩格斯选集》第 3 卷，人民出版社 1995 年版，第 341 页。
② 《马克思恩格斯文集》第 3 卷，人民出版社 2009 年版，第 587 页。

对自己不熟悉的以及尚未充分展开的历史多作论断，其唯物主义认识论是根深蒂固的！

19世纪80年代，俄国的马克思主义传播和社会主义运动就轰轰烈烈地展开了，无论马克思还是1895年才去世的恩格斯，都没有对俄国革命予以具体的论述。俄国革命就如何运用马克思主义展开过激烈的争论。列宁的成功，是马克思主义同俄国革命实践结合的成功。列宁主义的诞生，很清楚地显示了马克思主义与俄国文化的交融。在历史上形成的弥赛亚精神、对民族独特发展道路的珍视、传统公社土地制度孕育的集体主义精神等俄罗斯民族文化的特质，都成为在这块土地上接活马克思主义的文化基因。所以，以列宁为代表的布尔什维克革命理论的确立，表明"马克思主义的俄罗斯化或东方化发生了"。①

但是，列宁并没有提出"马克思主义俄国化"的命题。中国共产党在革命实践中产生了比俄国革命更强烈的马克思主义本土化的需求，这既与中国的社会发展同西欧有较大差距有关，也与中国共产党对文化发展规律的把握，特别是文化自觉意识有关。李大钊是最早论述马克思主义应当同中国实践相结合的中国共产党人。1919年在"主义与问题"之争时，他就指出："一个社会主义者，为使他的主义在世界上发生一些影响，必须要研究怎么可以把他的理想尽量应用于环绕着他的实境。所以现代的社会主义包含着许多把他的精神变作实际的形式使之合于现在需要的企图。"② 他还指出："大凡一个主义，都有理想与实用两面。例如民主主义的理想，不论在哪一国，大致都很相同。把这个理想适用到实际的政治上去，那就因时、因所、因事的性质情形，有些不同。社会主义，亦复如是。"③

毛泽东是李大钊之后对马克思主义中国化作出最杰出和最重大贡献的代表。如果说，李大钊是从唯物史观方法论的角度阐述马克思主义需要同中国革命实践相结合的命题的，那么，毛泽东则是更进一步从中国革命的经验教训中阐述和大声疾呼马克思主义必须中国化的。1930年5月，毛泽东发表《反对本本主义》一文，对党内、红军内只知道盲目照搬马克

---

① ［俄］尼·亚·别尔嘉耶夫：《俄罗斯思想的宗教阐释》，东方出版社1998年版，第109页。

② 《李大钊文集》下卷，人民出版社1984年版，第34页。

③ 同上。

思主义本本的教条主义予以尖锐的批判，提出了"没有调查就没有发言权"的著名命题，把实践理性置于首要地位，这对于马克思主义的中国化具有极为重要的意义。毛泽东指出："马克思主义的'本本'是要学习的，但是必须同我国的实际情况相结合。我们需要'本本'，但是一定要纠正脱离实际情况的本本主义。"① 文章实际上也不加点名地批评了共产国际的瞎指挥，明确地强调："中国革命斗争的胜利要靠中国同志了解中国情况。"②

处在苏联社会主义革命和建设取得节节胜利、共产国际对中国革命全面主导的背景下，强调反对教条主义而重视中国实际、总结中国的经验是一个艰难的开拓。1928 年在莫斯科召开的中共六大，不仅再次重申了中国共产党是共产国际之一部分，是共产国际的支部，而且在通过的党章中更加严格地要求：要迅速且切实地执行共产国际执行委员会之决议。③

事实上，毛泽东的这一正确主张的确遭到了压制和忽视。六大组成的中央政治局，毛泽东被排斥在外，直到 1934 年 1 月的六届五中全会毛泽东才重新进入政治局，1935 年 1 月的遵义会议成为中央政治局常委，从而才为宣传和贯彻这一正确的主张奠定了组织基础。当然，这也反映了中国共产党在思想理论上的逐步提高。

1938 年 9 月，在中共六届六中全会上，毛泽东明确提出了"马克思主义中国化"的命题，他指出："离开中国特点来谈马克思主义，只是抽象的空洞的马克思主义。因此，马克思主义的中国化，使之在其每一表现中带着中国的特性，即是说，按照中国的特点去应用它，成为全党亟待了解并亟须解决的问题。"④ 但这一正确和科学的命题却遭到共产国际和苏联的打压。他们认为，中国共产党中的民族主义倾向相当严重，斯大林甚至认为，中国共产党人不是真正的共产党人。⑤ 在这样的背景下，中国共产党不再直接强调"马克思主义中国化"，而代之以"马克思主义在中国

---

① 《毛泽东选集》第 1 卷，人民出版社 1991 年版，第 111 页。

② 同上书，第 115 页。

③ 中央档案馆编：《中共中央文件选集》第 4 册，中共中央党校出版社 1989 年版，第 470 页。

④ 中央档案馆编：《中共中央文件选集》第 11 册，中共中央党校出版社 1991 年版，第 658—659 页。

⑤ 《美国对外关系文件·1944 年·卷 6·中国》，第 799 页，转引自王真《动荡中的同盟——抗战时期的中苏关系》，广西师范大学出版社 1993 年版，第 119、220 页。

具体化"或"马克思主义普遍真理和中国革命具体实践的统一"等表述。直到 20 世纪 60 年代中苏两党的公开论战，马克思主义中国化依然还是苏共攻击中国的一个问题。① 鉴于此，在相当长的一段时间里，"马克思主义中国化"的提法用得不多，包括录入《毛泽东选集》的六届六中全会报告的这一论述，也改为"马克思主义在中国具体化"②。

尽管如此，马克思主义中国化的步伐并没有被阻挡，尤其是"实事求是"思想路线的提出和确立，成为中国共产党在这一时期文化自觉的时代高峰和标志。毛泽东先是在《反对本本主义》中否定了教条主义"完全不是共产党人从斗争中创造新局面的思想路线"③，继而又在六届六中全会上提出"共产党员应是实事求是的模范"④。1941 年 5 月，毛泽东在标志延安整风开始的报告《改造我们的学习》中，将"实事求是"这一传统中国文化的优秀命题作了马克思主义认识论的提升，同时其手书题词成为延安中央党校的校训。至此，为中国共产党确立了至关重要的思想路线，后来也被邓小平称为"毛泽东思想的精髓"⑤。

实事求是凸显的文化自觉将实践置于认识的首要地位，与本本中"求是"和教条中"求是"形成鲜明的对照，推翻了后者的理论垄断，对中国共产党的理论创新和开创符合中国国情的革命道路具有极为重要的意义。实事求是并没有否定马克思主义是真理，正如毛泽东所说："不但应当了解马克思、恩格斯、列宁、斯大林研究广泛的真实生活和革命经验所得出的关于一般规律的结论，而且应当学习他们观察问题和解决问题的立场和方法。"⑥ 实事求是在方法论层面的开拓，使中国共产党的理论建设完成了从"鱼"到"渔"的飞跃。

实事求是凸显的文化自觉将马克思主义的精髓植入了中国的文化基因，使之适应中国的沃土。马克思主义产生于西方社会，无论概念命题还是语言风格，甚至例证比喻，都是西方气派的，这对于中国民众的接受来说，无疑构成了天然屏障，其实也是通常的文化交流的一道坎。毛泽东是

---

① 鲁振祥：《马克思主义中国化的概念的六点研究》，人民网（http://theory.people.com.cn/GB/41038/4485323.html）。

② 《毛泽东选集》第 2 卷，人民出版社 1991 年版，第 534 页。

③ 《毛泽东选集》第 1 卷，人民出版社 1991 年版，第 116 页。

④ 《毛泽东选集》第 2 卷，人民出版社 1991 年版，第 522 页。

⑤ 《邓小平文选》第 3 卷，人民出版社 1993 年版，第 10 页。

⑥ 《毛泽东选集》第 2 卷，人民出版社 1991 年版，第 533 页。

最出色地超越这一屏障和迈过这一道坎的中国马克思主义者。毛泽东不仅善于用中国人熟悉的语言、概念、风格来阐释马克思主义，而且将马克思主义的核心理念作了最精炼的中国化表述。经过毛泽东重新阐释的实事求是，既凸显了唯物主义世界观的基本原理，也聚焦了唯物辩证法认识论的基本逻辑，实现了对马克思主义核心思想的中国化驾驭和大众化解读。其后的历史证明，实事求是思想路线的提出，犹如为马克思主义中国化的大厦确立了中庭支柱，有力地促进了中国先进文化的发展进程。

三

当代中国第三次伟大的文化自觉体现在冲破传统社会主义模式的思想解放上，这不仅推动了当代中国的文化发展，使之达到了前所未有的繁荣，而且对社会主义运动来讲，也是社会主义国家诞生以来对社会主义理论和实践最为深刻的反思和变革。由此而引导的中国特色的社会主义道路的开拓，标志着社会主义运动进入了新的历史纪元。

20 世纪最伟大的事件，可以说是社会主义国家的实践及其对人类社会发展的贡献；与此相连，最遗憾的事件则应该是苏东剧变和社会主义阵营的不复存在。值得思考的是这一巨大的历史变迁背后的文化走向和脉络。思想的僵化和文化的封闭，是苏共崩溃、苏联解体的重要原因。斯大林时期形成了"坚决杜绝社会科学领域（而且不仅仅是社会科学）中任何独特的思想，更不用说由于对现实采取批判态度而产生的思想"[1] 的局面，对外文化交流被严格限制，即使是在大学中社会科学的教学，封闭的视野也"导致学生对尼采、胡塞尔、柏格森、弗洛伊德、海德格尔、萨特、杜威的哲学一无所知"[2]。在这样的背景下，"苏联的精神领域变成极其简单的教条主义式的""科学社会主义的畸形儿"[3]。到了戈尔巴乔夫时期，在"公开性"的口号下，西方意识形态蜂拥而入，长期僵化的官方

①　尼·马斯洛夫：《斯大林主义意识形态：形成的历史及其实质》，李宗禹主编：《国外学者论斯大林模式》，中央编译出版社 1994 年版，第 848 页。

②　参见叶书宗主编《苏联历史档案选编》第 31 卷，社会科学文献出版社 2002 年版，第 145 页。

③　德·沃尔科戈诺夫：《斯大林主义的实质、起源和演变》，李宗禹主编：《国外学者论斯大林模式》，中央编译出版社 1994 年版，第 673 页。

理论体系不堪一击，社会主义的理想信念迅速崩溃，在体制解体以前主流意识形态的文化支撑就已经消解了。

中国当代第三次伟大的文化自觉处在社会主义运动遭遇巨大挫折的这一历史时期。"文化大革命"给中国带来的浩劫，刺激了中国共产党人的反思，终于以党的十一届三中全会为发端，中国再一次掀起了解放思想和文化觉醒的高潮。这一高潮至今方兴未艾，并且使中国再一次发生了翻天覆地的变化，由此而形成的中国特色社会主义道路，开辟了当代社会主义运动的新里程。

这一次伟大的文化自觉具有三个鲜明的特征：

首先，这一文化自觉彻底扭转了长期以来社会主义运动中理论与实践关系越来越严重的错位，从而焕发了实践指导下理论创新的蓬勃生机。

拔高精神文化的作用并不是文化自觉，而是一种文化自恋，它扭曲了社会存在和社会意识的关系。无论中国还是整个社会主义运动，到 20 世纪七八十年代，社会存在与社会意识、理论与实践的关系的错位已经相当严重。诸如"毛主席的话句句是真理，一句顶一万句"，以及"文化大革命"结束后提出的"两个凡是"（即凡是毛主席作出的决策，我们都坚决维护；凡是毛主席的指示，我们都始终不渝地遵循）等，都是其典型的表现。这样一种无视实践的理论权威，隔离实践之源的文化自恋，成为导致现实社会主义僵化的重要缘由。

扭转这一错位，再一次体现了中国共产党人的文化自觉意识。1978年 5 月 11 日《光明日报》以特约评论员的名义发表《实践是检验真理的唯一标准》的文章，由此而引发全国范围内一场关于真理标准的激烈大讨论。对此，邓小平一针见血地指出："目前进行的关于实践是检验真理的唯一标准问题的讨论，实际上也是要不要解放思想的争论……从争论的情况来看，越看越重要。一个党，一个国家，一个民族，如果一切从本本出发，思想僵化，迷信盛行，那它就不能前进，它的生机就停止了，就要亡党亡国。"①

真理标准的讨论并没有否认理论的重要性，而是反对割断理论与实践的关联，反对把空洞的本本理论神圣化，也是把唯心主义的文化自恋，转化为唯物主义的文化自觉，恢复有源头活水的理论的生机。所以，邓小平

---

① 《邓小平文选》第 2 卷，人民出版社 1994 年版，第 143 页。

鲜明地提出了通过实践来推进马克思主义发展的问题："只有解放思想，坚持实事求是，一切从实际出发，理论联系实际，我们的社会主义现代化建设才能顺利进行，我们党的马列主义、毛泽东思想的理论也才能顺利发展。"① 中国的理论和文化建设由此翻开了新的一页。

其次，这一文化自觉是社会主义国家诞生以来，对社会主义的理论和实践进行的最为全面和深刻的审视和反思，因此中国特色社会主义包含着对科学社会主义基本原理的一系列突破和贡献。

改革开放中的文化自觉启动了 20 世纪以来对社会主义运动最为深刻和全面的反思，它审视了社会主义一系列最基本的问题。正如胡锦涛在纪念党的十一届三中全会召开 30 周年大会上的讲话中所指出的："三十年来，我们党的全部理论和全部实践，归结起来就是创造性地探索和回答了什么是马克思主义、怎样对待马克思主义，什么是社会主义、怎样建设社会主义，建设什么样的党、怎样建设党，实现什么样的发展、怎样发展等重大理论和实际问题。"②

"什么是社会主义"本来被认为是毋庸置疑的问题，但邓小平偏偏要对之发问："社会主义究竟是个什么样子，苏联搞了很多年，也并没有完全搞清楚。"③ 进而认为："我们的经验教训有许多条，最重要的一条，就是要搞清楚这个问题。"④ 对社会主义基本问题的发问，突破了对社会主义基本认识的传统框框，启动了对社会主义基本理论的创新。社会主义初级阶段的理论，突破了传统社会主义对其历史进程、现实基础等社会主义基本问题的认识；社会主义本质的理论，超越了传统社会主义理论对其特征、属性的认识，更深刻地揭示了社会主义的基本规定性；社会主义市场经济的理论，突破了市场与资本主义相连、计划与社会主义不可分割的经典社会主义理论等，不仅中国，而且整个社会主义运动都开始了前所未有的大变革。毫无疑问，这已经超越了经典作家论述的社会主义和苏联模式的社会主义，已经创造了具有时代高度和鲜明时代特色的社会主义。很难设想，如果没有在高度文化自觉基础上对社会主义基本问题的反思，如何

---

① 《邓小平文选》第 2 卷，人民出版社 1994 年版，第 143 页。
② 胡锦涛：《在纪念党的十一届三中全会召开 30 周年大会上的讲话》，人民出版社 2008 年版，第 34 页。
③ 《邓小平文选》第 3 卷，人民出版社 1993 年版，第 139 页。
④ 同上书，第 116 页。

能够孕育出如此丰硕的成果。

　　同样，对"什么是马克思主义、怎样对待马克思主义，建设什么样的党、怎样建设党，实现什么样的发展、怎样发展"这样一些看似毋庸置疑的基本问题的探究，也体现了文化自觉的时代高度。这些问题无论哪一方面，无论是马克思主义本身的理论积淀还是党的建设的经验积累以及关于社会发展的经典论述，都十分丰厚。但中国共产党人绝不拘泥于现有的思想成果，把思想理论的演进置于现实挑战的基础上，创建契合于时代的理论体系。所以，无论"三个代表"重要思想的提出，还是科学发展观的形成，都具有鲜明的时代特色。文化自觉所固有的与时俱进属性生动地体现在马克思主义的时代化上。

　　最后，这一文化自觉揭开了马克思主义借鉴当代人类文明成果的新篇章，社会主义文化达到了前所未有的丰富和繁荣程度。

　　积极借鉴其他民族的文明成果必然是文化自觉的内在要求，尽管马克思主义的思想家向来都肯定这一点，但在现实的社会主义运动中，由于两大制度体系的对抗，社会主义与资本主义的文化交流基本上处于隔绝的状态。以文化教育为例，"文化大革命"前，中国主要向苏联派遣留学生，在 1957—1960 年的高潮时期，到苏联的留学生也仅 1000 多人。到资本主义国家的更少，1950—1965 年，中国派往意大利、瑞士、瑞典等资本主义国家的留学生共 1200 多人，并且主要是学习语言。改革开放带来了翻天覆地的变化，仅 1978 年至 2002 年底，中国出国留学人员就超过 58 万，分布在全球 100 多个国家和地区，攻读的专业几乎涵盖了全部现代学科门类，当时已回国的超过 15 万，超过 27 万的人仍在学习。[1]

　　这一文化自觉超越了传统的社会主义，具有新的、清醒的理论定位。《中共中央关于社会主义精神文明建设指导方针的决议》明确指出："对外开放作为一项不可动摇的基本国策，不仅适用于物质文明建设，而且适用于精神文明建设。"[2] 改革开放 30 年，中国同 145 个国家签订了政府间文化合作协定和近 800 个年度文化交流执行计划。[3] 社会主义在这里真正展开了它包容和吸纳整个人类文明成果的广阔胸襟。

---

　　① 《求学海外建功中华》，《文汇报》2003 年 4 月 10 日第 11 版。
　　② 《十二大以来重要文献选编》（下），人民出版社 1988 年版，第 1177 页。
　　③ 蔡武：《魂兮归来：中国文化的复兴之路——改革开放 30 年文化建设回顾》，《人民日报》2008 年 11 月 6 日。

　　这一文化自觉将文化的借鉴深入了价值理念的层面，可以说，达到了社会主义文化借鉴的时代高峰，"可持续发展"观就是其典型的代表。这一理念不是社会主义的创造，在 20 世纪 70 年代诞生时还被我们所忽略。① 在科学发展观的形成中，这一价值理念被作为当代人类文明的新成果加以吸纳，并且作为核心概念被确立起来。这一借鉴不仅体现了中国特色社会主义理论体系对当代人类文明成果的运用和整合，使其具有了时代的思想引领意义，而且也生动和集中地体现了马克思主义所固有的开放包容的属性和辩证扬弃的神韵。

　　党的十八大强调提高国家的文化软实力②，文化通过激励人、鼓舞人所发挥出来的物质力量是显而易见的，但其中更值得重视的是它对整个社会发展方向、发展道路的引领和造势，由此能焕发出人间正道的伟力。这也是中国道路的成功与文化自觉内在关联的历史价值和意义所在。

（作者：孙力，南京政治学院上海校区教授）

---

　　① 中国代表团在参加 1972 年联合国环境会议回国后的汇报材料中，仅谈到同国际资本主义进行政治斗争，而对可持续发展的中心议题几乎只字未提（参见曲格平为［美］芭芭拉·沃德、勒内·杜博斯著作《只有一个地球》作的序，吉林人民出版社 1997 年版，第 3 页）。

　　② 胡锦涛：《坚定不移沿着中国特色社会主义道路前进，为全面建成小康社会而奋斗》，人民出版社 2012 年版，第 30 页。

中国特色社会主义民主政治建设中的
价值理性和工具理性

　　人民民主是社会主义的生命。人民民主是我们党始终高扬的光辉旗帜。新中国建立以来，尤其是改革开放以来，我们党一直坚持国家一切权力属于人民，不断推进政治体制改革，使社会主义民主政治建设取得了重大进展，成功开辟和坚持了中国特色社会主义政治发展道路，为实现最广泛的人民民主确立了正确方向。作为理论工作者，研究和倡导中国特色社会主义民主政治是我们的职责。在此，我们以价值理性和工具理性这对既富有张力又有内在联系的范畴为载体诠释和分析当代中国民主政治建设，以期能够加深对中国特色社会主义民主政治理论的研究，促进中国特色社会主义民主政治的发展。

一　中国特色社会主义民主建设中价值理性和
　　工具理性的内涵和功能

　　价值理性和工具理性是两个内容丰富又相互对应的概念。价值理性是人类对价值和价值追求的一种自觉意识，它主要指向"应然"状态的价值关系。从内容取向上看，价值理性致力于为行为主体提供一套行动的理念、原则、信仰、目标、理想、目的等应然设定，是主体活动的价值主旨和价值基础。从功能作用上看，价值理性关注主体活动"好"与"不好"的正当性评判，解决主体"应是谁"，活动内容"应是什么"等实质性问题，审视特定的目的是否符合终极价值及这种价值是否合乎人类本身的要求，致力于为主体活动擎起价值依托和形而上的终极关怀。从表现形式上看，价值理性更多地表现为抽象的理论形态，体现为一种价值理念，高居于"道"的层面。

工具理性主要指向"实然"状态的现存事实,是一种以能够计算和预测后果为条件实现目的的能力。如果说,价值理性把目的的设定和价值关怀置于问题的中心,只强调目的的抉择而不考虑达到目的的手段的话,那么,与此相反,工具理性则着重考虑的是手段对达到特定目的的可能性和实效性。从内容取向上说,工具理性把手段的有效性置于首位,它追求工具的效率和各种行动方案的正确性,致力于提供一套达致目的的技术、工具、手段、程序、规则和制度,选择一种最佳方法和最优途径并由此带来操作和运用的最好效果。从功能作用上看,工具理性关注行为主体"行"与"不行"的操作能力,解决既定理想和目的"如何可能","怎样实现"的问题。从表现形式上看,工具理性更多地表现为现实的实践状态,体现为具体的操作技术和运作规程,位于"术"的层面。

由上可知,价值理性本质上属于一种价值理想和价值判断,而工具理性本质上属于一种操作规程和实践能力。对于民主政治建设而言,价值理性和工具理性的本质内容及功能作用蕴含着民主政治的两重内在含义。"民主政治"无论对它的理解多么歧义丛生,从总体上看,无非包括两个方面的内容:其一,它是一种价值理想和价值选择;其二,它是一种统治方式或社会管理体制。从古希腊的经典定义"人民的统治",到科恩的"逻辑民主"和"现实民主",萨托利的"规定性定义"和"描述性定义",达尔的"理想民主"和"多元民主",熊彼特的"实质民主"和"精英民主",马克思的作为"类概念的民主"和"阶级民主"等,都无不具有以上两个方面的含义。由此来看,首先,民主政治建设必须关注民主政治的价值诉求,确立民主的性质、原则、目的、理想等价值主旨,关注"道"的问题,而这些内容正是价值理性的旨趣所在;其次,民主政治建设又必须关注民主运作的手段和操作问题,注重选择实现民主的技术、方式、方法,建构民主运作的程序、制度及机制等,关注"术"的问题,这方面正是工具理性追求的主旨。价值理性和工具理性不同的内容和特点,正应和了民主政治建设的两层不同的追求。民主的价值理性确定民主的理想和目的,而民主的工具理性则考虑民主的实现条件和现实路径;仅关注民主的工具理性,可能会丧失民主政治的性质和目标;仅关注民主的价值理性,民主政治则会因为缺乏必要的实践途径而成为空中楼阁。

中国特色社会主义民主是共产党领导、人民当家做主和依法治国的统一。这一规定蕴含并体现了民主的价值理性和工具理性双重含义。中国民主建设的领导者是共产党，民主的主体是人民，民主政治的保障是法治，这是中国民主政治建设中的价值理性；它从根本上确立了中国民主政治的主体、原则、性质、本质、目标等，解决了中国民主建设的价值正当性问题。而立足于中国国情，具体探索如何坚持共产党领导，解决人民"怎样做主"以及把法治原则转化为刚性行为规范的方式、程序、制度和机制等，是中国民主建设中的工具理性，它解决了中国民主建设的现实途径问题。价值理性是建设中国特色社会主义民主必须坚持的指导思想和方向目标，工具理性是建设中国特色社会主义民主必须具备的技术手段和现实条件；价值理性是中国社会主义民主建设的实质内容，工具理性是中国社会主义民主的实现形式。

二　中国特色社会主义民主建设中价值理性和工具理性的分离

价值理性和工具理性的辩证统一，相互作用，是促进中国民主政治发展的关键。价值理性和工具理性一旦发生分裂或陷入冲突，便会阻碍中国的民主化进程，造成民主政治发展的迟缓或停滞。从理论与中国民主发展实践来看，价值理性和工具理性的分裂和冲突主要表现在以下几个方面。

（一）学理层面：价值理性和工具理性之间存在着一定的张力

首先，工具理性和价值理性之间存在着"是"与"应当"的分离。工具理性主要着眼于事物的实然状态，回答"是"什么的问题；而价值理性则着眼于世界的应然状态，回答"应当"如何的问题。由"是"无法逻辑地推出"应当"。反之亦然。"是"与"应当"这两种不同的视野使得工具理性和价值理性之间存在着一种相互排斥的关系。对此，休谟早已明确地作了揭示。他说："理性的作用在于发现真或伪。"[1] 应当与否、善恶与否等价值判断"不能由理性得来"，因为"道德规则并不是我们理性的结论"[2]。"因此道德上的善恶区别并不是理性的产物。理性是完全不

---

① ［英］休谟：《人性论》下册，商务印书馆 1980 年版，第 498 页。
② 同上。

活动的，永不能成为像良心或道德感那样，一个活动原则的源泉。"① 价值理性判断只提供善与恶及其区别的标准，同作为事实判断的工具理性并不存在等价关系。这也就意味着，价值判断上的"应当"不等于事实上的"可能"或"能够"。

其次，工具理性和价值理性之间存在着工具性与价值性的对立。工具理性只是从客体对象的实用性方面考虑问题，只问工具对于实现目的的有效性，而不问目的的合理性，目的的意义和价值在它的视野之外；而价值理性虽擅长于对意义与价值的执着追求，但缺乏对客观事实和现实功用的关注。工具理性和价值理性的追求和意旨都是单一的，二者在各自的轨道内单线发展，互不理会和承认，易于形成工具理性的独断专行和价值理性的狂妄偏执，从而导致二者的分裂或冲突。

（二）历史文化层面：价值理性和工具理性的分裂表征为民本与民治的背离

中国传统文化中有着丰富的民本思想，管仲的"政之所兴在顺民心，政之所废在逆民心"②，荀子的"君者，舟也，庶人者，水也。水则载舟，水则覆舟"③，孟子的"民贵君轻"、"得天下有道，得其民，斯得天下矣，"④ 等思想，均强调"民为邦本"⑤，人民是第一位的，告诫统治者民心向背是关键因素，要善待人民，否则会被人民所推翻。民本思想中重民、贵民的观念，的确促使统治者以身作则地行"王道"，顺应民心施"仁政"，有利于治国安邦，使人民安居乐业。

民本思想渗透着浓厚的价值理性情怀，包含着"天下非一人之天下，天下人之天下"的民有观念和"民之所好好之，民之所恶恶之"⑥ 的民享观念，体现了以民有为前提，以民享为归宿的价值理性。但是，古人强调民本的初衷和目的是加强封建君主地位，使之更好地"为民做主"，而不是承认人民的权利，由人民自己当家做主，由人民自己治理国家，即民

---

① ［英］休谟：《人性论》下册，商务印书馆1980年版，第498—499页。
② 《管子·牧民》。
③ 《荀子·王制》。
④ 《孟子·离娄上》。
⑤ 《尚书·五子之歌》。
⑥ 《礼记·大学》。

治。也就是说，民治观念一直在中国传统文化的视野之外。而这正是长期以来中国虽有深厚的民本观念和民本理想却鲜有民有和民享之现实的根本原因。

民治是实现民本目的的必要手段和途径，具有工具理性的意义。然而，在中国传统文化中，民本与民治处于分离状态，人们只有民本理念，而没有民治主张，而缺少民治，则民有无从体现，民享也无从实现，民治思想的缺失使民本沦为政治与道德的乌托邦。正如孙中山所言："民本思想虽有'民有，民享'的观念，但总未走上民治的一步。""民能治才能享，不能治焉能享，所谓民有总是假的。"① 梁启超也说："夫徒言民为邦本，政在养民，而政之所从出，其权力乃在人民以外。此种无参政权的民本，为效几何？"②

（三）实践层面：民主现实与民主理想落差明显，民主实现形式与本质规定脱节严重

新中国成立以来，我们党和国家一直强调民主的极端重要性，对民主的价值理性着力较多，主张没有民主就没有经济的发展和政权的稳定；没有民主就没有社会主义，就没有社会主义现代化；人民民主是社会主义的生命，发展社会主义民主政治是我们党始终不渝的奋斗目标。把民主政治建设当作国家的重大政治战略和实现现代化的重要内容，在中国宪法、党代会报告和国家发展规划中反复强调和宣传，以确立人民对民主的信念，激发人民追求民主的热情，这当然很有必要；然而，遗憾的是，中国民主建设恰恰仅停留在原则精神、方向地位、理想目标等价值理性的规定和追求上，而相对忽视了实现民主所必需的规则程序、制度机制、途径方法、手段条件等工具理性的发展，由此造成工具理性和价值理性发展的极不平衡，给中国民主政治建设带来了消极影响。正如俞可平所说：确立了民主的理想和发展民主的重大战略目标之后，"关键是要有具体的制度，要有操作机制，要有切实可行的措施，只有这样才能够实现民主。有关决策部门和地方政府，应该把中央的政治发展战略转化为具体的制度机制。中间之所以有严重的脱节，是因为不少制度跟不上，切实有效的举措不多。结

---

① 《孙中山选集》，人民出版社 1956 年版，第 494 页。

② 梁启超：《先秦政治思想史》，东方出版社 1996 年版，第 5 页。

果是，中央的许多重大战略部署没有落到实处。久而久之，甚至会产生一些副作用，一些人误以为中央领导强调民主，只是讲讲而已。"①

重理想而轻现实、重目的而轻手段、重目标而轻条件的结果，使民主建设缺乏制度机制、措施方法的有力支撑，从而导致中国民主现实与民主理想之间出现巨大的落差，使民主的伟大理想在一定程度上流于空谈，由此伤害了人民对民主的期待和追求民主的热情，动摇了人民的民主信念，严重阻滞了中国民主建设的进程。

中国民主是中国共产党领导的人民民主，是由最广大人民当家做主的民主，这是中国社会主义民主的本质，也是与资本主义民主、个人主义民主的根本区别。中国社会主义民主的本质规定是基于克服资本主义民主的固有缺陷而确立的，由此也使中国社会主义民主成为比西方资产阶级民主更高类型的民主。这种本质上更高类型的民主相应地需要更为发达、完善的实现形式与之相适应。然而，我们却没有理解民主的实质与民主的实现形式之间的内在统一关系，在强调民主性质优越的同时，却忽视了民主实现形式的建设，未能及时建立和健全能充分体现和保证社会主义民主政治本质的具体的民主制度、体制和机制，由此造成民主政治的实现形式与本质规定、民主程序与民主内容的严重脱节，使中国社会主义民主政治的本质优越性得不到应有的发挥。更有甚者，这种缺乏程序安排和制度约束的民主实践，在大规模群众运动的非理性因素影响下，演变成毫无规范的"大民主"并最终发展为"文化大革命"时期的"大动乱"，使得民主精神受到严重扭曲，民主原则遭到粗暴践踏，民主建设遭到严重破坏，给我们留下了深刻而惨痛的教训。

三 中国特色社会主义民主建设中价值理性和工具理性的融合

民主政治的发展需要价值理性和工具理性的协调统一。民主是"从其理想和现实的相互作用中，从应然的推动力和实然的抗拒力的相互作用

---

① 俞可平：《民主法制才能实现国家长治久安》，http://www.360doc.com/content/10/0504/15/477274_26053146.shtml。

中产生和形成的"①。只有民主的价值理性和工具理性体用合一，功能互补，才能使民主从应然状态走向实然状态。缺乏价值理性的指导和引领，民主建设会像"盲人骑瞎马，夜半临深池"般危险，而缺乏工具理性的支撑，民主理想和目标只能趋于虚幻的乌托邦。然而，在中国民主实践中，二者并未达到和谐统一，而是处于分裂状态。而导致分裂的根本原因不是价值理性的发展不足，而是工具理性的严重滞后。尽管党的十一届三中全会以来我们对民主的工具理性的发展日益重视，把建立和健全与社会主义民主本质和目的相适应的具体制度和程序当作中国政治体制改革和民主政治建设的主要任务，明确提出了要"实现社会主义民主政治的制度化、规范化和程序化"的建设要求。然而，工具理性层面上民主具体实现形式的形成和完善本身需要一个长期探索和建设的过程，因此，就目前来说，工具理性发展的迟缓仍是不争的事实。所以，在民主的价值理性已得到普遍认同的情况下，大力弘扬和推进工具理性以使之与价值理性同步发展，构建、完善良好而可行的制度程序、设计并采用具有可操作性的技术手段切实保障民主理想的实现，应成为当前中国民主政治建设的迫切任务。具体来讲，我们应从以下几个方面着手。

（一）扩大党内民主，完善党内民主制度，切实实现"坚持共产党领导"的政治原则

现代民主政治是政党政治。近代以来的一切民主政治，都是由不同的时代条件和阶级状况所决定的有组织的力量或政党领导的，在中国人口众多、地域辽阔、经济文化相对落后、各地区发展又很不平衡的国度里进行的民主政治建设，没有一个具有强大政治凝聚力和社会整合力的坚强领导核心是不行的。中国共产党是执政党，是建设社会主义民主的核心领导者和主要推动者。在当代中国，没有中国共产党的集中统一领导，民主政治就无从谈起。这是中国民主建设中具有先在性和客观性的事实。因此，在中国特色社会主义民主政治进程中，必须坚持党总揽全局、协调各方的领导核心作用，提高科学执政、民主执政、依法执政水平，保证党领导人民有效治理国家。党的领导能确保中国社会主义民主政治建设的性质和方向，坚持党的领导是中国民主政治建设的基本政治原则。

---

① ［美］萨托利：《民主新论》，东方出版社1993年版，第9页。

金等条件去调查、了解与议案有关的问题，使代表能全心全意地为自己的委托人（人民）履行代表的职责。四是延长会期，改革会议发言制度，简化发言程序。应当给予代表不受限制的、充分的会议发言权，使代表能够充分表达自己的意见，代表之间能够开展有效的辩论和讨论，使人民代表大会会议真正成为代表们各抒己见、共商国是的场所。

第三，完善人民代表大会监督程序，增强人民代表大会监督实效。加强人民代表大会及其常委会的监督权，关键是要完善人民代表大会监督程序和操作规程。对于宪法规定的人民代表大会宪法监督权，执法检查权，听取和审议"一府两院"工作报告的权力，审查和批准计划、预算的权力，询问权和质询权，特定问题调查权，罢免权和撤职权等各项监督权，要制定相应的法律使之行使细化和具体化，具体规定行使监督权的主体、步骤、方式、时限、过程、顺序、结果、反馈等，使人民代表大会各项监督权力落到实处。

2. 完善基层民主制度。基层民主制度建设是落实人民当家做主权利的基础性工程，是中国社会主义民主政治的一大创造，也是中国特色民主制度优越性的重要体现。胡锦涛同志指出："扩大基层民主，保证人民群众直接行使民主权利，依法管理自己的事情，是社会主义民主最广泛的实践，是社会主义民主政治建设的基础工作。"① 基层民主制度越健全，活动开展得越广泛、越深入，中国民主制度的基础就越深厚、越巩固。建立基层民主制度，关键是制定并形成基层民主选举、民主决策、民主管理、民主监督的程序性法律和具体操作手段，创新基层群众自治机制。一是建立村委会选举的具体操作规程，扩大公推公选的范围；二是明晰村级各种组织的职能和村民自治的权利；三是明确规定乡镇对村委会工作指导的边界、村民自治的范围；四是扩大群众民主参与范围，丰富民主形式，开辟大众参与渠道等。

（三）健全宪法程序，加强程序化、法制化建设，切实贯彻法治理念和原则

法治是中国民主建设的基本理念和原则，民主政治实质上是法治政治。法治首先是一种理性的办事原则和理性的法律精神，它要求凝结着人

---

① 胡锦涛：《提高社会主义基层民主政治建设水平，保证基层人民群众直接实行民主权利》，《人民日报》2006 年 12 月 2 日第 1 版。

民公意、体现并保障人民当家做主权利的宪法和法律的尊严高于一切，法律面前人人平等，任何个人和组织都应在宪法和法律的范围内活动，遵守法定的规则与程序。其次法治还是一种理性的社会秩序和理想的社会状态，即法治社会。在法治社会里，法律与国家、政府之间，运用法律约束国家、政府的权力；法律与人民之间，运用法律合理地分配利益；法律与社会之间，运用法律确保社会公共利益不受权力和权利的侵犯。① "依法治国，建设社会主义法治国家"既是中国社会主义民主政治建设的战略目标、社会理想和治国方略，同时也是中国实现社会主义民主程序化、法律化、制度化的有效途径和根本保障。

坚持法治原则，真正在全社会树立法律的统治，第一，要建构合理、有效的宪法程序。以法治国首先是以宪治国，而以宪治国的关键需要依据宪法程序。因此，在注重宪法实质性规定的前提下，以宪法程序规定国家权力的组成和配置，权力产生方式，权力行使的过程、步骤、范围、时限等，国家权力的立法分支、行政分支与司法分支的权力制衡关系等程序性规定，建立规范的权力运行体制，使权力运行法治化，以防止权力对人民权利的侵害。第二，使共产党领导民主建设的活动法律化、制度化。《中国共产党章程》规定，党对国家政权的领导是政治、思想、组织方面的领导；中共十二大以来党的历次全国代表大会都强调党必须在宪法和法律的范围里活动；胡锦涛同志在纪念全国人大成立五十周年大会上的讲话中说："中国共产党执政，就是领导、支持、保证人民当家做主，维护和实现最广大人民的根本利益。"第三，使人民代表大会的运行程序法律化、制度化。进一步完善全国人民代表大会和省级人民代表大会的议事规则并使之上升为法律。人民代表大会议事规则只是对人民代表大会机关内部有效，人民代表大会外部则无法监督。将议事规则上升为程序法既可使全体公民清楚人民代表大会必须遵循的程序，又可使公民据此监督人民代表大会的工作，真正从全体人民当家做主的高度实现中国社会主义的民主与法治。②

（作者：王彩云，济南大学政治与公共管理学院教授）

---

① 孙笑侠：《法治：合理性及其代价》，《法制与社会发展》1997 年第 1 期。
② 任玉秋：《人大制度的民主程序建设》，《浙江人大》2004 年第 3 期。

以社会主义核心价值观为统领
构建行政价值观

　　我们的时代需要核心价值观，以展现个人、群体乃至整个社会生活和活动所具有的积极意义。行政体制改革和创新需要从价值观的层面进行检视，政府自身建设、公务员队伍建设需要加强行政价值观建设。社会主义核心价值观是凝聚各种价值观的旗帜。当前，急需以社会主义核心价值观为统领构建行政价值观。

一

　　价值是对好坏、善恶、美丑、利弊、得失等以功能、功用为标尺进行衡量的理性形态。在哲学上，价值是关于客观世界满足主观需要的意义关系的范畴。价值观是人们对价值的总看法、总观点。社会核心价值是社会成员基于自己的价值观在面对或处理各种矛盾、冲突、关系时所持的基本价值立场、价值态度以及所表现出来的基本价值倾向。社会核心价值观是社会成员对最重要价值的基本一致的总看法、总观点。

　　很多哲学家对价值进行过研究，其中黑格尔的思想对马克思影响最大。黑格尔对经济、法律、道德、审美等各个领域的价值问题都做过研究，并提出了独特的人生价值、公共舆论价值、公开性价值等思想。他的价值理论的深刻性，体现在从经济关系入手规定价值概念上。他认为，物一旦进入人的实践，它就是在质和量上被规定了的、成为与人的特定需要有关的东西。在黑格尔看来，价值是个量的概念。当我们考察价值概念时，是把质暂时排除了的。也就是说，在价值里，质在量中消失，这样才能对不同的人或物进行比较，才能在比较中规定其价值，才能对各种各样不同的人或事的内在共通性进行测量和判断。量的规定性当然不能离开质的规定性，质是量的载体，而量是质的所值。黑格尔说，这种由质的规定性产生的量的规定性，便是价值。我们的思维就从质进到量，从定性到定量，实现了认识的飞跃，从感性上升到了理性。当我们考察物的价值时，我们就把物看作量，看作符号（如货币、GDP），看作"物有所值"。从市场交换的经济关系看，一旦交换双方订立了契约，那么当事双方就放弃了各自的所有权，而保持着他们同一的所有权，也就是放弃了不同一的东西，而保持着同一的东西。在这种关系中，这个同一的东西就是价值。因此，价值不仅是物的内在普遍性，而且是物在比较中的通约性。这些思想显然不仅直接影响了马克思经济学关于价值概念的形成，而且间接影响了马克思主义以人的解放为中心的社会价值理论。我们还可以从这里看到研究价值概念的方法论意义——探讨价值就是探讨本质的实现，而本质的实现方式需要从质和量两个方面考察，尤其要通过量去观察质。

19世纪后期以来，随着价值的研究被引入历史观和社会观中，特别是当人们开始在文化的意义上认识价值时，发现价值的概念包含着更为深刻也更为复杂的内涵。其中，一定的社会、一定的历史阶段以及一定的共同体，都拥有独特的价值，而且，这些独特的价值对于社会生活的健全有着基础性的影响。就此而言，社会主义作为人类历史上的一个特定的阶段，必然有着自身独特的价值，这种价值必然会贯穿到政治生活之中，也必然会反映到政府的行为和过程中，会影响政府模式的建构，特别是对政府工作人员的一举一动，都会发生无处不在的影响，甚至可以说是决定性的影响。当然，在人类还处在一个自然历史进程中，价值是在历史演进中自然形成的，对于社会主义建设而言，价值以及整个价值体系的建构都应当是一个自觉的过程。其中，自觉地确立社会主义价值观就是我们建构社会主义价值体系的根本途径。

二

党的十六届六中全会提出了建设社会主义核心价值观的战略任务，党的十七大进一步明确了社会主义核心价值体系的内涵，就是马克思主义的指导思想、中国特色社会主义的共同理想、以爱国主义为核心的民族精神和以改革创新为核心的时代精神、社会主义荣辱观。党的十八大报告提出："要深入开展社会主义核心价值体系学习教育，用社会主义核心价值体系引领社会思潮、凝聚社会共识。""积极培育和践行社会主义核心价值观。"社会主义核心价值观是社会主义制度的生命之魂，它反映了我们全体国民的精神境界，决定着国家的发展模式、制度特征和目标任务，也标示了整个社会文化的制高点，在所有社会价值目标中处于统摄和支配地位。没有社会主义核心价值观的引领，国家、民族、社会就会迷失方向，就会缺乏前进的动力。

研究价值理论对确立行政价值取向、构建行政价值观起着重要的支撑作用。社会主义核心价值观及与这个价值观相适应的行政价值观，是指导行政管理改革、创新和一切活动的最高理念。

第一，社会主义核心价值观是在总结人类社会发展规律，特别是安民兴邦、治国理政规律基础上提炼出来的精髓。掌握这个精髓对于我们研究和确立行政价值观具有极强的指导意义。任何一个社会都存在着多种多样的价值观念和价值取向，要把全社会的意志和力量凝聚起来，必须有一套与经济基础、政治制度和文化体系相适应的核心价值体系。而要形成什么样的核心价值体系，如何形成这个核心价值体系，历史给出了各种各样、千差万别的答案。社会主义核心价值观是在博采历史上优秀价值思想的基础上，通过推陈出新形成的。社会主义核心价值体系所包含的理论、理想、精神、道德四个层面的内容对于加强党的建设、政府建设、公务员队伍建设具有重要的指导意义。正如胡锦涛所指出的：马克思主义为我们提供了正确的世界观和方法论，理想信念是一个政党治国理政的旗帜，民族精神和改革创新精神是时代的最强音，"八荣八耻"为实施依法治国与以德治国提供了社会主义基本道德规范。行政管理者的核心价值观之于整个社会处于"定盘星"的地位。政府工作人员特别是领导干部如果不能树立社会主义核心价值观，就不可能确立正确的行政价值观，那不仅会使行政管理工作丧失正确的目标，导致机关涣散、管理混乱、服务低效，而且会对社会造成很坏的影响。以社会主义核心价值观为指导，继承优秀的传统行政价值观，整合市场经济条件下多元行政价值取向，构建和实践核心行政价值观，是深化对行政管理规律认识的必然，也是促进行政系统科学高效运转的必需。

第二，社会主义核心价值观从根本出发点的意义上规定了中国改革开放的方向，沿着这个方向前进才能明确行政体制改革的目标。拥有社会主义核心价值观是我们制度优越性的集中体现；坚持社会主义核心价值观，才能确保政治体制改革和行政体制改革的方向始终正确、目标始终明确。当前，行政体制改革处于关键时期，它上与发展民主政治的难点相连，下与完善市场经济的要害相接，中间与创新社会管理的举措相交。问题的关键在于，我们要明确改革的基本逻辑，并使各项改革在基本逻辑层面一致起来。在经济上，按照政府调节市场，市场引导企业的路子进行改革，重点是政府职能转变；在政治上，按照党的领导，通过依法治国，实现人民当家做主的路子进行改革，重点是发挥人民群众在法治框架内管理国家事务的作用；在社会管理上，按照党和政府领导、负责，通过社会组织的协同管理，实现公民自治的思路进行改革，重点是培育、监管和服务社会组织，逐步使社会组织管理社会成员。这三个维度的改革都与行政体制改革息息相关，都需要行政体制改革的积极推进，而根本问题就在于行政体制改革的方向要符合和服务于政治改革、经济改革、社会改革的目标、路径及方法，说到底，就是按照人民群众的期待和社会主义核心价值观的要求深化改革，建设服务型政府。

第三，社会主义核心价值观是改革和创新的思想动力，有了这个动力才能加快行政体制改革的步伐。任何一项改革必须有人民的觉醒、人民的支持、人民的积极性和创造精神。近些年来，行政体制改革和创新之所以在很多领域取得了很大的进展，就是因为广大党员干部带头履行使命、心齐气顺地推进改革；行政体制改革和创新之所以在某些领域进展艰难，在很大程度上就是因为共识尚未形成，动力机制不健全。因此，形成加快改革的共识与合力，增强改革的动力十分重要。社会主义核心价值观对行政体制改革创新具有无可替代的助推器功能，有助于统一思想、提高认识、凝聚共识，搁置一些不必要的争论和一些暂时难以弥合的意见分歧，增强改革和创新的思想动力。

第四，社会主义核心价值观是行政文化的基础，强化这一基础才能弘扬先进行政精神，唾弃腐朽行政文化。先进的行政文化和公务员道德体系是行政软环境的组成部分，是建设服务政府、责任政府、法治政府和廉洁政府的强大精神力量。当前出现的腐败现象都与腐朽思想文化和不良生活方式有关，而落后的价值观念是一个总根子。如果我们对封建文化丧失警惕，缺乏强有力的应对措施，那么势必会使国家行政管理体系的主流文化失落，精神支柱崩塌。当前在中国部分官员身上存在的诚信缺失、贪污腐败、心浮气躁、急功近利等现象，无不与价值观有关。只有建立以社会主义核心价值观为内核的先进意识形态，才能形成共同思想基础和舆论氛围，才能筑起中国特色社会主义行政管理事业坚不可摧的思想文化长城。

三

在行政管理领域构建社会主义核心价值观，关键是要确立核心行政价值观，并在此基础上构建"新行政观"。行政管理区别于其他管理的基本点在于其公共性这一属性。"新行政观"区别于传统行政观的基本点就在于坚持以社会主义核心价值观为统领，建设充分体现公共性这一基本属性的服务型政府。也就是要把行政的公共性本质要求体现到政府职能上，体现到公务员身上，体现到一切行政活动中。对把社会主义核心价值观贯彻到行政价值观中，应作全方位的理解。

一是以公共性作为价值导向。行政公共性原则是由宪法确定的。中国《宪法》规定："一切国家机关和国家工作人员必须依靠人民的支持，经常保持同人民的密切联系，倾听人民的意见和建议，接受人民的监督，努力为人民服务。"这个法理基础是社会主义核心价值观的集中体现。以公共性作为行政价值的根本导向，就是要始终秉持公共性的价值追求和目标理念，真正将全心全意为人民服务确立为行政本位，改造行政观念，抛弃有悖于社会主义核心价值观的"官本位"、"权力本位"、"部门本位"、"地方本位"等行政观念，建设有利于实现公共性的行政思维和行政能力。

二是以公共性塑造机关精神。城市有城市精神，企业有企业精神，机关要有机关精神。机关精神，就是一个机关为谋求高效率和高凝聚力，而在长期的工作过程中逐步形成并为该机关多数人员所认同的一种积极、健康、向上的群体意识。它是通过机关人员的思想作风、言行举止、精神面貌等表现出来的价值标准、行为规范、优良传统、文化氛围、道德倾向、理想信念。行政机关具有共性的精神就是公共性精神。科学总结、高度提炼、准确概括、大力宣扬和扎实践行机关精神，其实质就是以社会主义核心价值观为依据，将体现人民公仆本质和灵魂的公共性揭示出来，激励人们齐心协力为实现机关工作的目标而共同奋斗。

三是以公共性奠定职能基础。转变政府职能是行政体制改革的关键。建设服务型政府，加强公共服务职能，都需要加快转变政府职能，解决政府"该干什么"的问题。但如果仅仅明确了要转变哪些职能，而不了解要转变这些政府职能的原因，那么就会在改革进程中被各种各样的认识问题所干扰，就需要解决"为什么该干这个而不该干那个"的问题。从政府服务和管理职能的意义上提出公共性，有助于从深层次上领会政府职能转变的历史意义和社会价值，有助于将转变政府职能的工作引向深入。

四是以公共性优化组织结构。治理性质决定治理结构。以公共性这个基本属性配置治理结构，必然要求管理主体在权力配置、权力运行、权力制衡和权力监督等方面合乎公共性原则，建立决策权、执行权、监督权既相互制约又相互协调的权力结构。按照这个要求，需要维护国务院即中央政府的高度权威，建立统一的政府行政管理体系；需要对行政组织的规模、结构等进行相应的调整和重构，使公共组织各要素之间合理搭配、科学组合；需要在政府各部门、中央和地方、各级政府间建立分权型权力结构和多元化服务体系。公共性原则还要求拓展行政管理民主，实现政府行政管理与社会组织、基层社区自治的良性有序互动，使政治民主、经济民主、社会民主统一于社会主义核心价值观。

五是以公共性建构制度规范。行政是机构、人员、职责、行为、流程的总合，在探寻改革路径时，中国从行政体制到运行机制这两个层面的改革已经进行了多年，也多多少少涉及了有关制度的改革，如教育制度、医疗卫生制度、社会保障制度、住房制度、就业制度、物价调控制度、金融制度、事业单位管理制度、突发事件管理制度等，在不同程度上实现着制度运行的程序化安排任务，但是，触及深层次行政管理制度的改革还比较少。2013年以来，以行政审批制度改革为龙头的制度改革实实在在地推进了综合性制度改革，正在成为建构新的改革路径的大胆探索，并将使中国政府改革进入新阶段。1978—2002年，以改革为引领，即按照经济体制改革的要求推动行政管理体制改革，在破除计划经济下所形成的行政管理体制的弊端中实现新的行政价值的变革，是质的改变，这是第一阶段；2002年党的十六届二中全会通过的《关于深化行政管理体制和机构改革的意见》，出现了以前对政府改革的定位未曾有过的提法——行政管理体制改革"是推动我国上层建筑更好地适应经济基础的一项重要的制度建设和创新"。这标志着中国行政管理体制进入了一个新阶段，是在前一阶段质变的基础上进行的新的量的积累，也就是改革和创新并举、以创新引领行政价值升华这样一个新的阶段，"质在量中发展"，政府结构和功能这些质的变革在服务型政府建设的大框架内实现量的变革，即在增加政府公共服务量的基础上再造政府新的结构和功能。

在行政改革实践价值目标确立和发展的同时，研究行政价值理论的意义凸显出来。行政价值成为行政学研究的热点议题之一。近十年来，对行政价值问题的研究不断深化，对行政管理体制改革、公共管理绩效提升、社会治理结构改善产生了积极影响。我们这次研讨会就是要围绕行政价值问题，从社会主义核心价值观的高度，深入研究行政管理体制改革和创新的价值目标，深入研究行政管理中各领域的价值追求，深入研究公务员形成核心行政价值观的理论路径。

（作者：高小平，中国政治学会副会长，中国行政管理学会执行副会长兼秘书长，研究员）

论平等的三种形态及其相互关系

随着改革开放的不断深入和社会主义现代化建设进程的加快，特别是社会主义市场经济体制的建立和完善，国内一系列与平等相关的问题陆续凸显，日益牵动着理论工作者和实际工作者的目光。近年来，党和国家的一系列决定和文件相继提出了与该主题相关的新命题和新论断。在此背景下，从历史与逻辑、理论与实践的结合上，从不同的层次和维度对平等进行新的透视和解读，具有一定的理论和实践意义。

毫无疑问，多年来，对平等的研究形成了诸多成果。相当多的学者从不同的领域，将平等区分为政治平等、经济平等和社会平等加以具体研究；有的学者从过程的角度将平等分解为起点（机会）平等、程序（过程）平等和结果平等，等等，相联系和相对应地提出了一系列保障和实现平等的原则、制度和机制设计。然而，对于平等问题的研究而言，上述成果更重要的价值是进一步深入了研究的起点。平等作为一种复杂的社会历史现象，"乃是一个具有多种不同含义的多形概念"[1]，"在理论上弄明白谁抱有的见解是正确的，这实在很困难"[2]。我们认为，从不同的维度观察和分析，平等具有多种存在形态。本文拟从思想观念、运动和制度三个维度及其相互关系出发认识、把握平等的内涵。

一　作为思想观念的平等

皮埃尔·勒鲁认为："平等不是一个事实，或者更确切地说，不是我

---

① ［美］博登海默：《法理学——法律哲学与法律方法》，邓正来译，中国政法大学出版社1999年版，第285页。

② ［古希腊］亚里士多德：《政治学》，吴寿彭译，商务印书馆1988年版，第316—317页。

不知其外表的、偶尔从我们的一切演说、推理、法规中发现的事实；平等是一项原则，一种信仰，一个观念，这是关于社会和人类问题的并在今天人类思想上已经形成的唯一真实、正确、合理的原则。"① 作为一种思想观念，平等是在精神、意识领域的反映和表现。在历史的长河中，平等思想蕴含了人类对理想社会的向往和诉求。不同时代的人们都孜孜以求地寻找它的真谛。"人类平等观念，久已成为公共信条，虽有强者，莫敢撄也。"② 在人类历史上，平等的思想观念曾存在于人的自我意识之中，也曾栖身于宗教的圣物、政治的幻想、浪漫和理想的彼岸。可以这样说，平等的思想观念贯穿于人类有史以来的全部过程。每一个时期的平等思想都会在其时代大环境的影响下显示出不同的特点。正如恩格斯所说："平等的观念，无论以资产阶级的形式出现，还是以无产阶级的形式出现，本身都是一种历史的产物。这一观念的形成，需要一定的历史条件，而这种历史条件本身又以长期的以往的历史为前提。所以，这样的平等观念说它是什么都行，就不能说是永恒的真理。"③ 因此，追溯历史上的平等思想家们的平等思想和观念，进行相应的比较，有助于我们的平等观念更加科学化。

在古希腊时期，毕达哥拉斯派从法律意义上将平等看作真理和正义的要求，伯里克利提倡确立国家政治生活中的公民平等权，悲剧作家则较早地从自然权利的角度论证平等法则，这一平等理想在斯多葛那里获得了更加丰富的描述，而智者们则进一步将天赋与权利、智慧与美德联系起来，进一步使平等的内容体系具体化。与此同时，柏拉图虽然否定了自然正义意义上的平等，却在政治的理想国中谱就了人人平等的蓝图。亚里士多德吸纳了古希腊平等观念的精华，率先较为系统地阐述了平等思想，提出最稳定的正义需要构筑在数量相等和比值相等这两种平等基础之上的观点，认为公民具有平等的人格，并以平等为标准衡量政体的优劣。古罗马时期，法律面前人人平等已然成为罗马法学派的核心思想之一，塞内卡的超出社会结构的精神平等，西塞罗的理性平等和权利平等的学说，以及建构在这些具体思想之上的自然法和自然权利的平等观都体现出这一时期人们

---

① [法] 皮埃尔·勒鲁：《论平等》，王允道译，肖德厚校，商务印书馆1988年版，第75页。

② 梁启超：《先秦政治思想史》，天津古籍出版社2004年版，第6页。

③ 《马克思恩格斯选集》第3卷，人民出版社1995年版，第447—448页。

平等的思想观念体系已经获得了进一步的发展。到了中世纪，平等是神的创制，代表"上帝的话语"，体现为某种更深刻、更绝对的平等。在某种意义上，虽然精神层面的平等的确是为了掩盖现实生活中巨大的不平等，但是它也彰显了生命权、人格尊严的绝对平等，"所有的人在天地间都是平等的"①。

文艺复兴时期的人文主义强调个人主义，将抽象的精神平等改造为更接近实践领域的人性平等，特别注重现实社会中的平等关系，着重论述了人类平等和自由的思想。近代意义上的平等思想来自于资产阶级启蒙思想家平等叙事的转向。"天赋人权论"是平等思想在体系化发展进程中的重大跨越。它既说明了权利应被平等地享有，又设计了符合这一判断的人性学说。格老秀斯较早地以平等权解释自然权利；霍布斯则提出了自然状态的平等通过作为自我存在意义上的自由成为社会中必然的平等，将人们的完全平等放在自然的天平上。近代平等思想的进步集中体现为由承认人类在自然状态下的平等到承认其政治上的平等。英国的平等派一方面主张激进的平等理念，另一方面也曾提出实现平等的现实方案，并提倡政治、经济领域内的共同平等。

作为开创近代资产阶级政治思想传统之一的洛克吸收了启蒙运动以来关于平等的进步观念。他一方面继承了平等派的政治平等主张；另一方面又借鉴和改造了霍布斯的自然状态理论，更加注重两种平等的一贯性和一致性，提出了平等状态就是自然状态，人们的自然权利因其自然状态的平等而平等。这种自然权利在社会生活中通过法律等形式既维系了经济领域的差序性，又坚决捍卫了政治领域的普遍平等。孟德斯鸠则认真思考了民主共和制与平等的关系，指出民主共和制的原则是对祖国之爱，对平等之爱。需要注意的是，他的平等思想一方面体现了"民主的平等"的权利普遍性；另一方面其"共和的平等"理论也内含着鲜明的倾向统治阶层的保守性。比如他提出"平等的真正精神的含义……并不打算不要主人，而是仅仅要和我们平等的人去当主人"②，甚至认为"有君主政体就要有优越地位、品级，甚至高贵的出身。荣誉的性质要求优遇和高贵名爵"③。

---

① 《阿奎那政治著作选》，马清槐译，商务印书馆 1991 年版，第 147 页。
② ［法］孟德斯鸠：《论法的精神》上册，张雁深译，商务印书馆 1961 年版，第 25 页。
③ ［法］伏尔泰：《哲学辞典》下册，王燕生译，商务印书馆 1991 年版，第 496 页。

伏尔泰支持洛克、孟德斯鸠的领域性、差序性平等的观点，但是他更关注自由与平等的关系，认为"人人自由，人人平等，一人的真正生活，即自然生活，就是这样"①。其反对人与人之间的从属关系，却对社会不平等和巨大的贫富差距表示冷漠，这准确地体现了新生资产阶级在对待君主、大贵族和无产阶级、社会底层态度时的两面性。

与以往西方的其他平等论者相比，卢梭的平等思想更加彻底。作为平等权利最重要的辩护者，他认为，平等普遍适用于道德、法律、财产等不同领域，通过分析不平等，他深刻地批判了社会权威和私有制；并精要地描述了不平等发展的三个阶段，揭示了不平等出现的根源，探讨了人类如何探求平等的可能路径，主张通过暴力革命实现平等并依托社会契约和人民主权建设平等的社会。他指出："平等，这个名词绝不是指权力与财富的程度应当绝对平等，而是说，就权力而言，则它应该不能成为任何暴力并且只有凭职位和法律才能加以行使；就财富而言，则没有一个公民可以富得足以购买另一个人，也没有一个公民穷得不得不出卖自身。"② 卢梭重拾"节制"这一古典美德，从生命的有限性论证了自由、权利必须建立在自我节制的基础上，而普遍的节制是实现平等的基础。

除此以外，狄德罗、罗伯斯庇尔分别从理论设计和制度安排的角度论述了作为自然权利的平等和作为共和政体基础的平等。而潘恩则将欧洲的平等思想传播到美国，认为天赋权利的平等是实质的和绝对的，而公民权利的平等则可以调节，需要依靠政治统治的力量加以保障，阐明了平等权的历史性和阶段性。随着资产阶级平等思想的日益丰富，平等逐步成为一项基本的政治原则。杰弗逊明确指出，人民平等权是一项宪法原则，《独立宣言》开宗明义地把思想家们所倡导的自由、平等权利以法律的形式固定下来，宣称："我们认为这些真理是不言而喻的：人人生而平等。"从此，平等权利观念逐渐地植根于人们的心目之中。

现代平等思想"不仅是人类理性的进步，同时也是文明与社会进步的现实表现"③，形成了具体的、经验的、关注现实的平等观。边沁的功

---

① 北京大学哲学系外国哲学史教研室编译：《十八世纪法国哲学》，商务印书馆1963年版，第98—99页。

② ［法］卢梭：《社会契约论》，何兆武译，商务印书馆1980年版，第69—70页。

③ 周仲秋：《平等观念的历程》，海南出版社2002年版，第337页。

利主义的平等观主张"一个人的价值正好同另一个人一样"①，每个人"只算一个，谁也不比一个人更多一些"②。他将伦理、法律上的平等与法定权利联系起来，强调履行法定职责与享受相应权利的一致性。在边沁之后，约翰·密尔指出，要实现人类社会的最大幸福，就必须促进人的权利平等、消灭特权；斯宾塞则认为人生而平等来源于人的内在的权利本能（自然情感）。

对于当时占主流的天赋论平等观，黑格尔进行了较为彻底的批判。他认为，权利来源于人的自由意志而非天赋，以此观之，"平等是理智的抽象同一性，反思着的思维从一般平庸的理智在遭遇到统一对某种差别的关系时，首先就想到这一点。在这里，平等只能是抽象的人本身的平等，正因为如此，所以关于占有的一切——它是这种不平等的基地——是属于抽象的人的平等之外的"③。由于不同的人对自由意志占有存在多寡，因此"其实，人们当然是平等的，但他们仅仅作为人，即在他们的占有来源上是平等的。……但是特殊性的规定，即我占有多少的问题……""其实特殊性就是不平等所在之处，在这里，平等倒反是不法了。"④

托克维尔从民主国家的理想境界角度看待平等，提出与自由和谐统一的平等才是真正的平等。"因为人人都将完全平等，所以人人也将完全自由，反过来说，因为人人都将完全自由，所以人人也将完全平等。"⑤ 托克维尔认为："显示民主时代的特点的占有支配地位的独特事实，是身份平等，在民主时代鼓励人们前进的主要激情，是对这种平等的热爱。"⑥ 他认为"极端化"导致了平等悖论，因此必须警惕绝对不平等的出现。

勒鲁认为："平等这个词概括了人类迄今为止所取得的一切进步，也就是说他概括了人类过去的一切生活。从这个意义上说，它代表着人类已经走过的全部历程的结果、目的和最终事业。"⑦ 他详细论证了平等是现代社会的唯一基础，批判了狭隘性、虚伪性的平等观，区别了平等在理想

---

① ［英］边沁：《政府片论》，沈叔平译，商务印书馆1994年版，第42页。
② 同上。
③ ［德］黑格尔：《法哲学原理》，范扬、张企泰译，商务印书馆1961年版，第57—58页。
④ 同上。
⑤ ［法］托克维尔：《论美国的民主》下卷，董果良译，商务印书馆1988年版，第620页。
⑥ 同上书，第621页。
⑦ ［法］皮埃尔·勒鲁：《论平等》，王允道译，肖厚德校，商务印书馆1988年版，第256页。

与现实之间的巨大差异，彰显了平等思想的永恒光辉。

在西方平等思想观念的谱系中，空想社会主义者和共产主义者的平等思想占有重要的一席之地。空想社会主义的平等观以批判私有制和资本主义生产方式的弊端为开端，阐发无产者的要求，描绘理想社会。他们借助西方理性主义的人性论思想，试图构建社会主义的平等原则。后来的共产主义者更加深刻地揭露了资本主义制度的不平等根源，提出平等社会的实践方案和权利要求，较为彻底地抛弃了以前空想社会主义的平均主义和禁欲主义倾向，把平等思想推向了一个新高度。① 这些思想都反映了无产阶级和劳动人民的权利要求，其中合理的、天才的设想和见解比比皆是。抛开其历史局限性，它们对西方古典平等观和资产阶级平等思想的全面超越是值得人们肯定的。

在对资产阶级平等观展开批判的阵营中，无政府主义无疑也是一股不可忽视的力量。就其本质而言，无政府主义的平等思想既是一种极端的平等观，又是一种不彻底、易变化的平等观。无政府主义的代表人物蒲鲁东主张完全平等，将完全平等作为无政府状态社会的基本条件之一，他强调"平等权也是天赋的，是不可以出卖和转让的权利"，"既不能受限制，也不能有例外"②，并认为"有了平等的机会，求得美好的生活就应当是劳动者的任务了"③。而巴枯宁则提出人性作为一种最高价值追求需要个人的充分自由，社会平等和团结互助则是实现这种自由的条件，而"政治平等只能建立在经济平等和社会平等的基础上，通过平等来实现自由——这就是正义"④。

在当代，平等作为一种整体性理想的地位正在消退，它的具体性和现实性则不断增强。在自由主义迅速发展的 20 世纪初，平等思想家广泛关注的是平等与自由这组重要的关联性范畴。特别是在社会中心主义和国家中心主义的争论中，平等与自由的优先性问题成为划分不同政治思想阵营的重要标尺。主张平等优先于自由的思想家一般认为，自由的基础是平

---

　　① 郑慧：《中西平等思想的历史演进与差异》，《武汉大学学报》（哲学社会科学版）2004年第 5 期。

　　② ［法］蒲鲁东：《什么是所有权》，孙茹冰译，商务印书馆 1982 年版，第 70 页。

　　③ 同上书，第 291 页。

　　④ ［俄］巴枯宁：《国际革命协会纲领》，中央编译局：《巴枯宁言论》，三联书店 1978 年版，第 84 页。

等，机会平等意味着人人平等，平等是一种最初权，而社会不公的矫正并非实现平等而是慷慨美德的延伸；支持自由优先于平等的思想家则认为，自由是人存在的目的，追求更多的自由是永恒不变的，平等作为自由的补充和限制体现了一种节制性，超出自由的平等就会侵犯人的自由而走向自由和平等的反面，因此"人生而平等"意味着：每一个人都有权利受到法律的平等对待，在行政管理中享有平等地位；每一个人都有平等的权利来表达他自己的判断；每一个人都享有平等的机会来发展他自己的才能；每一个人都应该有机会来贡献他可能贡献的任何东西。[①]

　　随着政治哲学研究的深入，人们开始更加辩证地看待平等与自由的关系问题。托尼较为全面地诠释了英国式的温和平等观或现实的平等观。温和平等观反映了一种妥协主张，却缺乏规范性。正是看到了这一点，罗尔斯才通过其正义理论表达了一种建构论的平等思想，力图找到平等在思辨与实践、理想与现实之间的阿基米德点。他在平等问题上的调和是全面的，包括了方法论、理论预设、原则论证、可行性验证等诸多环节。围绕两个正义原则，他先后支持、验证和诠释了理性的平等、基本自由的平等、平等的流动性和现实的非平等均衡状态（正义状态）的认同性等问题，多层次、多面向地重塑了当代西方平等思想。正是这种综合性的建构论，重拾人们对平等实现的信心（如哈耶克的否定平等观），又为诺齐克、德沃金、阿玛蒂亚·森、巴里（Brain Barry）等人提供了批判的机会和挥微的可能。在某种意义上，罗尔斯之后的西方平等思想进入了一个现实平等与实质平等的角力时期。诺齐克的平等观是对国家主导下的平均主义倾向的抵制。米瑟斯的平等观是程序主义的法律平等论。艾德勒则认为平等是多元的，平等指导人们行动的基本原则，分为主体对平等的价值选择和主体对平等的价值追求两个层次与部分。萨托利将平等看作一种抗议性理想，"是个两面玲珑，而且是唯一的一个能够同时与相同性和公正联系在一起的概念。作为相同性的平等和作为公正的平等的纠葛，在很大程度上来自并构成了语言上的重合"[②]。德沃金的平等观更加偏重于对象平等，即人们如何能够占有平等资源，使之与自身所具有的平等美德相匹配。而阿玛蒂亚·森显然更加关注不平等问题，他的平等主张可概括为不

①　张桂琳：《西方政治哲学》，中国政法大学出版社1999年版，第287页。
②　［美］萨托利：《民主新论》，冯克利、阎克文译，东方出版社1998年版，第381页。

断增强人们消除不平等的能力，以减少实际的不平等，扩大现实的平等。在这些丰富的平等思想中，我们不难发现西方平等思想演进的一些基本规律，并可以从中汲取一些可资借鉴的进步内容。

中华民族是一个具有悠久历史的伟大民族，在漫长的历史进程中，各族人民在共同创造辉煌历史的进程中，提出和创立了丰富的平等思想，形成了诸多平等观念，有关平等思想和观念也成为中国政治文化的重要组成部分。在以"分"、"别"、"等"、"差"为本质特征的传统社会中，平等思想家始终肯定均、平的价值，并将平等、公平强调为均平和平均，将大同与均平视为理想境界。

先秦是中国平等思想观念的萌芽时期，在此时期就已经出现了"王道平平"，"大夫不均，我从事独贤"等均平思想。儒家思想蕴含了丰富的平等认识。整体而言，孔子理想中的平等社会是一个"大同社会"，即"大道之行也，天下为公，选贤与能，讲信修睦。故人不独亲其亲，不独子其子；使老有所终，壮有所用，幼有所长，鳏寡、孤独、废疾者皆有所养；男有分，女有归。货，恶其弃于地也，不必藏于己。力，恶其不出于身也，不必为己"[1]。具体而言，就是"有国有家者，不患寡而患不均，不患贫而患不安，盖均无贫，和无寡，安无倾"[2]。在他看来，财富分配不均的危害大于财富的多寡，因此孔子主张"博施济众"，"泛爱众""均无贫"。孟子继承了孔子的平等观，但其民本特征更为明显，认为"圣人与我同"[3]，"尧舜与人同耳"[4]，"人皆可以为尧舜"[5]，表达了人在品质、人性上的完全平等。道家的均平思想具有出世的意境，侧重于原始平等。老子曾乐观地设想："使民有什伯之器而不用，使民重死而不远徙，虽有舟舆，无所乘之，虽有甲兵，无所陈之；使之复结绳而用之。甘其食，美其服，安其居，乐其俗；国相望，鸡犬之声相闻，民至老死不相往来。"[6]而对现实的不平等，他主张："高者抑之，下者举之，有余者损之，不足者补之。天之道损有余而补不足。人之道，则不然，损不足以奉有余。熟

---

① 《孔记·礼运》。
② 《论语·季氏》。
③ 《孟子·告子上》。
④ 《孟子·离娄下》。
⑤ 同上。
⑥ 《老子》八十章。

能有余以奉天下，唯有逆者。"① 庄子的"至德之世"进一步表现了道家对理想的平等社会的假想，而且将这种理想建立在愚民则平的基础上，提出："其民愚而朴，少私而寡颂，知作而不知藏，与而不求其报，不知义之所适，不知礼之所将，猖狂妄行，乃蹈乎大方，其生可乐，其死可葬。"② 这种极乐世界中的平等状态及其实现过程，在思想起源层面类似于西方的"天赋论"。墨家注重实用之术，同情弱者是其一贯的主张，因此它的社会平等思想体现为"尚贤"思想。而法家的平等思想则体现出法度平等即工具性的平等观。与儒家提出的大同世界不同，法家眼中理想的平等社会是一个"大治"社会。如商鞅所言"刑无等级"，即"壹刑者，刑无等级，自卿相将军以至于大夫庶人，有不从王令、犯国禁、乱上制者，罪死不赦"③。

中国古代社会的平等思想首先体现在"社会下层劳苦群众的平等观念"上，代表了被剥削阶级对平等的向往和斗争。东汉末农民军以"天下太平"为主张；唐末，农民起义军以"天平"、"平均"、"均等"、"均平"为政治旗帜；北宋，农民起义提出了"均贫富"的要求；南宋农民起义提出了"等贵贱"的政治口号；元末，农民起义军断定"杀尽不平方太平"，主张"摧富益贫"；明末，起义者号召"均田免粮"；在太平天国时期，洪秀全以基督教人人在上帝面前平等和中国古代的大同思想为理论依据，提出人人在上帝面前都是平等的。④

当平等观念成为一种具有正义价值的社会思潮之时，它就不再是穷人群体或被统治阶级所独有的观念了。⑤ 明代思想家李贽在系统批判儒家和道学传统时，突出人心及其所能的自然平等观，认为人的社会地位是平等的，"庶人非下，侯王非高"⑥；主张人神平等（主要指人与佛），"天下宁有人外之佛，佛外之人乎"⑦；提出氓圣平等，"尧舜与途人一，圣人与

---

① 《老子》七十七章。

② 《庄子·山木》。

③ 《商君书·赏刑》。

④ 郑慧：《中西平等思想的历史演进与差异》，《武汉大学学报》（哲学社会科学版）2004年第5期。

⑤ 周仲秋：《平等观念的历程》，海南出版社2002年版，第31页。

⑥ 《李氏文集》卷1《明灯道古录》。

⑦ 《答周西岩书》，《焚书》卷1。

凡人一"①；倡导男女平等，"故谓人有男女则可，谓见有男女岂可乎？谓见有长短则可，谓男子之见尽长，女子之见尽短，又岂可乎。"② 清初学者唐甄则提出了"天地之道故平"的思想。在他看来，人与人天赋平等，平等是世间万物的基本准则，夫妻、君臣都应在面对个人生活、公共生活的过程中尊重平等、实现平等。而身处社会变革之际的龚自珍以匡时济世之志，深刻阐发了"贫富论"。他认为，平等是君主治理天下的最高原则，是平天下、安天下的奋斗目标，是天下安和食天下的基本原则，他的思想集中体现了"齐贫富"的本意，即"齐之以礼"，平、均、齐的主旨是每个社会成员按照宗法社会规范占有与等级地位相应的财富，无过与不及。③ 近代资产阶级改良派思想家康有为从自然人性论出发，提出"人类平等是几何公理"，认为"人皆天所生也，因为天之子，同此圆首方足之形，同在一种族之中，至平等也"。他的平等思想既有卢梭天赋人权论的影响，又有传统中国"均平"观的影子，还包含了乌托邦主义的情怀。其脑海中的真正平等，需要"去九界，即去国界、去级界、去种界、去形界、去家界、去产界、去乱界、去类界、去苦界"。而与康有为现实政治哲学中的"保守"不同，谭嗣同激烈批判了作为中国古代平等观基础的"三纲五常"，十分强调人与人之间的平等，颠覆性地从打破等级社会的角度论述了人性平等、性别平等、地位平等、分配平等等问题，精妙地提出"平等者，致一之谓也，一则通矣，通则仁矣"④。至于严复等新学家，则在不断引入西方平等思想的同时，初步完成了对中外平等思想的比较与综合，为中国近代平等思想的历史转型提供了较为全面的素材。

孙中山是近代中国将平等思想写入政治纲领的第一人。他提出："民族主义是对外人争平等的，不许外国人欺负中国人；民主主义是对本国人争平等的，不许有军阀官僚的特别阶级，要求全国男女的政治地位一律平等；民生主义是对于贫富争平等的，不许全国男女有大富人和大穷人的分别，要人人能够做事，人人都有饭吃。"⑤ "平等是人为的不是天生的。人

————————

　　① 《李贽文集》卷18。
　　② 《焚书》卷2《答以女人学道为见短书》。
　　③ 刘泽华主编：《中国政治思想史》（隋唐宋元明清卷），浙江人民出版社1996年版，第720—721页。
　　④ 《谭嗣同全集》，中华书局1981年版，第293页。
　　⑤ 《孙中山选集》下卷，人民出版社2006年版，第903页。

造的平等，只能做到政治上的地位平等。"① 这体现了他基于机会平等的权利平等观。1912 年颁行的《中华民国临时约法》第一次以宪法的形式确立权利平等，宣布中华民国人民一律平等，无种族、阶级、宗教的区别，并一体享有人身、居住、财产、营业、言论、集会、通信、信教等自由。②

在"五四"运动时期，平等成了先进知识分子津津乐道的文明观念。在思潮纷立、新旧学激烈交锋的年代里，平等成为革命和独立等新精神的天然同盟。"中国近代思想史专业数据库"（1830—1930）的统计表明，1900—1905 年，提到平等的文章有 455 篇，同时提到革命和平等的文章有 202 篇，占平等文章的 44%；1900—1911 年，提到平等的文章共计 546 篇，而同时提到革命和平等的文章有 210 篇，占提到平等文章的 38%；而 1919 年之后，提到平等的文章，其数量迅速落后于以革命为关键词的文献，这也许表明平等思想已然融入中国式现代革命观念，并开始指导中国革命。③

古今中外平等思想观念的发展历程表明，平等思想观念应当是认识和理解平等的基本维度。不同历史时期的人们通过抨击不平等现象、颂扬平等社会、界定平等内涵、构建平等的价值体系等精神活动形成和丰富了平等的思想观念。平等思想观念不论其内容是否抽象，体系是否健全，都是特定历史发展阶段社会关系的反映。恩格斯曾这样指出："哪怕是最抽象的范畴，虽然正是由于它们的抽象而适用于一切时代，但是就这个抽象的规定性本身来说，同样是历史关系的产物，而且只有对于这些关系并在这些关系之内才有充分的意义。"④ 平等不是孤立的精神符号，如果没有不平等的社会关系和结构，就不会有平等的呐喊和思辨。不同的平等思想观念对于不平等的实质、属性、程度、内容、领域乃至形式的不同理解，决定了平等思想观念的分殊。当然，在不同的时空条件下，不同的思维形式和情感因素对于平等思想观念的形成具有很大的影响，但是它们并不是决定平等思想观念内容的决定因素。恩格斯在批判杜林的平等观时，分析了不平等的社会关系和平等思想观念的关系，指出："平等仅仅存在于同不平等的对立中……因此，它们还摆脱不了同以往历史的对立，就是说摆脱

---

① 《孙中山选集》下卷，人民出版社 2006 年版，第 694 页。

② 李雅琴：《平等的法学阐释》，河北人民出版社 2010 年版，第 26 页。

③ 参见金观涛、刘青峰《观念史研究》，法律出版社 2009 年版，第 386—387 页。

④ 《马克思恩格斯全集》第 30 卷，人民出版社 1995 年版，第 46 页。

不了旧社会本身。"① 离开不平等本身的平等思想，除了一种纯粹的精神自足之外，并不能对人类追求平等的进程发挥积极的作用。这一观点也能在思想观念的内在逻辑中得到证明。

平等思想观念如同其他思想观念一样，"随着人们的生活条件、人们的社会关系、人们的社会存在的改变而改变"②，这种关系不是独断论的，需要借助思想谱系本身得以实现。思想观念是经过人的大脑及思维活动改造后的精神活动，具有主观性。"一方面是在人类的本性中取得自己的来源，另一方面又从建立于私有财产基础上的社会环境中取得自己的来源。"③ "平等不是单一的理想，而是众多理想。"④ 对于不平等现象，不同阶级、群体乃至个人会有不同的反映，存在着认识程度、认识内容和认识范围的不同。不但不同社会发展阶段的平等观大相径庭，而且即便是在相同时代、同一阶级内部的不同社会主体的平等观也各不相同。"全部社会生活在本质上是实践的"⑤，人们总是在反思、改造不平等的过程中形成不同的平等观。奴隶社会的政治结构决定了亚里士多德的平等观，资产阶级革命时期的"第三等级"在谋求经济地位政治合法化的斗争中必然会宣称任何人的生命、健康、自由或财产应受到平等对待、不可侵犯。⑥学术界提出的平等权利说、机会平等说、资源平等说、能力平等说、公正平等论，乃至"复合平等论"、"高阶公正性"（内格尔）等形形色色的平等思想观念都是特定社会实践特别是政治实践的思维形式；平等意识和平等思维思考的都是"现实的平等"，从"现实的平等"里自然可以引申出"目的的平等"。这是一种基于经验、实践基础上的高级反映。深入分析不同形态的平等思想观念，那种人本主义的平等观解决的是人和神的关系平等、"地球宣言运动"的平等观则是物种平等的变形，这都可以归于人与非社会（广义自然）之间关系的平等观念；权利平等只不过是对人与人之间平等对待的理论反映；伦理学中的义务论，道德利他主义，以及黑格尔式的精神现象都可以被看作是对于人为什么需要平等的客观解答。

---

① 《马克思恩格斯全集》第 20 卷，人民出版社 1995 年版，第 668 页。
② 《马克思恩格斯选集》第 1 卷，人民出版社 1995 年版，第 291 页。
③ ［法］拉法格：《思想起源论》，王子野译，三联书店 1963 年版，第 67 页。
④ ［英］戴维·米勒、韦农·波格丹诺：《布莱克维尔政治学百科全书》，中国政法大学出版社 1992 年版，第 232 页。
⑤ 《马克思恩格斯选集》第 1 卷，人民出版社 1995 年版，第 56 页。
⑥ ［英］洛克：《政府论》下篇，叶启芳、瞿菊农译，商务印书馆 1964 年版，第 6 页。

在平等思想观念发展的历史长河中，社会主体关系的演变不断产生着新的平等思想，要求改变既存的平等观，这种改造需要评价理性的介入。特别是作为统治阶级意识形态的平等观，蕴含了历史和现实的平等评价，并通过反思评价和建立价值体系的规范形态而确立平等思想的主导地位。可以说，平等思想从反动学说到虚幻的观念再到科学的境界，是一个发展过程。它的实践品格和精神属性决定了它在人类追求的平等过程中所具有的不可替代的作用。平等思想观念是一种主观性、多样性、创造性的意识活动，所以总是表现出客观和主观的统一。这种特征赋予平等思想观念许多独特的功能。平等思想观念是一种具有反思性的思想，是批判的范畴和批判的方法的共同载体；平等思想观念对不平等的不满和平等理想的渴求，不但是平等思想观念的重要形式，而且直接唤醒被剥削、受压迫社会主体追求自由、权利、公平对待的平等愿望和行动，特别是在社会矛盾日趋激烈的情况下，平等思想观念往往是平等运动的导火索；平等思想观念告诉人们什么是平等、平等的目的、不平等的根源、实现平等的途径等，并通过多种宣传形式将一般理念转化为个人意识和集体行动；平等思想不论是将平等视为一种理想状态还是斗争武器，平等思想观念都具有指向性，即便是不彻底的平等观，也具有积极的引导作用；平等思想观念考量、评价现实是否平等，进而鼓动、号召和引导人们从事平等运动，因此，平等思想观念具有批判、动员、引领和评价等功能。

纵观整个人类思想的全过程，不同时空、不同阶级的平等思想家大都阐发了各自的平等观，主要集中于对现实不平等的批评和对美好社会的诉求上。对社会不公、阶级特权和贫富悬殊的抵制性呐喊构成整个平等思想观念的重要组成部分。这种类型的平等思想往往是处于社会底层、社会不平等的受害者的直觉意识和革命呐喊。斯巴达克斯起义的平等主张，英国平等派吁求的地位平等，法国第三等级对平等选举权的争取等都是这种平等理念在西方社会的表现；在东方，这种理念体现在从封建社会农民起义和革命中提出的"天下太平"、"杀尽不平方太平"，到"平均"、"均等"、"均贫富"、"均田免粮"再到近代资产阶级革命的旗帜"三民主义"等各种主张中。这种平等思想的确"是我们所有理想中最不知足的一个理想"[1]。对平等的憧憬往往诉诸某种人性的、政治的、社会的合意

---

① ［美］萨托利：《民主新论》，冯克利、阎克文译，东方出版社1998年版，第380页。

和合理状态，离不开"善"、"对"、"好"的道德判断。庄子提出的"和谐社会"①，《礼记》中的大同社会，佛陀经文里的"彼岸"，神学家的"上帝之城"，乌托邦学者的"乌托邦"、"太阳城"，启蒙学者的"平等社会"，空想社会主义者的"理想社会"，契约论者的"自然状态"，以及"交往共同体"的主要论旨等都是这种平等思想的典范。

众所周知，"人类从历史发展中继承下来的意识，它已经自然而然地渗透于人们业已习惯的行为方式、生活方式和情感方式之中"②。这种表达不仅有情感的、直觉的，也有理性的；从平等思想观念的理性程度而言，既有表现为直观的、零散的、不稳定的、非系统的有关平等的情感性认知，也有系统化的平等理论，作为体系化的平等思想是一种有目的、有计划的思维活动，是对不平等现象的本质和平等主体能动作用的升华凝练而就的平等思想，真正体现了平等思想的理论品格，具有理性化、系统化、科学化和创造性等特点。与情感性的平等理念相比，系统的平等理论对"意识和实践关系"的理性认识体现了它作为平等思想高级阶段的独特性。其教育、凝聚、鼓动、引导的功能和作用更为明显。作为学理性思想观念的平等是一种系统化的思想观念。它基本上围绕"谁之平等、何物平等、何处平等、平等何为、平等何往"等基本范畴描述平等，存在理论假设、方法选择、解释路径和效果试错等学理性论述。

人类对于不平等根源的困惑和追求平等的迫切，使得平等蒙上了神秘的面纱，所以大量的平等学说都力图梳理平等的精神发展史，抽象的平等概念、形而上的逻辑推理和精神的"历史的叙述"交叠产生了形形色色的描述性的平等知觉。其本质都是将"问题刺激"从大脑中描述出来，试图解决的是判断能力与判断原则之间的一致性问题，即"历来的观念的历史叙述同现实的历史叙述的关系"③ 问题。"历史主义"和"现实主义"分别从判断能力决定判断原则及其相反的角度解答了如何使"平等判断"和"平等原则"相吻合。这一类型平等观的特点在于它们建立了

① 这种平等社会的理想状态是"民愚而朴，少私而寡欲，知作而不知藏，与而不求其报，不知义之所适，不知礼之所将，猖狂妄行，乃蹈大方，其生可乐，其死可葬"（参见《庄子》，杨柳桥译注，上海古籍出版社 2006 年版，第 658—659 页）。

② 李秀林、王于、李淮春：《辩证唯物主义和历史唯物主义原理》，中国人民大学出版社 2004 年版，第 53 页。

③ 《马克思恩格斯选集》第 2 卷，人民出版社 1995 年版，第 27 页。

不同理论来说明平等判断的能力。人们关于"持久的不平等"与"永恒的平等"的对立命题，使得平等知觉、平等认知更加深入化、多面化和综合化。

人类平等思想观念发展演变的历史进程表明，平等思想观念是一个复杂的范畴结构，存在于多层次和多领域的发展过程中，其相对独立性和交互作用有效地推动了平等思想观念的丰富和发展。平等思想观念的内容、构造和目的不同，它们对于不平等观察的深刻程度、理解平等的成熟程度和解释平等的完备程度更是大相径庭。在马克思主义平等思想诞生之前，形形色色的平等思想观念无论是批判性的平等观念，还是憧憬式的平等思想，不论是作为政治口号的平等，还是作为学理性的平等理论都有一个共同的特点，那就是未能将平等思想观念与物质资料生产的社会实践结合起来，未曾找到平等的基础和实现平等的社会力量以及途径和方法。

马克思主义平等思想实现了人类平等思想史上伟大的革命性变革，它是在马克思主义经典作家分析人类社会发展，特别是剖析资本主义社会不平等的社会关系过程中，通过揭露各种虚伪和不彻底的平等观而批判地建构起来的，并逐步在无产阶级夺取和建设政权的过程中得到丰富和发展。其最显著的理论特点就是"批判"，正如列宁曾经指出的那样，"任何一个读过马克思著作的人，甚至任何一个只要读过一本叙述马克思学说的通俗读物的人都会知道：马克思恰恰是把他一生的很大一部分时间、很大一部分写作和很大一部分科学研究用来嘲笑自由、平等、多数人的意志，嘲笑把这一切说得天花乱坠的各种边沁分子，用来证明这些词句掩盖着被用来压迫劳动群众的商品所有者的自由、资本的自由"[1]。马克思恩格斯从不美化平等，将其奉若神明；而是从实际的平等思想观念即历史的、现实的、形形色色的平等观入手，批判地建构他们的平等观。

有学者指出，马克思恩格斯对于平等的反思存在两个角度："（1）理论批判的角度，如对杜林、拉萨尔和蒲鲁东抽象平等观的批判；（2）现实批判的角度，即对资产阶级平等原则之虚伪性、欺骗性和反动性的无情揭露和批判。"[2] 这些都指向现实的旧世界，"如果我们的任务不是推断未来和宣布一些适合将来任何时候的一劳永逸的决定，那么我们便会更明确

---

① 《列宁选集》第 3 卷，人民出版社 1995 年版，第 810 页。

② 周仲秋：《马克思恩格斯平等思想研究》，《政治学研究》2004 年第 1 期。

地知道，我们现在应该做些什么，我指的就是要对一切进行无情的批判"①。

马克思在批判蒲鲁东的"平等占有思想"时就指出，平等占有观的错误在于"蒲鲁东在政治经济学的异化范围内来克服政治经济的异化"②，这就不得不落入脱离实物、人的存在和人与人的关系中来抽象地谈平等的窠臼，也不能从本质上理解不平等产生的根源。而对于拉萨尔的劳动平等论，马克思指出"劳动不是一切财富的源泉"③，财富并不因为劳动量的增多而获得平等的可能。他一针见血地指出，劳动是不可能平等的，因为不平等是阶级社会条件下社会生产方式的必然表现，本质上"凡是社会上一部分人享有生产资料垄断权的地方，劳动者，无论自由的或不自由的，都必须在维持自身生活所必需的劳动时间以外，追加超额的劳动时间来为生产资料的所有者生产生活资料，不论这些所有者是雅典的贵族，伊特鲁里亚的神权政治首领，罗马的市民，诺曼的男爵，美国的奴隶主，瓦拉几亚的领主，现代的地主，还是资本家"④。在劳动者不掌握生产资料的任何时代，平等只能是虚伪的或者不彻底的。当杜林提出"作为意志相等的平等观"并据此描摹出人类平等的理想未来时，恩格斯戏谑般地讽刺杜林的平等观是这样的："他们摆脱了一切现实，摆脱了地球上发生的一切民族的、经济的、政治的和宗教的关系，摆脱了一切性别的和个人的特性，以致留在这两个人身上的除了人这个光秃秃的概念以外，再没有别的什么了，于是，他们当然是'完全平等'了。"⑤ 总之，就整体而言，马克思主义的平等思想从本质上反对将平等思想与其存在的物质的社会关系割裂的观点，这正是马克思主义平等思想迈向科学理论的首要步骤。

马克思主义者总是站在最普通、最底层的社会大众层面分析社会不平等问题。这种阶级立场决定了他们的平等思想不满意于既往平等思想所提出的各种理想图景，而是从阶级、阶级对立和阶级斗争的角度揭露意识形态统治阶层许诺的平等幻境。马克思主张，对于思想启蒙的反思一定要做到内容上坚决，即将严厉斥责资产阶级平等论者的平等观与纠正无产阶级

---

① 《马克思恩格斯选集》第1卷，人民出版社1995年版，第416页。
② 《马克思恩格斯全集》第2卷，人民出版社1957年版，第52页。
③ 《马克思恩格斯选集》第3卷，人民出版社1995年版，第298页。
④ 《资本论》第1卷，人民出版社2004年版，第272页。
⑤ 《马克思恩格斯选集》第3卷，人民出版社1995年版，第440页。

平等主义者的思想谜团结合起来。前者的揭露是否彻底，极大地影响了后者的说服力。因此，马克思主义经典作家在不同场合屡次强调对于统治阶级的平等意识形态应该谨慎提防，彻底抛弃，他们指出："一旦资产阶级把意识形态阶层看作自己的亲骨肉，到处按照自己的本性把它们改造成为自己的伙计；……这是资产阶级从自己的立场出发，力求'在经济学上'证明它从前批判过的东西是合理的。"① 那些在平等价值符号装扮下的"所有过去的时代，实行这种吸血的制度，都是以各种各样的道德、宗教和政治的借口来粉饰的"②，平等不过是其中最具蛊惑力的说教之一。而"资本主义既有形式上的平等，又有经济上的不平等和随之而来的社会的不平等"③，因此"各阶级的平等，照字面上理解，就是资产阶级社会主义者所拼命鼓吹的'资本和劳动的协调'"④。不论它们的形式如何，只要站在一切受压迫、被剥削阶级及无产阶级的立场上看，那种永恒平等、调和平等与妥协平等终将是一种思想谬误。这就使得马克思主义平等思想不但具备了一切平等思想的一般功能，而且在彻底批判的绝望中给予真正平等以实现的希望，它"已教会很多人看到资本主义制度的不平等和不公正现象，教他们至少要努力去减少这些现象"⑤，而这也自然地引向了批判的另一层含义——建构。

必须承认，对于平等问题，马克思恩格斯并没有像其他平等思想家一样进行专门研究，因为他们"没有时间，也不打算，更没有书斋的宁静，来把这些思想全部整理出来"⑥。因此，理解建构意义上的马克思主义平等思想，其内容应该有三个方面的来源：在马克思主义基本观点、立场和方法中所蕴含的平等观；从马克思主义对其他平等观念的批评中所反射出来的平等观；从马克思主义关于类似于平等范畴的其他范畴论述中（如自由、民主、正义、权利等）所引申出来的平等观。

马克思恩格斯认为，劳动的物质世界决定了不平等的存在以及平等意

---

① 《马克思恩格斯全集》第 26 卷上，人民出版社 1972 年版，第 315 页。

② 《马克思恩格斯全集》第 10 卷，人民出版社 1998 年版，第 282 页。

③ 《列宁全集》第 38 卷，人民出版社 1986 年版，第 203 页。

④ 《马克思恩格斯全集》第 16 卷，人民出版社 1995 年版，第 394 页。

⑤ ［英］戴维·麦克莱伦：《卡尔·马克思传》，王珍译，中国人民大学出版社 2005 年版，第 434 页。

⑥ ［英］G. A. 柯亨：《卡尔·马克思的历史理论：一个辩护》，段忠桥等译，重庆出版社 1989 年版，序言。

识的出现。平等思想是平等意识的高级形态。人的意识是在长期改造自然的活动中出现的，这种改造活动就是社会实践——劳动。劳动为平等意识的出现提供了客观基础。不论从哪个角度观察和分析，平等意识都是人通过劳动改造物质世界的必然结果，它"一开始就表明了人们之间是有物质联系的。这种联系由需要和生产方式决定，它和人本身有同样长久的历史"①。而且只有在社会生产力发展到了一定阶段，发展到甚至对我们现代条件来说也是很高的阶段，才有可能把生产提高到这样的水平，以至使得阶级差别的消除成为真正的进步，使得这种消除持久巩固，并且不在社会的生产方式中引起停滞或甚至衰落。

马克思和恩格斯认为，平等不是孤立存在的，而是一定社会历史条件下认识活动的产物。恩格斯指出："从基本经济事实中引出政治的、法的和其他意识形态的观念以及以这些观念为中介的行动。"②"每一历史时代的经济生产以及必然由此产生的社会结构，是该时代政治的和精神的历史的基础。"③人们在自己生活的社会生产中所发生的一定的、必然的、不以他们的意志为转移的关系，即同他们的物质生产力的一定发展阶段相适应的生产关系，这些生产关系的总和构成社会的经济结构，即有法律的和政治的上层建筑竖立其上并有一定的社会意识形态与之相适应的现实基础。

人类反对不平等的实践活动决定了平等思想的内容及其历史面貌。"在最古老的自然形成的公社中，最多只谈得上公社成员之间的平等权利，妇女、奴隶和外地人自然不在此列。在古希腊罗马的民主政体中也是如此。在希腊人和罗马人那里，人们的不平等的作用比任何平等要大得多。如果认为希腊人和野蛮人、自由民和奴隶、公民和被保护民等等，都可以要求平等的政治地位，那么这在古希腊罗马人看来是发了疯。……基督教只承认一切人的一种平等，即原罪的平等，这同它曾经作为奴隶和被压迫者的宗教的性质是完全适合的。此外，基督教至多还承认上帝的选民的平等，但是这种平等只是在开始时才被强调过。在新宗教的最初阶段同样可以发现财产共有的痕迹，这与其说是来源于真正的平等观念，不如说

---

① 《马克思恩格斯选集》第1卷，人民出版社1995年版，第81页。
② 《马克思恩格斯选集》第4卷，人民出版社1995年版，第726页。
③ 《马克思恩格斯选集》第1卷，人民出版社1995年版，第252页。

是来源于被迫害者的团结。僧侣和俗人对立的确立，很快就使这种基督教平等的萌芽也归于消失……可是大家知道，从资产阶级由封建时代的市民等级破茧而出的时候起，从中世纪的等级转变为现代的阶级的时候起，资产阶级就由它的影子即无产阶级不可避免地一直伴随着。同样地，资产阶级的平等要求也由无产阶级的平等要求伴随着。从消灭阶级特权的资产阶级要求提出的时候起，同时就出现了消灭阶级本身的无产阶级要求——起初采取宗教的形式，借助于原始基督教，以后就以资产阶级的平等论本身为依据了。无产阶级抓住了资产阶级的话柄：平等应当不仅是表面的，不仅在国家的领域中实行，它还应当是实际的，还应当在社会的、经济的领域中实行。"① "无产阶级平等要求的实际内容都是消灭阶级的要求。任何超出这个范围的平等要求，都必然要流于荒谬。"② 马克思主义反对徒有其表、华而不实的平等空想，认为社会生产力发展基础上的真正平等的实现需要很长的历史过程，当然这不是一个消极等待的过程，可以通过革命运动、制度建设等多种手段加以实现。

列宁把平等与生产资料所有制联系起来进行考察。他认为："谁承认阶级斗争，谁就应当承认在资产阶级共和国中，'自由'和'平等'只能表现为而且从来就表现为商品所有者的平等和自由，资本的平等和自由。"③ 他旗帜鲜明地指出："不消灭阶级，就谈不到个人的真正自由（不是有产者的自由），就谈不到人与人之间在社会政治关系上的真正平等（不是有产者和无产者、饱食者和挨饿者、剥削者和被剥削者之间的虚伪的平等）。"④ "只要阶级还没有消灭，对于自由和平等的任何议论都应当提出这样的问题：是哪一个阶级的自由？到底怎样使用这种自由？是哪个阶级同哪个阶级的平等？到底是哪一方面的平等？……只要闭口不谈这些问题，不谈生产资料的私有制，自由和平等的口号就是资产阶级社会的谎话和伪善。"⑤ 他曾这样指出："恩格斯说得万分正确。平等的概念如果与消灭阶级无关，那就是一种极端愚蠢而荒谬的偏见。……如果不把平等理解为消灭阶级，平等就是一句空话。" "所以我们说：我们要争取的平等

---

① 《马克思恩格斯选集》第 3 卷，人民出版社 1995 年版，第 448 页。
② 同上。
③ 《列宁全集》第 36 卷，人民出版社 1986 年版。第 361 页。
④ 《列宁全集》第 39 卷，人民出版社 1986 年版，第 425 页。
⑤ 同上书，第 423—424 页。

就是消灭阶级。因此也要消灭工农之间的阶级差别。这正是我们的目的。"① 他说："无产阶级革命将彻底消灭社会的阶级划分，因而也将彻底消灭由这种划分所产生的任何社会不平等和政治不平等。"② 在列宁关于平等的思想中，男女平等是其重要的组成部分。积极主张在宪法和法律中明确规定男女平等的原则。他曾强调指出："简单说来，社会主义者说平等，一向是指社会的平等，社会地位的平等，决不是指个人的体力和智力的平等。"③ 斯大林曾概括马克思主义平等观："马克思主义所了解的平等，并不是个人需要和日常生活方面的平等，而是阶级的消灭。这就是说：（甲）在推翻和剥夺资本家以后，一切劳动者都平等地摆脱剥削而得到解放；（乙）在生产资料转归全社会公有以后，对于大家都平等地废除生产资料私有制；（丙）大家都有按各人能力劳动的平等义务。一切劳动者都有按劳分配的平等权利（社会主义社会）；（丁）大家都有按各人能力劳动的平等义务，一切劳动者都有按需分配的平等权利（共产主义社会），同时，马克思主义认为，无论在社会主义时期或共产主义时期，各人的口味和需要在质量上或在数量上都不是而且也不能是彼此一样，大家是平等的。"④

毛泽东继承和发展了马克思主义的平等观，认为经济平等是社会主义平等的基础，将消灭剥削和实现共同富裕作为社会主义经济平等的核心内容，提出社会主义制度"就是要消灭地主阶级和官僚资产阶级（大资产阶级）的剥削和压迫，改变买办的封建的生产关系，解放被束缚的生产力"⑤。在此基础上，毛泽东认为，共同富裕是社会主义制度的根本优势和巩固社会主义国家政权的基本策略，他指出："要巩固工农联盟，我们就得领导农民走社会主义道路，使农民群众共同富裕起来，穷的要富裕，所有农民都要富裕，并且富裕的程度要大大地超过现在的富裕农民。"⑥ 政治平等是毛泽东平等思想的核心内容。在毛泽东看来，政治平等是社会主义平等的保障，平等的历史前景是全体社会成员的平等，是建立在消灭

---

① 《列宁全集》第 36 卷，人民出版社 1986 年版，第 341 页。
② 《列宁全集》第 6 卷，人民出版社 1986 年版，第 193 页。
③ 《列宁全集》第 20 卷，人民出版社 1986 年版，第 139 页。
④ 《斯大林全集》第 13 卷，人民出版社 1956 年版，第 314 页。
⑤ 《毛泽东选集》第 4 卷，人民出版社 1991 年版，第 1254 页。
⑥ 《建国以来重要文献选编》第 7 册，人民出版社 1993 年版，第 308 页。

阶级特权和阶级基础上的平等，并将此作为实质平等和形式平等的前景。社会主义社会生产力尚不足以支撑社会主义民主保障人民群众的平等权利，促进社会成员的平等意识，在此情况下，必须坚持法律面前人人平等、彻底推翻一切特权、消灭三大差别，发展社会主义经济、改造旧的社会分工。特别是在政党平等和民族平等问题上，毛泽东创造性地发展了马克思主义平等观，重视民族平等，抗战时期就强调"各民族与汉族有平等的权利……有自己管理自己事务之权，同时与汉族联合建立统一的国家"①，"对国内各民族，给予平等权利"②。他反对大汉族主义和民族歧视，认为少数民族"在政治上、经济上、国防上都对整个国家、整个中华民族有很大的帮助。那种以为只有汉族帮助了少数民族，少数民族没有帮助汉族，以及那种帮助了一点少数民族，就自以为了不起的观点，是错误的"③。他认为民族平等是一项基本的政治原则，体现在各个方面，即"他们的言语、文字、风俗、习惯和宗教信仰，应被尊重"④，而且要"在一切工作中坚持民族平等和民族团结政策"⑤。更为重要的是，毛泽东认为，民族之间的平等是本质上的平等，基于恩惠基础上的民族平等是虚伪的，因此"帮助各少数民族，让各少数民族得到发展和进步，是整个国家的利益"⑥。除此以外，毛泽东较早地认识到社会平等（公平）是社会发展的重要内容，强调"人们的工作有所不同，职务有所不同，但是任何人不论官多大，在人民中间都要以一个普通劳动者的姿态出现。决不可摆架子，一定要打掉官风"⑦，提出"发动妇女参加社会劳动，实行男女同工同酬的原则"⑧，将社会平等作为中国特色社会主义的远景目标。邓小平提出，以先进的社会生产力水平证明社会主义平等的先进性，以社会主义民主法制建设促进社会主义平等的真实性，通过各种体制的改革，以调整、协调的社会主义的各种关系推动平等的共享性。进入新世纪以来，在关于建设社会主义政治文明、构建社会主义和谐社会的思想谱系中，更

---

① 《中共中央文件选集》第 11 册，中共中央党校出版社 1991 年版，第 619 页。
② 同上书，第 634 页。
③ 《毛泽东文集》第 6 卷，人民出版社 1999 年版，第 405 页。
④ 《毛泽东选集》第 3 卷，人民出版社 1991 年版，第 1084 页。
⑤ 《毛泽东文集》第 6 卷，人民出版社 1999 年版，第 20 页。
⑥ 同上书，第 312 页。
⑦ 《建国以来毛泽东文稿》第 7 册，中央文献出版社 1992 年版，第 56 页。
⑧ 《建国以来毛泽东文稿》第 5 册，人民出版社 1991 年版，第 581 页。

加强调社会公平正义；并从经济发展与社会公平正义相一致的要求出发，实现了平等思想的深化和飞跃。由此可见，马克思主义的平等理论并不是抽象地谈论平等，简单地情感式地憧憬、设计平等社会，而是将平等与人类社会实践，特别是与一定的社会生产方式尤其是生产资料结合起来考察、分析，并真正找到了实现平等的动力、途径和方法，具有无可比拟的科学性和现代价值，毫无疑问是认识和理解平等的理论基础与指导思想。

二 作为运动的平等

平等运动是解决不平等问题的直接动力与实现平等的途径和方法。许多以"平等思想家"自诩的人往往蔑视平等运动，画地为牢，甚至厌恶和恐惧谈论平等运动，美其名曰"保持思想的纯洁性"，而其实质不过是保证其在形而上学的平等"罗陀斯"里自我陶醉。中外历史告诉我们，平等不应当停留在"彼岸世界"的理想国中，而应该具体到实现这一理想的历史运动中。平等运动是一切不平等的旧制度的天然敌人，旧制度从来不会主动退出历史舞台，总是需要平等运动作为新制度的"助产士"。离开了平等运动，平等就没有进步的可能；平等运动作为所有社会进步和平等发展的孵化器，表明了平等的必然性，而这种必然性不完全是自然的，而需要自觉的历史活动，平等运动使"平等"富有生命力。

从平等运动的历史来看，平等运动具有多种类型和属性。一切平等运动往往都指向某种不平等，都是对不平等社会的反动。从某种意义上观察，历代历次平等运动明显地表现出两种主要方式，即偶发的平等运动和理性的平等运动。在某种意义上，区分这两种方式便于总结平等运动的历史经验，真正发现平等运动的根本动力和有效途径。

偶发的平等运动，顾名思义，是指引发平等运动的主要原因是某种或某些具体不平等现象所引发的激烈的利益冲突和阶级冲突，其目的是消除极端化的局部的不平等，以争取和维护某些权益的运动。偶发式的平等运动具有几个重要的特点：其一，缺乏纲领。不仅表现在运动的组织和发生是针对某一不平等现象或者特权阶级的具体人物上，而且缺乏先进思想的指导。其二，缺乏缜密的论证和准备。对平等运动的客观形势没有进行深入的分析，带有一定的盲动性。其三，缺乏一贯性。虽然可能会提出若干平等性的口号，但这些口号往往缺乏现实性，无法在运动中得以实现；或者一时得到了满足，却不能持续下去。其四，领导者缺乏远见卓识，往往在运动初见成效或者陷入困境时成为"保守派"、"投降派"并背离平等运动的初衷，成为改朝换代的工具。

理性的自觉的平等运动，是在一定的平等理论的指引下开展的有计划、有步骤、有目标的革命性活动。它至少应该包括两个基本要素：一是具有先进阶级的领导；二是具有系统科学理论的指导。更为主要的是由于社会不平等现象严重阻碍社会生产力的发展和社会的进步，社会矛盾达到不可调和的程度并为领导者所认识。

站在历史的高度，运用历史唯物主义观察问题，平等是一个自然的历史过程。因为人类社会的发展本质上是一个自然的历史过程，马克思指出："经济的社会形态的发展理解为一种自然史的过程。"① 人类社会的历史和自然史是同一的，人的意识、认识不是凭空而来的，而是在物质生产中逐渐产生并形成的。人类改造自然的活动是人的第一个有意识、有目的的活动，其他一切活动都来源于此，这表明"在历史领域内造成了一种同没有意识的自然界中占统治地位的状况完全相似的状况"②。从自然历史过程的角度理解平等运动，可以作这样的解释：社会生产方式推动了平等运动。自私有制、阶级和国家产生之后，不平等的现实就摆在人类面前，从此人类也就萌发了有关现实社会是否平等的探索，并开始了为争取平等而进行的斗争。这种探索和斗争交织在一起，汇集为平等的历史画卷。这种历史的发展，尽管具有平等观念和平等运动相对独立的发展轨迹和规律，但真实的内在原因还在于人类的社会生产方式的作用。一方面，社会生产方式决定了人的需要的内容和水平，从原始社会低级的、简单的、粗糙的生存需要，到奴隶社会、封建社会较为单纯和简单的生活生产需要，再到高度商品化社会的物质精神等各方面的发展需要，最终实现在生产力高度发达和物质极大丰富条件下的自由发展，生产力的水平及其与生产关系的协调性不但决定了平等的主体和对象，而且还决定了平等实现的过程。马克思主义认为："各种经济时代的区别，不在于生产什么，而在于怎样生产，用什么劳动资料生产。……（它）是劳动借以进行的社

---

① 《马克思恩格斯选集》第 2 卷，人民出版社 1995 年版，第 101—102 页。
② 《马克思恩格斯选集》第 4 卷，人民出版社 1995 年版，第 427 页。

会关系的指示器"①，生产资料掌握在剥削阶级手里，劳动者的劳动就只能是异化劳动而已，只是受剥削的程度不同罢了，在此基础上的社会交往形式不可能存在事实上的平等。另一方面，平等的实现程度总是与一定的社会制度联系在一起的，是一定社会经济关系的体现和反映。而社会经济关系的发展是不会停歇的，由此推动平等诉求的变迁，直接决定了平等运动的动态性。因此，只有以真实的平等代替形式的平等，平等运动才能停止（消亡）。

　　阶级对立决定了平等运动的不可避免性。尽管平等运动的规模、内容、水平和领域千差万别，但是人类自进入文明社会以来，平等运动遍及人类活动的绝大部分时空。人类的第一需要是生存需要，这就决定了利益存在的必然性，"每一个既定社会的经济关系首先表现为利益"②。利益的实现来自于物质资料的生产和再生产，在这一过程中所形成的生产的自然关系和社会关系构成了人类交往形式的全部。特别是生产的社会关系通过劳动、分工和交换，使得不同社会主体之间的差距逐步扩大，一方面成为人与人之间的利害冲突、界限和鸿沟，这种隔阂逐渐成为阶层、等级和阶级。另一方面，以阶层、等级和阶级为单位的社会力量推动了劳动、分工和分配的进一步深化，带来阶级利益的矛盾，并不断要求解决这种矛盾，由此带来了"不平等的阶级根源"与"平等的阶级斗争"之间的对立统一。因此，平等运动是处在不同阶级和同一阶级内不同派系的平等主体的现实活动，而平等运动的真正实现"单有探寻'捷径'的善良天真的愿望是很不够的，要做到这一点，需要在'各个阶级间重新配置社会力量'，需要成为这样一个思想家，他不是代表置身于斗争之外的直接生产者，而是代表那些投身火热的斗争并完全与资产阶级的'生活分开'的人们"③。

　　既然平等运动总是某个阶级的具体行为，那么平等运动参与者的阶级属性就决定了平等运动的状况。平等运动的主体尤其是领导者的属性决定了平等运动的性质。资产阶级推翻贵族特权阶级的努力，只是要求在获取经济利益的同时得到国家权力的平等保障，而当无产阶级试图将"人人

---

　　① 《马克思恩格斯选集》第 2 卷，人民出版社 1995 年版，第 179 页。
　　② 《马克思恩格斯选集》第 1 卷，人民出版社 1995 年版，第 78—79 页。
　　③ 《列宁全集》第 1 卷，人民出版社 1986 年版，第 318 页。

平等"的理想付诸实践时，即使是最革命的资产阶级平等派也会自然地露出保守主义的真实面目。尽管工人、失地农民、小手工业者等是近代以来历次平等运动的重要力量，但在分享运动成果时，要么被贵族和资产阶级拉拢腐化，要么被裹挟蒙蔽。造成这种现象的原因不是别的，只是那时的无产阶级还没有意识到自己的核心利益和根本利益，并没有将斗争和运动引向维护自身权益和经济政治地位的高度，在政治上是从属者，对其他阶级仍然存在一定的依赖性，因而也就难免会沦为其他阶级"平等运动参与者"的工具。正因为如此，近代以来，没有无产阶级真正参与的平等运动终究是乏力和不彻底的，在旧的不平等势力强大或者复辟的时候，平等运动往往会陷入低谷甚至灰飞烟灭。不可否认"资产阶级在同中世纪的、封建的、农奴制的等级特权的斗争中，提出了全体公民权利平等的要求"①，但实现这种要求的过程充满了妥协和自我欺骗。以其他阶级为骨干的平等运动的曲折性根源于阶级的矛盾本性。在法国大革命中，资产阶级的吉伦特派挑起了以争取平等权益为名的战争，却在运动中倒台。其原因不外乎他们"宣布了战争，但又不知道如何去进行这场战争；他们废除了国王，但又不敢判处国王死刑；他们请求人民支持他们反对君主制，但又拒绝与人民一道进行统治；他们促成了经济危机的恶化，却又拒不满足人民的全部要求"②。阶级的局限性限制了平等运动的真实性和彻底性。取代这种形式的平等运动，应当是在生产力发展的前提下，在阶级意识不断觉醒和阶级组织逐步健全条件下出现的无产阶级的平等运动，而这种平等运动要求有一个先进的无产阶级政党作为核心领导和科学理论作为指导思想。

　　领导权问题是马克思主义相关理论的重要组成部分。恩格斯曾这样指出："无产阶级不通过暴力革命就不可能夺取自己的政治统治……要使无产阶级在决定关头强大到足以取得胜利，无产阶级必须组成一个不同于其他所有政党并与他们对立的特殊政党，一个自觉的阶级政党。"③ 平等运动的领导权既来自于平等运动参与者的先进性，又体现了这种先进性的能动要求。实现无产阶级平等运动的领导权是一个复杂的问题，除生产方式

① 《列宁全集》第 24 卷，人民出版社 1990 年版，第 391—392 页。
② ［法］索布尔：《法国大革命史》，马胜利等译，中国社会科学出版社 1989 年版，第239—240 页。
③ 《马克思恩格斯选集》第 4 卷，人民出版社 1995 年版，第 685 页。

的根本作用之外，它还需要经过长期而艰苦的探索。其一，只有先进的无产阶级政党才能掌握平等运动的领导权。这种先进性不仅仅是阶级的先进性，而且包括理论的先进性，即"只有以先进理论为指南的党，才能实现先进战士的作用"①。平等运动领导权问题决定了平等运动的性质和走向，就无产阶级政党而言，广泛联系并支持无产阶级的平等运动，不是从党派性、局部性和利益集团的利益出发，而是要求最终实现整个社会从不平等中彻底解放出来，强调政党在平等运动中与资产阶级平等法权的差异性（对抗性），这是无产阶级平等运动区别于资产阶级平等运动的一个重要标志。当然，无产阶级的平等运动是一个不断发展的过程，领导这一运动的政党，在平等运动的彻底性和终极目的上不能有任何含糊。要坚持领导权，就应当有明确的、科学的指导思想。指导思想的彻底性决定了平等运动的坚定性。自从人类社会出现不平等现象以来，平等运动随着人民群众的不断觉醒而逐渐成熟。在这一历史发展过程中，平等运动领导阶级的成熟程度决定了平等运动的性质、规模和最终结果。当然平等运动领导者的觉醒程度取决于平等运动指导思想的科学性和合理性。国际共产主义的历史轨迹和基本经验告诉我们，只有在科学理论指导下的运动才能具有正确的方向和路线，才能战胜形形色色的机会主义、修正主义，有力地推动平等运动健康的发展。

平等运动指导理论的彻底性必须以反对资产阶级的平等理论为前提。无产阶级肯定资产阶级的平等理论主张——废除一切不平等的阶级特权，实现政治平等的进步性。但同时更加深刻地认识到，资产阶级领导的平等运动只能实现政治平等，而不可能触及经济平等和社会平等，因此他们的理论只能应用于抽象的平等原则。无产阶级平等运动只有从理论上彻底批判和推翻资产阶级的平等学说，才能够向人民群众说明资本主义平等运动的不彻底性，唤醒广大劳动者不断革命的热情，并逐步形成以实现真正平等为目的的平等运动。除此之外，还应当认真辨别除科学社会主义之外的各种社会主义派别的具体平等主张。社会主义各流派的共性特征，就是这些派别都认识到了资本主义社会的不平等现象，并提出了很多方案来废除或改造这种不平等。但是，这些思想之间的侧重点和具体主张又存在着相当大的差异。如有的社会主义者主张极端的平均主义和财产共有，有的则

---

① 《列宁选集》第 1 卷，人民出版社 1995 年版，第 312 页。

愿意在减轻剥削的条件下与资产阶级妥协，有的持有激烈的革命主义倾向，有的则倾向于温和的调和理论，还有的则是群众运动论的信奉者和密谋派痴迷者。这些平等理论反映出城市小资产阶级、流氓无产者、农民阶级等的具体而琐碎的利益诉求，他们在反对资产阶级的残酷剥削和政治统治的问题上存在一定程度和范围的共识，但是其指导思想的非科学性和不彻底性，往往导致在革命的艰难时刻、在其自身利益受损和更大范围的平等运动到来时踌躇不前，甚至背叛无产阶级争取平等的运动斗争。这些原则和思想或许比资产阶级的平等理论更加值得警惕。

马克思主义作为指导工人阶级平等运动的理论体系，从平等运动的主体、动力、过程和长期性等方面为无产阶级平等运动谱就了宏伟的蓝图。将无产阶级看作进行平等运动的主体，他们参加平等运动宗旨的彻底性体现在如下方面："（1）实现同资产者利益相反的无产者的利益；（2）用消灭私有制而代之以财产公有的手段来实现这一点；（3）除了进行暴力的民主的革命外，不承认有实现这些目的的其他手段。"① 关于平等运动动力问题的理论，来源于社会生产力已经强大到资本主义生产关系所不能适应的地步，资产阶级平等运动无法克服其固有的内在矛盾，只有无产阶级平等运动的不断发展，才能超越资本主义社会的不平等。在社会主义建设时期，面对敌对的、虚幻的和混乱的平等观念，工人阶级不但需要通过制度建设来巩固运动成果，而且"一时一刻也不能因为听信民主派小资产者的花言巧语而动摇对无产阶级政党的独立组织的信念。他们的战斗口号应该是：不断革命。"② 显然，马克思主义是最彻底的平等理论，以此为指导，不但能够揭露既往一切平等运动的优劣和真假，而且能够推动平等运动的顺利发展。

平等运动不仅善于破坏一个旧的不平等社会，而且也能够建立一个平等社会。无产阶级在夺取政权之后，将平等原则体现在社会主义国家的各项建设中，采用建设性的改革性措施来实现平等，这就要求必须实现经济发展，寻求包容性增长的有效途径，加快民主政治建设和各项平等制度的建立，不断加大投入完善社会保障体系的全民覆盖，使得人民的生活水平不断提升，居者有其屋、老有所养、病有所治、教有所及；与此同时，必

① 《马克思恩格斯选集》第 4 卷，人民出版社 1995 年版，第 530 页。
② 《马克思恩格斯选集》第 1 卷，人民出版社 1995 年版，第 375 页。

须有效地解决社会发展中所出现的结构性不平等问题——发展不均衡、分配不公平、权利不平等等，防止利益集团的出现，杜绝"合理的不平等"的错误意识；并不断扩大公民有序政治参与的途径，对于社会矛盾特别是由于腐败、政策不公正、利益褊狭等引起的社会对立，不能简单地将之划归为稳定问题，应支持人民群众的平等主张和行为，在法制秩序内实现党对平等运动的正确领导。共产党领导的平等运动的基本原则是明确的，那就是只有消灭私有制、消灭剥削，才能真正实现平等。

三　作为制度的平等

平等制度的意义在于逐步实现平等的规范化。平等制度的设置和演变从本质上反映了特定社会的性质、阶级关系和利益关系格局。人们对于某个时代或者社会的平等程度的评价和比较，首要标准就是平等制度的状况。这是因为平等制度会将严重损害社会成员利益、危害社会结构稳定和干扰政治公正和谐的不平等问题控制在一定的秩序范围内。当然，由于社会发展阶段和阶级关系的现实性，真正的平等并不能一蹴而就，但从这个制度中可以获得改造不平等和实现真正平等的积极因素，因而也就自然会为维持平等制度的持续存在进行自我调整，成为实现平等的基本框架。正是在这个意义上，平等制度的构建具有优先性。

一般而言，制度是社会成员必须共同遵守的、按一定程序办事的规程或行动准则。[①]平等制度作为制度化的平等，是人类在追求平等过程中形成的有关平等的规则体系，具有独特的功能。

第一，保障功能。主要是指平等制度能够保障平等的实现。在实现平等的过程中，人们通过制度来保存并继承历史上的平等思想和平等运动的成果。在当今几乎所有的平等表达中，平等制度是唯一能够体现平等原则、路径和结果的结构。事实上，得到制度保障的平等才是合法的。身份平等是平等制度王冠上的蓝宝石。西耶斯有一段论述："1. 第三等级是什么？是一切。2. 迄今为止，第三等级在政治秩序中的地位是什么？什么也不是。3. 第三等级要求什么？要求取得某种地位。"[②] 这是法国大革命

---

① 《辞海》，上海辞书出版社 2000 年版，第 223 页。

② ［法］西耶斯：《论特权，第三等级是什么》，冯棠译，商务印书馆 1990 年版，第 19 页。

平等思想的精华，也是整个大革命的根本诉求。在争取平等的斗争中，获得某种地位的诉求只有上升为制度才能够得到保障。正因为如此，《人权和公民权宣言》和《1791 年宪法》不但成为法国平等制度的体现，而且将人人生而平等，公民在法律面前一律平等通过宪法这一政治制度形态固定下来。不论历史风云如何变幻，帝国和共和国交叠不休，革命与反革命斗争不断，人们似乎相信任何政权在经济、政治、社会等各个领域应该对所有公民一视同仁，每个人都平等地享有生存、发展的权利和无差别的人格尊严。反之，失去了制度的保障，即平等思想和平等运动无法通过制度固定下来，则往往会陷入循环往复的怪圈。当然，这样的制度保障是极其有限的。新中国成立以来建立的一系列政治、经济与社会平等制度从根本上真正保障了最广大人民群众的平等地位与平等权利。事实上，制度要么保障平等，要么保障不平等，二者之间不存在灰色地带。因此，平等的主张如果不能获得制度的保障，那么就要接受不平等的控制。

第二，规制功能。从制度作用对象的角度而言，保障功能针对的是合法的平等权利，而规制功能针对的则是不平等的行为。平等制度之所以具有规制功能，是因为平等制度并不等于平等的真正实现。马克思指出："在宗法制度、种姓制度、封建制度和行会制度下，整个社会的分工都是按照一定的规则进行的。这些规则是由哪个立法者确定的吗？不是。它们最初来自物质生产条件，只是过了很久以后才上升为法律。"[1] 正因为如此，平等制度的建立和发展以及平等的实现程度受经济发展水平的制约，平等以及平等的最终实现都依赖于一定的经济发展水平，只有当经济社会发展到社会分工、阶级彻底消亡后，平等才能最终实现。在这一过程中，任何平等制度尽管是实现平等的重要步骤，但是必定存在不彻底性，特别是阶级性决定了平等制度必定要为统治阶级服务，根本上保障的是统治阶级的平等权利和诉求。近代历史一再证明，在推翻封建制度的过程中，资产阶级自诩为"第三等级"，以"平等派"、"社会党"自居。一旦他们掌握了政权，却只承认资产阶级的平等，而背弃了昔日的"革命战友"，甚至将剥削等不平等现象合法化。但是，他们却忌惮旧势力和无产者的联盟，因此在制度设计中既彻底地与旧的不平等决裂，又增加了诸多限制。这种不同平等主体的博弈，直接催生了平等制度的规制作用。在规制功能

① 《马克思恩格斯选集》第 1 卷，人民出版社 1995 年版，第 163 页。

的演变中，统治阶级力图实现的是对于被统治阶级的规制，即迫使他们服从现行制度而维护他们的不平等特权；同时，竭力避免规制的反身效应。以选举制度为例，在破除性别、种族、财产不平等的同时，资产阶级发明了选区设计、多轮选举和"选举嘉年华"，巧妙地将不平等输入选举制度，并奉之为平等制度的典范。这当然也是规制功能的作用结果，也是不可完成的永恒神话。概括来讲，制度的规制功能具有多种表现形式。它可以表现为立法和法律，通过立法界定平等实现的范围和内容，以法律的强制性强制人们遵守平等规范，并对违反平等制度的行为进行制裁；也可以表现为礼俗、习惯或乡约，通过非正式的道德规范和价值认同控制人们的平等意识，控制公共领域之外的社会关系，维持社会稳定；还可以表现为国家暴力机关的强制行动，即通过军队、法院、警察等国家暴力机关，以恢复社会正义、保障公民权利和恢复政治平等等理由，实行司法裁决、社会控制甚至镇压行为。总之，平等制度的规制范围十分广泛，凡是"决定人们的相互关系而人为设定的一些制约"① 都必然体现为一定的规制作用。

第三，引导功能。任何制度都必然体现着创制者的意志，而制度的强制性和约束力有利于对这种意志的灌输和教化。具体而言，这种功能包括几种主要方法。（1）启蒙式的引导。通过平等制度，启发人们追求没有意识到或者意识不清或者以前无法主张的平等权益。（2）激励式的引导。平等制度作为包含价值标准的制度框架，具有平等价值的鼓动性，鼓励人们在平等化的政治体制中，实现个体在经济、政治、社会方面的相互对等，这种制度的动员性通过平等主体范围的扩大，不但激发人们的平等感，而且鼓励人们通过合法行为保护此种平等制度。（3）解释式的引导。尽管阶级社会的平等制度是不彻底的，但是平等制度的存在毕竟是实现平等过程中的历史进步。在这种情况下，历史局限性和本质的局限性决定了平等制度不是真正的平等，而平等制度内部也必然面临不平等问题的挑战。在此情况下，平等制度可以通过基本原则、基本制度和相关体制的改变，将不平等问题消解在制度稳定允许的②范围内，或者健全制度的某些

---

① ［美］道格拉斯·诺思：《制度、制度变迁与经济绩效》，杭行译，上海三联书店1994年版，第3页。

② 《列宁选集》第1卷，人民出版社1995年版，第317页。

内容和形式使之更加符合人们不断提升的平等认知，引导人们在渐进改革中维持既存平等制度的稳定。（4）教育式的引导。总体而言，平等制度的理论基础是关于平等的哲学的、历史的、经济的、政治的等的理论。因此，一种平等制度的存在必然会引发人们对于平等、平等制度和实际制度的平等性等问题的思考，特别是对它们之间的关系以及如何形成平等制度的思考，这些思考不但推动着制度的文明化，而且深化了人们对平等的理解。当然更加深入、系统的平等意识的形成需要平等制度的教育和引导。（5）批判式的引导。当一种平等制度赖以维系的社会生产方式不复存在，新的追求平等的主体、利益诉求和阶级基础已然形成之时，旧制度就铸就了自己的掘墓者。旧的平等制度便成为人们追求平等的批判导师，催生出新的平等思想、鼓舞人们投身新的平等运动，为新的平等制度的诞生提供一切准备。

第四，象征功能。理解平等必须在一定平等制度的环境中思考平等的相关问题。众所周知，人们总是在他们的社会环境中评价、推论、追求目标，承担责任，解释生活。[1] 对平等也是如此。离开了具体的平等制度，平等就只能停留在空想和混乱之中。制度创制实际上是将统治阶级的利益和意志通过制度的形式制度化，成为人人都可理解、都应遵守的规则体系。这就意味着平等制度的创制为平等的实现提供了最直观、最具有象征意义的"真实的文本"。这些象征物可以是平等"法典"。拿破仑就曾这样指出："我真正的光荣并非打了 40 次胜仗，滑铁卢之战抹去了关于这一切胜利的记忆。但是有一样东西是不会被人忘却的，它将永垂不朽——那就是我的民法典。"[2] 它可以是国家象征，这种象征物经常能够巧妙地将平等制度的基本精神和根本诉求通过艺术性的手段展现给人们，正如法国人民可能无法重述《人权宣言》和所有平等权利，但却能够胸佩"三色徽章"捍卫平等法典，而"'正直的共和派'的祖先们曾经拿着他们的象征即三色旗走遍了全欧洲"[3]。它还可以是文化结构，在平等制度运行中逐步形成具有自然、民族、地域等特性的制度文化，作为象征的平等制度文化不是松散的，而是经过制度运作后体系化的文化表征。韦伯曾说：

① 张汝伦：《意义的探究——当代西方释义学》，辽宁人民出版社 1986 年版，第 49 页。
② 吕一民：《法国通史》，上海人民出版社 2007 年版，第 141 页。
③ 《马克思恩格斯选集》第 1 卷，人民出版社 1995 年版，第 600—601 页。

"法律的逻辑结构里，有某些共同的特色，却是彼此极为不同的支配形态所产生出来的。"① 可见，即便是最刻板和理性的法律也需要面对这种文化结构的支配。当然，不同层次、不同领域的平等制度还有许多象征物，它们的作用范围和效力各不相同，但它们集合起来便构成了平等制度的"软实力"，极大地支撑着平等制度的存续。

第五，沟通功能。平等制度的根本作用之一是打破不平等的制度壁垒，促进社会流动。这个作用需要借助沟通功能。平等制度的沟通功能将平等主体置入一个可供平等交谈的制度结构里，使得人们能够借助平等制度来赋予平等权利，自由地发挥自己的力量以进行交流。平等制度的平等属性决定着沟通功能的必然性，与一切不平等制度相比，平等制度并不是依靠强力、霸权获得的合法性权威，而是在人们就各种利益、尊严和共同关心的问题平等协商的基础上产生和发展的；离开沟通的顺畅，平等制度就无法维系。与此同时，平等制度的制度形态决定了沟通功能的可行性，在不平等现象充斥人类社会时，人们的平等诉求无法通过正常的渠道来表达，只能以反政府、无政府或者革命主义的形态表达。制度建立了一个"意见集散地"，在一定程度上将平等主体的复杂需要控制在一定的秩序框架内，在相对固定的领域内，针对共同关心的问题展开以达成共识的协商。平等制度的沟通功能不但有利于减少危害平等制度存续的破坏性行为，又能够成为平等制度演进的内在动力，是平等制度保持有效性的重要手段。需要指出的是，平等制度的各项功能是从整体意义上、从积极意义上而言的，不同历史阶段、不同社会形态、体现不同阶级利益的平等制度，其功能发挥的程度和范围截然不同，这是观察分析平等制度功能所必须铭记的。尤其需切记的是，平等制度是具体的、历史的，从来没有超越时空的、不加区分的平等制度。

平等制度在演进过程中，形成了不同的类型。就平等制度的创制主体和享受主体而言，可以划分为资本主义平等制度和社会主义平等制度。资产阶级是第一个公开挑战不平等的等级社会秩序的阶级，这是社会生产方式发展的必然，也是资产阶级的阶级属性的内在要求。在经过了漫长的中世纪后，农业耕种技术及其加工业的发展，带动了生产工具的进步、分工

---

① ［德］马克斯·韦伯：《法律社会学》，康乐、简惠美译，广西师范大学出版社2005年版，第220页。

的细化和手工业的壮大。随着社会分工的日益细化，社会生产的专门化水平不断提高，那种人身依附关系、家族领地式的封建自然经济被以商品贸易和货币交换为主的商品经济所取代，特别是买卖劳动力的出现不但带动了现代工商业的发展，而且打破了陈旧的生产关系（例如同业公会）。为了适应这种变化，那种封建主义的土地制度、身份制度已经不合时宜了，资产阶级的精明之处就在于将他们的根本利益与无产阶级的生存困境和权利诉求结合起来，用"平等"掩盖了"利益"和"阶级"，用商品的平等性取代了人的平等，用"劳动—工资"的平等遮蔽了剩余价值的剥削，此时已没有什么比"平等制度"更加激动人心的事物了。资本主义国家的平等制度"证明这一社会形式是使社会生产力发展到这样高度的水平所必需的：在这个水平上，社会全体成员的平等的、合乎人的尊严的发展，才有可能"[①]。

　　资本主义平等制度本质上是维护资本私有制的制度保障，必须在平等实现的历史和现实中理解这种平等制度。资本主义平等制度的基础是社会生产资料特别是资本的私有制与雇佣劳动中的剥削关系，因此，资本主义平等制度就其本质而言是资产阶级巩固私有制和强化剥削的制度安排，是在资本控制整个社会生活的前提下，维护资产阶级的剥削和统治的支配性平等制度，是维护资本主义政治秩序的工具。资本主义平等制度的创制者是资产阶级，不论是在国王的等级会议还是资产阶级的议会，掌握平等制度创制权的只能是资产阶级[②]；资本主义平等制度的运行必须体现资产阶级的需要，"按照市场过程来设计政治过程，实行所谓选举制、代议制这些形式上全民自由平等的制度，使得政治过程成为类市场过程。但是，由于这些制度的实际运行要求金钱的驱动……（是）资产阶级实际控制和主导着……"[③] 资本主义平等制度在具体执行中保证了资产阶级内部的平等，第二次世界大战以来，包括福利国家、新公共管理运动在内的西方资

---

① 《马克思恩格斯选集》第 2 卷，人民出版社 1995 年版，第 596 页。

② 在法国，早在路易十六召开的三级会议中，作为第三等级代表的 578 人中，绝大部分都是律师、商人、银行家，甚至叛变的贵族和教士，而工人和农民却无一当选。这种现象在资产阶级谋求统治地位的过程中比比皆是。时至今日，社会底层和无产者的代表也是资本主义国家议会中的稀有物种。与此形成鲜明对比的是，巴黎公社运动选举产生了一个无产阶级主导的公社政权，不但被资产阶级视为眼中钉，受到残酷镇压，而且公社烈士的鲜血证明了资本主义平等制度温情面纱的背后是资产阶级的狰狞面孔。

③ 王惠岩：《政治学原理》，高等教育出版社 2006 年版，第 72 页。

本主义国家在政治和行政领域内的一系列变革、微调，都是调和资产阶级内部利益集团之间的矛盾，巩固政治统治的合法性和调节经济社会危机下社会稳定的需要，因此，资本主义平等制度虽然也处在缓慢地发展演变中，但只要这种制度仍然保持着服务于资产阶级的功能，而不是实现向更高层级平等制度的飞跃质变，它在实践中维护平等的功效终究是相当有限并令人怀疑的。

相比较而言，取代资本主义平等制度的社会主义平等制度，建立在以公有制为主的经济基础上，是对资本主义平等制度的否定与超越。社会生产力的发展要求社会化大生产，突破限制和阻碍其发展的社会分工，否定生产资料的私有制，主张公有制条件下的相互平等和按劳分配。资本主义的社会生产方式催生了无产阶级，他们是"以现代的资产阶级社会以及相应的物质生活条件和相当的政治制度为前提的"[①]。逐步成熟的无产阶级必然要求否定资本主义的平等制度以维护剥削制度和资产阶级的利益，建立体现和维护绝大多数人利益的平等制度。通过革命斗争建立起来的社会主义平等制度从根本上取代了资本主义平等制度，以无产阶级的根本利益和共同权利为基础进行制度构建，最终逐步抛弃资本主义平等制度。毫无疑问，任何对资本主义平等制度的挑战都是对资产阶级利益的否定，都会受到资本主义国家机器的镇压。因此无产阶级只有打破这种旧的制度，才能确立真正的平等制度。当然，社会主义平等制度并非一蹴而就。由于社会生产方式状况的制约，本质的先进性和目标的合理性并不可能一步到位。强调建设社会主义平等制度的长期性并不等于掩盖问题，"而在于要自觉地参加我们眼前发生的改造社会的历史进程"[②]，"问题不在于走得多快，而在于往哪里走"[③]。

就平等制度在社会诸领域的体现而言，可以主要划分为经济平等制度、政治平等制度和文化平等制度等。经济平等的意义和作用主要取决于经济关系和以生产资料所有制为基础的经济制度。在以往的阶级社会里，真正平等的经济制度是不存在的。社会主义从根本上是要建立平等的经济制度。现阶段中国平等的经济制度意味着在当前经济发展的条件下，从根

---

①　《马克思恩格斯选集》第 1 卷，人民出版社 1995 年版，第 300 页。

②　《马克思恩格斯全集》第 19 卷，人民出版社 2006 年版，第 137 页。

③　《列宁全集》第 29 卷，人民出版社 1985 年版，第 124 页。

本上真正建立和巩固以公有制为主体的生产关系，逐步探索经济体制和社会组织的利益分配形式和途径，促进劳动者与生产资料的结合。促进劳动者享有不同形式的使用权和管理权，充分实现劳动者与生产过程中管理权的结合，实现经济关系中的主人翁地位。在经济持续增长的过程中，通过经济体制改革，革新公平分配的理念和办法，祛除经济制度中的不平等因素，使得人们充分享有经济发展的成果。经济平等制度不仅是本质的，而且是具体的、现实的。实施经济平等必须从经济发展对经济平等的要求和实现之间的适应程度出发。

纵观平等制度的发展史，政治平等制度一直是平等制度的关键和核心所在。正如恩格斯所指出的那样："并非只有经济状况才是原因，才是积极的，其余一切都不过是消极的结果。这是在归根到底总是得到实现的经济必然性的基础上的互相作用。"① 历史已经告诉我们，在未曾真正实现平等之前，政治制度为平等的实施发挥着不可替代的功能作用。一个社会的政治制度明确地规定着平等的存亡。政治制度是在特定社会统治阶级为实现其统治而规定的或在政治生活中形成的各种政治主体的地位及其相互关系，以及维系这种关系而如何组织、分配和行使政治权力的各种原则、方式和程序等强制性规范的综合。因此，经过政治制度确认的平等，在广度、深度和强度上均对整个社会具有约束力。况且政治平等本身就是一项平等内容，也需要政治制度的确认，政治制度明确规定着平等的性质和范围。从某种意义上讲，人类发展的历史就是人类追求平等的历史。政治制度是不平等现实的需要，也是不平等的结果。政治平等制度的根本任务是在合法稳定的政治秩序内控制不平等的范围与程度。因此社会中不同阶级力量的实力对比，决定了政治平等制度为谁服务，也决定了此时的平等制度的性质。同时，政治制度为特定地位的社会主体规定了一整套的权利义务和行为规范，并设计了完备的规制措施从而维系着政治平等的有序运行。与资本主义政治平等制度维护资产阶级的特权和利益相比，社会主义的政治制度所确立和保护的平等，对广大人民群众来说具有实质性意义。宪法和法律是政治制度的主要形式，在法治社会，政治制度的法制程度是衡量政治制度权威性的重要标杆。公民的一律平等以及法律面前人人平等，通过政治制度"意味着形式上承认公民一律平等，承认大家都有决

---

① 《马克思恩格斯选集》第 4 卷，人民出版社 1995 年版，第 732 页。

定国家制度和管理国家的平等权利"①，这本身就是平等的政治价值之所在。

如果说经济尤其是经济关系从根本上决定着平等的实现程度和何人享有平等权利，政治最为直接和深刻地影响着实现平等的可能性和实施范围的话，那么文化的发展状况是决定平等能否实现和实现程度的深层次原因。② 真正的平等制度需要获得人民群众的认同，这一方面需要人们理性地看待不平等问题，另一方面需要人们在具体的平等制度的构建上协商并达成一致。这两个方面都需要人的理解力，而理解力是文化素质的重要表征。科学文化水平是产生平等意识、形成平等权利、建立平等制度的重要条件，一个国家或民族，其平等的发展状况以及平等制度的有效性和这个民族的文化水平以及国民的文化素质密切相关。历史上，当人的精神文化水平相对落后的阶段，平等更多地停留在潜意识中，而较少反映为对具体现实的平等诉求，当然也就不可能实现平等制度。从这个意义上讲，文化平等制度既是肯定人的理性和理解能力具有平等性的保障，更是完善政治平等、提高经济平等的隐性动力。在社会主义平等制度的建设过程中，整个社会文化水平的提高有益于工人阶级的文化水平的提升，使得平等意识更加明确，能够激发人们追求平等的民主权利的激情。文化平等制度就是通过广泛性、普遍性和持续性的规范形式将平等观念牢固地扎根于民族心理，在很大程度上决定了不同民族和国家平等实现道路的多样性。文化制度就是思想掌握群众的途径，因此真实的平等要求社会主义的平等制度不能停留在客观的经济和政治领域。

平等制度是从规范性的层面上界定主体之间平等关系的形式。这意味着平等的主体性是平等制度的首要属性。在一般的意义上，人们总是从起点、过程和结果的分配角度看待制度的平等性。平等制度的创制就是为了确定哪些主体是平等的，在哪些领域平等，同时哪些主体是享受不到该种平等制度的及其原因。平等主体存在多种类型，可以根据性别、年龄、种族、区域、民族等因素加以区分，但是最为根本的区别标准是阶级。平等制度创制主体的性质决定着平等制度的真实性和广泛性。

不同的平等主体属于不同的阶级或利益集团，它们要求平等制度保

---

① 《列宁全集》第 33 卷，人民出版社 1995 年版，第 597 页。

② 杨海蛟：《平等：人类对理想社会的诉求》，吉林人民出版社 2004 年版，第 63 页。

护的内容、制约的对象、作用的结构和活动的方式符合特定阶级的根本利益，少数占据统治地位的剥削阶级要求建立的平等制度无法从根本上尊重人民群众的权益；不同平等主体创制的平等制度，需要通过国家政权统治管理形式以实现其合法性，平等制度创制主体的属性决定了平等主体的范围，也决定了权利的界限、制度的内容，只有代表最广大人民群众的无产阶级才能实现平等制度的创制者和享受者的最广泛意义上的真正统一。

　　从平等制度演进的历史进程看，平等制度的创建是一个动态的过程。众所周知，不平等可表现为身份歧视、利益矛盾、理念对立、阶层分化，也可以表现为身份焦虑、分配失调、认同缺失、组织崩溃。平等制度是解决这种分化的重要载体，实现这种整合需要制度化的手段，而"社会的发展水平、完善的制度设置、广泛的社会认同是实行社会平等制度化调节的三项基本条件。权利平等、机会均等、规则公平是实现社会平等的基本要求"①，具有高度整合能力的平等制度是一个强调结构合法、程序公正和广泛参与的有机整体。整合能力越高，平等制度就能够更加有效地避免社会分化，将社会不平等控制在秩序允许的范围内。在一定的稳定秩序内持续运作的平等制度，能够充分展现平等的价值，为逐步实现平等提供广泛的社会认同的平台。

四　平等思想、平等运动、平等制度的辩证关系

　　平等的三个维度或三种形态具有不同的内容和形式。需要强调指出的是，平等是一个历史的范畴，一个阶级的范畴，一个社会的范畴，并非抽象的价值，也不是僵硬的概念范畴。因此，应当从多个角度辩证地看待平等思想、平等运动和平等制度之间的关系。

　　平等思想观念极其复杂，不同结构的思想观念具有不同的内容和形式，发挥不同的作用。平等思想是对平等的内涵界定、价值阐释、目标说明，是人们在社会生活中形成的重要精神现象，是体现人们在不同历史条件下形成的平等态度、平等意志、平等情绪、平等认识、平等信念、平等习惯和平等价值的总和，以及对平等理想的感性诉求和理性表达。作为一

---

① 鉴新：《社会发展中的不平等与制度化》，《科学社会主义》2006 年第 2 期。

种精神现象，平等思想表达了不同的人们对平等的理解。作为一种社会价值，平等思想反映了人类文明社会价值体系的状况，平等思想越是全面深入，人类实现自我解放的步伐将会越发坚定。作为一种理性思维，平等思想通过对各种直观的、零散的平等认知进行抽象加工而形成的较为系统的理论体系，不仅展现了平等认识的历史过程，而且提供了平等的学理基础。作为一种历史道德，它提供"人们彼此之间负有责任"的道德规范，界定、褒扬、激励一切符合平等要求的行为和规则，批判、拒斥、揭露破坏平等的动机和压迫现象。

平等思想观念在平等的三维或三种形态结构中占有极其重要的地位，它的论证、说明、号召、动员等功能作用于平等运动和平等制度。平等思想观念论证和说明了平等运动和平等制度的合理性与必然性。古代中国朴素的平等思想普遍影响了农民起义。在"等贵贱"、"均贫富"等平等观念的影响下，中国封建社会的农民起义此起彼伏，史不绝书。在启蒙运动中，形形色色的平等思想观念共同构成了资产阶级革命的思想先声，成为资产阶级革命所追求的三大理念之一，实现了人类对平等理想的系统升华。乌托邦运动同样离不开空想社会主义者的平等主张。与此相应，平等思想观念也直接影响了平等制度的建立，并在很大程度上决定了制度的形式、真实性和稳定性。任何平等制度都是平等思想观念的表达和体现。以中国古代为例，在历次农民起义运动中，平等思想观念都试图从"等贵贱"、"均贫富"逐步向具体土地制度、税收制度、财产制度乃至整个政治制度的层面发展。众所周知，太平天国运动尽管具有历史局限性，但是在太平天国运动中提出的"天下一家，共享太平"的理想及其具体的平等主张，不但建构了一套维护自身统治的制度，而且极大地震动了统治者。权利平等、身份平等等一系列宪法规范和相应政治制度的创制也都影响了启蒙运动以及以后的平等思想。当然，那种抽象的平等思想观念导致了资本主义平等制度的局限性，平等权利的范围，实施平等制度的不彻底性，都可以在资本主义的平等思想中找到说明。在多数情况下，针对不平等问题，平等思想要求调整平等制度，并动员和号召人们进行平等运动。众所周知，平等思想是平等运动的先导，也是平等制度建立的先声。"任何一个社会的新旧更迭，起初都是因为有了先进的政治意识和理论的存在，这种意识和理论一旦为社会大众所接受，就会产生巨大的思想变动，从而影响政治行为的变化，甚至社会形态的变迁。"① 平等思想观念中富有革命性因素，可以动员号召被压迫者反抗一切压迫和不平等对待；平等思想观念中的建设性内容，则可以在打碎一个旧世界的同时，鼓舞平等主体按照真正平等的要求，建立新的平等制度。因此，当"消灭阶级"成为无产阶级的平等诉求时，人民群众的诉求就"要更进一步，从形式上的平等进到事实上的平等，即实现'各尽所能，按需分配'的原则"②。这就意味着一切围绕事实平等的运动都必须认识到"不消灭阶级，就谈不到个人的真正自由（不是有产者的自由），就谈不到人与人之间在社会政治关系上的真正平等"③。

平等运动作为实现平等的根本途径，它与平等思想、平等制度紧密相关，是平等思想和平等制度相互联系的唯一途径。平等运动是在平等思想支配和平等制度规范下平等实现的具体过程和表现形式。在平等意识的驱使下，对平等的追求者们将其对于平等的理解和对不平等的批判融合在社会政治生活和交往中，其外在形式可能表现为抗议、游行、示威，也可以是壁垒斗争、工人暴动、武装斗争。平等运动作为政治行为的一种，以不同方式作用于社会生活的各个方面，对社会生活产生了重大影响。

历史已经证明，没有资产阶级的革命，就不存在资本主义的政治平等；没有无产阶级的斗争，就没有社会主义的平等制度；没有民族国家的反抗，殖民主义的不平等制度就不可能自我瓦解。具体到劳动休息权、男女平等的选举权、黑人的解放和平等对待等，任何一个微小的平等制度的进步都离不开平等运动。显然，平等能否实现，如何实现，实现的效果如何，只能在平等运动中形成、发展和检验，正如恩格斯所指出的："问题不在骗人的花言巧语，而是在实现绝大多数人本身的真正利益；诚然，这些利益当时还没有为这绝大多数人所认识，但是在其实际实现的过程中，由于具有令人信服的明显性，一定很快就会为这绝大多数人所充分认识的。"④ 与此同时，平等运动直接影响了平等思想的表达与平等制度的形成，决定了它们体系化和完备性的程度。正是因为平等运动存在激进与温和之别、片面与系统之分、彻底与不彻底之间的差别，平等思想才有了不

---

① 杨海蛟：《政治文明：理论与实践的思考》，中国社会科学出版社 2009 年版，第 87 页。
② 《列宁选集》第 3 卷，人民出版社 1995 年版，第 201 页。
③ 《列宁全集》第 39 卷，人民出版社 1986 年版，第 424—425 页。
④ 《马克思恩格斯全集》第 22 卷，人民出版社 1965 年版，第 597 页。

同的表达途径，才能够使得产生于不同社会不平等条件下的平等意识、观念和主张有多领域、多层次的实现可能。也正是在这种变化和选择中，平等制度从运动的实践结果中获得不同的表现形式，成为一种制度框架内的试错机制，促进了平等制度的创立以及不断体系化和完备化。社会主义的平等思想也不是资产阶级平等思想的救火队员，社会主义平等运动之所以开辟了实现真正平等的道路，是因为它改造了旧的平等思想和平等制度并孕育了新的科学的平等观念与更加符合历史发展规律的平等制度。

非但如此，平等运动不仅是一个过程范畴，更是一个实体范畴，平等思想是它的起点，平等制度是它的终点；不过，在更长的历史长河中，在利益分野的情况下，平等运动绵延不绝。正因为如此，当我们今天面对应该如何看待平等运动是平等实现的根本途径这一命题时，就应该继续坚持在社会主义平等制度框架内不断创新平等的思想观念，完善平等制度。

平等制度作为平等实现的标尺、结果和保障，是有关平等的规范体系。平等制度既是平等思想观念在制度上的凝结，又是平等运动的核心诉求和最终形式。平等制度的历史发展表明，它反映了社会关系的平等属性和社会行为的规范状况，使得平等成为一种现实，并在一定规范、秩序内保障和推动着平等的不断进步。具体而言，平等制度是平等实现的标尺。人们在比较人类历史阶段的平等程度和平等实现的速度时，都以平等制度作为标准。这是因为平等制度反映了平等在整个社会中的基本状况和实现程度，既是一切平等诉求（平等思想、平等运动）的目的，也是关于平等在不同阶段、不同层次实现程度的标志。同时，平等制度也是平等思想的承载者，没有平等制度，平等思想就是空洞的抽象意识；平等制度作为平等运动的最终形式，体现了不同时期不同社会平等实现的内容、形式和程度，因此是平等实现的结果。当然，平等制度并不是平等的最终形态，而应当是人类追求平等的坡道，是实实在在的进步阶梯，正如托克维尔所指出的："人人都在不断追求，跌倒后再爬起来，虽然时时感到失望，但又决不绝望，而是不停止地沿着尚待跋涉的漫长人生道路，走向他们只能渺茫地看到终点的伟大目标。"①

平等制度直接反映了社会各种势力在不同社会生活领域的各种权益，作为一种状态，意味着它不是消除不平等或者彻底反对不平等，而是将不

---

① ［法］托克维尔：《论美国的民主》下卷，董果良译，商务印书馆 1988 年版，第 551 页。

平等控制在可以接受的一定的范围内，以保证相对平等。平等制度在具体运行中，必然要依托国家机器，由国家正式颁布的法律法规规定平等的实施范围与内容，并通过政治强制力保证平等制度的原则和规定得以实现，缺乏平等制度保障的平等只能流于空想和陷入动乱。历史和现实反复证明，只有加强制度建设，才能保证社会公平正义的实现。就当代中国社会而言，这种作用应该体现为：通过完善民主权利保障制度，巩固平等制度的民主性，保障人民当家做主；通过完善平等的法律制度，维护平等实现的和谐基础；通过完善司法机制体制，当平等权利的实现受到威胁时能够获得有效的救助；通过完善公共财政制度，使得改革成果特别是基本公共服务均等化，让平等可感、可知、可用；通过收入分配的平等制度，保护公民的合法所得，调节社会结构的不均衡，防止收入差距加大所造成的社会不稳定，以保证平等实现的有序性；通过更加人性的社会保障制度，通过制度的有效调控而缓和社会生产发展水平所造成的刚性的不公平问题。总之，平等制度是平等实现的必要条件。

　　一言以蔽之，平等思想、平等运动和平等制度是相互作用、互相交织和矛盾的统一体。忽视这三个维度或三种形态之间的相对区别，把它们混为一谈是欠科学的；绝对强调这三个维度或三种形态的独立性，而不考虑它们之间的关系也是偏颇的。从模型角度而言，这种相互联系存在于"应然的平等状态"和"现实的不平等现象"之间的"橡皮带结构"（如下图所示）中。

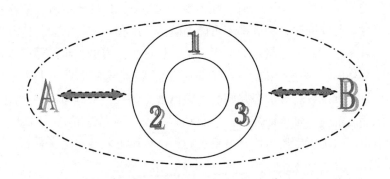

三维或三种形态平等的"橡皮带"结构模型

　　"橡皮带模型"本来是卡利尼克斯在对收入平等的分析中提出的。他指出："每个人的收入围绕着'一个较长时间内'相对固定的'平均数'上下波动。这个价值是收入摆动幅度上的一条带子，人们的收入通过一条橡皮带与其连接起来。人们或许从一年至下一年偏离这一条带子，但终归不会偏离的太远，因为橡皮带把他们与这条带子紧紧地联系在一起。从好几年的实践跨度来看，人们易于反弹并围绕着这条带子移动。"① 对于整个政治生活而言，这种移动更为复杂。罗尔斯将社会作为一个合作的公平体系和良好秩序的社会，而形成这个判断的基础已经"得到了基本结构、原初境况和公共证成等基本理念的支持和关联，这又进一步关联于反思的平衡和重叠共识的理念"②，这不啻是一种"弹性的理论结构"；沃尔泽在罗列了诸多平等领域和复合平等的规则后指出："一个平等主义社会的建立将不是争取平等的斗争的结束。我们可以期望的是，随着男人们和女人们学着忍受诸分配领域的自治并承认不同领域对不同人所造成的不同结果造就了一个公正的社会"③。对于平等而言，"橡皮带结构"包括三个基本要素：应然的平等状态（A）；三维或三种形态平等（假定三个维度分别以1、2、3表示）；现实的不平等现象（B），它们体现了平等的三个维度或三种形态与应然的平等状态和现实的不平等现象的"贴近—疏远"关系模型。这里存在着两个体系判断，即平等的三个维度或三种形态在与A、B之间相互距离层面上的相对静态的平等体系，以及平等的三个维度或三种形态在与A、B之间相互距离发生变化的过程中所呈现的动态的平等体系。对于前者，三维平等或三种形态在与A、B的相对状态中共同构成平等的基本范畴，舍弃任何一维，都无法与A、B具备逻辑一致性和结构同等性。与此同时，三者都不可能超越A、B所界定的框架，这有三层含义：其一，应然平等状态的边界关系，保证了平等的三维结构或三种形态始终是指向"平等"的，不论何种形式、类别或者层次，平等的理想状态是三个维度或三种形态共同的理想诉求。其二，平等与不平等是一对相互依存的范畴，是辩证统一关系的具体表现，马克思指出："适应自己的物质生产水平而生产出社会关系的人，也生产出各种观念、范畴，即这

---

① ［美］卡利尼克斯：《平等》，徐朝友译，江苏人民出版社2003年版，第6页。

② ［美］涛慕思·博格：《罗尔斯：生平与正义理论》，顾肃等译，中国人民大学出版社2010年版，第178页。

③ ［美］迈克尔·沃尔泽：《正义诸领域——为多元主义与平等一辩》，储松燕译，译林出版社2002年版，第427页。

些社会关系的抽象的、观念的表现。所以，范畴也和它们所表现的关系一样不是永恒的。它们是历史性的和暂时的产物。"① 因此"平等是人与人之间相互关系的一种状态，这种状态总是伴随不平等而存在。任何一种平等都蕴含着某种不平等，绝对的、不包含任何不平等的理论是不存在的"②，三维或三种形态正是解释平等与不平等的途径和方法。其三，平等的三维或三种形态不是平等或者不平等的绝对三维或三种形态，而是相对独立地存在的实践性维度。

此种"橡皮带模型"是一个动态的系统，它体现在几组张力关系上。第一组张力关系存在于平等体系内，即平等思想、平等制度和平等运动的相互关系。平等思想是理论导向，平等制度是规范保障，平等运动是实现途径。这三种功能都归属于现实的平等实践。平等必然存在于对何为平等的理解问题上，这就催生了平等思想；当某种平等思想获得了一定范围内的共识，需要以规范形式固定下来时，平等制度就应运而生了；而平等思想要想成为现实，在平等制度建立和完善的过程中，平等运动又发挥了举足轻重的作用。第二组张力关系存在于不同维度与平等理想状态和现实的不平等现象之间。如上图所示，平等存在于第一组张力范畴中，它们在这个圆形范畴中的位置既取决于在不同社会阶段何者处于主导地位，也受制于各个维度和 A、B 的关系。这也就形成了"应然的平等状态→平等思想←现实的不平等现象"，"应然的平等状态→平等制度←现实的不平等现象"，"应然的平等状态→平等运动←现实的不平等现象"三个新的维度（图中的 1，2，3），因为平等是一个以 A、B 为两个极端状态的椭圆形范畴，必然存在维度 1、维度 2、维度 3 的非均衡分布状态，这种非均衡不但使整个平等成为一个动态过程，同时也使整个平等具有历史的相对稳定性。第三组张力关系存在于平等与 A、B 之间。在上面二组张力关系的共同作用下，平等的三维或三种形态既在内部相互关联，又分别与 A、B 相关联。这就意味着，平等必然会在平等环境的椭圆形范畴中出现移动，从而形成平等环境（位置 a、位置 b、位置 c、位置 d……）。值得重视的是，在三组张力关系之间，也并非是静止的。平等环境之所以能够保持整体性和稳定性，就是因为上述三种张力关系的整体性和关联性，更是因为平等

---

① 《马克思恩格斯选集》第 4 卷，人民出版社 1995 年版，第 539 页。
② 倪勇：《平等及其与正义的关系》，《东岳论丛》2000 年第 4 期。

理论的三个维度或三种形态关系体系的存在。不论平等的三个维度或三种形态如何定义、如何变化，它们都是"橡皮带模型"动力来源的有机组成部分，彼此密切相关，是一个整体。平等思想、平等运动和平等制度是"现实存在的平等"。正如托克维尔所言："平等带来的好处是立竿见影的，人在感受它的时候，立即会知道它的来源。"① "平等的美好时时刻刻都能使人感到，并及于每一个人：高贵的人不能无所感，普通老百姓皆大欢喜。因此，平等造成的激情既是强烈的，又是普遍的。"② 这种美好可以是一种思想、观念或者意识，它同人类文明的历史同步，随着剥削、奴役、掠夺、欺诈等不平等现象的产生而产生，在关于平等的思想争鸣中产生了各异其趣的平等学说和平等价值观。这种美好可以是一种行动、实践或运动，它为了使平等理想早日实现，总是自觉或不自觉地、有组织或无组织地组织一切可以动员团结的社会成员，不屈不挠地争取实现"真正的平等"。这种美好可以是一种原则、规范或者制度，它将一切关于平等的主张与行动升华为某种较普遍认同的原则，建立起符合这种原则要求的规范体系，并用组织化的形式使其有序运转。

平等是一个异常丰富的理论和实践体系。比起波澜壮阔、浩瀚无边的平等发展史，我们的研究只能是蜻蜓点水，浅尝辄止。如果说这个研究有些许意义的话，那么就是它反对抽象地和片面地讨论平等，而是从理论形态、实践形态和制度形态透析、研究有关平等理论和实践问题。应多角度、多侧面、全方位地理解和掌握平等的确切内涵和外延，在争取平等，实现平等的过程中，创立平等理论，为追求平等、争取平等不断奋斗，促进平等制度的不断巩固和完善，从而有序、高效地推动社会主义平等的最终实现。

真正的平等是最质朴的。人们对于平等的修饰愈多，平等反而显得越发造作。从三维度或三种形态理解平等需要继续祛魅，为真正理解平等、争取平等和实现平等进行不懈努力。

（作者：郑言，中国社会科学院政治学研究所研究员）

---

① ［法］托克维尔：《论美国的民主》下卷，董果良译，商务印书馆 1988 年版，第 622 页。
② 同上书，第 623 页。

平等概念的学理辨析

关于"平等"这一词条,《布莱克韦尔政治科学辞典》所作解释的第一句话是,这是一个第一眼看上去十分简单的概念,因为"平等就是平等"[①]。在人类政治思想史上,平等表现为一个简单易懂的概念,它似乎是不言自明的。

平等表现为一个简单的概念,因为它有直观的一面,无需深入思索即可对它获得某种认识。[②] 因为这样的缘故,学者们在使用平等概念时,往往把它当作现成的概念拿来使用,而不做严格的考证和辨析。洛克、卢梭、康德、勒鲁如此,当代的伯林、罗尔斯、德沃金、桑德尔也是如此。

然而平等这个概念除了具有直观的一面外,还具有抽象的另一面,是一个复杂的概念。萨托利将平等比作"迷宫",[③] 认为人们对平等的把握和理解"仍然茫无头绪",人们已有的知识和经验,对于理解平等这一概念还不够扎实。[④] 德沃金认为,"准确地表述平等本身就是一个哲学难题",而且"赞扬或贬低平等的人,对于他们赞扬或贬低的究竟是什么,意见并不一致"。[⑤] 波尔认为,平等多个类型之间的界限已经变得模糊不清,其展示出来的复杂性使人们很难对平等及其各个类型产生清楚的

---

① Frank Bealey, Allan G. Johnson, *The Blackwell Dictionary of Political Science: A User's Guide to Its Terms* (Blackwell Publishing Ltd. , 1999), p. 180.

② [美] 阿玛蒂亚·森:《经济不平等——不平等之再考察》,王利文等译,社会科学文献出版社 2006 年版,第 1 页。

③ Giovanni Sartori, *The Theory of Democracy Revisited* (New Jersey: Chatham House Publishers, Inc. 1987), p. 338.

④ Ibid. , p. 352.

⑤ [美] 德沃金:《至上的美德——平等的理论与实践》,冯克利等译,江苏人民出版社 2003 年版,第 2—3 页。

认识。①

　　难以想象，人们如此多地谈论平等，却竟然没有一个对这一概念的明确而广泛接受的定义，人们头脑中的平等概念往往是宽泛的、模糊的。托克维尔曾经告诫人们在使用一个概念时，要下苦工夫弄懂它们的真实含义，使用这个概念明确的和受到最为严格限定的含义，从而避免含含糊糊，使得人们在读到它时明确其意所指。

　　如果人们不注意使用平等的准确含义，就不要指望摆脱平等论辩中的混乱。这些混乱只会使那些浅薄的诡辩家浑水摸鱼、从中获利。宽泛、模糊的概念是诡辩术士们绝佳的魔术道具，他们往往利用其娴熟的伎俩，在人们的不知不觉中偷换概念以达其混淆视听的目的。

　　平等概念的模糊使用还会导致实践中的政策后果。模糊、宽泛的平等概念对于指导人们在平等方面应该何去何从上过于含糊其辞，而且"含义的模糊性往往造成截然相反的理解，并会表现出对有着根本冲突的政策的支持"②。如果一个概念可以用来指称截然相反的事物或支持迥然相异的观点，那么这个概念将会变得难以捉摸，它对实践的指导作用也会大打折扣。

　　平等为什么如此难以把握呢？因为迄今为止，这个概念的复杂内涵尚没有得到很好的辨析，其学理基础还没有得到清晰的说明，各种平等理论在认识论层面缺乏交集和共识，对平等的任何一种阐述都因此而富有争议。

　　因此，有必要对平等概念进行考证和辨析，对其学理基础进行说明，以增强平等概念在分析上的明晰性，克服平等概念的含糊性，使得对平等的经验描述更加可靠和准确，更易于进行可操作的分析，从而形成有关平等概念的逻辑一致和符合历史事实的理解。

一　平等的双重概念

　　平等的含义不是随意给予的，也不是任意约定的，而是历史地形成的。人们通常使用的平等概念是一个不同含义的复合体。

---

① ［英］波尔：《美国平等的历程》，张聚国译，商务印书馆 2007 年版，中文版序第 6 页。
② R. H. Tawney, *Equality*（London：Allen & Unwin Ltd., 1931），p. 176.

平等同时具有相同性和相同对待两种含义，或者说，是由相同性和相同对待这两个概念构成的复合概念。在这两个概念中，一是作为描述性范畴使用的相同性的平等概念；二是作为规范性范畴使用的相同对待的平等概念。

在欧美学术传统中关于平等概念包含双重含义这一点，已为学界所认知。托尼指出，平等既可以是对事实的解释，又可以表达一种伦理观。托尼对平等含义的这种划分，说明他已经认识到平等既可以用来描述事实，也可以用来表示伦理价值。艾德勒认为，平等是一个多层面的理论范畴，可以分为实际存在的平等和应该存在的平等，其中前者是描述性的，后者是规范性的。① 艾德勒认识到了平等具有多种含义，而且将其按照描述性和规范性的维度，亦即实然与应然的维度，做了大致的划分。虽然托尼和艾德勒认识到了平等概念的复杂性，指出了从描述性和规范性维度对平等的不同含义进行划分的必要性，但并没有就平等的含义作出合乎逻辑的界定。

萨托利认为，意大利语中的 eguale、法语中的 égal 和德语中的 gleich，除了指"平等"之外，还含有英语中的"相同"之意。用意大利语、法语和德语来表达两物是平等的，就等于说它们是相同的。在英语中，对平等双重含义的这种混同使用本来比较少，但是，将平等的双重含义合并起来的做法，却通过自然法理论，也通过欧洲大陆作者的著作被译成英文而进入了英语。②

萨托利将平等的双重含义作了某种有意义的界定，他称其为"作为相同性的平等"和"作为正义的平等"。他认识到，平等的这两种含义是完全不同的，但却被通常所使用的"平等"这个词汇捆绑在一起，难以拆解，恰似古罗马的坚纽斯两面神，同时具有两副截然不同的面孔。也就是说，人们通常使用的平等概念由于将"作为相同性的平等"和"作为正义的平等"这两种不同的含义联系起来，复合在一起，变成了一个不容易分析的概念，他将平等的双重含义的这一复合和难解难分称为"戈尔地雅斯难结"③。

---

① ［美］艾德勒：《六大观念》，郗庆华等译，三联书店 1991 年版，第 160—166 页。

② ［美］萨托利：《民主新论》，冯克利等译，世纪出版集团 2009 年版，第 372 页。

③ Giovanni Sartori, *The Theory of Democracy Revisited* (New Jersey: Chatham House Publishers, Inc., 1987), p. 339.

　　本文认为，托尼将平等划分为"事实的"和"伦理的"，艾德勒将平等划分为"实际存在的"和"应该存在的"，以及萨托利将平等划分为"作为相同性的平等"和"作为正义的平等"，都是意图将平等的多重含义沿着描述性和规范性的维度进行划分，而从描述性和规范性两个维度对平等（以及不平等）进行划分的做法是可取的，明确区分了"实然的平等"和"应然的平等"。

　　萨托利虽然对平等的双重含义做了某种有意义的界定——将平等界定为"作为相同性的平等"和"作为正义的平等"，但他对平等的界定既不彻底，也不利于对平等概念作进一步分析，以解开平等之谜。首先，"作为正义的平等"本身即是一个复杂概念，因为正义本身就是复杂的。其次，从上述界定难以找到平等的双重含义的内在联结，也就难以弄清楚为何截然不同的两个含义——作为相同性的平等和作为正义的平等会如此难分难解地复合在一起。

　　本文赞成将人们通常使用的平等概念按照描述性和规范性两个范畴进行划分，并主张将平等的双重含义分别界定为"作为相同性的平等"和"作为相同对待的平等"，与萨托利的界定相比较，这一界定更加彻底，因为"相同性""在其核心意义上不会引起歧见"①，在逻辑上不易被误解和误用，是形式逻辑的最低要求。

（一）平等的描述性概念

　　平等的描述性概念主要是用来描述事实的，属于实然范畴。在描述事实时，平等主要表示两事物在某方面、某种属性或某种特征上相同、无差别。

　　平等的这一定义是形式定义，意图将平等概念的一般要素从杂乱中抽象出来，其优点在于可以将不同类别的平等纳入一个形式体系中。正如雷克夫所指出的，在形式上，平等可以归结为一个概念，即"在某方面的同等对待"②。当然，他在这里是就平等的规范性概念而言的，但同样的道理，平等的描述性概念也可以归结为一个形式定义，即"在某方面的相同性"。

---

① ［美］萨托利：《民主新论》，冯克利等译，世纪出版集团 2009 年版，第 373 页。
② ［古希腊］亚里士多德：《政治学》，吴寿彭译，商务印书馆 1965 年版，第 5—6 页。

平等的形式定义不是把不同类别的平等都化约为一种单纯的形式，而是要清晰地规定不同平等含义的形式，从而有助于对不同的平等含义进行比较。

如果说两事物平等，是指两事物在某方面、某种属性或某种特征上相同、无差别，这样，平等就可以包括很多的含义，因为事物往往具有很多的方面、属性或特征，比如年龄、性别、肤色、高矮、胖瘦、健康、寿命、相貌、智力、才干、偏好、敬业精神等，不一而足。譬如，当说两个人平等的时候，可能指他们都是人，也可能指二者都是男性，或者指二者拥有同样的肤色，或者可以指两者学历相同，甚至可以指两者出身于同一种姓以及两个人具有同一国家的公民身份等。这样说来，平等的描述性概念的定义只是一种形式，需要人们赋予它内容和含义；当人们赋予这个概念不同的内容和含义的时候，其所指也就完全不同了。两个或更多的人，只要在某一方面处于同样的或相同的状态，在描述的意义上，那就可以说他们是平等的。①

从上述分析可以看出，作为描述性概念，平等指两事物在某一方面、属性或特征上相同、无差别，这就给了平等这个概念特别大的操作空间，使这个概念具有极大的伸缩性和包容性。平等可以毫无所指，除非人们赋予它内容和意义；平等又可以无所不指，就看人们赋予它什么样的内容和意义。不同的人在说两个事物平等时，可能所指完全不同；同一个人在说两个事物平等时，在不同的场合可能所指也完全不同。

对于平等这个概念来讲，伸缩性和包容性并不是值得称道的优点，明晰性和准确性才是优点。平等的描述性概念这一可以千变万化的特性使得不同的人在运用平等来描述事物时，难以确有所指，可能一会儿指东，一会儿指西。根据平等的上述定义，如果两个人在某一方面相同，比如两个人都出身同一种姓，就可以说两个人是平等的；但同样还是这两个人，如果他们在某一方面不同，比如一个是男性而另外一个是女性，那么，根据上述定义，又完全可以说两者不平等。也就是说，在描述的意义上，平等这个概念容易陷入一个身份悖论：人们在某些方面是平等的，而在另外一些方面是不平等的。

因为不存在在所有属性、所有特征或所有方面都相同、无差别的两个

① ［美］萨托利：《民主新论》，冯克利等译，世纪出版集团 2009 年版，第 372 页。

人，从严格意义上讲，世界上是不会找到完全相同的两个人的。因而严格说来，不存在所有人（即使是两个人）在所有方面都相同。当人们说人与人平等时，只能意味着人们在某一方面、某一特征或某一属性上平等，而绝不可能指人们在所有方面都平等。

相反，人们之间的差异（不平等）则十分普遍，不胜枚举。人们可以在诸如年龄、性别、肤色、种族、体力、智力、受教育程度、职业伦理等许多方面有所不同，也就是说，人们往往在很多方面存有差异，并不平等。

事物总是千差万别的，世界最初在人们的眼里是混沌的和纷繁复杂的，差别和差异处处存在。也就是说，作为描述性概念，不平等是无处不在的，是作为一个大的认知背景存在的，而平等则包含了某种人为选择的因素。从更基本的意义上说，每个事物的属性和特征随着观察视角的不同而不同，即使是被归为同类的事物，虽然人们可以说它们在某一归类标准上是相同的，但未必能保证在其他标准上也是相同的。可以确定地说，它们总有一些特征和属性是不同的，至少它们在时空中的存在不可能是一致的。尽管人们可以强调两事物在自己认为的重要属性上的相同性，但谁也不能否定它们在其他属性上的可能不同和不一致。也就是说，在描述的意义上，不平等是大背景，而平等只能是选择性的认知。

对于"究竟人们是平等的，还是不平等的"这一笼统的问题，无法给出一个确定的回答。萨托利指出，对平等概念的任何分析性理解，都回避不了一个前提性问题：是就哪一个特征而言的平等？或者在哪一方面的平等？因而本文主张，在使用平等的描述性概念时，最好使用"两事物在某一方面、属性或特征上相同"等具体的表述，而不使用"人与人平等"等泛泛而不确指的说法。比如，不用诸如"人与人生而平等"这样笼统的说法，因为没有两个人生来是完全相同的，他们在性别、肤色、健康状况等方面，都不会是完全一样的，"人与人生而平等"这个说法容易陷入争议。美国《独立宣言》宣称"人人生而平等"是"不言自明的"真理，但这丝毫不意味着它们是明确的、清晰的和得到所有人同样理解的。林肯在解释这一句话时认为，《独立宣言》的作者们"并不打算宣布一切人在一切方面都是平等的"，"他们无意认为一切人都具有平等的肤色、身材、智力、道德发展水平或者社会地位"①。实际上这个说法，只有在指"两位都是人"，或者"在作为人这一点上两位是相同的"这样的意思时，才不会产生歧义。艾德勒认为，"人生而平等"的说法，或者"人与人平等"的说法，如果是真实的，那么，"只限于能够实际证实人与人平等这个方面，也就是说，实际上是指，他们都是人，都具有人种的特性"②。

人们在某些方面可能是平等的，在另外一些方面则可能是不平等的。但有一点是肯定的，那就是人们不可能在所有方面、所有特征或所有属性上都平等。当然，人们之间广泛的差异没有也不可能突破一个底线，那就是所有人在属人这一点上是相同的，在人皆属于人类这一意义上，所有人都是平等的。亚里士多德所说的公民应当"都具有平等而同样的人格"③，贝尔谈到的人种平等④，尼克利谈到的人在物种方面的自然平等⑤，指的都是人属于同一生物物种，拥有许多人种意义上的共同特征。卢梭也在这个意义上理解平等，他说："凡属同一种类的动物都是平等的。"⑥

平等的描述性概念，是用来描述事实的，因而可以构成实然判断。而关于实然判断，人们可以用经验证据来检验其真伪。比如霍布斯在谈到人的平等时认为："自然使人在身心两方面的能力都十分相等。"⑦ 他的这一主张或假设，相比较"人人平等"这样的笼统说法而言，就更具体一些，就更容易用经验证据来验证，比如可以通过具体地比较人们在身体和心智方面的能力来验证上述假设。

在描述的意义上使用平等概念，意味着平等是经验的、实证的。也只有在经验和实证的意义上，平等的描述性概念才能构成实然判断，人们才能对这些判断的真伪依据经验证据作出科学的裁决。而形而上的和超验的

---

① ［美］萨托利：《民主新论》，冯克利等译，世纪出版集团 2009 年版，第 382 页。

② ［美］艾德勒：《六大观念》，郗庆华等译，三联书店 1991 年版，第 170—172 页。

③ Wendell Bell, "A Conceptual Analysis of Equality and Equity in Evolutionary Perspective," *American Behavioral Scientist*, 18：1 (1974：Sept. /Oct.), p. 168.

④ Arthur Nikelly, "The Origins of Equality," *Individual Psychology*, 46：1 (1990：Mar.), p. 22.

⑤ ［法］卢梭：《论人类不平等的起源和基础》，李常山译，商务印书馆 1962 年版，第 24 页。

⑥ Sanford A. Lakoff, *Equality in Political Philosophy* (Boston：Beacon Press, 1968), p. 63.

⑦ 《巴贝夫文选》，商务印书馆 1962 年版，第 92 页。

平等含义，不构成任何实然判断，无法为人们理解平等提供真实的线索。

因而人们在阐述平等时，应避免使用超验的和形而上的表述，因为历来有关平等的很多争论就源于这样的命题和表述，对于超验的命题和表述，不会有确定性的结论。人们尤其要避免如下的几种说法：人与人价值平等，人与人内在道德的平等或者人与人之间内在的、本质的平等。这几种说法意图确立人与人之间某种被认为是"不证自明的"相同性。实际上，这几种说法所谓的"不证自明"，是形而上的和超验的，完全超出了人类可能经验的边界，无法得到经验证据的检验和支撑。对于这样的宣称，既无从证明，也无从证伪。

上述这些貌似简单、自然和不证自明的表述其实是含混的、模糊的，需要人们仔细分析和推敲。细思之下，这些貌似不言自明的说法没有一种是确有所指的。比如，当一些学者说"人与人价值平等"时，他们究竟要表达什么意思呢？这恐怕连他们自己也是永远说不清楚的。

再比如，人与人尊严平等，或者人人都有相同的尊严这样的说法，又是指的什么呢？迄今为止，对尊严的最清晰的表述来自康德，他说"没有等价物的，才是尊严"[1]，借以表达人的某种不可侵犯性，表示某种无价的从而无可替代的东西。也就是说，尊严表示不可被剥夺的、无价的东西，或者是价值趋向无穷大的东西，而无穷大是不可比较的，因为它不是一个明确的值，而是一个不断趋向更大的过程。在字面上，两个无穷大都是无穷大，但两个无穷大却很难是等价的和同样的无穷大。也就是说，尊严是对某种不可被剥夺的东西的称谓，而如果尊严有遭到被剥夺的危险，必然会遭到强烈的反抗。但如果因此说两个人尊严相等或者相同，则并不确切。

因而，人们在使用平等概念时，应尽可能地使用其清晰、明确的含义。人人生而平等、人与人之间价值平等、尊严平等等说法，虽然能够在人群中引起共鸣，在特定情况下也能促成某种情绪和行动，但表述并不严谨，传达的含义不清晰，容易引起误解，不适合在学术语言中使用。

（二）平等的规范性概念

平等的规范性概念，是指人们在哪一方面应该得到相同对待，是一种

---

[1] ［古希腊］亚里士多德：《尼格马克伦理学》，廖申白译，商务印书馆2003年版，第87页。

价值追求，属于应然范畴，用以说明人类的价值取向。

这一对平等的规范性定义是形式定义，可以将各种各样的平等要求统摄起来，使得不同的平等要求在实质内容上的差别变得一目了然。依据在某一特定方面的相同对待，平等被划分为各种不同的类别，冠以各种不同的名称。比如经济平等，指的是人们在经济收入或者财富资产等经济方面应当受到相同、无差别地对待；性别平等，就是指人们不应因为性别的差异而在就业、薪酬等方面受到歧视性的对待，等等。

平等的描述性概念构成实然判断，无需论证，需要的是用经验证据检验其真伪。而平等的规范性概念构成应然判断，涉及人们在众多选项中的某一特定选项，因而需要论证。[①]

作为规范性概念，由于自然的或社会的原因，不平等是无处不在的，这是一个大背景，因而无需特别的论证。而人们提出平等诉求，则是人在有选择可能的条件下，意图突破某种自然的、社会的或者历史传统的不平等秩序，是一种体现人价值选择的道德伦理判断，需要进行论证。人们对平等的追求往往意味着改变道德规范和社会政治秩序的现状，尝试推行新的道德规范或社会政治秩序，因而需要对新的平等主张或要求提出根据。

有一种观点认为，平等只是体现了人们对理想社会的诉求，本身是说不清楚的，也是难以论证的，这将导致平等的怀疑论，甚至是不可知论。然而，还有一种观点认为，平等确实是复杂的概念，人们对平等的追求也可以出于很多不同的理由，甚至是相互冲突的理由，但理性的人们追求平等，必然有其可以理解的理由。难以想象，仅凭对美好社会的向往，而不是实实在在的经验证据，人类在平等方面可以取得踏实的进步，因为不同的人们对美好社会的认识千差万别，平等未必是所有人理想中美好社会的要素。

由不平等向平等的转变需要论证，这主要有三方面的原因：一是过去的做法和传统曾经为人们接受并实行，具有某种程度的合法性，新的平等主张必须改变人们对原有传统或秩序合法性的信仰，才能确立人们对新主张的认同；二是道德规范和社会政治秩序的改变一般来说伴随着利益格局的重大调整，影响某些群体的既得利益，因而往往会遭到这些群体的激烈反对，如果不依赖强权，那么肯定需要展示新秩序强大的说服力和根据；

---

① ［英］霍布斯：《利维坦》，黎思复等译，商务印书馆1986年版，第21—22页。

三是人们可能会提出迥异的甚至相互冲突的平等要求，因而每一平等主张都有必要说明为什么某一项特定的平等主张优于其他的平等主张，因而值得追求。

二 平等双重概念的混杂和区分

在欧美的学术传统中，因为平等的描述性概念与规范性概念都使用同一个词 equality，常常复合在一起。除此之外，平等还可以特指两事物数量相等。而在古希腊以来某些派别的哲学思想中，数被认为具有神圣的性质，毕达哥拉斯学派甚至认为数是一切存在的本原，像公正、灵魂和理智等都不过是数目的某种属性。① 在这种情况下，平等，因为包含数量相等的含义，又自然而然地出现在对平等要求的论证中，为平等要求提供了某种似乎科学甚至神圣的证明。

比如亚里士多德在论述平等时，没有区分平等的描述性和规范性含义。而且他常常用数学语言来论述平等，使其在论述中对平等两种含义的混淆又掺杂进了数学的因素，笼罩了一层貌似神秘的科学色彩。他把平等看作一种德性或品质，他指出"在每种连续而可分的事物中，都可以有较多、较少和相等"，或者说，"相等就是较多与较少的中间"，是"既不太多也不太少的适度"，而适度则是德性的特点。② 他认为平等包括两类：一类是数量相等，另一类为比值相等或比例相等；数量相等就是一个人所得的相同事物与他人所得相等，比值相等就是根据各人的价值按比例分配与之相衡称的事物。③ 而数量相等和比值相等往往是不一致的，在这两种以数学概念表达的平等之间，就出现了矛盾。而这一矛盾是难以克服的，因为数量和比例都以似乎神圣的数学作为自己的论证基础。在这两种不一致的平等之间，他认为平等的首义为比例的平等，数量的平等居其次。④ 但他对自己的这一观点没有作出论证，只是做了宣称。

---

① ［英］波普尔：《开放社会及其敌人》第 1 卷，陆衡等译，中国社会科学出版社 1999 年版，第 13 页。

② ［古希腊］柏拉图：《理想国》，郭斌和等译，商务印书馆 2002 年版，第 45—47 页。

③ Wendell Bell, "A Conceptual Analysis of Equality and Equity in Evolutionary Perspective," *American Behavioral Scientist*, 18：1（1974：Sept./Oct.），pp. 238-239.

④ ［古希腊］柏拉图：《理想国》，郭斌和等译，商务印书馆 2002 年版，第 242 页。

今天，人们对数学有了更广泛、更深刻的认识，更多的是将其看作以公设为前提的形式逻辑和演绎体系。在社会科学研究中，对变量的测量具有四个层次，即定类、定序、定距和定比，而平等和相等对应于不同的层次，也就具有不同的含义。对定类变量（也称类别变量、名义变量）而言，相等只说明被比较的事物属于同一类别；对定序变量而言，相等说明被比较的事物属于同一序列中的同一层次；对定距变量而言，相等就是人们通常理解的两个变量数值相同的意思。对于定类、定序和定距变量而言，两个变量之间的比例没有意义，而只有定比变量之间的比例才有意义。用数学语言来表述平等并不能解决平等要求之间的冲突，亚里士多德提到有些人（主要是平民）坚持数量平等，而另外一些人（主要是贵族）则认为应该坚持比例平等①，这两种平等主张的冲突是原则的冲突，数学自身并不能提供答案。以数学语言说明平等的还有康有为，他说"人类平等是几何公理"②，但对平等做类似的宣称丝毫无助于解决不同平等主张之间的矛盾和冲突。

由此看来，平等概念的复杂性是由四方面原因导致的：一是人们没有将平等的双重含义即其描述性含义和规范性含义有意识地和明确地区分使用；二是平等概念的形式定义具有极大的包容性，因为平等可以无所不指，所以也就难以确有所指；三是平等的描述性概念常常用来指称超验和形上的含义，而对于这些含义之间的分歧，则没有经验证据可以裁决；四是平等的描述性含义之一——数量的相等，常常被看作事物的本质属性，从而将其有意无意地融入了对平等要求的论证中。

在对平等要求的论证过程中，对平等概念的这种混杂使用，容易导致平等的不同含义不知不觉地转换和游移。不同的平等含义的混淆使用是极不必要的，它不仅导致平等论辩中的极大混乱，而且使作为规范性平等概念的平等要求带上一种神圣色彩，使得不同的平等观点之间难以比较和达成妥协。

平等概念的这种混杂和复合，本来是不适合用作学术语言的，但自亚里士多德以来的学术传统中，却一直含混地使用着。为了思维的清晰性和

---

① Wendell Bell, "A Conceptual Analysis of Equality and Equity in Evolutionary Perspective," *American Behavioral Scientist*, 18：1（1974：Sept. /Oct. ），p. 239.

② 高瑞泉：《平等观念史论略》，上海人民出版社 2011 年版，第 279 页。

概念使用的前后一致，为了使不同的人们在谈及平等时进行可理解的交流，本文主张，学术界首先要将平等的描述性概念与规范性概念区分开来，即将实然范畴的相同性与应然范畴的相同对待区分开来，也就是将两事物是否相同与是否应将两事物相同对待区分开来。其次要在准确和严格限定的意义上使用平等的概念。比如尽量不使用诸如"政治平等"、"经济平等"等笼统的说法，而是将这些概念意图所表达的某种确切内涵析出，用严谨、清晰的语言加以表述。比如"经济平等"既可以指财富分配的平等，也可以仅指收入分配的平等。再比如"政治平等"既可以指"相同的选举权与被选举权"，也可以指"相同的政治参与"，或者指"相同的政治影响力"。在这几种含义中，不管意欲指称哪一种含义，都应尽量使用清晰明确的表述，而不用笼统的说法。

三　平等双重概念之间的内在联结

为了解开平等之谜，为了驱除平等概念使用中的混乱，人们有必要对平等的双重概念作出明确界分。否则，二者就会被不恰当地混淆起来。

但对平等双重概念的明确界分，丝毫不意味着二者之间没有任何联系，丝毫不意味着人们可以彻底切断二者之间的内在逻辑联结，因为它涉及人类思想史上一直以来一个聚讼不已的问题，即道德伦理论证中应然与实然的关系问题。任何一种有意义的应然判断，都以实然判断作为真实性基础。平等要求的论证，作为一种应然判断，离不开实然判断的支撑。具体地说，平等的规范性判断依赖平等的描述性判断提供真实性基础，这是长久以来在认识论层面上导致平等双重概念相互纠结的原因所在。这种纠结，不管多么混乱，不管多么没有必要，却无法彻底扯得开、撇得清。

"作为相同性的平等"属于实然范畴，而"作为相同对待的平等"属于应然范畴。应然的论证离不开实然判断，价值主张同事实因素是紧密联系在一起的，人们关于相同对待的规范性主张恰恰离不开有关相同性的实然判断的支撑。将平等的复合概念按照描述性和规范性两个维度所作出的界定，"作为相同性的平等"和"作为相同对待的平等"，就通过"相同性"这一共同要素联结起来了，这就清楚地揭示了平等的双重概念紧密地复合在一起的原因了。

本文对平等双重概念的界定不仅有助于澄清平等概念使用中的混乱，

而且对平等双重概念内在联结的分析有助于认识平等双重概念紧密联系在一起的原因，从而揭开平等之谜。

　　萨托利曾试图通过将平等的规范性判断同平等的描述性判断作出截然的区分，以走出平等的困境，但并不成功。他说："价值选择独立于事实，也不从事实中推导出来。"① 对平等的道德要求，"既不包含也不需要事实上的相同性，是否生来相似（相同）这一事实和他们理应被一视同仁这一伦理原则之间并不存在必然联系"；人们之所以追求平等，是因为人们认为"它是一个公正的目标，不是因为人们确实是相似的，而是因为人们感到，他们理应被认为好像是相似的"，尽管事实上他们并不相似。他认为，从历史上看，他的观点得到了以下事实的支持："最基本的平等主义原则，例如平等的自由、平等法则、法律面前人人平等，并非来自人是相同的这一前提"②。萨托利意图走出平等的迷宫，却步入了一条死胡同。因为虽然平等主义原则并非来自"人是相同的这一前提"，但却一定来自于某种相同性前提，比如人们"都属人"这一前提。尽管人与人之间会有不同，但在人们都属人这一点上，却是千真万确的，还没有谁否认过。如果否认了这一点，迄今为止的一切有关平等的理想、追求和信念就失去了全部的逻辑基础。

　　类似地，波普尔也曾经意图切断平等双重概念之间的联结，也同样不成功。他辩论道："反对奴隶制的决定，并不依赖于所有人都生而自由且平等，以及没有人生来就带着锁链这个事实。"③ 但反对奴隶制的决定却必然要以某种事实作为论证基础，比如说，奴隶和主人都是人的事实，因为"二者都是人"，所以一方不能奴役另一方，或者说一方奴役另一方是违背人性的。

　　任何平等观，甚至所有的道德伦理观点，都需要真实性论证，即说明其中所涉及的事实陈述的正确性和真实性。如果一种平等观所涉及的有关相同性的事实基础通过了证伪检验，那么就可以说这种平等观通过了真实性检验。而如果作为一个平等观论证基础的有关相同性的实然判断被证伪了，这种平等观自然也就失去了真实性的支撑，失去了正当性，失去了原

---

① ［美］萨托利：《民主新论》，冯克利等译，世纪出版集团2009年版，第61页。

② 同上书，第373页。

③ J. S. Mill and G. Sher（eds.），*Utilitarianism and the 1868 Speech on Capital Punishment*（Indianapolis, IN: Hackett Publishing Company, Inc., 2001），p. 126.

有的说服力。

尽管不同平等观的论证都有其历史背景，但经过历史的沉淀，对平等论证说服力的所有影响因素中，某些因素的重要性减弱了，另一些因素的重要性则变得突出了。这一变化有一个趋势，就是越来越重视平等论证中有关相同性的证据或经验要素。既然由平等的描述性概念所构成的实然判断为平等的规范性主张提供了真实性基础，那么人们就可以通过检验不同平等观的真实性基础来比较历史上出现过的各种各样的平等观。也就是说，人们能够依据各种平等观赖以建构的有关相同性的事实基础对不同的平等观进行比较和评判。

比如，柏拉图对等级制的论证依据人们在禀赋和构成材料方面的不同，他认为世人诞生时，"神对某些人掺入了金，对某些人掺入了银，对日后做工农的人们则掺入了铜铁"①。对柏拉图的这一宣称，如果人们不做比喻的理解，而是按照其本来的意义理解，那么，当人们通过现代科学的物理化学手段，测知每个人身体里含有的黄金、白银和铜铁，仅仅是微量元素，而且在每个人身体里的比重几乎相同，那么，柏拉图有关统治者和被统治者由谁来充当的观点，就会因为作为其论证前提的化学元素构成说被证伪而失去了说服力。

同理，基督教观念中妻子对丈夫的服从，一贯是用夏娃本由亚当的肋骨而来的说法得到论证的，那么，当现代生物遗传学彻底证伪了夏娃由亚当肋骨而生的假说之后，男尊女卑观点的上述论证就站不住脚了。即使一个人仍然顽固地想坚持男尊女卑的观点，他也不得不寻求其他的论证根据，而不能再以夏娃由亚当肋骨而来的所谓"事实"作为依据了。

因为不存在充分、完备的标准据以比较评判不同的平等观，从而考察每一种平等观的真实性前提，即其所依赖的有关相同性的事实基础，所以，用现代科学的方法帮助人们评价这些事实基础的真假与否，可以帮助人们排除那些以被证伪的事实基础作为论证前提的平等观。

事实上，历史上的身份等级制论证，大都因为中世纪以来的科学进步使得作为其论证基础的事实判断被证伪，从而失去了正当性，失去了说服力、影响力。

迷信、无知和思想专制是历史上身份世袭等级制长期推行的原因。当

---

① ［古希腊］柏拉图：《理想国》，郭斌和等译，商务印书馆2002年版，第128—129页。

近代科学革命从某些方面彻底地推翻了古代的神话传说，当地球和天空之间的传统区分开始受到怀疑，当地球（甚至包括太阳）被从宇宙的中心挪移开之后，西方文明和文化传统中以这些神话传说为论证基础的等级论也就因其论证基础的动摇而变得不稳固了，甚至开始崩塌。"一切都破碎了，一切都失调了。"近代的平等理论率先在西方国家发端，与以实验证据为基础的近代自然科学率先在西方发端不无关系。近代自然科学不仅使得世袭身份等级制的自然天赋依据得到证伪，也使得一些宗教传说和神话的论据变得不再可信，身份等级制的自然事实基础不再被信奉了，人们转而尝试平等主义就不是那么难以理解了。当人与人之间的体力、智力大致相似或具有可比性，没有人能够对其他人有压倒一切的优势，或者当大多数人的体力、智力相当时，即使按照原先身份等级制的论证逻辑，在这些大致相似的人们之间，显然不具有身份等级制的基础。历史上，奴隶同自由人的区别，贵族同农奴的区别，贵族同平民的区别，肤色、种族以及性别的贵贱这些曾经被当成符合天道、天理、神启的必需的社会制度和风俗一个一个地变成了"人人斥骂的不公道与暴政"①。

耐人寻味的是，当平等主义在西方国家兴起之后，中华文明却依然是根深蒂固的帝王专制等级制。因为中华文明中儒家伦理等级观念的真实性基础主要以人伦而不是以生物学或物理学方面的自然事实证据为基础，其真实性基础无法用新的自然科学证据加以反驳，因而长期难以撼动。也许中国传统社会超稳定结构的基因主要是一种文化基因，主要基于人伦关系，即君臣、父子、夫妇关系，这些关系本身无法证伪，也就容易形成对此类关系的神圣信仰，而以此类自然甚至神圣的人伦关系为基础构建的社会和政治秩序，容易一代一代地复制下去，形成传统社会的超稳定结构。只有来自西方新的思想和力量优势，才最终动摇了其原先所依据的理论的优越性和正当性，并带来了颠覆封建特权等级制度的契机。

（作者：王元亮，山东大学政治学与公共管理学院教师，博士）

---

① J. S. Mill and G. Sher (eds.), *Utilitarianism and the 1868 Speech on Capital Punishment* (Indianapolis, IN: Hackett Publishing Company, Inc., 2001), p. 63.

社会主义核心价值观研究三题

党的十八大明确提出"积极培育和践行社会主义核心价值观",这将大大促进社会主义核心价值观的传播和流行,使之成为引领社会思潮、凝聚社会共识的重要思想引擎,进而有力地促进中国特色社会主义事业的健康发展。然而,凝练和培育社会主义核心价值观却是一个系统工程,不仅需要准确把握社会主义核心价值观的生成规律,而且需要遵循凝练社会主义核心价值观的基本原则,科学表述社会主义核心价值观的基本要素。本文试从社会主义核心价值观生成的一般规律、基本原则和科学表述三个方面作些探讨,以纠正理论界正在流行的一些似是而非的认识和偏向。

一 社会主义核心价值观生成的一般规律

为了积极培育和践行社会主义核心价值观,有必要深入了解和把握核心价值观的生成规律。只有准确把握和切实遵循核心价值观的生成规律,才能有效地凝练和培育社会主义核心价值观。

任何价值观的生成都有其特定的社会场域。从一定意义上讲,社会主义核心价值观是自然形成的,是一种自生自发的价值体系,脱离特定社会场域而人为地臆造的价值观是不可能被人们所接受的。同时,任何价值观的形成,都是时代精神的主观凝练,如果不对散见于社会的进步价值进行科学凝练和积极倡导,就不会有占主导地位的核心价值观。因此,社会主义核心价值观的凝练和培育,需要紧密结合中国社会主义实践,根据核心价值观生成的一般规律和社会主义本质的内在要求,充分吸纳人类共同价值观和中国传统价值观的合理内核,经过充分的理论探讨和高度的理论升华才能逐步凝结而成并在社会中普遍流行起来。

概括来说,社会主义核心价值观的生成,需要准确把握和切实遵循以下生成规律。

其一，自生自发性。诚然，价值观是人们的主观价值取向，但价值观却不是人们主观意志的产物，而是客观社会实践的需要使然。任何一个社会的核心价值观的形成，都要基于对人类文明发展史的认识和总结，基于人们对正在发展着的社会实践的认识和总结。也就是说，核心价值观不仅是对基于意识形态的理论体系的价值概括，而且是对人类历史发展规律及正在进行中的社会实践的概括和总结。

从发生学上看，价值观的生成具有自生自发性特点。所谓自生自发性，其一是说价值观的自然属性，其二是说价值观的时代属性。从价值观的自然属性来说，人们可以倡导某种价值观，但价值观的生成却基本上是一个自然过程，如果所倡导的价值观不是客观社会的要求，超越或落后于客观社会的要求，这种价值观是不会发展起来的，即所谓"有心栽花花不发，无心插柳柳成荫"。从价值观的时代属性来说，价值观既是时代发展的产物，又是时代精神的体现，每个时代都会有符合本时代要求的价值观。时代发展了，自然会有适应时代要求的价值观产生。可见，所谓自生自发性，其实也是价值观生成的实践性、社会性和时代性特征的综合体现，社会主义核心价值观的培育应该遵循这一规律。

其二，主观凝练性。价值观是实践和时代的产物，是自生自发的，但价值观又是一种人的主观观念取向，任何时代的核心价值观都是人的主观意识的凝结。而且，人们自发的价值取向通常是分散的、零碎的、不规范的，需要通过理论概括进而凝练成人们能够广泛接受的具有共识的核心价值观。核心价值观的生成，需要社会精英的凝练、倡导和传播，并需要借助于一系列的教育活动来承载。同时，还需要全社会日复一日地坚持，需要一系列诸如"专家解读"、"专题研讨"、"典型示范"、"集体创造"等具体形式和具体措施来支撑。如果没有这些主观活动的承载和支撑，就可能出现"雨过地皮湿"现象，核心价值观是难以在全社会流行起来的。

改革开放以来，中国的价值观经历了前所未有的大变革。我们今天倡导社会主义核心价值观，从主观取向上说，就是针对改革开放以来人们的价值观念所发生的深刻变化。最近一些年来，在多重价值观念的影响下，一些人的价值观被扭曲，对客观事物不能作出正确的判断，对言行不能作出正确的选择，从而出现了信仰危机、作风腐败、诚信缺失、道德失范等问题。提出和凝练社会主义核心价值观，具有明确的针对性，反映了中国执政党的自觉意识，是一种高度的文化自觉和价值自觉。我们既要继承民族优秀的思想、道德传统，更要把社会主义时期特别是改革开放时代人们在社会实践中所创造的新的价值观念提炼出来、概括出来，丰富社会核心价值观，使之系统化和体系化，为形成共同的理想信念、道德精神、制度规范奠定更加坚实的基础。

其三，制度凝结性。核心价值观的流行，需要倡导、培育和传播，需要一系列的教育活动来承载，更需要与相关制度建设结合起来，将其内容凝结到制度中去。核心价值观如果不与制度契合，如果不能在现行制度中得到凝结，使之成为制度的精神内核，那是行之不远的。

众所周知，任何时代的价值观都是多样的和变化的，而要使这些价值观成为社会的支撑力量，就必须实现价值观的制度化。正如有学者指出的："20 世纪理论家的任务就是，恰当地配置这些价值，并提出可以使这些价值得以调和的制度性手段。"①

社会主义核心价值观要以制度建设为保障。社会主义核心价值观博大精深，需要千百万人去实践，更需要在实践中坚持和发展，这就特别需要制度建设，使制度内含核心价值观的精髓。因此，在倡导和培育社会主义核心价值观的同时，需要对现行的制度进行全面分析和检讨，并按照核心价值观的要求，与制度改革创新结合起来，改革那些与核心价值观要求不相符合的体制机制，从而使制度的构建和运行与所倡导的核心价值观相一致。如果一个社会长期处于"价值与制度"两张皮的状态，或处于"价值空置"和"制度空转"状态，就会与社会发展的终极目标渐行渐远，民心就会离散，社会就会混乱，政局就会动荡。

其四，要素关联性。核心价值观是个体系，其中各个要素必须是相互联系、相互支撑的。核心价值观不是社会价值要素的大杂烩，而是社会价值精髓的凝结。如果核心价值观中的不同要素相互冲突、相互矛盾，就难以形成综合力量，构不成内在契合的价值观体系。因此，在倡导和培育核心价值观时，必须将核心价值观视为一个多边相互连接的价值整体，充分注意到核心价值观不同要素的关联性特征。

最近，在学习贯彻党的十八大关于培育社会主义核心价值观的要求时，有些人将核心价值观人为地区分为国家层面、社会层面和个人层面，

---

① ［英］M. J. C. 维尔：《宪政与分权》，苏力译，三联书店 1997 年版，第 334 页。

也有人特意从三个不同方面阐释社会主义核心价值观（将富强、民主、文明、和谐作为共同理想，将自由、平等、公正、法治作为社会主义本质，将爱国、敬业、诚信、友善作为公民道德准则）。其实，这样做既不符合核心价值观生成的一般规律，又割裂了社会主义核心价值观不同要素的关联性。

必须明确，我们倡导的社会主义核心价值观是一个有机的整体，其中不同要素具有内在关联性，不能分割开来进行理解。比如，法治既是社会层面的价值，更是国家层面的价值，我们早就提出了"建设社会主义法治国家"的目标；又如诚信，既是对个人的要求，但更是对政府和对制度的要求，如果没有政府诚信和制度诚信，个人诚信是很难建立起来的；再如和谐，也不只是国家层面的要求，我们已经明确提出要建设社会主义和谐社会；还有富强、民主、文明，都是社会主义的本质要求，不能将之排除在社会主义本质之外，否则会扭曲社会主义本质。因此，简单地将社会主义核心价值观的基本要素分割开来的作法，不仅不利于对社会主义核心价值观的全面理解，而且有碍于社会主义核心价值观的有效生成和科学培育。这是目前倡导和培育社会主义核心价值观时亟须纠正和避免的作法，希望能够引起有关方面的高度重视。

二　凝练社会主义核心价值观的基本原则

毫无疑问，社会主义核心价值观是人类价值观的高级形态，代表着人类价值观的发展方向。同时，社会主义核心价值观也不是脱离人类价值观而单独存在的，不是与人类共同价值观背道而驰的。根据价值观生成的自生自发性、主观凝练性、制度凝结性和要素关联性的特点，我们要凝练和培育社会主义核心价值观，就必须严格遵循价值观形成的一般规律，准确把握社会主义价值观生成的社会场景，坚持和恪守以下基本原则。

其一，必须符合人类共同价值的要求。必须明确，社会主义核心价值观并非人类价值观的异类，不是脱离人类共同价值观而存在的；相反，它是内含并反映人类共同价值观的要求的，是人类共同价值观的一个重要组成部分。从发展的角度看，社会主义核心价值观只有充分内含人类共同价值观的内容，才不至于与人类共同价值观发生冲突，成为一种狭隘的价值观。同时，社会主义核心价值观必须能够为人类共同价值观注入新的内容，推进人类共同价值观的发展。因为社会主义核心价值观作为一种新型的价值观，如果不能为人类共同价值观注入新的内容，它的发展前途就是黯淡的，就是一种没有生命力的价值观。须知，人类共同价值观就是在不断被注入新的内容的过程中向前发展的。

其二，必须反映社会主义的本质要求。社会主义本质是社会主义核心价值观的基本内核，社会主义核心价值观就是社会主义本质的价值体现。从一定意义上讲，社会主义本质是社会主义的 DNA，社会主义核心价值观只有充分内含社会主义的 DNA，才可称之为社会主义核心价值观。因此，在凝练社会主义核心价值观的时候，我们必须搞清楚什么是社会主义本质，因为这是凝练社会主义核心价值观最根本也是最困难的问题，是我们最终凝练的价值观是否具有社会主义属性的最根本东西，从而也是区别其他任何价值观的最根本东西。自从社会主义制度建立以来，社会主义走过不少弯路，有过不少挫折，其中最重要的教训就在于没有能够从理论与实践的结合上搞清楚什么是社会主义本质的问题。对此，邓小平曾经沉痛地指出，长期以来，我们对于什么是社会主义没有搞清楚，结果导致了很多失误。今天，我们在凝练社会主义核心价值观的时候，必须通过精深的理论概括和实践总结，将社会主义本质的内核充分地揭示出来，以为凝练社会主义核心价值观提供理论指导和价值准则。

其三，必须继承中国传统价值的精华。如前所述，任何价值观的形成都有特定的社会场域。中国特色社会主义的核心价值观不可能从空中掉下来，它是中国传统价值观的继承和发展。中华民族是一个具有明确理想和价值追求的民族，我们的祖先曾经创造了灿烂的民族文化，并且凝结出具有浓厚东方色彩的传统价值观，成为引导中国民族走向繁荣昌盛的精神支柱。因此，我们在凝练社会主义核心价值观时，不能割断历史，必须从传统政治价值观中吸取营养，取其精华，去其糟粕，继承这一份丰厚的传统价值观遗产。同时，我们也必须清醒地认识到，传统价值观毕竟是传统社会的产物，传统价值观所内蕴的价值原则和价值规范带有传统社会不可克服的历史局限。因此，不能把传统价值观照搬到现实的中国社会里，必须结合现实中国的实际进行创造性的转换，以获得新生。只有经过创造性转换后的传统价值观才能融入现代社会之中，进而发展成为现代价值观中不可或缺的重要组成部分。

其四，必须适应现实中国发展的要求。我们今天提出凝练社会主义核心价值观的任务，并不是为了发思古之幽情、启灵魂深处之革命，说到底是现实社会主义中国发展的迫切需要。那么，现实中国发展究竟需要什么样的价值观呢？要弄清楚现实中国需要什么样的价值观这一问题，必须对现实中国的发展阶段和所处的社会历史条件有一个清醒的认识。众所周知，现实中国传承于传统中国，但又不同于传统中国；现实中国已经融入全球化的洪流，但又不同于现代西方社会。现实中国是经历了鸦片战争以来百年风云激荡，又经历了六十多年社会主义革命和社会主义建设，并且经历了三十多年改革开放的中国。从总体上看，现实中国仍然处于社会主义初级阶段，面临着继续发展和完善社会主义社会的繁重任务。同时，现实中国在经济、政治、文化方面获得了历史上前所未有的发展，同时各种经济成分、各种政治思潮、各种文化形式杂糅并存、竞相绽放。如此多样性、变异性的时代，既给我们凝练社会主义核心价值观提供了丰富的时代素材，又给我们凝练社会主义核心价值观提出了严峻的挑战。

其五，必须适应社会主义和人类未来发展的要求。社会主义社会是发展的社会，是与时俱进的社会。凝练社会主义价值观必须具有前瞻性，以便适应社会主义和人类未来发展的要求。为此，我们要用发展的眼光和发展的理念来凝练社会主义核心价值观。一方面，凝练社会主义核心价值观要有高远的视野，站得高才能望得远，而鼠目寸光，只是盯着眼前的某些社会表象，就事论理，是不可能凝练出真正有长远指导意义的价值观的；另一方面，凝练社会主义核心价值观要力求把握社会主义和人类社会未来发展的趋势和规律，未来社会主义如何发展，未来人类会面临什么问题，社会主义发展如何与人类发展协同起来，只有对这些问题有相对准确的把握，才能凝练出适应社会主义和人类未来发展要求的价值观。

其六，必须具有群众喜闻乐见的表达形式。价值观是用来引导人们思想和行为的，因此能否用群众喜闻乐见的表达形式概括和呈现出来，成为凝练社会主义核心价值观不可回避的问题。中国传统社会在相当长的时期内之所以能够形成凝聚力很强的社会，除了传统的经济、政治、文化结构的聚合力外，就是因为经过历代政治家和思想家的精心凝练，形成了人们喜闻乐见、耳熟能详的"五字"价值观。"仁、义、礼、智、信"，简单的五个字，却精确地内含了中国传统价值的丰富内容，既通俗，又简明，便于记忆，便于流传。又如，西方启蒙思想家为了打破专制制度和专制思想的禁锢，将新时代价值观凝练为"自由、平等、博爱"的口号，成为激发人们前进的号角。当下，我们要凝练社会主义核心价值观，也必须经过精心的思想概括和语言提炼，坚决杜绝生僻拗口、复杂繁琐的八股，从而使社会主义核心价值观成为人们喜闻乐见、耳熟能详、便于识记的新话语。

三　社会主义核心价值观的科学表述

关于社会主义核心价值观基本要素的表述，党的十八大已经提出要倡导富强、民主、文明、和谐，倡导自由、平等、公正、法治，倡导爱国、敬业、诚信、友善。也就是说，党的十八大初步概括出12个词24个字的社会主义核心价值观，这对于凝练和培育社会主义核心价值观提供了重要指导性意见。需要指出的是，党的十八大用"三个倡导"说明，这只是提出了一个指导性的意见，并非盖棺定论的结论性意见。正如一些专家和学者所指出的，十八大报告采用"三个倡导"的表述方式，而没有采用"社会主义核心价值观是什么"这种下定义的表述方式，是科学求实的，是符合当前中国实际的，因为社会主义核心价值观仍处于培育和建构阶段。他们认为，"三个倡导"所提出的12项价值观都是美好而值得珍视和追求的，但显然不是所有美好的价值观最终都能进入核心价值观，核心价值观应突出核心性和超越性。韩震指出："一种核心价值观就是这个国家的社会制度对人民的承诺、对历史发展方向的把握。"因此，核心价值观要有一定的超越性，如同理想和信仰那样，要具有强大的精神感召力。反之，过于物质化的价值观就难以具有那种万众归心的感召力。他举例说，"富强"当然是值得追求的美好的价值观，但应不应该成为"核心价值观"，就值得认真考虑了。全世界没有哪一个国家不追求富强的。美国人最讲究实际利益，做什么都是以国家利益为依据，但美国人绝不把追求利益作为他们的核心价值观加以宣扬，因为这显然不能给他们带来所谓的"软实力"，美国所鼓吹的核心价值观是带有超越性的"自由"、"民主"、"人权"。尽管它实际干的是在全世界捞取利益的勾当，但嘴上挂的却是冠冕堂皇的价值观。如果我们把"富强"当成核心价值观，正好为它制造了中国人只知道赚钱、发财，缺少道德追求的口实，不利于我们树立国际形象。当我们拿富强或者共同富裕之类的价值观去和西方竞争时，我们怎么可能占领道德制高点呢？韩震还提出，在核心价值观的培育上应注意区分占主导地位的核心价值观和外围的、从属性的价值观，尤其不要把道德价值观和核心价值观混在一起。"比如说，爱国当然要爱，但没必要把这当成核心价值观。把爱国作为公民的基本道德要求就可以了。"①

当下人们在凝练和培育社会主义核心价值观问题上存在分歧，应该说这是十分正常的，因为社会主义核心价值仍然在实践和形成之中。不过，仔细分析，存在这些分歧或偏差又都与对社会主义核心价值观的个性和共性缺乏准确的把握有关。毫无疑问，社会主义核心价值观既要反映人类价值观的共性，又要反映社会主义和当代中国的个性。正如本文在前述凝练社会主义核心价值观基本原则中所强调的，社会主义核心价值观必须符合人类共同价值的要求，反映社会主义本质的要求，继承中国传统价值的精华，适应现实中国发展的要求，适应社会主义和人类未来发展的要求。

我们认为，如果严格依据社会主义核心价值观的生成规律和基本原则，特别是根据改革开放以来中国核心价值观相对缺失的现状，目前或今后一个时期中国最需要、最切近的核心价值观的基本要素，可以表述为自由人权、民主法治、公平正义、诚信兼爱四个语言单位。这个表述不仅在形式上比较严整，而且在内容上比较符合上述生成规律和基本原则，同时也是现实社会中正在流行和将要流行的价值要素。

其一，自由人权。自由人权是社会主义核心价值不可或缺的要素，马克思主义十分重视人自由而全面的发展，《共产党宣言》中设想的未来社会就是一个"自由人的联合体"——"在那里，每个人的自由发展是一切人的自由发展的条件。"② 因此，自由人权作为人类生存和发展的条件，是所有人都不可或缺的，所以也就成为所有进步人类共同的价值准则。

自由和人权虽然不是中国的传统思想资源，但进入近代以后，不少仁人志士也是将它们作为追求的价值目标的。20世纪初，梁启超曾明确指出："凡人所以为人者有两大要件，一曰生命，二曰权利。两者缺一，时

---

① 转引自张贺《价值观进步推动中国进步——专家学者谈如何扎实推进社会主义核心价值体系建设》，《人民日报》2012年11月30日。

② 《马克思恩格斯选集》第1卷，人民出版社1995年版，第294页。

乃非人。固自由者亦精神界之生命也。"① 在这里，梁启超是把权利和自由作为人的精神生命来看待的。抗日战争时期，在共产党领导的陕甘宁边区政府和其他抗日边区政府都颁布实施过《保障人权财权条例》。改革开放以来，在自由人权问题上，我们经历了从否定到逐步认同进而将"国家尊重和保障人权"写入宪法的发展过程，党的十七大报告和十八大报告都将"自由"列入所倡导的价值观之中。因此，把自由人权作为社会主义核心价值观的基本要素，不仅是必要的，而且也是必需的。

其二，民主法治。民主法治是社会主义国家最需要的价值要素，它是从社会发展保障的角度提出的核心价值观。社会主义国家是人民当家做主的国家，民主与社会主义有着必然的联系。列宁在十月革命前夕就说过："不实现民主，社会主义就不能实现。"② 邓小平将列宁的这一思想与中国社会主义现代化建设实践结合起来，突出强调："没有民主就没有社会主义，就没有社会主义现代化。"③ 江泽民在党的十五大报告中指出："发展社会主义民主，是中国共产党始终不渝的奋斗目标。"胡锦涛在党的十七大报告中更是提出"人民民主是社会主义的生命"。与此同时，社会主义国家也是依法治国的国家，实行法治是社会主义的重要标志。从价值理性上看，法治是人类理性的产物。真正的法治不只是要有宪法和法律，也不只是依法办事。真正的法治是一种政治文明成果，是一种从传统中衍生出来的政治生活态度和生活方式，是一种民主、公正、自由的政治文明秩序。

民主与法治是人类社会政治文明的结晶，追求民主与法治是一切进步人类的共同目标。然而，脱离法治的民主不是真正的民主，离开民主的法治也不是真正的法治，只有内含民主的法治和受法治约束的民主才是人类的福音。之所以要以民主与法治作为核心价值观的内容，就是因为民主与法治是人类获得自由和尊严的必要条件；没有民主和法治，要想保障人的自由和尊严是不可能的。在人类社会政治发展史上，大凡进步的政治家和思想家都是将民主和法治作为政治文明的内容的。在古希腊，伯里克利在阵亡将士国葬典礼上的演说就是把民主和法治作为雅典城邦政治文明来称

---

① 梁启超：《十种德性相反相成义》，《饮冰室合集·文集》之五，中华书局1936年版，第45页。

② 《列宁全集》第23卷，人民出版社1958年版，第70页。

③ 《邓小平文选》第2卷，人民出版社1994年版，第168页。

颂的。他说："我们的制度之所以称为民主政治，因为政权是在全体公民手中，而不在少数人手中。解决私人争执的时候，每个人在法律上都是平等的。""在我们的私人生活中，我们是自由的和宽恕的；但是在公家的事务中，我们遵守法律。这是因为这种法律深使我们心悦诚服。"① 在近代，资产阶级思想家们更是将民主和法治视为政治文明的基本标志。孟德斯鸠在《论法的精神》中已经提出用法律保护公民的权利和约束政治权力的主张，即所谓"法的精神"。社会主义国家是人民当家做主的国家，但是人民当家做主不是一句空洞的口号，而是具有实质性内容的政治原则和政治形式。人民当家做主的实现，必须有一套切实可行的法律制度来保证，否则，就可能发生歧变。这正如没有民主就没有社会主义一样，没有法治也就没有社会主义。因此，必须把法治也视为社会主义的一种标志，与民主一样作为社会主义核心价值观的重要因素。

其三，公平正义。公平正义是社会主义本质内在要求的价值要素，它是从价值评判尺度的角度提出的核心价值观。从根本上说，社会主义核心价值观是与社会主义本质联系在一起的，它既是社会主义本质的价值体现，又是社会主义本质的价值支撑。那么，什么是社会主义的本质呢？以前人们对此有许多误解，有的说是生产资料公有制，有的说是人民当家做主，有的说是党的领导，有的说是共同富裕，等等。应该说，这些都只反映了社会主义本质的某些侧面。其实，社会主义本质很简单，就是以社会为本位，以社会中存在的每一个人为主体。然而，实际社会存在中的每一个人，由于历史、社会、个人等各种原因，其社会和政治处境是千差万别的，如何能够做到平等地对待每一个人呢？这就需要倡导和推行公平正义原则。因为社会主义中的"社会"是由每一个个人组成的社会，而不是抽象的整体的社会；这里的"每一个个人"都是在社会中实际存在和活动的个人，而不是离群索居的孤立个人，在这里真正实现了每个人的发展与全体人发展的统一。正是因为社会主义实现了全体人发展与每个个人发展的统一，所以社会主义就从价值内涵和制度内涵上都体现了公平正义（对所有人一视同仁，没有特殊的权力和权利）的要求，完全可以说，公平正义精确地体现了社会主义本质的特征，公平正义是社会主义题中应有之义。

---

① ［古希腊］修昔底德：《伯罗奔尼撒战争史》上册，商务印书馆 1960 年版，第 130 页。

当然，公平正义还是一种人类公认的价值尺度，是人们评判政府、戕裁政治和凝聚人心的价值准则。从一定意义上讲，当下中国能够凝聚人心的，就是将实现公平正义作为基本价值和未来发展的基本目标。正因为如此，温家宝多次强调指出，应使公平正义成为社会主义制度的首要价值，公平正义比太阳还要有光辉。在中国社会发生急剧转型阶段，人们感受最深最不满的，是价值尺度的倾斜，是公平正义被破坏。近年来，不止一次的社会调查都得出了类似的结论，即在社会各阶层中存在一种普遍的弱势感。不仅是那些公认的弱势群体工农大众是如此，就是那些被通常人羡慕的群体，如公务员、警察、教师、民营企业家甚至领导干部，也都有明显的弱势感。在改革开放三十多年里，经济又是如此高速发展的今天，这种普遍的弱势感至少部分说明，现今社会存在着不公平不公正的现象，或者说，公平正义并没有得到实现。因此，重建社会公平正义，是中国社会当前最迫切需要解决的问题。根据现实的要求，要把实现社会公平正义放到更加突出的位置，综合运用多种手段，依法逐步建立以权利公平、机会公平、规则公平、分配公平为主要内容的社会公平保障体系，妥善协调社会各方面的利益关系，使各个社会阶层与群体都能享有自己可得到的和应该得到的权益与利益，都能在和谐社会的结构中找到自己应有的位置和恰当的位置，进而实现社会协调有序地平衡发展。

其四，诚信兼爱。诚信兼爱也是社会主义核心价值观中必备的内涵，它是从传统与现代结合的角度提出的核心价值观。在中国传统伦理道德范畴中，"诚"表示人的内在德性，表示追求存善去恶、言行一致、表里如一的道德内省。"信"是诚的外在表征，人诚于内心必显于外，人有诚意，口则必有信语，对他人不存诈伪之心，不说假话，不办假事，开诚布公，取信于人。在中国传统文化中，诚与信互为表里、兼具神形。诚信作为基本的道德规范，是整个道德体系的基础，也是其他道德赖以维系的前提。在传统的做人道德中，诚信是道德建设的根本。"一诺千金"是中国传统社会做人的基本要求。对个人而言，诚信是人的立身之本，是每个人都应有的基本品质。对于家庭而言，诚信是治家之道，是维系和谐、稳定的家庭关系的前提条件。对于国家和政府而言，能否取信于民，是关系到国家政权能否稳定乃至兴衰存亡的大问题。在现代社会中，政府是经济活动的参与者，同时又是社会的管理者，政府的决策若朝令夕改，承诺不兑现，国失信于民，则民对国不诚，民心失散，国家将难以安定，社会就谈不上和谐与发展。

毫无疑问，社会主义核心价值中应该有"爱"的内容，因为"爱"是人类特有的一种价值。但是，社会之"爱"（区别于家庭之爱、男女之爱）有多种表达形式，比如中国古代有"仁爱"、"兼爱"，西方社会普遍倡导"博爱"、"大爱"，日常社会生活中的"友爱"。那么，哪一种"爱"比较接近社会主义的本质要求呢？"仁爱"是中国传统社会官方倡导的君民关系准则，但它基本上是君主对民众、上对下的一种宽仁之爱，与社会主义性质不合；"博爱"、"大爱"强调普世性，容易演化为"泛爱"、"偏爱"、"无爱"；"友爱"虽然是社会成员间的爱，但是它的范围相对较小，局限于亲朋好友之间。相对来说，只有"兼爱"比较符合社会主义本质的要求。何谓"兼爱"？墨子曰："视人之国，若视其国；视人之家，若视其家；视人之身，若视其身。是故诸侯相爱，则不野战；家主相爱，则不相篡；人与人相爱，则不相贼；君臣相爱，则惠忠；父子相爱，则慈孝；兄弟相爱，则和调。天下之人皆相爱，强不执弱，众不劫寡，富不侮贫，贵不傲贱，诈不欺愚，凡天下祸篡怨恨，可使毋起者，以相爱生也，是以仁者誉之。"①"兼爱"强调爱自己同时爱别人，对待他人像对待自己一样，这种"兼爱"既是中国传统文化精华的积淀，也反映了人类社会未来发展的要求，更重要的是反映了现实中国发展的要求，与社会主义本质暗合。因此，社会主义核心价值观中应该有"兼爱"的内容。当然，兼爱作为一种传统的价值观，需要结合现代社会发展的要求，结合社会主义的实际，实现创造性的转换，经过新的解读和创新之后，才能成为社会主义核心价值观的内容。

总之，凝练和培育社会主义核心价值观并非轻而易举的事情。这不仅因为核心价值观生成的特殊性和复杂性，而且更在于这是事关中国、社会主义和人类社会长远发展的大事，仓促行事、勉强为之，可能会比没有主观提出和凝练前更糟。因此，凝练和培育社会主义核心价值观需要谨慎从事、从容进行。当然，任何时代的价值观都是普通大众和社会精英结合当时的社会发展实际精心凝练而成的。因此，我们又要保持积极有为的态度，集合相关研究力量，紧密联系中国、社会主义和人类社会发展的实际，遵循价值观生成的客观规律，大胆进行理论创新和话语凝结，并且在

---

① 《墨子·兼爱》。

实践中不断修正和完善。可以预计，只要我们坚持不懈，经过若干年和若干代人的艰苦探索和虔心实践，一种既是中国的又是人类的，既有历史底蕴的又反映现实需要的，既反映社会主义本质要求的又适应全人类长远发展的新型社会主义核心价值观一定可以凝练和培育出来，在贡献于中国的同时也贡献于人类。这是时代的要求，也是我们的责任。

（作者：虞崇胜，武汉大学政治与公共管理学院教授）

论中国政治制度自信的文化价值基础

自信不仅需要外显的客观成功，也需要内隐的主观自我评价，是主客观因素共同交互作用的一种心理现象。客观的成功需要得到社会承认的、以事实为基础的成就或业绩作为支撑，主观的自我评价是主体自我凭借自知之明对客体自我的认识，既包括对自身的能力、价值及优势的正确估计与肯定性判断，也包括对自身劣势、局限性的清醒认识。在通常情况下，自我取得的客观成功，会对个体自信产生正面的积极影响，客观成功愈大，自信愈强。反之亦反。然而，客观成功并不会自然地过渡到个体自信，它还需要主观的自我评价作为中介。正确的自我评价有利于发扬优势、克服自身局限，具有促进自我发展、自我完善、自我实现的正面价值。自信通常不是源自对自身完美无缺的评价与认识，而是建立在正确认识自身优势与劣势基础上的，是一种自我肯定、自我调整的能力与素质。

一项制度要赢得人们的承认，是必须具有一些制度优势的，并且需要有知识、思想和信仰为它的正当性和有效性提供支撑。因此，制度自信，是对制度背后的文化价值的自信。文化与政治存在着密不可分的联系。国学大师钱穆先生指出："一国家一民族之政治，乃其国家民族全部文化一方面之表现，抑且为极重要而又不可分割之一面。"① 亨利·基辛格先生在《论中国》一书的序言中也认为："中国的语言、文化和政治体制是文明的标志。"②

人们选择政治道路、构架政治理论、设计政治制度都是在特定的文化环境中进行的，并随着文化的更新与文明的进步推动着政治领域的革故鼎新。文化更新也是有其规律可循的，"文化更新亦需自本自根，从内身活

---

① 钱穆：《政学私言》，九州出版社 2010 年版，第 95 页。
② 亨利·基辛格：《论中国》序言，胡利平译，中信出版社 2012 年版。

力发荣滋长"。① 马克思主义经典作家在分析历史的延续性时也指出：人们自己创造自己的历史，但是他们并不是随心所欲地创造，并不是在他们自己选定的条件下创造，而是在直接碰到的、既定的、从过去继承下来的条件下创造。② 英国著名学者李约瑟先生在研究中国古代唯物主义思想时发现："现代中国的知识分子所以会共同接受共产主义的思想，其中一个很重要的因素是因为新儒学家和辩证唯物主义在思想上是密切联系的。换句话说，新儒学家这一思想体系代表着中国哲学思想发展的最高峰，它本身是唯物主义的，但不是机械的唯物主义。实际上，它是对自然的一种有机的认识，一种综合层次的理论，一种有机的自然主义。"③ "现代中国人如此热情地接受辩证唯物主义，有很多西方人觉得是不可思议的。他们想不明白，为什么这样一个古老的东方民族竟会如此毫不犹豫、满怀信心地接受一种初看起来完全是欧洲的思想体系。……中国的知识分子之所以更愿意接受辩证唯物主义，是因为，从某种意义上说，这种哲学思想正是他们自己所产生的。"④ 正是由于马克思主义与中国传统文化存在着契合性，二者实现融合才具备了前提和基础。中国共产党在现代中国的文化更新中发挥了举足轻重的作用，中国共产党从成立之日起，就既是中华优秀传统文化的忠实传承者和弘扬者，又是中国先进文化的积极倡导者和发展者。⑤ 中国共产党在推动马克思主义中国化的进程中，积极致力于实现马克思主义与中华传统文化精华相融合，同中华民族精神相贯通，使当代中国的马克思主义具有深厚的中华文化底蕴、鲜明的中华民族特色。习近平指出："宣传阐释中国特色，要讲清楚每个国家和民族的历史传统、文化传统、基本国情不同，其发展道路必然有着自己的特色；讲清楚中华文化积淀着中华民族最深沉的精神追求，是中华民族生生不息、发展壮大的丰厚滋养；讲清楚中华优秀传统文化是中华民族的突出优势，是我们最深厚的文化软实力；讲清楚中国特色社会主义植根于中华文化沃土、反映中国人民意愿、适应中国和时代发展进步要求，有着深厚历史渊源和广泛现实

---

① 钱穆：《政学私言》，九州出版社 2010 年版，第 109 页。
② 《马克思恩格斯选集》第 1 卷，人民出版社 1995 年版，第 585 页。
③ 李约瑟：《四海之内》，三联书店 1987 年版，第 61 页。
④ 同上书，第 63—67 页。
⑤ 《中共中央关于深化文化体制改革推动社会主义文化大发展大繁荣若干重大问题的决定》，《人民日报》2011 年 10 月 26 日第 1 版。

基础。……独特的文化传统，独特的历史命运，独特的基本国情，注定了我们必然要走适合自己特点的发展道路。"① 中国特色社会主义的政治架构吸收了中华传统文化中为中华民族所公认的价值观与民主性因素，并与马克思主义政治原理相契合，从而使马克思主义文化与中华优秀传统文化中一些具有共通性的文化价值能够规范并支配中国政治领域体制机制的运行，为凸显中国社会主义政治制度优势奠定了基础。

　　制度自信除了来自于对制度优势及其价值观基础的肯定外，还体现在对制度局限性具有清醒认识基础上的政治改革能力方面。列宁指出：辩证法"就是承认（发现）自然界的（也包括精神的和社会的）一切现象和过程具有矛盾着的、相互排斥的、对立的倾向"。② 辩证地看，任何事物都有其两面性。无论哪种政治体制，都有其优越性与局限性，中国的政治体制也概莫能外。政治体制改革始终是中国全面改革的重要组成部分，从文化层面分析，主要有两个方面的原因：一是中国的政治体制继承了中华传统文化中为中华民族所公认的价值观与民主性因素，并且赋予这些传统价值新的时代意义，然而在强调某些传统价值的重要性时，要防止忽略另一些重要价值的作用，同时还要警惕中国传统文化中的一些负面因素对中国政治体制的影响和渗透。中国共产党第十三次全国代表大会报告指出："政治体制改革，必须逐步健全社会主义民主，完善社会主义法制，努力克服官僚主义现象和封建主义影响……"③ 二是"从源头上看，中国人接受马克思主义，主要是以苏俄马克思主义为中介的"。④ 但是，不顾中国的实际情况，盲目学习苏联政治体制模式也给中国的政治体制造成了危害。1986 年 9 月，邓小平在会见波兰统一工人党中央第一书记、国务委员会主席雅鲁泽尔斯基时指出："我们两国原来的政治体制都是从苏联模式来的。看来这个模式在苏联也不是很成功的。即使在苏联百分之百的成功，但是它能够符合中国的实际情况吗？能够符合波兰的实际情况吗？各国的实际情况是不相同的。我们现在提出政治体制改革，是根据我国的实

　　① 习近平：《在全国宣传思想工作会议上的讲话》，《人民日报》2013 年 8 月 21 日第 1 版。
　　② 列宁：《谈谈辩证法问题》，《列宁选集》第 2 卷，人民出版社 1995 年版，第 557 页。
　　③ 参见《沿着有中国特色社会主义道路前进——在中国共产党第十三次全国代表大会上的报告》，《十三大以来重要文献选编》上，人民出版社 1991 年版，第 34 页。
　　④ 张琳：《马克思主义中国化研究的深化与拓展》，《光明日报》2013 年 5 月 15 日第 16 版。

际情况决定的。"① 2007 年 12 月，胡锦涛在新进中央委员会的委员、候补委员学习贯彻党的十七大精神研讨班上的讲话中指出："后来，我们党在实践中逐渐认识到，苏联模式有它的弊病，阻碍了我国社会主义制度优越性的发挥。"② 此外，中国共产党也充分认识到："僵化的马克思主义教条和封建主义残余的结合，可是个大祸害。"③

从文化价值层面分析中国共产党对中国政治生活中一些重要价值及价值关系的认识与把握，不仅可以判定中国特色社会主义政治的制度优势奠基于马克思主义文化与中国优秀传统文化中一些具有共通性的文化价值，而且可以发现中国的政治体制改革实践蕴含着对文化价值偏好的适度调整及一系列重要价值关系的正确处理，而这些都体现了中国共产党对中国政治制度与政治体制的深入认知、全面把握以及积极改革基础上的制度自信。

一 公益与私利

《礼记·礼运》中讲"大道之行也，天下为公"；《资治通鉴》中说"为政之道，莫若至公"，"天地无私，故能有覆载，王者无私，故能容养"；朱熹在肯定孟子"天子不能以天下与人"④ 思想的基础上，也提出"天下者，天下之天下也，非一人之私有故也"⑤，这些思想都表明了中国古人崇尚"公"的观念。坚持与发展社会主义是中国共产党执政的方向与目标，也是中国古代"尚公"理念的历史延续与现代升华，它体现于新中国成立后具体的制度设计之中。中国《宪法》总纲第一条指出：社会主义制度是中华人民共和国的根本制度。同时《宪法》还规定，中国实行以公有制为主体、多种所有制经济共同发展的基本经济制度；国家保障国有经济的巩固和发展；社会主义的公共财产神圣不可侵犯。中国的经

---

① 万里：《决策民主化和科学化是我国政治体制改革的重要课题》，《万里文选》，人民出版社 1995 年版，第 519 页。

② 胡锦涛：《在新进中央委员会的委员、候补委员学习贯彻党的十七大精神研讨班上的讲话》，《十七大以来重要文献选编》上，中央文献出版社 2009 年版，第 95 页。

③ 万里：《如何认识和对待农村社会主义精神文明建设》，《万里文选》，人民出版社 1995 年版，第 547 页。

④ 《孟子·尽心下》。

⑤ 《四书章句集注·万章上》。

济基础决定了中国政治是以追求公益为目标的，这是社会主义政治制度优势的突出表现。"在社会主义初级阶段，国家坚持公有制为主体、多种所有制经济共同发展的基本经济制度……这就从经济基础上决定了中国的民主不受资本的操纵，不是少数人的民主，是最广大人民的民主。"①

列宁注意到社会主义国家制度建设中缺乏对公民切身利益保护的内容。1922 年，列宁在给库尔斯基的信中谈到制定苏俄民法典时说：凡是"西欧各国文献中和经验中所有保护劳动人民利益的东西一定要吸收进来"②。中国政治重视公共利益，相对忽视私人利益。受这种文化价值偏好以及苏联模式的影响，新中国成立以来，曾经有相当长的一段时期在政策制定与执行上将维护公共利益与保障个体利益严重对立起来，在尊重与保障群众切身利益方面缺乏制度保障。改革开放以来，中国共产党在尊重公益的同时，注重保障群众的切身利益。2002 年，江泽民在中国共产党第十六次全国代表大会上的讲话中指出：建立与群众利益密切相关的重大事项社会公示制度和社会听证制度。③ 中共十八大报告提出："凡是涉及群众切身利益的决策都要充分听取群众意见，凡是损害群众利益的做法都要坚决防止和纠正。""就经济社会发展重大问题和涉及群众切身利益的实际问题广泛协商，广纳群言、广集民智，增进共识、增强合力。"

二　多数与少数

由于春秋时期民众在政治生活中日益占据重要地位，民本论思潮逐步取代了殷周以来的神本论思想。杰出政治家管仲提出了"政之所兴，在顺民心；政之所废，在逆民心"④ 的主张；在儒家思想家中，孟子提出"民贵君轻"的重民思想，荀子提出"下富则上富"⑤ 的富民思想以及"勤政爱民"的爱民思想等。古代民本思想中包含着统治者必须回应社会

---

① 中国国务院新闻办：《中国的民主政治建设》白皮书，http：//www．scio．gov．cn/zfb-ps/ndhf/2005/200905/t307899．htm。

② 列宁：《给库尔斯基的信并附对民法典草案的意见》，《列宁全集》第 42 卷，人民出版社 1987 年版，第 444 页。

③ 江泽民：《全面建设小康社会　开创中国特色社会主义事业新局面》，《十六大以来重要文献选编》上，中央文献出版社 2005 年版，第 26 页。

④ 《管子·牧民》。

⑤ 《荀子·富国》。

整体性愿望与要求的民主意愿，无论是在中国古代，还是在近现代中国，民本思想都具有积极的政治意义。金耀基在《中国民本思想史》中认为："盖中国之政治，自秦汉以降，虽是一个君主专制的局面，但总因有浓厚的民本思想之影响，遂使君主专制的政治弊害得以减轻和纾解。"[①] 陈胜粦在《民本主义论纲》中指出："民本思想渗透到近代中国民主思潮发生发展的过程中，它作为一种传统的政治思想资料，通过长期的积淀，已逐步内化到中华民族的文化心理结构之中，在更深的层面上对近代思想家政治家们的行为模式和思维模式进行制约。"[②] 在中国半封建体制被推翻之后，中国共产党积极践行人民主权的思想，人民当家做主成为中国特色的民主政治逻辑。《中华人民共和国的宪法》总纲第二条规定：中华人民共和国的一切权力属于人民。邓小平说过：要始终把人民满意不满意、高兴不高兴、赞成不赞成作为一切工作的出发点和落脚点。江泽民在庆祝建党80周年大会上的讲话中指出："最重要的是必须首先考虑并满足最大多数人的利益要求，这始终关系党的执政的全局，关系国家经济政治文化发展的全局，关系全国各族人民的团结和社会安定的全局。"[③] 胡锦涛指出：马克思主义政党的理论路线和方针政策以及全部工作，"只有顺民意、谋民利、得民心，才能得到人民群众的支持和拥护，才能永远立于不败之地"。[④]

　　作为新儒家学者，梁漱溟先生也指出了中国文化的不足，他说："每个中国人必须各自认识其义务而履行之，却从来不许谈权利。"[⑤] "中国文化最大之偏失，就在个人永不被发现这一点上。一个人简直没有站在自己立场说话的机会，多少感情要求被压抑，被抹杀。"[⑥] 相比"统一的意志"、"集体的智慧"，个人的权利和自由是微不足道的。重视大多数人的民意并不一定要轻视少数人的权利，中共十八大报告在强调"坚持国家

　　① 金耀基：《中国民本思想史》，台湾商务印书馆1993年版，第7页。

　　② 陈胜粦：《民本主义论纲》，《林则徐与鸦片战争论稿》（增订本），中山大学出版社1990年版，第596—597页。

　　③ 江泽民：《在庆祝中国共产党成立八十周年大会上的讲话》，《江泽民文选》第3卷，人民出版社2006年版，第279页。

　　④ 胡锦涛：《在"三个代表"重要思想理论研讨会上的讲话》，人民出版社2003年版，第17页。

　　⑤ 梁漱溟：《中国文化的命运》，中信出版社2010年版，第166页。

　　⑥ 同上书，第71页。

一切权力属于人民"的同时，在小康社会政治建设目标中提出"从各层次各领域扩大公民有序政治参与"，"人权得到切实尊重和保障"等，这是体现尊重多数意志，同时也顾全少数权利的改革性思维与做法。

三　一致与多样

梁漱溟先生在《中国文化的命运》中认为："一切生物均限于'有对'之中，惟人类则以'有对'超进于'无对'。"[①] 他认为，中国人的人生态度为无对，追求人自身的和谐、人与人的和谐以及人与宇宙的和谐。"无对"不仅是中国人的人生态度，也是中国政治关系的重要原则。钱穆先生在《政学私言》中指出："故西方政制为政民对立，而中国传统政制则为政民一体。"[②] 社会主义核心价值体系决定着中国特色社会主义的发展方向，其中和谐是社会主义核心价值观之一，而社会和谐是中国特色社会主义的本质属性。因此，谋求社会政治和谐，是当代中国追求的重要政治目标，也是中国特色的社会主义政治制度规范，它体现于中国共产党领导的多党合作和政治协商制度、民族区域自治制度等基本政治制度之中。中国共产党第十八次全国代表大会报告指出："社会主义协商民主是我国人民民主的重要形式"；要"促进政党关系、民族关系、宗教关系、阶层关系、海内外同胞关系的和谐"。张明澍在其所承担的 2011 年中国社会科学院国情调查科研项目——"中国公民政治素质调查与研究"的最终成果中指出，喜欢协商民主的中国人与倾向于表决民主的中国人之比，是 64.7% 比 18.2%。[③] 该调查分析指出："协商的民主，比较符合中国文化追求和谐的特征。"[④]

和谐是在承认多样、差异的基础上达成的一种融洽、包容的社会关系。和谐不是不顾差异、否定多样性而单纯追求一致性，它是以包容性为基础的。邓小平在对党和国家的领导制度进行反思时曾经指出："我们历

---

① 梁漱溟：《中国文化的命运》，中信出版社 2010 年版，第 56 页。

② 钱穆：《政学私言》，九州出版社 2010 年版，第 7 页。

③ 张明澍：《中国人想要什么样民主——中国"政治人"2012》，社会科学文献出版社 2013 年版，第 283 页。

④ 同上书，第 284 页。

史上多次过分强调党的集中统一……"① 美国著名中国问题专家布鲁斯·J. 迪克逊认为:"在继续垄断合法政治组织的情况下,中国共产党试图变得更具有包容性,吸引广泛的社会群体,减少对传统支持基础的强调。"② 中共十八大报告体现了在中国政治领域强调科学协调一致与多样关系的新政治智慧,其中强调"要高举爱国主义、社会主义旗帜,巩固统一战线的思想政治基础,正确处理一致性和多样性的关系","围绕团结和民主两大主题,推进政治协商、民主监督、参政议政制度建设"等。

四 精英与大众

《论语·子路》讲:"苟正其身矣,于从政者何有?不能正其身,如正人何?"《论语·颜渊》讲:"政者,正也。子帅以正,孰敢不正!"中国为政者的道德禀赋是治国安邦的资质,也是能够为民做主的前提。中国的政治文化是尊重和依赖具备比自己具有更高才德的人,因为他们能够爱民敬民,更好地代表及维护百姓的利益。早在 1902 年,列宁在关于俄国社会民主工党纲领的文献中就指出:要"建立领导无产阶级斗争的革命家组织"。③ 他认为,共和国的任何一个国家机关没有党中央的指导,都不得决定任何一个重大的政治问题或组织问题。中国共产党重视党内民主,认为"党内民主是党的生命",提出"以党内民主带动人民民主"。这是因为"在中国所有的政党中,还从来没有任何政党像共产党那样集中了如此众多的先进分子和优秀人才"。④ 并且,他们能够在代表、实现和发展最广大人民群众的根本利益方面发挥主要作用。正因为如此,中国共产党十分重视协商民主的作用,提出要"充分发挥人民政协作为协商民主重要渠道作用"。

中国政治重视精英人物在政治上的作用,但是否会相对忽视大众参与政治生活的平等性?《论语》中就有"中人以下不可以语上","民可使由

---

① 邓小平:《党和国家领导制度的改革》,《邓小平文选》第 2 卷,人民出版社 1994 年版,第 329 页。

② 参见吕增奎主编《执政的转型:海外学者论中国共产党的建设》,中央编译出版社 2011 年版,第 81 页。

③ 列宁:《关于俄国社会民主工党纲领的文献》,《列宁全集》第 6 卷,人民出版社 1986 年版,第 190 页。

④ 李铁映:《论民主》,中国人民大学出版社 2007 年版,第 294 页。

之，不可使知之"，"民斯为下"等诸多愚民、卑民的观点。孟子也提出过"劳心者治人，劳力者治于人"的观点。在苏共与中共历史上都出现过过分突出精英作用的"极端集中制"、"个人崇拜"的错误。1941 年，毛泽东就曾指出："必须明白：群众是真正的英雄，而我们自己则往往是幼稚可笑的，不了解这一点，就不能得到起码的知识。"① 平等同样也是社会主义的核心价值观之一。人民代表大会是人民行使国家权力的机关，不是官员当家做主的地方。中共十八大报告指出："提高基层人大代表特别是一线工人、农民、知识分子代表比例，降低党政领导干部代表比例。"十二届全国人民代表大会代表中来自一线的工人、农民占代表总数的 13.42%，比十一届提高了 5.18 个百分点；专业技术人员占代表总数的 20.42%，提高了 1.2 个百分点；党政领导干部占代表总数的 34.88%，降低了 6.93 个百分点。近年来，党代表选举工作重心下移，将结构比例向一线倾斜已成趋势。统计显示，近年来，党代会基层党员代表的比例，从十四大时的 22%、十六大时的 24.3%，增加到十七大时的 28.4%，十八大进一步提高到 30.5%。②

五　信任与监督

梁漱溟先生认为，在西方民主政治的制度架构中，到处弥漫着牵制平衡与不信任人的精神，此与中国民族精神本乎性善论，而发为信任人的政治，可以说颇异其趣。③ 性善论维持了中国人对国家的一种"信任"取向的价值观念，这与西方"怀疑"取向的价值观是明显不同的。中国的老百姓基于对儒家型政治家自我约束能力的信任以及政治家对人民福祉的承诺，通常都会很和顺，不造反；但是当这种信任一旦失去，造反起来也很彻底。这就是儒家"水可载舟，也可覆舟"的思想。中国共产党获得人民在政治上的持续信任，其领导地位在宪法序言中被明确规定，是需要理由的。《中国的民主政治建设》白皮书指出："中国革命、建设和改革的

---

① 毛泽东：《〈农村调查〉的序言和跋》，《毛泽东选集》第 3 卷，人民出版社 1991 年版，第 790 页。

② 刘杰主编：《中国政治发展进程 2013 年》，时事出版社 2013 年版，第 57—58 页。

③ 梁漱溟：《中国民族自救运动之最后觉悟》，台北学术出版社 1971 年版，第 125—134 页。

历程向世人昭示：是中国共产党领导人民找到了一条实现民族独立和人民解放的正确道路，是中国共产党领导人民找到了一条建设富强、民主、文明的现代化国家的正确道路。也正因如此，中国共产党的领导地位被明确载入了《中华人民共和国宪法》。"① 正是基于信任的政治文化，中国共产党的执政地位是不需要通过竞争来获取的，避免了西方国家因党争及执政地位频繁更替而导致的政策缺乏稳定性，难以从国家长远利益出发制定政策的问题。

陈弱水先生指出："儒家'内圣外王'式政治思想与西方自由主义最大的差别是：它所关心的焦点在于如何实现'权力的可能善果'，而不在如何防止'权力的恶果'。"② 政治信任是中国政治的基石，但不意味着权力不需要接受监督，这是由社会主义国家政权的性质决定的。在世界上第一个社会主义国家政权建立之初，列宁就清醒地认识到无产阶级国家机关存在着官僚主义复活的危险，尖锐地指出：苏维埃国家已成为一个"带有官僚主义弊病的工人国家"③。毛泽东对黄炎培关于中国共产党能否跳出"其兴也勃焉，其亡也忽焉"的周期律的提问时指出："我们已经找到新路，我们能够跳出这个周期律。这条新路，就是民主。只有让人民来监督政府，政府才不敢松懈。只有人人起来负责，才不会人亡政息。"④ 中共十八大报告指出：要"建立决策问责和纠错制度"，"坚持长期共存、互相监督、肝胆相照、荣辱与共的方针，加强同民主党派和无党派人士团结合作……""加强党内监督、民主监督、法律监督、舆论监督"。

六　中庸与侧重

中庸是儒家处理政治关系和作出政治决策的道德准则和思维方式，强调"过犹不及"，反对做事走极端，主张任何事情都要遵循一个适当的标

---

① 中国国务院新闻办：《中国的民主政治建设》白皮书，http：//www. scio. gov. cn/zfb-ps/ndhf/2005/200905/t307899. htm。

② 陈弱水：《追求完美的梦：儒家政治思想的乌托邦性格》，选自刘岱主编《理想与现实》，生活·读书·新知三联书店1991年版，第231页。

③ 列宁：《论工会、目前局势及托洛茨基同志的错误》，《列宁选集》第4卷，人民出版社1995年版，第373页。

④ 胡锦涛：《关于建设社会主义政治文明》，《十六大以来党和国家重要文献选编》上，人民出版社2005年版，第473页。

准"度"。毛泽东曾说："中庸观念是孔子的一大发现，一大功绩，是哲学的重要范畴，值得很好地解释一番。"① 1920 年，列宁就曾谈到苏维埃政权中民主与专政的关系问题，他认为：苏维埃政权的民主制与专政并不矛盾。② 为了在推进中国民主政治建设过程中，避免"过"和"不及"两种极端民主类型，中国共产党强调："这种社会主义民主在实行过程中则坚持民主与专政、民主与法制、民主与纪律、民主与集中、权利与义务的统一。如果只讲民主而不讲专政、法制、纪律和集中，就不是真正的社会主义民主，而是对民主的滥用和破坏，这样就会导致'文化大革命'那样的无政府状态，就会使我们国家和民族再次陷入经济崩溃和政治动乱的灾难之中。"③ 为了通过政治体制改革进一步完善党的执政方式，把握好权威、民主、法治三者间的关系，中共十八大报告提出："必须坚持党的领导、人民当家做主、依法治国有机统一。"

　　毛泽东在指出中庸是孔子发现的重要哲学范畴的同时，认为中庸思想本身具有折中主义的成分，并对此持否定态度。他认为："一个质有两方面，但在一个过程中的质有一方面是主要的，是相对安定的，必须要有所偏，必须偏于这方面，所谓一定的质，或一个质，就是指的这方面，这就是质，否则否定了质。所以墨子说'无偏'是不要向左与右的异质偏，不是不要向一个质的两方面之一方面偏（其实这不是偏，恰是正），如果墨家是唯物辩证论的话，便应作如此解。"④ 这段话反映了毛泽东在《矛盾论》中所说的"两点论"中的"重点论"，折中主义就是不向两方面的任何一方面偏向。为了避免在政治体制改革领域走向极端，同时也避免陷入无原则的折中主义，中国共产党在提出坚持党的领导、人民当家做主、依法治国三者有机统一的同时，着重强调了保证与发展"人民当家做主"的根本性目标，即"必须坚持党的领导、人民当家做主、依法治国有机统一，以保证人民当家做主为根本，以增强党和国家活力、调动人民积极性为目标，扩大社会主义民主……""必须继续积极稳妥推进政治体制改革，发展更加广泛、更加充分、更加健全的人民民主。"

---

① 《毛泽东书信选集》，人民出版社 1992 年版，第 147 页。

② 列宁：《在全俄工会第三次代表大会上的讲话》，《列宁全集》第 38 卷，人民出版社 1986 年版，第 335 页。

③ 李铁映：《论民主》，中国人民大学出版社 2007 年版，第 134 页。

④ 《毛泽东文集》第 2 卷，人民出版社 1993 年版，第 158 页。

七　结果与程序

《论语·里仁》讲："君子之于天下也，无适也，无莫也，义之与比。"梁漱溟先生认为："从中国以往历史征之，其文化上同化他人之力最为伟大。对于外来文化，亦能包容吸收，而初不为其动摇变更。"[①] 中国人对待事物的态度既不是盲目排拒，也不是盲目钦羡，而是根据国家和社会的实际需要以正当合理的标准进行取舍。这是儒家实用理性的思维方式。列宁曾经指出，苏维埃是巴黎公社类型的政权，但同时也指出俄国苏维埃政权避免了巴黎公社所犯的错误[②]，体现出俄国共产党在探索社会主义国家政权模式过程中的务实精神。中国共产党将实用理性的思维方式运用于政治领域，具有两方面的特征与优势：其一，重视社会政治结果，通过结果证明其手段的合理性。邓小平曾经指出："我们的制度是人民代表大会制度，共产党领导下的人民民主制度，不能搞西方那一套。社会主义国家有个最大的优越性，就是干一件事情，一下决心，一做出决议，就立即执行，不受牵扯。"[③] "我们实行的就是全国人民代表大会一院制，这最符合中国实际。如果政策正确，方向正确，这种体制益处很大，很有助于国家的兴旺发达，避免很多牵扯。当然，如果政策搞错了，不管你什么院制也没有用。"[④] 其二，对外来政治文化具有包容、借鉴能力。与中国实际相结合，是中国共产党学习与借鉴人类政治文明成果的一项重要原则。《中国的民主政治建设》白皮书指出："中国的社会主义民主政治建设，始终坚持以马克思主义民主理论与中国实际相结合的基本原则为指导，借鉴了人类政治文明包括西方民主的有益成果，吸收了中国传统文化和制度文明中的民主性因素，因此，中国的社会主义民主政治具有鲜明的中国特色"。[⑤]

---

① 梁漱溟：《中国文化的命运》，中信出版社2010年版，第32页。

② 列宁：《俄国共产党（布尔什维克）纲领》，《列宁全集》第36卷，人民出版社1985年版，第420页。

③ 邓小平：《改革的步子要加快》，《邓小平文选》第3卷，人民出版社1993年版，第240页。

④ 邓小平：《邓小平文选》第3卷，人民出版社1993年版，第220页。

⑤ 中国国务院新闻办：《中国的民主政治建设》白皮书，http：//www. scio. gov. cn/zfb-ps/ndhf/2005/200905/t307899. htm。

　　与传统中国类似，俄国原是一个封建性很强的国家，重人治而轻法治的现象并没有因为建立苏维埃政权而改变，列宁明确提出了"创立新法制"的思想。新中国成立以来的经验与教训也告诉我们：中国政治重视结果与效率，但如果缺乏法律程序的约束和健全的责任追究制度，高效率的决策与执行体制可能会带来严重的决策失误。2011 年，中国特色社会主义法律体系已经形成，然而，"有法必依、执法必严、违法必究"的问题还没有得到完全解决。中共十八大报告提出，要"更加注重发挥法治在国家治理和社会管理中的重要作用"，"确保国家机关按照法定权限和程序行使权力"，"党领导人民制定宪法和法律，党必须在宪法和法律范围内活动"，"任何组织或者个人都不得有超越宪法和法律的特权，绝不允许以言代法、以权压法、徇私枉法"。

　　（作者：袁峰，中共上海市委党校科社政治学教研部教授）

第二编

中国特色社会主义政治发展

"两个共同"与当代中国政治整合

在对多民族国家政治整合的研究中，有两种较有代表性的倾向值得关注：其一是外部政治整合方式。其中有两种代表形式：第一种是法律共同体的视角。主要表现为无论个人还是团体都按照法律上的权利与义务规则组织起来，形成一个法律共同体。它又有两种表现形式：一种是多元文化主义的政治整合理论，主张在确立少数民族或少数人群体权利合法化的基础上，推进一种以宪法为最高标准，通过联邦制、协和民主等方式实现的政治整合。另一种是公民民族主义政治整合理论。它主张构成多民族国家范围的成员不问民族背景如何都一律化为公民并在此基础上进行政治整合。第二种是社群主义的政治整合视角。这种理论主要见于东亚国家政治理论与实践中。由于东亚大多数国家都有过被殖民的历史，西方文化对这些国家均有重要影响，因而使东亚国家中的不少学者在建构现代国家上，注重将合作、和谐、权威、庇护关系等要素作为整合不同民族的主要途径。尽管这其中也存在公民身份建设的理论和主张，并在实践上得到运用，但从东亚国家独立后相当长时期的实践考察看，公民身份意识很难作为支撑现代国家建设的文化基础，相反，血缘的、家族的或群体的身份认同往往具有重要地位。在此文化环境中，少数族群"可能运用他们的团体权利否定其他群体成员享有的平等的权利和机会，甚至迫使他们离开"①。在此条件下，不少学者认为，对于东亚国家而言，需要内靠社群关系力量，外靠权威，才能将多元的力量整合到一起。其二是由内及外的内涵性政治整合方式。它依靠民族间的共同价值而发展出一种外在的合作性政治整合，它在当代中国"两个共同"的思想及实践中得到了集中

---

① Will Kymlicka and Baogang He, *Multiculturalism in Asia*, (Oxford University Press, 2005), p. 10.

体现。

一 两个共同的前提与当代中国政治整合

多民族国家要想成功地将内部多个或多个民族群体整合起来，关键取决于多民族国家能否坚持民族平等原则，能否承认人的平等。

从近代以来的历史考察，西方国家在推进民族国家的过程中，在形式上确立了公民平等原则，但在实践中，往往从人的身份同质性角度否定作为公民身份背后的文化差异性。而这种所谓的人的身份同质性在本质上是民族主义的体现，也就是以某个民族，特别是统治民族的文化为标准的同质性，而那些异己的民族则成了被征服和同化的对象。因此，这种公民民族主义掩盖了民族的不平等。加拿大的盎格鲁遵从美国的"熔炉政策"就体现了这一特点，进入帝国主义时代的西方国家对其他弱小民族和国家所采取的政策同样没有离开这一轨迹。西方国家的种种行径不仅引起了其他国家少数民族的反对，而且也引起了殖民地国家的反抗。第二次世界大战以后，随着人权意识的发展和深入，以及联合国保护少数人权利公约的建立，基于人的平等地位基础上的民族平等原则成了国际公认的准则。在这种状况下，不少国家纷纷把民族平等原则写入宪法，一个承认民族平等原则的政治时代成为战后，特别是后工业时代的重要内容。

在发展中国家，政府在取得独立后都在宪法上确立了民族平等原则。但由于这些国家经济上的落后和社会一体化程度比较低，政府在推进和实现宪法上的民族平等原则时受到了种种条件的限制。在权力分配上，优势族群、部落或宗教派别掌握实权，控制立法和利益分配，严重影响着政治秩序的公共性与公正性。如伊拉克国内主要分为什叶派、逊尼派和库尔德人三大教派/民族，萨达姆的统治主要倚重占人口20%的逊尼派，特别是提特里克家乡的人。叙利亚境内居民14%信仰基督教，85%信仰伊斯兰教，而伊斯兰教中逊尼派占80%，什叶派占20%，阿萨德家族来自什叶派中的阿拉维派（约占全国人口的11.5%）①，该国政府、军队、情报等要害位置基本上由阿拉维派把持。利比亚境内有上百个部落，而卡扎菲精锐武

① 统计数字参见马晓霖主编《阿拉伯剧变：西亚、北非大动荡深层观察》，新华出版社2012年版，第446页。

装乃至贴身卫队，均来自其所属的卡扎菲部落，石油利益也主要向本部落倾斜，位于东部、人口最多的瓦法拉部落，则长期被冷落。也门约有200多个部落，萨利赫之所以能在20世纪70年代末成为总统，正是因为他来自也门势力最强的"哈希德"部落联盟。优势民族的统治地位决定了那些弱小民族或族群事实上或成了这些优势民族的"臣民"或"被征服者"，稍有不服，便会被清洗；或以斗争和暴力的方式维护本身的存在，并伺机建立自己的"民族国家"。显然，以政治歧视和压迫为特点的多种族、多宗教派别的存在，严重制约了多族群发展中国家的政治整合进程。

在世界现代史上，新中国是最早建立并实施民族①平等原则的国家之一。近代以来，中国饱受外国侵略，中华民族的生死存亡使中国各个民族行动起来，投入实现国家独立的伟大斗争中。清政府在辛亥革命后倒台，孙中山提出了"五族共和"的主张，试图建立一个政治上包括各个民族的多民族国家。但民国之后的国家是一个以阶级间尖锐对抗为特征的国家。军阀统治以及继其之后的蒋介石统治莫不以实现少数统治者的利益为立国之本。帝国主义的侵略和干涉，更加重了国内的离散状态。正是中国共产党在马克思主义的理论指导下，选择了社会主义道路，通过武装斗争，实现了国家独立和民族解放，并在一个全新的经济关系基础上发展了不同民族之间的关系。

政治整合是一项多元一体的工程。在多民族国家如何实现多元一体上，民族平等是首要前提。但这里涉及什么是平等这一关键问题。当代西方学界代表人物罗尔斯、德沃金和不少自由主义者关注的是"机会平等"，但这种平等在实践中不会产生结果的平等。但因为结果是由机会平等产生的，所以它被视为合理的、合法的。循此观点，在多民族国家中，不同族群只要机会和条件是平等的，结果如何则不必考虑。但这里的"机会"是指什么呢？当代自由主义的一个主要内容就是"权利"，即只要法律赋予公民一种可以行为和不可行为的条件，它对所有公民就是平等的，如何行使这种"权利"则完全由自己决定，并不过问结果如何。由于具体行使权利的主体在能力、条件上存在差别，在实际效果上肯定也存

---

① 本文所涉及的民族和族群概念在目前学界是一个有争论的概念。在中国语境中，作为民族意义上的少数民族与西方语言中的族群基本上是一个意思。但在中国语境中，人们习惯于用民族（少数民族）概念。故行文依然按照这一传统用法，当涉及国外少数民族状况时，笔者用族群概念。

在巨大差别。为了解决由于结果上的差别过大而引起的矛盾和冲突，一些思想家提出了分配正义的途径，这就是国家基于一定的规范，通过一定的程序对社会总利益作出重新调整，以照顾那些竞争中的弱势群体，弥补竞争中所产生的"不公平"。但在两种平等的问题上，机会平等依然是首要的。在这种理论影响下，不论个人或群体要在竞争中不至于失败，各个主体就只能自己顾及自己，而弱势群体要想获得生存，只有通过国家。在多民族国家里，不少族群由于自身的条件限制，在竞争中往往是弱者，在强大的优势群体面前，他们或勉强生存，或走向灭亡。完全依靠市场法则实现民族平等，事实上只能带来一部分族群被边缘化或走向灭亡，或导致不同族群之间利益上的对立，甚至兵戎相见，更有甚者，导致国家的解体。上述状况产生的一个关键因素就在于，这些国家大多是在保留和维护私有财产制度、承认阶级集团利益基础上主张平等的。

当代中国的政治整合从新中国成立那一天起，就把实现民族的实质平等作为首要内容。其主要体现是，在中国共产党在完成了新民主主义革命任务后，在全国范围内成功地进行了社会主义革命，从根本上消除了阶级对立和民族压迫的经济基础，从而使民族平等奠定在坚实的经济基础之上。尽管改革开放以后，国家在宪法上确立了多种所有制，但土地等重要战略资源依然为国家所有①，这就从全局和根本上确保了多民族国家的凝聚和民族的平等，有效地防止了社会内部大规模的阶级和民族间利益对抗，这构成了当代中国政治整合不同于世界上不少发展中国家政治整合之特色所在。

在改革开放以后，中国逐渐告别了计划经济时代，步入了社会主义市场经济时代。在这样一个新的社会背景下，如何保证民族平等的实现和巩固，关系到当代政治整合的巩固问题。众所周知，在市场经济面前，民族与民族之间由于市场竞争的关系肯定会出现发展上的差别，甚至在一些地方、在一定的时期这种差别还相当大。为了解决这些问题，一方面，需要少数民族的积极参与，在对市场和国家的经济和社会参与中，不断提高自身的发展能力和发展水平，努力缩小和发达地区民族的差距；另一方面，

---

① 当代中国存在着多种所有制形态，但国家依然是重要的战略性资源，如矿藏、水流、森林、山地、草原、荒地、滩涂和其他海陆自然资源的所有者，城市土地的所有者。农村中的集体用地虽然为农村集体所有，但依然受到上级国家机关的监督。个人用地也控制在法律等规定的范围内。与西方国家以及不少发展中国家相比较，私人和集体并不拥有土地所有权，就是民族自治区也不例外。对此，可参考 1982 年《中华人民共和国宪法》。

国家应通过政策、技术、文化诸多方面的支持，组织全社会的对口支持，帮助少数民族缩小差距，从而在缩小民族差别中，增进中华民族共同的身份基础。

民族平等不仅需要在中华民族共同身份的建设上付出艰苦的努力，也需要建设和完善公共政治舞台来加强不同民族之间的相互理解和交流，以形成一种包容多元的政治共识，人民共和国的建立为达成这种共识提供了良好的政治保证。在人民共和国中，公民在法律上是平等的，在此基础上不同民族都是国家的成员，因此，在政治上也是平等的，即各个民族通过平等地参与国家政治事务，表达自己的要求，通过协商，建立共识，实现对国家的共同管理。新中国成立后，中国共产党和中国政府从多民族国家的国情出发，进行了民族识别工作，赋予各民族以法定的平等地位，推进了各族人民当家做主的进程。在国家机构的代表安排上，无论全国人民代表大会还是地方人民代表大会，无论在中央政府还是在地方政府组织中，都有少数民族代表。不仅如此，中国共产党还积极推进了民族区域自治制度的建立，使少数民族能够在所在地区与其他民族行使共同管理本地区事务的权力。刘少奇同志在评价各民族政治上平等的重要意义时指出："必须让国内各民族能够积极地参与整个国家的政治生活，同时又必须让各民族按照民族区域自治的原则自己当家做主，有管理自己内部事务的权利。这样，就能消灭历史上残留的民族间的隔阂和歧视，不断地增进各民族间的相互信任和团结。"①

比较而言，当代不少发展中国家虽然形式上推进了"自由民主"，但在这种"民主"中，获得优势的往往是那些多数人的族群，他们在政治上优势地位的获得，对那些处在少数人地位的民族就是一种剥夺或压迫。美籍华人蔡爱眉指出："市场使主导市场的少数族群富裕，而民主给受挫的多数族群壮大了政治声势。"② 20 世纪 90 年代印尼、菲律宾在推进所谓的自由民主中，那些获得了绝对多数的族群，以其政治上的优势对所在国家的富有者华人采取了大规模的迫害行动。

---

① 刘少奇：《关于民族区域自治问题》，中共中央文献研究室、中共新疆维吾尔自治区委员会编：《新疆工作文献选编》（一九四九—二〇一〇年），第 118 页。

② ［美］蔡爱眉：《起火的世界——输出自由市场民主酿成种族仇恨和全球动荡》，刘怀昭译，中国大百科全书出版社 2005 年版，第 132 页。

二　作为价值的"两个共同"与当代中国政治整合

　　多民族国家的政治整合主要的就是价值整合。什么是价值？对之人们有不同的观点。就哲学意义上的价值含义而言，指的是"客体对主体的有用性，是客体的特性、结构和功能对主题的需要所具有的积极意义"。① 本文认为，价值是一种内在于人们思想并对人们的生活、行为产生影响的观念、理想与根据，它是凝结个人与群体、群体与社会的精神纽带。不同民族、不同国家、不同时代各有不同的价值观，并依据这种价值观指导自己的社会与国家建构，从而形成了异彩纷呈的政治文化与国家。在当代世界中，这些丰富多彩的价值观都涉及对"人"的认识。不过各国情况不同，对人的关注点各有侧重。在西方国家中，政治思想家更注重人的个体性，并在此基础上形成了近代以来个人主义文化传统。其基本内容是："鼓励独立自主；它给予自我表现探索尤其是感情方面的自我探索以重要地位；其善良生活的视野通常包括个人的承诺。结果，其政治话语表达了人的主体权利不可侵犯的观点。由于其平等主义倾向，它把这些权利看成是普遍的。"② 然而，这种个人主义"使我们的生活既平庸又狭隘，使我们的生活更贫于意义和更少地关心他人及社会"。③ 显然，个人主义的理论与文化在把人从对自然的、神学的和权威的束缚中解放出来，使之成为抽象的人的同时，也将人和社会分裂开来。它主张人的独立性和自主性。而在这种自主性的选择中，实现利益的最大化构成其中的重要内容。与之不同的是，当代中国意识形态中的"以人为本"的观念是在马克思主义理论指导下，结合中国的实践发展起来的。作为一种重要的政治理念，它首次出现在中共十六届三中全会上，此后成了中国共产党科学发展观的核心内容。"以人为本"，"就是要以实现人的全面发展为目标，从人民群众的根本利益出发谋发展、促发展，不断满足人民群众日益增长的物质文化需要，切实保障人民群众的经济、政治和文化权益，让发展的成果惠及全

---

　　① 毕志华：《价值和价值观：主客体的深层关系及规定》，《学习与探索》2000 年第 4 期。
　　② ［加拿大］查尔斯·泰勒：《自我的根源：现代认同的形成》，韩震等译，译林出版社 2001 年版，第 467 页。
　　③ ［加拿大］查尔斯·泰勒：《本真性的伦理》，程炼译，三联书店 2012 年版，第 5 页。

体人民"。① 就是"尊重人民主体地位，发挥人民首创精神，保障人民各项权益，走共同富裕道路，促进人的全面发展，做到发展为了人民，发展依靠人民，发展成果由人民共享"。②

当代中国"以人为本"思想中的"人"不同于西方思想中的"人"。在这里，人是现实的人，具体的人，而不是西方抽象的人。这种具体的人有着自己的欲望和要求，同时又是社会的人，是类意义上的"人"或人民。作为这一集合体中的个人与集体、个人与社会本身就有着内在的联系，"和谐社会人人有责，和谐社会人人分享"深刻地表明了人和社会之间的关系。而这种类意义上的人或人民就是中华民族。它是一个由不同社会成员在共同团结奋斗、共同发展繁荣中形成的命运共同体。而这种共同体中的个人或集体在"共同"意识的影响下，结合起来，形成了一个休戚与共的民族共同体。

然而，我们又不能不看到，今天的中华民族是处在全球化环境中的民族。一方面，世界的多元文化深入中国，影响着社会内部不同群体成员的选择和评价；另一方面，改革开放以来，随着市场经济的发展和利益的多元化，不仅社会成员的价值观发生着转变，而且其中的不同民族群体的价值观也发生着转变。国内外多元价值观各有不同的取向。这其中有两点值得注意：一是利益追求。由于市场的发展，资本在市场发展中的作用，追求利益最大化、实现幸福构成了不同民族群体成员的内在动力和价值选择。应该说，一定的利益追求对社会生产力的提高和国家实力的提升具有重要价值，但由利益追求所产生的"物化现象"不可避免地割裂着社会内部不同成员和民族群体之间的联系。二是民族群体身份认同的强化同时又弱化着对国家的认同。由于民族群体具有一定的血缘、文化认同属性，民族群体成员的身份认同构成了民族群体认同的重要内容。在计划经济时期，由于国家在经济上的高度集权性和平等性，各民族成员的经济差别并不明显。在改革开放后，随着市场竞争的加剧，不同民族群体之间利益差别的存在，极大地唤起了民族群体意识和身份认同。这对国家的凝聚力构成了挑战。

---

① 参见《科学发展观重要论述摘编》，中央文献出版社、党建读物出版社2008年版，第29页。

② 同上书，第30页。

　　要保证人民的整体性，保证整个中华民族的整体性和各民族之间的团结，关键要从人的思想内心世界中培育健康向上的价值观，发展人们之间共同的感情与价值交流。这种共同的感情并不是空洞的，脱离现实的，而是具体的、历史的。就其关键而言，都离不开对利益和幸福的追求。在西方自由主义中，对利益和幸福的追求是个人权利的一个重要内容。在中国文化传统中，人的幸福与利益的获得不单单是个人的事情，它与他人和集体密切联系在一起，因而是一种共同的追求，共同的事务，人只有在与他人的共同奋斗中才能获得幸福。所谓的"家和万事兴"，"己欲立而立人，己欲达而达人"，都表明了一种人生的境界。将这种境界运用到对待朋友关系上自然有互助友爱、互惠共生之举。发展到民族关系上，各个民族之间相互依赖，"汉族离不开少数民族，少数民族离不开汉族，少数民族相互也离不开"。至此经过凝练而发展起来的两个共同思想作为一种价值就成了指导和影响各个民族共同团结奋斗、繁荣发展的精神力量。

　　当今世界上的大多数国家都是多族群国家，是"由实际上不能建立独立国家的族群构成的"①。它的存在本身表明，多元的族性认同依然构成了多民族国家必须面对的一个重要问题。从个体成员角度说，这种认同可以使族群成员"从中得到一定好处，减少孤立感和劣势感"②。从群体角度看，族群集体可以利用共同体的力量，从国家获得更大的权力或更多的利益。因此，族性认同本身就有着可能导致族群中心主义或分离主义的因子，如条件适合，这种认同的无限膨胀则会走向暴力。国外学者在分析贝都因人的文化特点时指出：这些生活在沙漠中的部族，当部族之间为了生存而采取掠夺行为时，由于没有外部调节者和仲裁机构，求生存的唯一方法，"就是让其他的人们知道，假若他们在任何方面侵犯了你，你一定会让他们付出代价，而且是最高昂的代价"③。在这种情况下，深藏于人们思想内心里的是我族认同，其奉行的原则是"本氏族或本部落自成单元，能独立生存，至高无上"。与之对立的是严重的排外，毫无同情之

---

① ［美］马莎·L. 科塔姆：《政治心理学》，胡勇等译，中国人民大学出版社 2013 年版，第 291 页。

② ［法］弗雷德里克·马特尔：《论美国的文化》，周莽译，商务印书馆 2013 年版，第 455 页。

③ Nazih, N. Ayabi, *Over-stating the Arab Atate: Politics and Society in the Middle East*, p. 166.

心，甚至对他们"可以任意地加以掠夺或杀害"。① 贝都因人的例证并不能说明世界上所有的族群都是如此，但它起码说明一个问题，即将身份认同单一化、绝对化，就会影响多民族国家的团结，降低多民族国家政治整合的成效。

今天的中国已经不同于自然经济或计划经济时代。建筑于社会主义市场经济基础上动态的多元一体格局使各个不同民族群体越出了本民族活动的舞台，把世界和整个国家作为他们的活动舞台。民族之间的交往不仅使民族之间相互镶嵌，彼此不可分离，而且随着交往的不断扩大，"民族间共同性东西在逐渐增多"②，这已成为趋势。在这种趋势下发展起来的"两个共同"已经不仅仅来源于官方的意识，而是一种各个民族之间的自觉意识。然而又不能不看到，由于国内外各种力量的影响，这种意识在成长和发展的道路上面临着种种挑战。为了使这种意识得到巩固和加强，就需要发挥国家和政党在意识形态上的领导力量。《中共中央关于构建社会主义和谐社会若干重大问题的决定》对此提出了明确的方向，即"坚持以社会主义核心价值体系引领社会思潮，尊重差异、包容多样，最大限度地形成社会思想共识。"③ 这是中国共产党人在新的历史条件下遵循人类社会发展的客观规律所确立的新的政治整合观，对正确处理族际关系具有重要的意义。在这一表述中，一方面，要坚持社会主义核心价值体系的主导性。这种主导性与其他价值，包括多样化社会思潮、多样性文化之间并不是一种排斥关系，而是一种并重关系。在这种关系中，前者处于主导地位，它引导着社会不同思潮和不同民族文化朝着适合于社会主义核心价值体系的方向发展。而不是采取强制统一的方式，使一切多元的价值体系和多元的民族文化完全削足适履地定于一种文化价值体系中。显然，这种观念已经确立了尊重多元、包容差异的思想，为多元与差异提供了一个宽松的空间。具体而言，社会主义的核心价值体系与多元文化价值之间表现在现实生活中，涉及权威机构和民众，其中包括民族群体之间的关系。前者是一个社会、一个国家倡导的一种统一的价值准则或社会价值观，它反映

---

① 〔美〕希提：《阿拉伯通史》，商务印书馆1979年版，第30页。

② 国家民族事务委员会政策研究室：《中国共产党主要领导人论民族问题》，民族出版社1994年版，第239页。

③ 新华网北京10月18日《中共中央关于构建社会主义和谐社会若干重大问题的决定》，http：//news. xinhuanet. com/politics/2006－10/18/content_ 5218639. htm。

的是权威评价的结果；而后者更多的是人民中的不同群体表达自己意见的一种表现。前者代表全局性、普遍性，对整个社会的发展具有指导、规范的意义；后者带有特殊性、局部性。在当代社会分工发展、利益多样性面前，它的存在是不可避免的。但"不能对各种社会思潮掉以轻心，任其泛滥，否则就会犯历史性错误"，提出树立社会主义核心价值体系的主导地位，就是要通过这种核心价值体系引领地位的发挥，整合和规范全国各族人民的思想和行动，以使各个民族在共同繁荣发展、共同团结奋斗中求得发展和进步。另一方面，坚持社会主义的核心价值，尊重差异、包容多元，其结果就是"最大限度地形成社会思想共识"①。真正使不同的价值观、不同的民族文化最终都凝聚到社会主义核心价值体系中。具体到"两个共同"上，一方面要承认各个民族实现发展的追求；另一方面要在各个民族对发展的追求中不断寻求合作点和增长点，做到不同民族在发展上心合力合。

三　作为集体行动的"两个共同"与中国政治整合

多民族国家的政治整合离不开各个民族、不同社会群体的行动。然而，在一个各有不同文化认同、不同利益需求的国家中，如何使多民族国家中的不同民族超越内圈化的集体行动逻辑而联合起来，实现各个民族的共同发展，构成了多民族国家的一项重要工作。在此，当代中国共产党提出的两个共同思想成了各个民族集体行动的基础。

"两个共同"是在各个民族群体参与现代化建设中发生的。当代中国这种民族群体的集体行动既表现为各个民族个体成员的行为，也表现为民族群体的行为。就个体成员而言，他们与全国各族成员一道加入了现代化大潮。他们在与其他民族和群体成员的合作中，增进了自身的发展素质和能力，提高了自己的生活水平，并且通过民族群体中单个成员的参与逐渐扩大其所在民族群体的整体发展素质、发展能力和经济与社会水平，相应地缩小着他们与其他发达地区民族群体之间的距离；不同民族群体成员对社会参与的过程也是与其他社会成员相互适应、合作交

---

① 新华网北京 10 月 18 日《中共中央关于构建社会主义和谐社会若干重大问题的决定》，http：//news. xinhuanet. com/politics/2006 - 10/18/content_ 5218639. htm。

流的过程。个体成员在交往过程中，生产和再生产着中华民族的多元一体格局。这可以从不同民族之间的人口流动以及民族之间的通婚中观察到。有研究表明，在 2000 年中国全部的跨省迁移人口中，东部地区的65%仍在东部的其他省（市）；而中部地区超过 84%，西部地区超过68%则迁往东部。① 从民族人口的比例变化情况看，少数民族人口向汉族地区迁移。大量少数民族迁居东部，使得中国西部地区的少数民族人口占全国少数民族人口的比重，由 1982 年的 77.64% 下降到 2000 年的71.27%；民族八省区的少数民族人口占全国少数民族人口的比重，由1982 年的 69.59% 下降到 2000 年的 63.16%。而中东部少数民族人口占全国少数民族人口的比重则处于上升趋势。② 西部少数民族人口的东移，大大扩展了他们的分布范围。1990 年，56 个民族齐全的只有北京市一个地方，到 2000 年扩大到 11 个，同时，拥有 55 个民族成分的有 7 个，拥有 54 个民族成分的有 6 个，拥有 52 个民族成分的达 28 个省、市、自治区。③ 其中，少数民族在东部沿海发达地区的增长尤其明显。如1982—2000 年，浙江省汉族人口增长 20%，少数民族人口增长 150%；广东省汉族增长 60%，少数民族增长 58.3%。在少数民族人口迁移到汉族地区的同时，由于人口的自发流动，汉族人口也到了民族地区。新疆1990 年汉族占其人口比例的 37.58%，2000 年达到 40.58%；西藏 1990年汉族人口占 3.82%，2000 年占 6.21%。④

伴随着民族群体成员的流动，不同民族之间的文化交往也得到了扩张，从而形成了文化上彼此相互理解、相互学习甚至涵化的局面。具体而言，即在一定的民族区域内，不仅汉族的语言结构要素及模式影响在一定程度上改造了少数民族的语言，而且后者也在一定程度上改造着前者。有研究发现，在西北一些城市的民族文化中，汉语虽然在日常生活当中占据着重要的甚至是核心的地位，然而各民族却用自己的文化方式、语言方式改变着汉语，加工着汉语。这一过程采取了两种方式：一是直接用各民族

① 王希恩：《全球化中的民族过程》，社会科学文献出版社 2009 年版，第 309 页。

② 同上书，第 310 页。

③ 同上书，第 311 页。

④ 国务院人口普查办公室、国家统计局人口统计司：《中国 1990 年人口普查资料》第 1册，中国统计出版社 1993 年版，第 300 页表 3—1；国家统计局人口和社会科技统计司等编：《2000 年人口普查中国民族人口资料》，民族出版社 2003 年版，第 4 页表 1—2。

自己的语言译成汉语进行交流；二是用少数民族自己的语法结构改造着汉语。同时，日常生活涵化得到了进一步发展，突出表现为在饮食起居方面，许多民族出现了互相借鉴的现象，各民族的饮食禁忌不断受到其他民族的影响，发生了不同程度的改变，比如汉族的饮食中有不少清真菜谱成分。在婚丧嫁娶等风俗习惯的涵化方面，突出表现在族际通婚现象上。自改革开放以来，就国内族际通婚情况来看，俄罗斯族、满族、壮族、仡佬族、白族等大量与汉族通婚，使得其民族人口基数大量增加，人口年增长率不断提高；傣族、回族、苗族等也逐渐由民族内婚转向允许民族外婚；东乡族、彝族、瑶族、朝鲜族等与外族通婚的很少，仍有民族内婚的习惯。

就民族的集体行为而言，在现代化条件下，民族地区不再是封闭的领域，而是处在交往中。这不仅表现为民族地区内部不同群体正实现着交往，而且也表现为不同民族群体区域之间的跨域交往，他们各以其优势参与到国家建设中。众所周知，当代中国的不少地区处在边疆地区，边疆地区的民族在发展自身的经济与社会文化的同时，也以自己的所能维护着边疆的安全，这本身就是对生活在中国内陆地区的民族的支持和帮助。中国民族地区又是具有丰富资源的地区。民族地区在以自己的优势服务于现代化建设的同时，也在与其他民族的合作中发展着自己的经济、社会和文化。显然，民族地区的发展不是封闭的发展，而是在与其他民族合作中的发展。北京支援内蒙古，河北支援贵州，江苏支援广西和新疆，山东支援青海，上海支援云南和宁夏，全国支援西藏。15 个东部发达省市对口帮扶贫苦地区。全国 18 个省（直辖市）和 17 个中央企业对口支援西藏①，生动地体现了民族之间相互合作的局面。

各个民族的互助与互惠促进了族际关系的发展和社会一体化进程。可以相信，随着不同民族之间共同行动的发展，民族之间的共性将会不断获得巩固，在此基础上的政治整合才能获得更大的发展。

但也必须看到，在不同民族的"共同"行动发展中，民族之间的差距以及由此而来的民族矛盾和冲突也显现出来。突出表现为东西部差距的拉大，国家和地方、地区与地区之间经济利益上的矛盾，伴随着不同民族

---

① 中国国务院新闻办公室白皮书：《中国的民族政策与各民族共同繁荣发展》（2009 年 9 月），人民出版社 2009 年版，第 36 页。

交往而来的各种经济利益的矛盾同样出现了，有时甚至演变成严重的暴力冲突。应该说，民族之间存在矛盾是不可避免的，但被扩大化、政治化自然也影响了民族群体之间"两个共同"的实现。

中国作为最大的发展中国家，发展是第一要务，经济建设是中心，中国要成功地实现民族的复兴，就需要发挥国家在经济建设中的主导力量。与这一任务相联系，社会内部的整合，不同民族的发展就要以这一工作为中心展开，通过"两个共同"，组织和动员各个民族投身现代化建设中。

从政治上讲，国家建立了旨在保证各个民族一律平等的宪法和法律制度，坚持和发展了民族区域自治制度。依靠这一制度，在承认和维护民族区域自治权力的同时，有效地将各个民族组织起来。从政策上看，国家根据不同地区和不同民族的情况，制定了各种不同的政策，合理地进行着利益上的平衡与分配，从整个国家的全局上保证了"两个共同"的实现。"八五"计划以来，国家在资金和政策投入方面加大了对中西部地区特别是西部地区的倾斜力度，在民族地区建设了一批大中型工业项目。如新疆的塔里木油田、广西平果铝厂、青海钾肥工程、内蒙古大型煤电基地等，从而使民族地区形成了若干重要的资源开发和深加工产业基地。进入21世纪，随着西部大开放战略的实施，民族地区的经济发展地位凸显，其中包括优先在民族地区安排资源开发和深加工项目，引导和鼓励较为发达地区的企业到民族地区投资，加大对民族地区的财政和金融支持等。据国家新闻办公布的民族地区固定资产投资情况统计，21世纪以降，国家在民族地区的固定资产投资为3071亿元，而到了2008年已经增长了5倍，达到了18453亿元。① 正是经过几十年的发展和国家持续对民族地区的投入支持，今天的民族地区工业规模发生了巨大的转变，民族地区的工业体系已经成了整个国家工业体系的一个不可分割的重要部分。各个民族的共同发展有了强大的工业体系的支持。

从社会基础条件来看，在改革开放前，中国民族地区总体上处在十分封闭的状态中。由于气候、地理状况的原因，很多地方交通不发达。不少民族地区与世隔绝，民族地区的群众世代活动没有超出自己所居住的地方，不知道外部世界是怎样的，也不知道历史发生了怎样的变化。尽管国

---

① 中华人民共和国国务院新闻办公室：《〈中国的民族政策与各民族共同繁荣发展〉白皮书》，2009年9月。

家已经在民族地区的基础设施建设上进行了大量投资，如修建公路、铁路、桥梁，建立邮政、电报、电话和通信系统，但由于国家经济比较落后，财力有限，决定了这些设施还很难深入农牧民生活区。改革开放后，随着经济发展的需要，中国的基本设施建设有了长足发展。国家"陆续建成了南昆铁路、内昆铁路、南疆铁路、拉萨机场、兰（州）西（宁）拉（萨）光缆工程、宁夏扬黄灌溉工程等一大批重点工程，极大地改善了民族地区交通、通信等基础设施和生产生活条件"。① 尤其值得一提的是"雪域高原"的西藏地区，2007 年，青藏铁路铺轨到拉萨，结束了西藏没有铁路的历史，使西藏不仅与内地之间有了一条经济、快速、全天候、大能量的运输通道，而且使西藏与内地之间更加密切地联系在一起。2010 年 12 月 15 日，全国唯一没有通公路的西藏墨脱县结束了没有公路的历史，这样一个高原孤岛不仅进入了全国公路网，而且与外界联系在了一起。上述公共交通基础设施的建立，使全国各个地区，其中也包括民族地区紧密地结合在了一起。民族的"两个共同"的实现有了强大的交通条件作保证。

国家在完成民族地区基础设施建设工程中，村村通公路，户户通广播和电视的工程也自 21 世纪以来在民族地区展开。现代的民族地区下到乡、村或寨，基本上都有了自己的公路、广播和电视。2008 年 5 月，我到裕固族的一个牧民家庭采访时，那里的牧民不仅有了宽敞的住房，而且有了汽车、电视和手机。在贵州、云南等少数民族地区的村寨考察时，我发现，这些都已经成了他们日常生活用品中的一部分。可见，网络一体化使各个民族团结奋斗与繁荣发展有了现代信息网络的支持，极大地方便了不同民族的交往。

胡锦涛在中央民族工作会议上强调："巩固全国各族人民的大团结，是党和人民事业顺利发展的重要保证。民族关系是多民族国家中至关重要的社会关系。"② 为了保证"两个共同"的实现，中国宪法和法律明确规定："中华人民共和国各民族一律平等"，"禁止对任何民族的歧视和压迫"。中国现行刑法规定："在出版物中刊载歧视侮辱少数民族内容，情

---

① 中华人民共和国国务院新闻办公室：《〈中国的民族政策与各民族共同繁荣发展〉白皮书》，2009 年 9 月。

② 胡锦涛：《在中央民族工作会议上的讲话》，http：//newsxinhuanet. com/misc/2005 – 05/27/content – 3012553. htm。

节恶劣，造成严重后果的，对直接责任人员，处三年以下有期徒刑、拘役或者管制。"在实际的管理上，对一切不利于民族团结的行为展开斗争。在新中国刚建立不久，政务院就颁布指示，对于历史上遗留下来的带有歧视或侮辱少数民族性质的称谓、地名、碑碣、匾联，予以禁止、更改、封存或收管。在民族关系上，"要反对大民族主义，主要是汉族主义，也要反对地方民族主义"①。可见，宪法和法律的规定和实施，极大地遏制了民族分离主义、民族排外主义的发展，对分裂主义和恐怖主义的打击，有效地巩固了"两个共同"的实现。

为了缩小不同民族地区之间的差距，大力发展民族地区的文化事业至关重要，国家发展和丰富了对民族群体的公共物品供给。一方面，加强不同民族之间的交流，特别是民族地区的教育，促进民族地区教育、科技与公务员素质的提高。改革开放以后，"国家根据少数民族的特点和需要，帮助少数民族加快各项文化事业的发展。中国政府通过各种政策措施，尊重和保护少数民族文化，支持少数民族文化的传承、发展和创新，鼓励各民族加强文化交流，繁荣发展少数民族文化事业"。② 另一方面，国家在发展少数民族教育与文化事业的同时，努力保护少数民族地区的文化。对此，中国政府在 2009 年发表的《中国的民族政策与各民族共同繁荣发展》白皮书指出，中国政府在少数民族的语言文字、教育结构、民族文化遗产、文化艺术事业发展等诸多方面给予大力支持。通过国家的这种支持，少数民族的文化在现代化大潮中，不仅得到了保留，而且与时俱进，得到不断繁荣发展的基础。

四　当代中国政治整合逻辑的意义和价值

自 20 世纪 80 年代末以来，在全球化的影响下，多民族国家的族群关系格局发生了新的变化。在此条件下，各个国家结合本国的实际发展了自己的政治整合。在西方国家，近代以来建立形成的公民共同体建设已经成熟，一切政治安排最终都纳入了公民秩序之中。进入后工业社会时代，随

---

① 《中华人民共和国民族区域自治法》。

② 中国国务院新闻办公室白皮书：《中国的民族政策与各民族共同繁荣发展》，人民出版社 2009 年版，第 40 页。

着族群集体意识的发展，多元文化群体的权利在法律上也得到了承认和保护，修正了已往对少数民族漠视、同化和排斥的政策。金里卡在谈到加拿大多元文化主义的意义时指出："多元文化政策涉及对一体化条件的修订，而不是对一体化本身的否定。它们否定的只是盎格鲁化，而不是一体化。"①

发展中国家在独立前，虽然社会一体化程度在殖民主义统治下获得了一定的发展，但社会一体化发展程度严重不平衡。独立后，这些国家虽然建立了自己的政府，但社会内部多族群、多宗教、多语言的状况并没有得到彻底改变。在此基础上建立起来的国家只能依托权威实现国家政治的整合，鉴于公民共同体的基础薄弱而多族群或多宗教群体持强的局面，国家只是在有限的范围内对其成员进行保护和管理，对多元族群和多宗教群体的自治权力只能予以承认并加以利用，以此实现多民族国家的政治整合。但由于内部多元群体力量的矛盾和制衡，以及西方国家的外部挑拨，发展中国家在实现发展的目标上步履维艰。印度即为代表。在这一国家中，经过选举上来的领导人或议员，主要关注的是自己所在族群的利益而疏于考虑整个国家的利益。而选民选举他们作为代表也主要出于他们所在的族群或教派的考虑。在各自寻求自己的利益最大化面前，选举产生的政府既无力满足各方的欲望，又不能拒绝他们的要求，"只能采取调和和妥协的办法，许多是以牺牲印度的长远发展为代价的"②。在这种状况下，印度政府"制定了经济计划，但却没有可操作的实际程序来支持其计划，使之往往停留在纲领阶段而得不到实际执行，而且国家也并不要求国民为执行计划而履行义务和遵守纪律"③。在中东和非洲的多部落国家里，虽然形式上有了国家，甚至建立了所谓的"民主政治"，但内部多元群体的利益博弈，使其难以形成有效的政治整合。

中国的政治整合所遵循的是一条内化而外合的逻辑。所谓的内化指的是存在于各个民族内心世界的、具有结合作用的价值。它产生于各个民族的文化中，又经过中国共产党的提炼而成为一系列的思想观念。其核心是"以人为本"、和谐共生、互助友爱等，这些存在于各个民族文化中的思

---

① 中国国务院新闻办公室白皮书：《中国的民族政策与各民族共同繁荣发展》，人民出版社2009年版，第173页。

② 王红升：《论印度的民主》，社会科学文献出版社2011年版，第253页。

③ A. Kohli., ed., India's Democracy（Princeton University Press，1990），p.48.

想是促使不同民族共同团结奋斗、共同繁荣发展的精神力量。唤起这种为各个民族所共有的观念、知识和记忆，发展和培育这种价值观，可以有效地抵制来自族群中心主义的侵蚀，促进不同民族相互适应、相互接受、相互帮助。作为一种价值的"两个共同"正起到了"心合"的作用。比较而言，当代西方多元文化主义尽管也强调各个不同的族群可以通过国家承认的权利参与到国家发展中来，但由于身份认同的缘故，诸多的"你们"、"我们"之分在事实上造就了一种国家内部"面和心不和"的局面。2009 年，加拿大一个多元文化主义政策研究报告显示，一波又一波移民的到来，导致不同文化之间总是处于相互隔离的状态，不同知识结构之间的差距影响了加拿大的社会整合，甚至一些群体为维护自己的文化权利而封闭起来，导致一些族群的成员难以参与社会活动，表现出被边缘化的端倪。因此，加拿大的一些学者明确指出，现实的加拿大社会正陷入一种"虚假联合"（false association）的状态之中。①

所谓的外合是各个民族在与其他民族合作共事中结合到一起。这种整合既表现为各个民族之间的相互往来，团结合作，互助友爱，也涉及构成多民族政治共同体的国家以一种合理的制度安排和科学的政策，使不同的行动主体实现相互配合。而这种机制安排恰恰是价值整合的外部展开。在这里既有合同的方面，也有立异的方面，当代中国的民族区域自治制度正是这种制度的集中体现。

中国的政治整合遵循的是一种内化而外合的逻辑，在当代多民族国家中，由于多民族的复杂性和国家建设的复杂性，民族建构与国家建设常常处在一定的张力之中。当二者的发展比较平衡时，多民族国家的政治发展就较为顺利；反之，当二者发生矛盾，走向对立时，族群认同就会压倒国家认同，使多民族国家统一和政治稳定陷于困境。中国特色的族际政治整合是从内涵发起的，并落实于外部形式。这种进路有其历史依据。有国外学者指出："中国并不是一个普通的民族国家，而是一个文明国家。"②

---

① 参见 Jean Lock Kunz, *From Mosaic to Harmony*: *Multicultural Canada in the 21ˢᵗ Century*, PRI Project Cultural Diversity 2009, see www. policyresearch. gc. ca.

② ［英］马丁·雅克：《当中国统治世界：中国的崛起和西方世界的衰落》，张莉等译，中信出版社 2010 年版，第 161 页。

"中国人眼里的'中国'实则是'中华文明'的同义词。"① 西方学者的认识在中国典籍中得到印证。《唐律名例疏议释义》说："中华者，中国也。亲被王教，自属中国，衣冠威仪，习俗孝悌，居身礼义，故谓之中华。""中华"之得名，由来已久。华夏先民因建都黄河流域，四裔环绕，故自称"中华"，指华夏族及后来的汉族，"是故华云、夏云、汉云，随举一名，互摄三义。"② 中华之"中"，又有"以己为中"之意，与"以人为外"相对应。中华之"华"，意谓具有文化的民族。中国即为中华民族，"文明国家"等意，"中国"一词的内涵与文化密切联系在一起。所谓的"文治教化"构成了文化的实质，即以一定的道德教化而服人。"远人不服，则修文德以来之。"③ 显然，这种"文明国家"更多注重的是道德教化与国家权威的结合，而古代的政治整合实际上就是内修人伦、外建国家秩序。所谓的"修身、齐家、治国、平天下"，"得人心者得天下"、"内圣外王"等主张无不反映着一种由内及外的政治整合逻辑。

今天的中国已经不同于传统国家，今天的价值体系已异于传统的价值体系。但传统治国理政方面的逻辑在今天依然具有重要价值。比较当代不少国家政治整合的逻辑，在民族国家的发展过程中，都倚仗于强制同化，以使那些异己的族群或放弃自己的民族文化或将其排斥和清洗出去，以保证本民族的同质性。在中国，"政治核心的选择本质上是社会发展道路的选择，同时也即是社会主导意识形态的选择"。④ 自 1840 年鸦片战争以来，先进的中国人经过千辛万苦，向西方国家寻求真理。以为只要采取西方的东西就是救中国，但多次奋斗，都失败了。俄国十月革命后，中国人找到了马克思列宁主义，并在这一思想的指导下，建立了中国共产党，通过它，成功地进行了新民主主义革命，建立了新中国。今天，中国同样是在邓小平理论和科学发展观的指导下发展着。正确的理论与价值选择是国家实现政治整合的灵魂，心行相合才能获得成效。因此，"两个共同"价值的确立，核心价值体系的培育，就是中国特色的民族建构与国家建设之路。

---

① ［英］马丁·雅克：《当中国统治世界：中国的崛起和西方世界的衰落》，张莉等译，中信出版社 2010 年版，第 161 页。

② 《中华民国解》，《民报》第 15 期，1907 年 7 月。

③ 《论语·季氏》。

④ 王希恩：《全球化中的民族过程》，社会科学文献出版社 2009 年版，第 357 页。

　　中国这种由内及外的政治整合逻辑，在当代复杂的国内外环境压力下具有重要价值。从国内看，随着现代化的发展和西部大开发的深入进行，民族关系格局正发生着新的变化。同时，在市场经济与社会各种利益的调整中，多元文化在中国也具有了更大的发展。社会内部的多元价值倾向正在加强；从国际环境看，国际反华势力有了新的发展，一些大国联合插手中国民族问题，发展和培育境外分裂主义势力，试图分化中国，瓦解中国。大量的事实向人们敲响警钟，西方国家的国际资本集团灭我中华之心不死。作者通过大量事实揭露：作为全球性资本主义核心领导组织——共济会正将西方国家政要、垄断组织头目、知识界精英联合起来。他们操控国家政府和政党高层，设立了一个"盎格鲁—撒克逊计划"，将有色人种作为清洗对象，中国是其中之一。因为"中国是有色人种中具有健全工业体系、文化体系、国防体系和核武体系的自主性大国。而且也唯一有能力以国家体系与雅利安人从经济、政治、文化上进行全面抗衡的有色人种大国。因此解体是首要的目标。"① 中国又是一个地缘政治上易受包围和攻击的国家。近代中国历史上所受的屈辱更使中国政府深刻地认识到，中国的国防维护和国家安全不仅需要现代化力量的支撑，而且需要全国各族人民的团结奋斗。国歌中"万众一心"精神决定了只有心合力合，才是中国国家安全的必要保障。因此，从核心价值入手，增强凝聚力，发展和完善中国的政治整合事关重大。

　　［作者：常士誾，天津师范大学政治文化与政治文明建设研究院教授，中国世界民族学会副会长。本文为国家社会科学基金重点项目"多民族发展中国家政治整合路径选择研究"（13AMZ005）的研究成果之一］

---

　　①　何新：《统治世界：神秘共济会揭秘》，中国书籍出版社2011年版，第14页。

义务教育资源配置均等化的政治学审视

生存权、发展权是每个社会成员享有的基本权利，全面、充分地实现上述权利不仅关系着个人的利益，也影响着整个民族与国家的发展。作为提供人的社会可行能力的基本途径与保障的教育，尤其是基础教育，只有从政治的高度审视其发展战略与现行政策，才能获取现实的合法性，才能为民族与国家的发展奠定坚实的基础。作为教育基础的义务教育，如何通过资源配置均等化的实现来保障全社会范围内教育权实现的公平、正义，关乎民族发展的人才资源建设，关乎国家的和谐发展，关乎民族发展竞争力的提升。由此，义务教育资源配置的均等化问题便成为一个地道的政治问题。

一 受教育权及其实现的政治学审视

在现代民主社会里，受教育权是人们所享有的基本社会权利。联合国《经济、社会和文化权利国际公约》指出："本公约缔约各国承认人人有受教育的权利。"《中华人民共和国宪法》规定："中华人民共和国公民有受教育的权利。"将受教育权视为人们享有的基本社会权利是人的类本质——自由全面发展这一内在规定性的外在体现——以基本社会制度的形式固化人的权利，进而保障人的权利的实现，受教育权由此成为一个政治问题。

受教育权成为人的基本社会权利，源于教育对人的自由全面发展所发挥的建构性作用。发展是自由的发展，是个体基于自身特性所选择的自我发展。发展同时又是全面的发展，是个体基于自身价值取向与目标追求所选择的多元化发展。对个体而言，无论是自由发展还是全面发展的实现，首先需要解决自身的发展欲望与发展能力问题，其次是发展所需要资源的可获取问题。前者是实现发展的内在因素，后者是外部保障。作为发展的内在因素，发展能力的获取与不断提升对个体自由与全面发展的实现具有根本性与首要性。其根本性与首要性体现在发展能力不仅是个体实现自身发展与自身自由的物质基础，而且发展能力本身是一种自由，即个体所拥有的实现自身所珍视的生活的各种功能性活动组合的实质自由，阿玛蒂亚·森将这种自由称为"可行能力"（capability）。

教育，尤其是基础教育提供了人的可行能力的基础问题，换言之，基础教育解决了人对社会的基本认知、人的基本价值观与世界观、人们认识与改造世界与自身的基本知识与能力问题，从而为人们提供了社会化生存的基本物质基础，即面对社会实践所提供的各种机会进行自我选择的自由，选择个体生活道路的自由，以及进一步提升自身可行能力的自由，包括接受更高级教育以及从事更有挑战性的工作，以提升自身可行能力的自由。如此一来，基础教育在显示其"基础性"的同时，也奠定了其对个人与社会发展的根本性根基。将基础教育作为义务教育确定下来，以社会强制力和政府行为保障适龄儿童和少年获取实现自身自由与发展的基本条件保障，为构建自由和全面发展的社会提供制度保障就成为现代社会共同的政治选择。

将受教育权，尤其是义务教育权作为人们所享有的一项基本社会权利确定下来，体现了现代民主社会的政治本质。民主社会政治本质的核心体现为每个社会成员是自由、平等的，每个人都有参与社会实践与社会生活的权利，有选择和实现个人生活的权利。对个人而言，实现自身所享有的社会权利除了需要相应的社会制度来保障自身享有权利实现的机会外，关键在于自身是否拥有实现相应社会权利所需要的实质自由或可行能力。在竞争社会里，这种自由更多地表现为相对自由，即与竞争者相比较的竞争优势。在实行民主政治的市场经济社会里，一个人所拥有的自由主要体现在其所掌握的驾驭社会实践和参与社会生活的能力上。而教育，尤其是基础教育对一个人基本能力的形成与进一步提升所发挥的基础构建作用决定了一个人是否受到良好的基础教育、不同人际间所受到的基础教育在质量上是不是均衡的，从根本上影响着社会成员社会自由的获取以及建立在这种自由基础上的社会权利的实现程度。正因如此，在受教育权作为人的首要社会权利得到法律与制度保障后，社会自然会将关注的目光放到受教育权的实现程度及其质量是否均衡上，义务教育发展的均衡化因此不再是单纯的教育问题，而是一个具有深远社会意义的政治问题。

二　义务教育均衡化的政治学审视

基础教育对个人的实质自由和社会的实质自由的生成所发挥的首要构建作用，及其对社会和谐发展所发挥的基础性构建作用推动着现代社会将基础教育界定为义务教育，并以法律的形式将义务教育作为公民的一项基本社会权利与义务确立下来，以强制力保障其得以实现。与此同时，作为公共产品，义务教育的公平性受到普遍认同，保障义务教育公平性实现的义务教育均衡化则被作为政府的一项基本责任确立下来。

据联合国教科文组织统计，2000 年，在全世界有确切义务教育统计数据的 185 个国家和地区中，义务教育年限平均为 8.89 年，中位数为 9 年。其中义务教育年限最短的为 4 年，频数为 1，年限最长的为 13 年，频数为 8。年限频数最多的是 9 年，共有 39 个国家和地区。其次是 10 年，共有 35 个国家和地区，两者合计为 74 个，占总数的 40%。实行 12 年义务教育的国家和地区有 12 个，占总数的 6.5%。实行 13 年义务教育的有 8 个，占总数的 4.3%，二者合计占总数的 10.8%。在这 185 个国家和地区中，9 年以上的国家和地区合计为 114 个，占总数的 61.6%。[①]

实现义务教育均衡化发展是义务教育发展成败的关键。所谓义务教育均衡发展，指的是在不断提高义务教育质量的前提下，依法、科学、合理地配置教育资源，缩小义务教育在区域之间、城乡之间、学校之间的差别，使校际间经费投入、师资水平、硬件设施、教育质量、学校文化趋于公平合理，为广大适龄儿童少年提供德、智、体、美全面发展的高质量的教育。[②]

当下，实现中国义务教育均衡化发展既要解决义务教育目标追求的全面性问题，又要解决区域之间、城乡之间、学校之间教育质量的平等化问题。前者着重解决当下义务教育存在的重智力培育与开发，轻健康心理与人格培育、基本伦理道德养成而导致的人的发展的不平衡局面。后者着重解决因教育资源配置差异而导致的区域之间、城乡之间、学校之间义务教

---

① 刘彦伟、文东茅：《义务教育年限的国际比较》，《教育科学》2006 年第 5 期。
② 王定华：《义务教育均衡发展访谈录》，中国网，2011 年 7 月 21 日。

育发展非均衡化问题，从根本上保障义务教育发展的大体均衡。从政治意义上讲，义务教育均衡化发展的意义与义务教育本身的意义同样重要，这是因为义务教育的均衡化一方面关系到人自身发展的全面性，而人的全面发展无疑是社会健康、有序发展的基本前提。三十多年改革开放的实践告诉我们，国民心灵健康是社会科学、和谐发展的基础，是社会实现高效、可持续发展的精神源泉。而义务教育给我们种下的启蒙火种在相当程度上决定了我们对社会、对自我的认知，影响到我们对发展道路的选择，影响到我们的价值与目标追求。另一方面，义务教育发展的均衡性，包括现实的均衡和历史的均衡又直接关系到区域间、城乡间人力资本的总体质量与竞争力，关系到区域间、城乡间发展的均衡性。国民受教育水平与区域间、城乡间发展的正相关性决定了我们只有从根本上解决教育的巨大差距，才可能从根本上解决区域发展不平衡、城乡发展不平衡问题，而义务教育无疑是缩小上述差距的起点和基础。

现阶段，实现中国义务教育发展均衡化，亟须解决以下问题：

1. 从根本上解决义务教育的素质化问题，为义务教育确立科学、全面的工作目标。义务教育的基本任务在于塑造合格社会公民所应具备的基本条件，包括合理的世界观、人生观、价值观的确立，基本思维方式的养成，基本道德伦理的养成，基本认知与实践能力的培养。当前义务教育所存在的最大问题在于其目标的异化，智力目标成为教育目标的全部。受此影响，义务教育在师资配置、教学设施配置等方面存在明显的失衡，德育教育、美育教育、国情教育等方面的师资与教学设施配置明显落后于智力教育，甚至严重不足。由此而来的是，广大少年健全人格的培育、好奇心的引导与开发、基本伦理道德的养成等合格社会公民应具有的基本素质明显欠缺，义务教育不能为职业教育和高等教育输送合格的生员，不仅成为制约中国当下职业教育和高等教育发展的重要因素，更是制约整个社会健康、可持续发展的重要因素。

2. 进一步发挥中国集中统一管理体制的优势，破解现有社会管理体制对义务教育资源保障的局限，从根本上解决义务教育资源配置非均等化问题，为义务教育均衡化发展提供体制保障。保障义务教育发展是政府的责任。《中华人民共和国义务教育法》（以下简称《义务教育法》）规定："义务教育实行国务院领导，省、自治区、直辖市人民政府统筹规划实施，县级人民政府为主管理的体制。""国务院和县级以上地方人民政府应当合理配置教育资源，促进义务教育均衡发展。""国家将义务教育全面纳入财政保障范围，义务教育经费由国务院和地方各级人民政府依照本法规定予以保障。""义务教育经费投入实行国务院和地方各级人民政府根据职责共同负担，省、自治区、直辖市人民政府负责统筹落实的体制。""国务院和地方各级人民政府将义务教育经费纳入财政预算，按照教职工编制标准、工资标准和学校建设标准、学生人均公用经费标准等，及时足额拨付义务教育经费，确保学校的正常运转和校舍安全，确保教职工工资按照规定发放。"

义务教育均衡发展对各类教育资源的依赖性要求各级政府分工负责，共同保障义务教育学校，尤其是经济欠发达、不发达地区的义务教育学校获得必要的教育资源，以实现区域间、城乡间义务教育投入的均衡。具体包括教育经费投入的基本均衡（包括大致均衡的生均预算内教育经费、生均公用经费、基本建设与改造资金支出等的均衡）、办学条件的基本均衡（包括学校规模、仪器设备、图书资料、文体器材和信息化水平等方面的均衡）和教师队伍的基本均衡（指教师数量与教师队伍结构的均衡）。①

在现行"条块结合，以块为主"的行政管理体制下，不同经济发展水平、不同社会管理水平的地方政府间对义务教育的保障能力存在明显差异。受此影响，经济不发达和欠发达地区的义务教育资源保障水平与发达地区相比存在明显差别，义务教育质量在区域间、城乡间差距巨大。这种情形已造成中国义务教育发展在过去几十年里，尤其是在改革开放以后在区域间，尤其是城乡间出现巨大差别，这种情形在 2006 年新的《义务教育法》实施前表现得十分明显。在 2006 年之前，中国义务教育财政性经费基本上由基层政府负担。2006 年新修订的《义务教育法》实施后，农村地区实施了义务教育经费保障新机制，城市地区也开始探索城市免费义务教育的实施方案，中央和省级政府开始加大对义务教育的投入力度。在农村地区，中央、省、市参与了农村义务教育杂费、公用经费、教科书费、寄宿生困难补助、校舍维修改造经费等项目的分担；在城市地区，中央和部分省、市也参与了各城区义务教育免杂费和公用经费补助项目的分担。尽管如此，由于占义务教育经费总支出 70% 以上的人员经费仍由县、

---

① 王定华：《义务教育均衡发展访谈录》，中国网，2011 年 7 月 21 日。

区政府负担，中国义务教育财政性经费投入的"大头"仍在基层政府；在义务教育经费的配置上，城乡间、地区间、省际义务教育经费差距显著。在生均预算内公用经费方面，2007 年，农村普通小学比城镇少 81元，农村普通初中比城镇少 129 元，城乡中小学预算内生均公用经费差距与 2002 年相比都有所拉大；2007 年，普通小学生均预算内公用经费东部地区平均为 564 元，中部地区为 352 元，西部地区为 388 元。普通初中生均预算内公用经费东部地区平均为 846 元，中部地区为 488 元，西部地区为 558 元，中西部地区与东部地区相比差距十分明显；2007 年，全国普通小学生均预算内公用经费最高的省份是北京，为 2926 元，最低的是贵州，为 199 元，二者相差近 14 倍。全国普通初中生均预算内公用经费最高的省份是北京 4927 元，最低的仍是贵州，为 325 元，二者相差近 14倍。① 现阶段，教育经费不足依旧是制约中国大多数地区农村义务教育发展的首要因素，据中国人民大学所进行的"千人百村"调查，"在调查的116 个村中，33 个村（居）委会办公人员认为教育经费不足是村里义务教育面临的最大问题"②。

三　义务教育资源配置均等化的政治学审视

义务教育资源配置均等化是保障义务教育发展均衡化，实现义务教育公平性的根本保障。政府对义务教育所承担的主体责任决定了实现义务教育资源配置均等化必须依靠政府，即政府必须通过公共财政来解决义务教育经费保障问题，通过人事制度保障义务教育的师资需要，通过税收等政策不断提高社会对义务教育的资助程度，提升义务教育资源的保障水平。

1. 政府必须保障义务教育经费投入的水平与等质化程度。为义务教育提供必要的资金保障是各级政府义不容辞的责任。做到这一点，一方面要提高教育经费占财政预算的比例，尤其是提高国家财政性教育经费支出占国内生产总值的比重。长期以来，中国财政性教育经费的增长比例一直低于财政收入的增长比例和财政支出的增长比例。2012 年，国家财政性

---

① 陈静漪：《中国义务教育经费保障机制研究》，东北师范大学 2009 年博士学位论文。

② 李玉兰整理：《"千人百村"调查：农村义务教育现状》，《光明日报》2013 年 4 月 3 日第 13 版。

教育支出首次达到占 GDP4% 的水平，与世界上其他国家相比存在明显差距。美国、日本、韩国、印度为 4.7%—7.4%。[①]

义务教育经费保障均等化并不意味着义务教育经费保障的等值化，而是强调经费保障的等质化，这是由各地经济发展水平导致的消费水平差距所决定的。政府在确定义务教育经费预算时，应根据各地物价水平差异以及义务教育所需要的人力资源成本水平差异，确定不同义务教育实体的经费预算，既保障义务教育同质化对经费的需求，又防止义务教育经费浪费。现阶段，经济欠发达和不发达地方的义务教育普遍面临经费保障不到位的问题，为此，应在现行财税体制和行政管理体制下，加大中央财政对经济欠发达和不发达地区义务教育经费保障的支持力度。与此同时，省级财政应加大对本区域内义务教育经费保障的统筹力度，切实解决经济不发达和欠发达县市义务教育的物质保障问题。

近年来，随着国家财政和地方财政对农村义务教育经费保障力度的不断增强，农村义务教育的生均经费虽然依旧低于全国平均水平，但其增长速度却逐步超过城镇的增长速度，城乡义务教育经费保障的均等化程度得到明显改善（具体情形见下表）。

年份	生均预算内教育事业费				生均预算内公用经费			
	普通小学		普通初中		普通小学		普通初中	
	全国	农村	全国	农村	全国	农村	全国	农村
1997	333.81	275.06	591.38	468.06	33.97	22.07	93.05	58.50
1998	370.79	305.62	610.65	478.25	34.35	23.02	79.82	47.00
1999	414.78	345.77	639.63	508.58	35.72	24.01	76.97	44.15
2000	454.33	388.86	605.63	494.87	37.15	24.11	73.94	38.67
2001	645.28	550.96	817.02	656.18	45.18	28.12	83.4	44.95
2002	752.84	665.67	856.21	729.26	60.1	42.73	103.98	66.58
2003	847.98	749.17	924.6	786.77	83.45	60.91	127.12	85.01
2004	1012.55	918.67	1081.44	948.16	116.44	95.13	164.4	125.52
2005	1327.24	1204.88	1498.25	1314.64	166.52	142.25	232.88	192.75
2006	1633.51	1505.51	1896.56	1717.22	270.94	248.53	378.42	346.04

---

① 杨东平：《教育经费投入，不差钱?》，《中国青年报》2009 年 4 月 25 日。

续表

年份	生均预算内教育事业费				生均预算内公用经费			
	普通小学		普通初中		普通小学		普通初中	
	全国	农村	全国	农村	全国	农村	全国	农村
2007	2207. 04	2084. 28	2679. 42	2433. 28	425. 00	403. 76	614. 47	573. 44
2008	2757. 53	2617. 59	3543. 25	3303. 16	616. 28	581. 88	936. 38	892. 09
2009	3357. 92	3178. 08	4331. 62	4065. 63	743. 70	690. 56	1161. 98	1121. 12
2010	4012. 51	3802. 91	5213. 91	4896. 38	929. 89	862. 08	1414. 33	1348. 43
2011	4966. 04	4764. 65	6541. 86	6207. 10	1366. 41	1282. 91	2044. 93	1956. 66

资料来源：根据教育部、国家统计局和财政部联合公布的年度《全国教育经费执行情况统计公告》（1997—2011）提供的数据整理而成。

2. 合理设定义务教育服务半径。义务教育对象的未成年性决定了义务教育的就近性，这样一可以方便学生就学，二可以减轻家长的经济负担和对孩子的牵挂，有利于孩子的健康成长。与城市（镇）义务教育的服务半径相对较小形成反差的是，近年来，农村小学服务半径在扩大。据2012年中国人民大学"千人百村"社会实践调查对全国116个村庄所进行的调查问卷和田野调查数据，无论是东部、中部还是西部的农村，离村庄最近的小学都在2公里左右。近年来进行的农村义务教育撤点并校，加大了农村小学服务的半径。29%的孩子在村里的学校就读，42.4%的孩子在所属的县、镇学校就读，15.1%的孩子在所属市的学校里就读，11.4%的孩子在别的市的学校就读。在所调查的116个村中，32个村认为，学生到校交通困难是村里义务教育面临的最大问题。[①]

义务教育服务半径扩大，既有学校布点的问题，也有学校教学质量方面的问题。几年前，为解决义务教育质量问题，一些地方对办学条件差、教学质量不高的农村义务教育学校进行了撤并，实行集中办学，义务教育服务半径随之扩大。义务教育学校的各项办学指标虽然得到明显改善，办学质量明显提升，但相当数量的学生和家长的负担也明显增大，孩子们的交通问题、住宿问题、饮食问题随之而来，家长的经济负担增大。为缓解

---

① 李玉兰整理：《"千人百村"调查：农村义务教育现状》，《光明日报》2013年4月3日第13版。

家长的经济压力，国家不得不对这些孩子进行财政资助。如此，不仅增加了各级财政的负担，还无法解决家长对孩子的牵挂，更不利于适龄儿童心理的健康发展。正因如此，教育部于 2010 年初下发的《关于贯彻落实科学发展观－进一步推进义务教育均衡发展的意见》明确要求："地方各级教育行政部门在调整中小学布局时，要统筹考虑城乡经济社会发展状况、未来人口变动状况和人民群众的现实需要。对条件尚不成熟的农村地区，要暂缓实施布局调整，自然环境不利的地区小学低年级原则上暂不撤并。对必须保留的小学和教学点，要保证教育教学质量。对已经完成布局调整的学校，要保障学生的学习生活。要进一步规范学校布局调整的程序，撤并学校必须充分听取人民群众意见。"上述问题反映了一些地方政府对于义务教育本质的理解以及政府对在义务教育方面所承担的基本责任的理解上存在明显不到位之处，工作中尚存在简单化倾向。

3. 完善义务教育师资保障制度，解决义务教育师资配置均等化问题。师资保障是义务教育资源配置均等化的重要内容，也是制约当前义务教育发展均衡化的重要因素。当前，城乡之间、不同发展水平城市（镇）义务教育学校之间的师资配置存在巨大差距，这种差距既表现在师资数量上，更表现在师资结构与质量上。

从教师数量上看，2008 年国家教育督导报告显示，2006 年，中西部9 省（自治区）村小的班教师比远低于国家小学的平均配置水平。据中西部 9 个省（自治区）学校的统计数据，2006 年，3 万多所村小的班师比平均仅为 1:1.3，4 万多个教学点的班师比平均仅为 1:1，均远低于全国小学 1:1.9 的平均配置水平。这些地区学校的教师严重不足，进不去、留不住问题突出。2007 年，全国共有代课教师 37.9 万人，农村地区小学代课教师的比例高达 87.8%。这些代课教师的素质良莠不齐，缺少必要的专业训练，工作又属于临时性质，缺乏长远的个人规划，难免出现不负责任的教学态度，不备课，不批改作业，更别说个人辅导了，根本无法保证教学质量。

外语、音乐、体育、美术和信息技术等学科的教师严重不足，相关课程难以开齐。2006 年，全国有 508 个县，每县平均 5 所小学不足一名外语教师；西部山区农村小学平均 10 所才有一名音乐教师；中西部贫困地区、少数民族地区农村初中音乐、美术、信息技术三门学科的教师，平均每校都不足一人，致使部分学校无法正常开设规定课程。

　　教师队伍结构的学历和职称是反映教师质量的良好标准。在学历方面，城乡义务教育专任教师学历的合格率差异很大，2001 年，小学和初中专任教师学历合格率城乡分别相差 2.2 个和 7.6 个百分点。农村小学和初中教师的学历不合格率高达 70％ 甚至 80％。

　　2007 年，全国小学中高级职务教师比例为 48.2％，城市高于农村 9.5 个百分点以上。贵州、陕西农村小学中高级职务教师比例均低于 30％，城市高于农村 15 个百分点以上。全国初中中高级职务教师所占比例为 48.7％，城市高于农村 19.2 个百分点。贵州、甘肃、陕西三省农村初中中高级职务教师比例均低于 30％，城市高于农村 25 个百分点以上。

　　农村教师队伍老龄化现象严重。年龄结构是判断教师队伍质量的重要标准之一。合理的年龄结构是老、中、青教师相结合。现实中，中国农村义务教育教师队伍的实际状况是老年、中年教师的比重偏大，青年教师的比重较小。据 2006 年教育部第四次新闻发布会提供的数据：中国农村小学年轻教师偏少，35 岁以下的教师仅为 41％，农村教师断层和老龄化现象比较严重。安徽省 2002 年底农村 35 岁以下的小学教师占农村小学教师总数的比例为 31％，而城市（不包括县镇）则高达 50％，比农村多出了 19 个百分点；山东省的这一差距更大，2002 年，山东省义务教育 35 岁以下的小学教师占城市小学教师总数的 55％，而农村只有 28％，两者相差近 1 倍。[①]

　　农村义务教育教师队伍存在的问题，既有客观原因，也有师资政策不到位的原因。就前者而言，农村地区的基础设施落后，教学条件差，教师待遇低，教师发展空间狭小，发展条件得不到应有的满足，这一切导致年轻人不愿到农村从事教育工作，现有的农村教师流失数量大；就后者而言，政府对农村教师的政策缺乏针对性与吸引力是导致农村教师队伍现状的基本管理原因。在城乡发展差距巨大的情形下，政府如果用与城市教师管理相同的政策来应对农村义务教育教师管理，显然无法解决农村义务教师队伍建设问题。为此，各级政府与教育行政部门应制定有激励性的政策，鼓励年轻师范毕业生和其他符合条件的人到农村义务教育学校担任教师，如提高经济不发达和欠发达地区农村义务教育学校教师的工资与福利待遇，加大对农村义务教师的培训力度，在职称评定方面给予适当的倾斜

---

　　① 教育部人事司、教育部教育发展研究中心：《2002 年全国教师队伍状况分析报告》。

等。与此同时，要进一步完善国家所实施的免费师范生选拔与使用政策，培养一批愿意献身农村义务教育，进得来、留得住的年轻师范毕业生。现阶段，招收免费师范生的是少数几所国家重点师范大学，这些大学本科生招生数量有限，尤其是来自中西部的生源有限，可以解决的问题有限。国家应考虑在未来一段时间里，在经济不发达和欠发达省份的省级师范院校中选择一部分办学质量较好的学校实施免费师范生教育，主要招收本省的生源，尤其是来自中小城镇和农村的生源，为农村义务教育提供相对稳定、充足的师资。除此之外，应加大义务教育师资交流力度，在一段时间内通过实施城乡义务教师交流机制来缓解当前农村义务教师数量短缺、质量不高的问题。据教育部官员介绍，目前福建省、天津市、辽宁省、河北省、江苏省、湖南省、陕西省、海南省、甘肃省、贵州省都建立了中小学校长、教师的交流制度。[①] 国务院 2012 年发布的《关于深入推进义务教育均衡发展的意见》明确指出："实行县域内公办学校校长、教师交流制度。各地要逐步实行县级教育部门统一聘任校长，推行校长聘期制。建立和完善鼓励城镇学校校长、教师到农村学校或城市薄弱学校任职任教机制，完善促进县域内校长、教师交流的政策措施，建设农村艰苦边远地区教师周转宿舍，城镇学校教师评聘高级职称原则上要有一年以上在农村学校任教经历。"如此，通过多措并举，我们可以在短期内大大缓解农村义务教育师资的短缺与质量问题，从根本上解决城乡义务教育发展不均衡问题，为广大农村地区，尤其是经济欠发达和不发达地区农村适龄儿童接受公平的义务教育提供机制保障。

4. 为流动人口子女接受义务教育提供同质教育资源保障是当前实现义务教育资源配置均等化必须妥善解决的问题。随着中国市场经济体制建设进程的深入和城市化进程的加快，人口流动规模不断扩大，大量非户籍人口进入城市务工，由此而来的是大量义务教育适龄儿童和少年进入非户籍城市。据 2010 年统计，在义务教育阶段，进城务工人员子女就达到了1167 万人[②]，解决这部分儿童和少年的义务教育问题成为摆在各级政府，尤其是中央政府和流入地政府面前的重大课题。要解决这一问题，必须通过管理机制创新来实现，即必须在中央政府的统一领导下，由国家教育行

---

① 王定华：《义务教育均衡发展访谈录》，中国网，2011 年 7 月 21 日。
② 同上。

政部门制定相应的政策，明确接收流动儿童进行义务教育是城市公办义务教育学校的基本义务。在此基础上，在中央财政教育经费安排方面按照各类城市义务教育成本对接收流动儿童的城市拨付相应的义务教育经费。对于接收流动儿童和少年数量大而导致办学条件超过国家相关标准的城市，拨付相应的专项教育经费，解决城市义务教育学校因接收流动儿童导致的校舍、教学设施紧张而给本地儿童带来的负面影响。与此同时，适当减少流出地的教育经费，以保障经费安排的合理性。与此同时，各类城市政府应在转变管理观念，给予流动人口国民待遇的前提下，将流动儿童和少年的义务教育问题纳入本地教育发展规划，在义务教育师资配置、教学条件改善、义务教育经费安排等方面作出相应的调整，确保流动人口接受公平教育权利的实现。

（作者：陈辉，黑龙江大学政府管理学院教授）

当代中国政治的三个基本问题与改革策略

一　三个基本问题

当代中国政治面临的问题可能有很多，但基本问题概括起来应只有三个，即政权合法性问题；公共政策的社会适应性问题；公权的规范性问题。为什么说此三者是当代中国政治的基本问题呢？

理由之一是：当代中国的政治问题概括起来说当然就是民主和法治的建设或发展问题。所谓民主，绝不是说起来好听，看起来很美，而是要解决实际问题的。在问题的维度上，一旦离开了那些纷纷扰扰的有关民主的意识形态偏好，就会看到现实世界中无论民主表现出多少种具体的形式，其实都是围绕以下两个核心问题展开的：一是政权的合法性；二是公共政策的社会适应性。前者被称为程序民主，后者则被叫作实体民主。同样，在问题的维度上，法治核心问题则是围绕公权力的规范性问题展开的。因为法治不仅应该在经济、社会领域实行，由于政治对整个社会的统领地位及作用，它更应在政治领域推行。在政治领域实现法治是最困难的也是最有意义的，而政治领域的法治就是围绕公权力的规范性问题展开的。

理由之二是：百年来中国社会转型、民族复兴的历史进程已经塑造了一个强大的权力。在这个权力的治理下，今天的中国取得了巨大的进步。同时必须看到，中国社会对这个权力持续性的支持问题依然存在；这个权力形成治理政策的可持续性问题依然存在；这个权力的规范性问题更是特别引人注目。此三个问题在概念上也就是政权的合法性、公共政策的社会适应性、公权的规范性问题。

其实，此三个问题是所有追求现代化的国家都必须面对和解决的。中国当然不能例外。但是，每个国家所遭遇到的这些问题的历史环境和条件不同，从而解决这些问题的方法、途径也会有所不同。对今天的中国而言，它所遇到的最为迫切的政治问题首推公权力的规范问题。社会舆论对腐败现象以及公民维权现象的高度关注就是例证。其次是公共政策的社会适应性问题，即如何保证中国的政策始终反映国家发展的长远利益，反映大多数民众的普遍利益。最后才是政权合法性问题，即在程序上民众与政权的现实关系问题。中国的政治体制改革应遵循上述排序的逻辑进行。

二　解决公权力的规范性问题：如何切入

从法治的角度看，公权力的规范性问题亦即规范政治问题。邓小平说："为了保障人民民主，必须加强法制。必须使民主制度化、法律化，使这种制度和法律不因领导人的看法和注意力的改变而改变。"① 由此看来，改革开放的设计师把解决人治还是法治问题作为中国政治体制改革的主要内容之一。而法治之于人治的根本区别则在于：国家权力的运作是否严格依法而行，即规范政治。它不仅在于老百姓是否守法，更在于公权力是否接受法律的规范。一般而言，规范政治主要有两个方面的要素：一是规则要素。即直接规范政府（政治）权力的法律。一般而言，这种法律越多、越严密，这个国家的政府（政治）权力就越规范，规范政治的程度就越高。二是制度要素。即保障上述规则在政治领域发挥作用的制度安排。这种安排越科学，法律就越能在事实上保持对政府（政治）权力的张力，规范政治的程度就越高。这两方面的要素可以成为我们观察一个国家规范政治程度的一般视角。就此来看，改革开放以来，中国规范政治要素的不断增加应是一个客观事实。首先，规则要素的成长是有目共睹的。它主要表现为行政法治的发展和人权保障的法律化。其次，制度要素的增长亦已形成趋势。它主要表现为行政诉讼制度、人民代表大会监督制度以及执政党依法执政原则对规范公权力所形成的一定张力。

就长效机制来看，解决公权力规范性问题，深化行政法治和公民监督权的建设是十分必要的，也是可行的。这两个方面构成中国解决公权力规范性问题较有意义的切入点。

对中国的规范政治而言，行政法治具有极其重要的地位。人们通常认

---

① 《邓小平文选》第 2 卷，人民出版社 1983 年版，第 134 页。

为，它是实现规范政治的关键。这种看法是很有一些道理的：首先，从历史经验看，法律要对普通民众形成有效约束是比较容易的，因为民众面对的是法律规则及背后组织起来的政府力量；而法律欲约束政府则不那么容易，因为对政府来说，由于缺少像自身那样组织起来的力量的压力，法律对它常常只是一系列抽象的规则罢了。其次，现代国家的法律，绝大多数又是直接与行政权相关的，需要行政权予以推动或落实。最后，"行政肥大"是中国权力结构的基本特征，这个描述除了具有中国超大社会需要强大的行政权推动发展的正面意义之外，还包括强大的行政权所滋生的层出不穷的非规范行为。因此，如果规范政治能够在行政领域推行的话，那就说明实现规范政治最为困难的法律对公权力的有效性问题在一定程度上得到了解决，规范政治有了一个较稳固的基础。①

客观地讲，行政法治的发展，为中国规范政治建设提供了现实基础。其中，行政诉讼制度发挥了重要作用。但是，由于在制度上，我们未将非法源性抽象行政行为纳入司法审查的范围，这不仅使最为重要的一个行政领域缺少常规的法律监控，而且还影响了对具体行政行为司法审查的法律效果。在现实中，常见的行政违法、越权都始于非法源性抽象行政行为。比如，某些领域的乱收费、乱罚款问题，无疑是行政机关抽象和具体行为的共同违法，就此对某一具体行政违法行为的纠正和对行政相对人的救济显然对问题的解决只能是杯水车薪。其实，各级地方以文件形式表现的所谓"政策"违法是常见的现象。因此，从现实的需求和行政法治发展的目标看，逐步将非法源性抽象行政行为纳入司法审查的范围应是中国行政诉讼制度发展的趋势和选择。司法审查对象向非法源性抽象行政行为领域的拓展，将极大地强化行政权的规范状态。由于行政权与公民权现实的直接相关性，它的规范状态势必会在一定程度上强化中国社会规范公权力的氛围。

规范政治的"基础设施"无疑是监督制度的建设，而任何监督制度的有效性均取决于公民监督的动力和压力。党的十八大报告提出"保障人民知情权、参与权、表达权、监督权，是权力正确运行的主要保证"。具体而言，就是用人民的"四权"制约公共机关的"一权"。把公民四权

---

① 程竹汝、上官酒瑞：《制度成长与发展逻辑：改革开放时代的中国政治》，中国出版集团东方出版中心 2011 年版，第 105 页。

定位为权力运行制约和监督机制有效性的保障，是十八大报告相对于历届党代会报告在认识上的一个深化和进步。在人民主权的范畴中，社会领域的各种监督权都可以看作是公民监督的一种形式。说到底，一国的监督体系，都是建立在公民监督权之上的，是公民监督权派生出来的。公民行使监督权的方式通常有两种：一是直接行使监督权。如公民直接对政府机关或公务员提出批评和建议。二是通过选出或授权的组织代表自己行使监督权。如各国议会和专门机关所行使的监督权。因此，中国现实中的各种监督渠道、形式，其有效性的基础就在于公民四权的保障作用。监督功能是公民四权的基本维度：知情通常是监督权的前提，参与和表达又是公民行使监督权的现实形式。在性质上，公民四权是人民主权的基本表现之一。公民四权氛围的形成既是强化各种监督形式的动力和压力，也常常是启动具体监督程序的直接材料和原因。没有公民四权作为人民代表大会监督和各种专门监督的社会环境，人民代表大会监督和专门监督权的行使就会受到根本的影响。因此，改变目前监督弱化状态，强化人民代表大会监督和各种专门监督作用的基础性的工作之一就是必须重视培育中国公民依法行使知情权、参与权、表达权、监督权的兴趣和能力。

三　发挥公共政策社会适应性的体制优势

在民主所要应对的现实问题中，所谓公共政策社会适应性是指一个国家在特定时期所推行的公共政策在多大程度上反映了这个国家的长远利益，又在多大程度上反映了这个国家大多数民众的利益和主张。所谓民主的体制就是能够保障公共政策反映上述利益和主张的体制。就政治的实质是通过政策对利益的分配而言，围绕这一问题展开的民主被称为实体民主。

在制度的意义上，人民民主是中国关于民主政治的特有表达。它是国体与政体、民主内容和形式的统一体。其基本特征有二：一是工人阶级通过共产党对国家政权实施坚强领导；二是最广大人民群众广泛参与国家管理。人民民主意在强调人民在国家中的主体地位，强调在公共生活中人民真正的当家做主。主张国家权力不仅源于人民，而且应由人民通过一定的组织形式实际掌握；同时主张人民对公共生活享有广泛的参与权和自治权。在理论上，作为当代中国国体的人民民主包括了当今中国社会各种民主的形式，其中，除了党的领导作为人民民主的保障之外，主要的制度形式包括人民代表大会制度、多党合作和政治协商制度以及各种参与民主制度等。

在实际的政治过程中，人民民主在不经意中形成了自身明显的价值偏好即实体民主。这一偏好既表现在当代中国政治制度的结构之中，更表现在实际的政治过程之中。它表现了中国公共政策社会适应性的体制优势。首先，在代议制度上，中国形成了人民代表大会和人民政治协商会议相结合的"代议"制度。人民代表大会作为宪法确定的国家权力机关，它的代议地位和作用毋庸置疑。在公共政策过程中，人民代表大会无疑发挥着权威决策的作用。重要的是如何看待政治协商会议的"代议"功能。虽然我们长期以来从革命的意义上将政治协商会议定义为统一战线组织，认为它不具国家机构的性质，但从实际的政治过程看，它发挥着相当强的"代议"即公共政策作用：由各界精英组成的政治协商会议对国家和区域公共事务的讨论、提案影响着中国的公共政策。其次，在政党制度上，我们形成了非竞争性的合作型的政党制度。这一制度的基本内容和特征是：共产党领导，多党合作；共产党执政，多党参政；平等独立，协商监督；结构多元，目标一致。① 合作而非竞争是这一政党制度的基本特点。"竞争制造分裂，而合作产生团结；竞争具有破坏性，而合作是建设性的。竞争导致自我与他人的对立，而合作使自我与他人和谐相处。事实上，甚至为攻击他人而结合起来的团体也有内部合作措施。因此，竞争的需求导致一些合作，但后者从不将人们引入竞争。所以，对于社会及其政治而言，合作行动是最重要的。"② 中国多党合作制的价值当然包含着团结，但除了团结之外，它更具实际意义的价值正在于保障公共政策的社会适应性。民主党派"一个参加，三个参与"——参加国家政权，参与国家大政方针的制定，参与国家事务的管理，参与国家法律、法规、政策的制定和执行——其实质就是优化中国的公共政策。

发挥中国公共政策社会适应性的体制优势，首先，要充分发挥人民代表大会常委会的公共政策作用。人民代表大会常委会在中国公共政策过程中具有极其重要的地位，这是因为代表大会人数太多，会期有限，权力机关职责的落实在很大程度上便被寄予各级人民代表大会常委会；作为各级

---

① 浦兴祖：《当代中国政治制度》，复旦大学出版社 2005 年版，第 351—352 页。

② ［美］莱斯利·里普森：《政治学的重大问题——政治学导论》，刘晓等译，华夏出版社 2001 年版，第 32 页。

人民代表大会的常设机构，（部分）人民代表大会常委会不仅享有宪法授予的立法权，而且普遍享有监督权，中国监督法的名称就是各级人民代表大会常委会监督法；执政党的依法执政在实践上更多地通过人民代表大会常委会进行。凡此种种，都意味着人民代表大会常委会在中国公共政策体制中扮演着非常重要的角色。为发挥人民代表大会常委会的政策优化作用，党的十八大报告提出的针对性措施是：提高人民代表大会常委会专职委员的比例。这是一项具有战略意义的措施。目前，一些地方人民代表大会常委会专职委员已实现1/3的比例，但普遍的问题是：相当多的专职委员都是升迁无望或接近退休的人员，在这种情况下，专职委员比例的提高并未从根本上改变人民代表大会常委会的功能现状。真正有意义的做法是加强人民代表大会常委会专职委员的职业化建设，使之成为年富力强的干部发挥才能的一个领域。同时，还必须重视营造人民代表大会常委会会议中的辩论氛围。公共政策的优化是有前提的，其中一个必要的前提就是在决策过程中的辩论氛围。缺少必要的辩论氛围，设计再好的会议制度都很难发挥它应有的作用。

其次，要夯实中国多党合作制的公共政策功能。在国家治理的角度上，现代政党政治的基本作用就是进行公共政策的选择。西方竞争性的政党制度如此，中国合作型的政党制度也是如此。综上所述，除了团结的基本价值之外，中国多党合作制最重要的价值就是提供公共政策最优选择。这两个价值的实现，特别是优化公共政策价值的实现，既依赖于执政党的群众路线，也依赖于各政党政策方案的互动。这特别要求民主党派要有自身关于公共政策的偏好。在政策过程中，民主党派对政策的支持当然是重要的；但更重要的是应有自身关于政策的主张。只有存在政策主张上的差异，政策方案的互动才是有意义的。也只有这样，中国的多党合作才会构成公共政策社会适应性的体制基础。因此，要发挥中国公共政策社会适应性的体制优势，就必须建立民主党派，特别是各个地方民主党派组织发挥政策作用的体制和机制。

四　政权合法性问题的解决策略

一个政权的合法性可以有很大的来源，并且具有明显的历史性。对这一点学界已经有了太多的说明。比如，有人常说，今天中国政府的合法性主要来自于经济绩效，等等。但是，在当代政治范畴中，合法性主要是通过选举来达成的。选举常常被定义为民主的首要实现形式，是政权合法性的基础。

选举的民主程度低是西方舆论把中国排除在民主国家之外的主要理由，其实也是国内许多人对民主缺乏自信的原因之一。民主的首要实现形式不仅意味着选举绝不是可有可无的，而且特别意味着它是其他民主实现形式的重要基础，对其他民主实现形式存在着一定的影响。但是，在各种民主实现形式中，选举民主又是与社会秩序关联程度最高的，加之中国超大的选民规模、现代选举文化的缺失等，这些现实性因素又使得选举民主不可能在短时间内得到充分发展。就此而言，选举民主所涉及的以下三个问题将会长期困扰我们，对此应有清醒的认识：一是直接选举的范围问题，即狭小的直接选举范围与民主政治发展的矛盾问题。二是选举的竞争机制问题，即选举的动力机制与政治秩序的矛盾问题。三是选举的实际政治效应问题，既选举的实际意义与选举的规范意义之间的矛盾。

关于选举与社会秩序的关联，历史和理论均给予我们足够的认识。从历史上看，发达国家的选举民主多是建立在社会竞争和冲突这种相对较大的社会代价基础上的，常常表现为在发展进程中社会冲突加剧，政局不稳，以及竞选时社会资源的大量耗费。在引入竞争性选举制度的发展中国家里，其长期的社会不稳定给人印象深刻，比如泰国、菲律宾、埃及等国。在中国这样一个超大规模的社会中引入这样的制度是相对困难的一件事情。就理论认识而言，在一个社会发展阶段不变的情况下，引入以社会竞争和冲突为基础的选举体制，其社会代价与社会规模是呈正比例的。社会规模越大，引入这种体制的社会代价就越高；体制运作所需的制度性的、技术性的环节就越多，而每一环节都会影响这一体制的实际社会效果。这两方面因素相叠加，可能会使这种体制在相当长的时间内很难达到它的目标。更为重要的是，如果上述的逻辑成立的话，那么，下面一个结论就是有可能的：当社会规模达到一定程度时，做这件事情要付出的社会代价就是这个社会所无力承受的。这意味着一个巨大的风险：社会失序。李泽厚先生曾断言："目前在中国搞一人一票的总统普选、多党、议会制，就会天下大乱。"这个判断是有一定道理的。

因此，发展选举民主，一方面，必须从战略上重视选举民主的相关条件建设。选举民主是我们政治发展的目标之一，但必须循序渐进地推进。这包括继续推进基层自治意义上的选举，培育民众直接选举的意识和能力；在目前直接选举范围内，有限（有序）、渐进地引入竞争机制；具体来说就是，在目前选举制度的框架内，即在县级以下直接选举和县级以上间接选举的框架内，真正实现以合法性、政策选择、监督为实际政治效应的选举，在实践中养成公民与现代选举制度相适应的行为文化。[①] 另一方面，必须优先发展成本较为低廉的其他民主形式，比如协商民主、参与民主等方式。

（作者：程竹汝，上海市委党校政治学教授，上海大学博士生导师）

[①] 有学者认为，中国政治要摆脱在中央集权制与区域寡头制之间摆荡的命运，就必须使中央权力的正当性来自于公民的直接授权，不容任何地方共同体从中阻断这种政治联系；国家越大，就越需要也越能够将中央权力建设在公民直接授权的基础上。请参阅甘阳《公民个体为本，统一宪政立国》，《二十一世纪》1996 年 8 月号。

两种不同的协商民主

党的十八大报告提出要"健全社会主义协商民主制度。社会主义协商民主是我国人民民主的重要形式。要完善协商民主制度和工作机制，推进协商民主广泛、多层、制度化发展。通过国家政权机关、政协组织、党派团体等渠道，就经济社会发展重大问题和涉及群众切身利益的实际问题广泛协商，广纳群言、广集民智，增进共识、增强合力"①。这是第一次明确把"协商民主"写入党代表大会的报告，意味着协商民主与选举民主一起被认为是中国特色社会主义民主的组成形式，把协商民主提到一个新的高度，扩大和丰富了协商民主的范围和含义。协商民主成为中国学术界关注的焦点。但是，要继续推动中国协商民主的发展，就应弄清楚：到底何为协商民主？中西协商民主的本质区别是什么？中国协商民主的优势是什么？

一 西方协商民主

西方"协商民主"（Deliberative Democracy）的观念并不是全新的，最早可以追溯到古希腊时期雅典的民主政治。诚如埃尔斯特所言："协商民主的观念及其实际应用与民主本身有着同样长的历史。它们都是公元前5世纪在雅典产生的。"② 费什金也曾指出："追溯古代雅典民主的起源，

---

① 胡锦涛：《在中国共产党第十八次全国代表大会上的报告》，新华网（http://news. xinhuanet. com/18cpcnc/2012－11/17/c_ 113711665_ 6. htm）。

② ［美］约·埃尔斯特：《协商民主：挑战与反思》，周艳辉译，中央编译出版社2009年版，第2页。

我们可以发现其民主制度体现了协商民主的形式。"① 其实，古希腊的亚里士多德等思想家就曾提出协商思想，而雅典的 500 人大会等政治实践也包含着协商因素。然而，此后黑暗的中世纪用神权和封建君主制湮没了协商思想。到近代，民主思想复兴，但此时兴起的是鼓励间接参与的自由主义民主，它是自由主义与民主的结合，以保护个人权利为核心，限制大众参与，认为民主只是选举领导人的一种手段，与古希腊的直接民主相去甚远，协商思想没有得到实质性的发展。

直到 20 世纪 80 年代，西方协商民主理论才真正形成。当代西方占主流地位的聚合型自由主义民主认为，偏好是既定的，通过多数原则，按照偏好的多少进行决策。20 世纪八九十年代，西方社会发生了巨大变化，出现了公众政治冷漠、社会利益分配格局变化、种族与宗教冲突加剧和多元文化发展等状况，使自由主义民主在西方社会运行过程中显现出诸多弊端，尤其体现在难以维护少数群体利益方面。而且，"国家政治和公共政策受到统治阶级和利益集团左右，甚至进而诱发社会冲突，难以实现其制度设计的民主规范目标——达成民意和公共利益"②。于是，20 世纪后期西方一些学者针对当代自由主义民主政治的困境和缺陷，提出协商民主理论，试图通过公共协商机制，在公共理性指导下，合理论证以转换不同的偏好并最终达成共识，并通过公共协商提升公民的公共精神。

1980 年，约瑟夫·毕塞特在《协商民主：共和政府的多数原则》一文中首次从学术意义上使用 "Deliberative Democracy" 一词，倡导公民参与，反对精英主义。③ 20 世纪 90 年代开始，协商民主理论受到学者们越来越多的关注，很多西方重要的理论家都是协商民主的推崇者。例如，在哈贝马斯的影响下，"认为民主的核心是各种偏好的改变而不是偏好的聚合的观点已经在民主理论中成为主要论点之一"④。罗尔斯的公共理性、交叠共识等理念也为协商民主提供了重要的理论基础。正如有学者指出

---

① ［美］詹姆斯·S. 费什金：《协商民主》，陈家刚：《协商民主》，上海三联书店 2004 年版，第 24 页。

② 王浦劬：《中国的协商治理与人权实现》，《北京大学学报》（哲学社会科学版）2012 年第 6 期。

③ 参阅［澳］约翰·S. 德雷泽克《协商民主及其超越：自由与批判的视角》，丁开杰等译，中央编译出版社 2006 年版，前言第 2 页。

④ ［美］约·埃尔斯特：《协商民主：挑战与反思》，周艳辉译，中央编译出版社 2009 年版，第 1 页。

的："为了克服以投票为中心的民主制的缺陷，民主理论家越来越关注先于投票的慎议和舆论形成的过程。民主理论家已经把注意力从投票站的情况转向了公民社会中公共慎议的情况。"① 由此，西方协商民主成为民主理论发展的新趋向，它试图通过话语协商，使所有人拥有真正的发言权，弥补自由主义民主的不足。目前，虽然西方关于协商民主的内涵一直存在分歧，但有一个共同的核心，即公共协商。公共协商是指"政治共同体成员参与公共讨论和批判性地审视具有集体约束力的公共政策的过程。……公共协商的主要目标不是狭隘地追求个人利益，而是利用公共理性寻求能够最大限度地满足所有公民愿望的政策"②。

近年来，西方协商民主理论开始走向实践。学者们结合不同的问题展开了各种形式的政治实验。按照斯坦福大学詹姆斯·费什金教授的分类，公共协商实践包括自我选择民意测验与协商小组、一些民意测验与公民陪审团、大多数民意测验与协商民意测验、公投民主与协商日等模式。③ 其中，费什金设计并极力推广协商民意测验形式。协商民意测验"是一种基于信息对等和充分协商基础上的民意调查，它旨在克服传统民意调查的诸多局限性"④。费什金从古代雅典公民抽签选择法官或立法者的方式中得到启发，认为在当代国家可以采取随机抽样的方式，选取一部分公民面对面地相互讨论，以产生协商民意。这样的安排是为了在公众可以思考的条件下将每个人包容在内，使他们的声音可以被听到，以获取在一个信息充分和公民能够审慎思考和互相辩论的理想状况下所呈现的民意。协商民意测验一般适用于较大规模的规划问题，以及地方重大事项的决策。当前已经在英国、美国、澳大利亚和丹麦等国家和地区实践过。

需要指出的是，西方协商民主实践的组织者并不是政府和政党，而主要是一些科学研究组织和非政府组织，如由美国杰斐逊研究中心组织的"公民陪审团实验"，斯坦福大学协商民主研究中心组织的"协商民意调查实验"，以及由非政府组织"美国之声"组织的"21 世纪城镇会议"等。

---

① ［加］威尔·金里卡：《当代政治哲学》，刘莘译，上海三联书店 2004 年版，第 524 页。

② ［美］乔治·M. 瓦拉德兹：《协商民主》，何莉编译，《马克思主义与现实》2004 年第 3 期。

③ ［美］詹姆斯·S. 费什金：《实现协商民主：虚拟和面对面的可能性》，劳洁译，《浙江大学学报》（人文社会科学版）2005 年第 3 期。

④ 何包钢：《协商民主和协商治理》，《开放时代》2012 年第 4 期。

总体而言，西方协商民主的实践形式多样，但主要是基层治理，重点关注公民教育的效果，并未上升到国家制度模式的层次。在很多西方学者看来，"对任何政治制度来说，首要问题就是在何种程度上它们有助于培养社会成员的各种可向往的品质——道德的、知识的和积极的品质"①。他们认为，通过自由、平等的公民之间公正和充分的公共协商过程，偏好是可以改变的，即使在不能达成共识的情况下，也可使协商双方认识到对方的合理之处。因此，西方协商民主要求参与者对自己的观点给出理由，使参与者能够在相互信任的基础上，讨论、分析各种合理的观念，以作出理性判断并形成共同行动的基础，从而更好地培育理性公民。

二　中国协商民主

与西方协商民主不同，中国协商民主是中国特色社会主义民主的重要形式，深深地植根于中国的实践之中，是在坚持社会主义制度和中国共产党领导的前提下，以马克思主义为指导，以人民政协为重要载体和平台，人民按照自由、平等、公开等原则，通过对话、沟通、辩论等方式，表达利益诉求和愿望，或者对国家和社会生活中的重大问题进行政治协商的民主形式。

中国协商民主可以追溯到中华人民共和国成立前，共产党在领导人民进行革命、建设和改革的实践中，逐渐形成了具有中国特色的协商民主。具体可分为以下几个阶段：一是在新民主主义革命时期。中国共产党围绕民族救亡和人民解放，在同其他党派团体和党外人士团结合作的过程中形成了协商民主思想，特别是在陕甘宁边区的"三三制"民主政权建设中进行了协商民主实践。二是新中国成立前后。1948 年 4 月 30 日，中共中央发布《纪念"五一"劳动节口号》，号召"各民主党派、各人民团体、各社会贤达迅速召开政治协商会议，讨论并实现召集人民代表大会，成立民主联合政府！"② 1949 年 9 月，举行中国人民政治协商会议第一次全体会议，讨论通过具有临时性宪法意义的《中国人民政治协商会议共同纲

①　[英]约翰·密尔：《代议制政府》，汪瑄译，商务印书馆1982 年版，第26 页。

②　《纪念"五一"劳动节口号》，新华网（http：//news. xinhuanet. com/ziliao/2004 - 12/06/content_ 2300915. htm)。

领》，这标志着中国共产党领导的多党合作和政治协商制度的正式确立，成为中国协商民主的重要起点。三是改革开放以来。以中国共产党领导的多党合作与政治协商制度为核心的协商民主得到进一步完善发展。2006年2月，中共中央颁布了《关于加强人民政协工作的意见》，其中明确指出："人民通过选举、投票行使权利和人民内部各方面在重大决策之前进行充分协商，尽可能就共同性问题取得一致意见，是我国社会主义民主的两种重要形式。"① 这一文件为进一步发展中国特色的协商民主理论提供了契机。2007年11月15日，国务院新闻办公室发表《中国的政党制度》白皮书，第一次确认了协商民主的概念。2012年11月，党的十八大明确将社会主义协商民主作为中国人民民主的重要形式，并对完善协商民主制度和工作机制，丰富协商民主的形式和内容，推进协商民主广泛、多层、制度化发展等作出全面阐述，对中国协商民主发展具有里程碑意义。

可见，协商民主在中国的确立与成长是人民民主实践的产物，体现的是人民民主的本质要求。而在成长过程中，中国协商民主立足于本国政治文化和政治实践，逐渐形成了自己的特点和优势：

其一，协商的广泛性。中国协商民主的本质特征和优势之一就是其广泛性。首先，协商主体广泛。社会主义民主从根本上是要实现最广大人民群众当家做主，这一本质要求贯穿于中国的民主政治当中。因此，与西方协商民主相比，中国政治生活中参与协商的主体更为广泛，囊括来自各阶级阶层、各类政治活动主体的力量。而且，在人民政协会议上进行协商，本身就达到了协商的广泛性，政协委员是各个界别的代表，每个委员都联系着一部分基层的群众。协商主体的广泛性为协商的平等性与合法性提供了条件，从根本上符合社会主义民主政治的基本精神和原则。其次，协商内容广泛。在广泛主体参与的支持下，中国协商民主机制并未局限在解决一个合法性基础问题的层面上，而是力图将平等协商、求同存异、和谐共赢的精神贯彻到政治、经济和社会等诸多领域当中。因此，中国不仅将协商用于处置政党关系，而且还广泛地用于处理界别、阶层、民族和宗教等关系，为中国社会和谐奠定了基础。"中国特色社会主义协商民主机制通过深入政治、经济、社会生活方方面面的协商机会及其运作实效反映出

---

① 《中共中央关于加强人民政协工作的意见（摘要）》，《人民日报》2006年3月2日第1版。

来，这有助于吸引更广泛的主体倾向于使用体制内协商的方式来解决许多实际问题，证明了中国式协商民主的真实性和有效性，日益成为化解社会矛盾冲突，创造和谐稳定政治局面的有效机制。"①

其二，协商的多层次性。中国协商民主的另一个重要特征和优势是协商的多层次性。在实践中，协商民主不仅可以同国家层面的政治协商、政党制度联系起来，也可用于地方层面的听证会、议事会等。就其性质来讲，它既可以应用于政治领域的立法，也可以应用于行政领域的决策，还可以用于协调、解决基层民众的利益矛盾。因此，协商民主有着丰富多样的形式。比较而言，西方协商民主主要在基层，大规模、系统化的实践还不足，而中国以人民政协为主渠道和平台的协商民主已经上升到国家民主制度层面，在实践中呈现出多层次发展趋势。党的十八大提出的社会主义协商民主制度就涵盖了中国共产党领导的多党合作与政治协商制度、党和政府与社会以及广大民众之间形成的协商对话制度，以及基层民主协商制度，具有丰富、多层次的内涵。一是政治协商。这是指以中国国家层面的多党合作和政治协商制度为主的协商平台，是中国社会主义政治制度框架较成熟的协商民主形式。二是党和政府与人民的协商。这是指党和政府与社会以及广大民众之间形成的协商对话制度，在政府治理中发挥着重要的作用，对政策合法性的提升有着根本的促进作用。三是基层民主协商。这涉及公民直接参与协商，范围比较广泛。20世纪80年代以来，在中国城乡社会出现的民主恳谈会、民主论坛和听证会等都是协商民主的重要形式。同时，随着网络的普及，普通公民越来越多地借助互联网的公共论坛、博客、微博、微信等方式及时、明确地表达自己的政治意愿，并且与政府发生互动，增加了公民与政府之间直接的、全面的参与和协商机会。

其三，协商的制度性。中国协商民主的主要特色和优势是其制度性。协商民主是中国社会主义民主政治的基本制度设计和体制安排。人类历史发展的经验表明，政治生活中的协商是常事，然而，很少有国家把协商作为一种制度化的规范。西方协商民主是对自由主义民主困境和缺陷的一种修补，并不是其基本的政治制度设计。与此不同，中国协商民主将协商纳入制度化的轨道。在各种协商民主形式中，具有较成熟和完善制度架构的是政治协商制度。"政治协商制度是在中国共产党的领导下，各民主党

① 郑慧：《中国的协商民主》，《社会科学研究》2012年第1期。

派、各人民团体、各少数民族和社会各界的代表，对国家的大政方针以及政治、经济、文化和社会生活中的重要问题在决策之前举行协商和就决策执行过程中的重要问题进行协商的制度。"① 人民政协是中国政治生活中实行协商民主的最主要渠道和制度平台，它缘起于民主革命时期的政党合作，是中国共产党与各民主党派和无党派民主人士在反对封建专制统治斗争中结成统一战线的时代产物，最后以 1949 年中国人民政治协商会议召开而成为固定的制度构造，使中国协商民主一开始就被纳入制度化的轨道。制度化的协商民主涉及的不是泛化意义上的问题协商，而是国家经济和社会发展中的重大问题，事关党和国家大政方针的制定，这决定了中国协商民主的高质量和高层次。

这样，中国的协商民主在国家和基层的多个层面，通过完备的制度设计和一定的渠道形式，对所有人都放开，展现了社会主义民主政治的独特优势。正如有学者指出的："在国家宏观政治层面不断得到完善发展的同时，我国的协商治理逐步从宏观层面扩展到基层社会，从政治层面逐步发展到社会层面，成为执政党与参政党及各界合作共治、政府与公民协同共治、公民与公民协商共治的政治形式，也成为我国公民在中国共产党的领导下，不断扩大有序政治参与，实现当家做主的重要途径。"②

三　比较与思考

综上所述，西方协商民主是一些学者和非政府组织倡导的理论和实验，强调基层治理的协商，旨在通过普通公民的参与和协商培养出公共生活的美德，希望能弥补资本主义民主的缺陷，并未上升到国家民主制度的层面。而中国协商民主是共产党在领导人民进行社会主义革命、建设和改革的实践中逐渐形成的，以人民政协为基本平台，已形成完备的国家制度模式。因此，虽然中西协商民主有许多相通的地方，都推崇公共协商机制，承认多元的社会现实，并以公共利益为最高诉求。但是，由于文化背景和制度基础等方面的不同，中西协商民主有着本质的区别。

---

① 《中国共产党领导的多党合作和政治协商制度》，中国政府门户网站（http://www.gov.cn/test/2005－05/25/content_ 18182. htm）。

② 王浦劬：《中国的协商治理与人权实现》，《北京大学学报》（哲学社会科学版）2012 年第 6 期。

首先，社会文化背景不同。中西协商民主具有不同的社会历史文化背景。文化的作用是深远的，又是潜移默化的。中西协商民主的文化背景差异最重要的体现就是个人主义和集体主义。个人与社会的不同价值选择是社会主义和自由主义最根本的分歧。社会主义坚持个人与社会价值的辩证统一，而自由主义则坚持个人本位的价值观。因此，与西方协商民主体现个人主义传统不同，中国协商民主融合了马克思主义和中华民族传统文化中崇尚团结和谐的集体主义精神，具有深厚的理论底蕴和丰富的实践经验，体现了公平、多元兼容、互惠双赢的政治理性，以及天下为公的理念。

西方协商民主以资本主义文化为背景，其核心是个人主义。自由主义是西方社会的主流意识形态，而个人主义是其本质特征，其特点是"把个人当作人来尊重：就是在他自己的范围内承认他的爱好和趣味是至高无上的。纵然这个范围可能被限制得很狭隘；也就是相信人应该发展自己个人的天赋和爱好"①。西方个人主义的核心强调"人是目的"，国家与社会都是基于个人的需要而存在的，强调个人权利相对于国家与社会的优先性。西方的资本主义私有制和个人主义的深厚传统使不同利益、文化的个体之间、群体之间很难达成共识。这是当代西方社会不同利益群体、文化群体的紧张和冲突日益激化的根本原因。西方协商民主理论和实践虽然是以自由主义民主批评者和补救者的角色出现的，提出和倡导公民积极地参与政治是实现自我价值的重要途径，追逐公共利益是公民的一种美德，但在矛盾和冲突不断激化的西方社会的现实下，通过协商来达成共识，培养公民的公共精神是很难实现的，这只是一些学者和非政府组织的良好愿望而已。

中国协商民主根植于中华民族的社会历史文化之中。中国共产党领导的多党合作和政治协商制度是马克思主义政党理论和统一战线学说同中国实际相结合的产物。中国的历史文化传统对协商思想有重要影响。一是"天下为公"观念和集体主义精神。正如有学者指出的："在中国古代，公是一种公认的天地之至德。"② 中国传统文化坚持个体之间的联系，突

---

① ［英］哈耶克：《通往奴役之路》，王明毅等译，中国社会科学出版社 1997 年版，第 21 页。

② 刘泽华：《中国传统政治哲学与社会整合》，中国社会科学出版社 2000 年版，第 251 页。

出个体与群体成员间的相互和谐，认为人是共同体的一部分，不能独立于共同体之外。二是民本思想。"从盘庚的'重民'、周公的'保民'、孔子的'爱民'到孟子的'民贵君轻'、荀子的'君舟民水'，再到汉唐以来的形形色色的民本论，民本思想不断被充实、丰富。"① 受这些民本思想的影响，中国在传统思想和政治机构设置中就存在协商的因素。例如，古代历史上的谏议制度、朝议制度和庶民议政等制度安排都包含一定的协商因素。虽然从本质上说，这些制度只是咨询式协商，是君主专制的政治形态，但其中包含的协商和辩论的思想，无疑构成了中国协商民主的重要资源。三是传统的"和合"思想。中国传统文化提倡"礼之用，和为贵"。而"大一统"观念是"合"思想的主要体现，包括"天道一统、江山一统、治权一统、政令一统、帝位一统、王道一统、文化一统、华夷一统、天下一家等"②。"和合"思想体现了尊重差异、开放包容、和而不同的思想内涵，是中国协商民主形成的重要历史文化渊源。正是马克思主义的指导和中国深厚文化传统的作用，在中国的现实社会生活中，不同利益、不同文化的群体之间较容易在协商中达成共识。

其次，政党制度不同。中西协商民主的差异在很大程度上要归因于二者完全不同的政党制度。政党是民主政治中最重要的参与主体，政党制度及党际关系对民主的存在形式和发展方向具有内在的规定性。西方协商民主以竞争性政党制度为基础，中国协商民主则以中国共产党的领导为前提，体现了鲜明的中国社会主义特色，有助于克服政治冲突、权力角逐等西方各种政党制度的弊端，对协商民主的效果产生了良好的影响。

西方协商民主的基础是竞争性政党制度。在竞争性政党体系中，西方政党把实现执政作为主要目的，为了赢得选举的胜利，不仅政党之间相互攻击、相互对抗，还会迎合某些选民团体的要求，被选举所绑架，不仅不能成为公共利益的代表者，协商民主的领导者，甚至"可能进一步触发民族冲突、宗教冲突、区域冲突等深层次的社会矛盾，进而导致协商民主丧失基本的社会基础"③。因此，在西方现实政治过程中，受竞争性政党政治的影响，公共协商可能会形成偏执的利益纷争，导致其陷入分歧之

---

① 刘泽华：《中国传统政治哲学与社会整合》，中国社会科学出版社 2000 年版，第 206 页。
② 同上书，第 114 页。
③ 郑慧：《中国的协商民主》，《社会科学研究》2012 年第 1 期。

中，无法达成共识，很难实现公共协商的目的。

与西方不同，中国共产党的领导是协商民主健康发展的根本保障。在竞争性政党制度中，协商民主能发挥的作用是有限的。但是中国政党制度与之有着很大的不同，中国协商民主是中国共产党领导下的多党合作、政治协商的制度，这就大大地拓展了协商民主发挥的空间。一是以政治协商制度为主要平台的协商民主是中国共产党的创造。中国共产党自成立起就以实现和发展人民民主为己任，在领导新民主主义革命斗争的实践中，自觉运用马克思主义民主理论，在团结各民主党派、无党派人士中，积极探索并创造了民主协商形式。二是中国共产党的领导是协商民主实现人民利益的保障。中国共产党是中国各族人民利益的忠实代表，没有自己特殊的利益，以实现好、维护和发展好最广大人民的根本利益为宗旨。在中国共产党的领导下，可以最大限度地整合多元的利益诉求，实现全国人民根本利益与各阶层人民具体利益的统一。三是中国共产党的领导是协商民主达成共识的保证。中国共产党的组织和活动原则是民主集中制，在民主基础上的集中，可以有效避免协商民主陷入无休止的争论，以达成共识。在中国共产党的领导下，中国的政党关系不是西方对立的或竞争的关系，而是友好合作的关系。这一基础上的协商民主尊重差异、包容多样，可以达到协商的目的。

正是由于不同的社会历史文化背景和政党制度，与西方协商民主相比，中国社会主义的协商民主具有更加丰富的内涵和民主实质，也有更广阔的协商空间和制度优势。西方协商民主实际上就是为了弥补自由主义民主的不足，中国协商民主则根植于传统文化中，在共产党的领导下，通过政治协商的制度平台，体现社会主义民主政治的本质要求，展现社会主义民主政治的独特优势。当然，在西方的协商民主理论和实践中，也有一些创新的内容和形式值得借鉴。关键是如何更好地认识和发挥中国特色协商民主的制度优势，以更好地推进中国协商民主广泛、多层、制度化的发展。

（作者：高建，天津师范大学政治文化与政治文明建设研究院教授，院长）

现代国家能力建设的理性思考

从人类文明发展的历史与世界大国的发展经验来看，国家成长的首要前提是现实的国家能力能够有效地作用于经济与社会发展，创造有序的公共生活，以促进个人与社会的共同发展。当前，伴随着全球化进程的加快，民族国家发展遇到了前所未有的挑战，特别是在2008年世界性金融危机所引发的有关国家问题的探讨中，一种现实的关怀替代了对国家的抽象研究，尤其是国家能力的凸显已然成为现代国家发展中的核心论题。国家能力是经济发展的关键，是分析政治发展与社会进步的一个重要范畴，标识着一个国家的整体发展水平与未来发展态势。目前，国家与国家的实力竞争在很大程度上取决于国家能力的有效程度，各国也都在致力于国家能力建设。由此，深入思考国家能力建设问题便具有了重要的理论意义与现实意义。

当前，全球化进程对民族国家能力提出了前所未有的挑战，诸如全球公民社会、跨国公司、政府间国际组织等都形成了对国家能力的牵制与侵蚀，导致了国家宏观调控能力、社会控制能力、公共治理能力、维护国家安全能力的弱化，严重制约了民族国家的自主性，甚至束缚了民族国家的发展。因此，加强国家能力建设成为当前世界各国改革与发展的重要目标。国家能力建设在本质上是提高国家强度的过程，是国家建设的根本所在。然而，由于国家能力本身是一个复杂的、涉及内容极为广泛的问题，它必然具有复杂性与综合性的特征。从现代社会的发展趋势来看，现代国家能力建设必须以公共理性为价值观照，以制度规范为基础保障，以民主治理为实践方式，以社会化为目标取向。只有多维度地对国家能力建设进行理性思考，才可以避免国家能力建设的偏失，进而促进国家能力建设的科学化与规范化。

一　公共理性：国家能力建设的价值观照

以往人们侧重于从"工具理性"层面认识国家能力，而忽视了国家能力的"价值理性"，因而使国家能力建设呈现出"工具主义"倾向，致使国家本身成为公共生活的目的。事实上，国家作为负有特殊使命的公共权力组织，是公共生活的主导，必然是工具理性与价值理性的统一体。作为实现公共生活重要途径的国家能力也必然是理性的存在，而且是内蕴着公共理性价值精神的存在。也就是说，国家所拥有的力量应该是具有公共理性的力量，国家能力就是国家实践公共理性的能力。从公共理性的价值目标来看，公共理性包含诸如自由、平等、民主、法治、公正等一系列重大的公共共识。这些价值目标共同构成了现代国家能力的价值系统，因此，国家能力建设必须遵循和合乎公共理性的价值要求。

一般而言，公共理性是一个社会政治生活的价值规范范畴，其基本任务是为现代政治主体和现代政治生活提供一个合理的价值尺度。罗尔斯指出："公共理性是一个民主国家的基本特征。它是公民的理性，是那些共享平等公民身份的人的理性。他们的理性目标是公共善，此乃政治正义观念对社会之基本制度结构的要求所在，也是这些制度所服务的目标和目的所在。于是，公共理性便在三个方面是公共的：作为自身的理性，它是公共的理性；它的目标是公共的善和根本性的正义；它的本性和内容是公共的，这一点由社会之政治正义观念表达的理想和原则所给定。"① 可以看出，罗尔斯所坚持的公共理性关注的是宪政民主社会的公民、公民社会和国家层次的政治价值，是有关公共性、关怀公平正义、公共之善等基本价值的理性。这就是说，现代公共理性不是某个社会行为主体的单向理性，即公共理性不是国家理性，不是政府理性，更不是大众理性，而是社会行为主体关注政治共同体的公共利益、公共价值、公共精神的理性。由此可见，公共理性的核心在于公共性，本质在于实现公共利益，最终达到社会公平正义的目的。作为公共理性的公共权力以国家的形式存在，国家的要旨在于其公共性，通过提供公正的公共管理与公共服务，实现公共利益，

① ［美］约翰·罗尔斯：《政治自由主义》，万俊人译，译林出版社 2000 年版，第 225—226 页。

从而达到社会公平正义。因此，国家能力在运行过程中要全面地实践公共理性，以公共理性的价值精神来限制国家的自利理性，以公共理性的制度体系规范政府公务人员的非理性，以公共理性的行为规范调适社会公众的个体理性，只有这样，才能够从根本上体现国家能力的公共价值。这也要求国家进行理性施政、文明治理，把国家能力充分转化为公共服务的能力。

　　基于公共理性的认知，现代国家能力建设必然要体现公共理性的价值精神。也就是说，现代国家能力应该是具有公共理性的文明统治、有效管理与优良服务的能力，应体现公共理性的价值精神。以公共理性作为现代国家能力建设的价值观照，要做到国家能力建设不断彰显公共性，实现公共利益，并最终维护社会公平正义。首先，国家能力建设要彰显公共性。公共性是国家的基本属性，国家能力建设也是不断彰显公共性的过程，即国家能力也是一种体现公共性的能力。根据马克思主义经典作家对国家的论述，国家的产生与发展乃至消亡的过程，实质上就是公共权力以组织形态出现、被异化、最终达到公共权力完全复归社会和公众的过程，是公共性不断增强以及公共性最终取代阶级性的过程。因此，对于现代国家能力建设，不仅需要对国家能力的有效性、解决公共问题的效率性与实用性给予充分的关注，还需要关注国家能力实现方式方法的合理性，更需要关注国家能力目标的正当性与公正性，以此不断彰显国家能力的公共性。其次，国家能力建设要实现公共利益。国家作为公共权力组织，有义务维护每个公民的基本权益。通过对个体权益的保护，在整体上形成人与人之间的自由关系与平等地位，从而使各种利益达到均衡，并最大限度地实现公共利益。国家能力的作用对象和服务对象是公众，国家能力在本质上也主要体现为维护社会安全与秩序、服务社会与造福大众的能力。因此，国家能力建设要实现社会公共利益。最后，国家能力建设要保障社会公平正义。一方面，现代国家能力建设要接受公平、正义等公共理性价值的规范与指引，从而做到公平、公正施政，使国家所提供的公共服务具有普遍性、平等性和公正性；另一方面，国家能力建设要实现其对良好社会秩序的安排，能够获得所有成员的认同与支持，从而达到社会公平正义。

二　制度规范：国家能力建设的基础保障

公共理性的价值最终要通过制度规范体现出来，具有公平正义的制度规范无疑是公共理性在制度层面的价值体现。从某种意义上说，一个国家要实现发展的目标，就需要不断优化自身的制度结构，以提高自身在各种交往活动中的自主能力，而这一切又都建立在制度所提供的基础保障之上。如马克斯·韦伯认为，前现代国家治理的合法性，要么建立在"传统型的统治"基础之上，要么建立在"魅力型的统治"基础之上，而现代国家则是建立在"设有官僚行政管理班子的合法型统治"基础之上，即"建立在相信统治者的章程所规定的制度和指令权利的合法性之上，他们是合法授命进行统治的"①。由此可见，制度对于现代国家治理具有决定作用，制度规范也成为现代国家能力建设的基础保障。

亨廷顿在《变革社会中的政治秩序》中指出，决定落后国家政治发展成败的关键因素取决于能否保持秩序和稳定，而稳定和秩序的获得则取决于能否产生具有高度自主性的政治制度。美国学者罗伯特·W. 杰克曼在《不需要暴力的权力》中认为，是否拥有基于合法性的制度是衡量国家政治能力最核心的要素。换言之，国家的政治能力就是其创建合法性制度的能力。由此可见，从现代国家发展的内在规律看，制度构成了国家能力建设重要的基础保障。从制度规范的角度考量国家能力建设要做到：第一，以制度规范限制国家权力。如福山指出的："有必要将国家活动的范围和国家权力的强度区别开来，前者主要指政府所承担的各种职能和追求的目标，后者指国家制定并实施政策和执法的能力特别是干净的、透明的执法能力——现在通常指国家能力或制度能力。"② 因此，国家权力的运作范围与国家能力并不成正比。事实已经证明，国家权力过大往往会削弱国家能力，相反，权力有限的国家往往可以大大增强国家能力。国家权力过大容易使国家的行为不受法律制度的约束而任意作为，从而使国家跨越自己的职能范围，进而使国家权力延伸到社会的所有领域，没有任何一个

---

① ［德］马克斯·韦伯：《经济与社会》上卷，林荣远译，商务印书馆1997年版，第241页。

② ［美］弗朗西斯·福山：《国家构建》，黄胜强、许铭原译，中国社会科学出版社2007年版，第7页。

领域可以免受国家权力无所不在的干预。这必然会扭曲社会的经济活动，也使个人与社会的活动成败取决于国家的支持与否。因此，要以制度规范加强对国家权力的限制，避免国家权力对国家能力的侵蚀，从而保证国家能力不被国家权力所替代，并保证国家能力的合理运行。第二，加强制度建设。诺思指出："在整个历史上，当人们需要在国家——但可能具有剥削性——与无政府之间作出选择时，人们均选择了前者。几乎任何一套规则都好于无规则。"① 可见，制度建设在国家构建中的重要作用。国家能力的制度建设是国家能力具备稳定性的过程。没有国家能力的制度建设，就难以实现经济的持续、稳定、协调发展，也不可能为实现现代民主政治奠定必要的制度基础。因此，从某种程度上而言，国家能力的制度建设是当代国家政治形态转型中的核心问题，对政治生活具有全面性与决定性的意义。通过制度建设，进而为国家能力的作用发挥提供良好的制度条件与制度环境，从而保证国家能力的规范运行。第三，促进制度创新。制度创新是制度主体以新的价值理念为指导，通过制定新的制度形式，为实现新的价值目标而自主地进行的创造性活动。在现代，从国家能力建设的角度看待制度创新，要凸显对人的发展的关注。在以往的社会条件下，制度对于个体而言，更多的是一种外在的强制。制度对于人性的压抑，造成了人的个性的泯灭。在现时代，国家能力制度创新的一个重要趋势就是制度要更多地体现在对人的发展提供保障上。因此，制度的合理性、合法性、合道德性就成为制度创新的基本准则，只有如此，制度才能得到普遍的认同与服从。也就是说，制度不再是对人的限制，而是为人的发展提供有利的环境，从而增强人的主体地位，为实现人的本质创造条件，实现人的发展目标。总之，制度的科学化、规范化、合理性与合法性程度决定着国家能力的有效性。只有实现国家能力的制度化，才能保证国家能力运行的规范性和有效性，才能促进国家的建设与发展。

三　民主治理：国家能力建设的实践方式

国家制度的建构并非现代国家能力建设的终点，制度完善并不等于国

---

① ［美］道格拉斯·诺思：《经济史中的结构与变迁》，陈郁等译，上海三联书店1994年版，第24页。

家能力的社会行动实践。从一定意义上说，缺乏社会行动实践支撑的制度规范不可能得到真正落实。因此，在国家制度建构之后，完善民主治理的社会行动实践成为国家能力建设的重点。从现代国家的发展趋势看，民主政治已经是现代国家构建必不可少的要素。通过民主程序，国家的合法性得到增强，而且更为重要的是，国家通过民主治理将公众从社会的边缘带到社会的中心，从而增强了社会的凝聚力，并最终提高和增强了国家能力。因此，现代国家能力建设必须加强民主治理建设。

在人类社会发展的进程中，国家的社会治理模式逐渐由统治思路让位于管理思路，并转向治理思路。国家与公民的关系由统治者与被统治者之间的关系让位于管理者与被管理者之间的关系，并逐渐让位于代表者与委托者之间的合作治理关系。这个历程充分体现了人类文明中民主的进程。从现代国家与传统国家的区别来看，其中的重要区别之一在于：在传统国家，国家能力的实现方式主要依靠的是统治者与被统治者之间的命令与服从，甚至在一定情况下采取暴力的方式，而现代国家治理过程更多地体现为一种协调与合作，体现为公民自觉自愿地对国家的认同，而不是以往简单的命令与服从。也就是说，现代国家能力的实现方式主要依赖民主治理的实践方式。民主治理的实质就是治理主体与公民之间沟通、协商的过程，它能增强公民对国家的认同，在提升国家能力与促进国家发展方面起着重要的作用。为此，在现代国家能力建设过程中必须将民主治理作为国家能力的重要实践方式。首先，促进公共权力民主化。公共权力民主化实际上就是公共权力由"专断性"回归"公共性"的过程。从表面上看，公共权力在实现民主化以后，不仅使公共权力的行使范围缩小了，而且使公共权力处于公众的监督之下，因而似乎是削弱了国家能力。从国家政权形态看，专制主义国家、全能主义国家由于公共权力范围的扩大，国家承担的职能越来越多，公共权力不受制约，国家可以肆意妄为，这恰恰削弱了国家能力。只有实现公共权力的民主化，使国家公共权力得到制约，严格限制国家公共权力的范围，如此不但能够使国家获得统治的合法性，而且可以强化国家自主性，进而增强国家能力。其次，建构合作行动的民主治理关系。在后工业化的过程中，随着社会复杂程度的增加，人的个性化和多样化追求更加丰富，传统的国家作为单一治理主体已经难以应付和处理当前社会中的复杂问题。特别是公共领域与私人领域界限的日益模糊，政治与经济关系的日益密切以及诸如公民社会组织等社会团体逐渐走向成熟与完善，形成了多元治理主体的局面，由此也造就了合作行动民主治理关系。所谓的合作行动民主治理关系指的就是公共权力主体能够与他人进行对话，能够相互真诚与公平的倾听并相互影响。在这种合作行动的民主治理关系中，"治理应当做到赋予共同体一种意义，而不具排他性的公共权力一般来说最有资格去引发对话和建立合作伙伴关系，将自己作为集体行动的催化剂。最成功地领导了经济发展的国家便是有能力围绕共同的方案组织和动员所有行动者的国家"①。最后，开展"商议民主"，提高公民参与的深度。哈贝马斯把程序商议视为民主政治的内核，从而把沟通理论引进了国家政治领域，认为民主的真谛就是对话、商议、论辩与谈判等，通过商议民主，势必会推动政治系统的改革和整个社会的解放。"商议的作用就是让人们接触不同观点，并迫使人们从公共利益的角度为自己的立场辩护。通过你来我往的讨论、辩论，人们可能对自己的偏好进行提炼、修正、转变，把原本自私的偏好转化为能考虑到他人利益的偏好。"② 通过拓宽公民民主参与渠道，可以使公民切实通过政治参与来达到限制、约束国家公共权力以及影响国家政治决策的目的，进而提升国家能力。总之，在现代，民主治理不仅是国家建设的基础，也是社会发展的支柱，更是公民权利的保障；不但可以促进国家发展，也能够促进社会进步，还能促进公民生活质量的提升，从而促使国家能力的均衡发展。因此，必须以完善民主治理为切入点，切实加强现代国家能力建设。

四　社会化：国家能力建设的目标取向

按照杰索普的观点，全球化时代的国家正面临着三种挑战："首先是'去民族化'的挑战，国家正不断空心化，国家能力正在各种当地的、地区的、国家的、跨当地的、超国家的等层次上被地域性和功能性地重组。其次是'去国家化'的挑战，这在从'统治'到'治理'的变化中得到了反映，国家正和各种超政府组织以及非政府组织达成新型的伙伴关系。第三个挑战是政策规制的国际化。"③ 也就是说，在全球化时代，国家能

---

① ［法］皮埃尔·卡蓝默：《破碎的民主》，高凌瀚译，三联书店2005年版，第157页。
② 王绍光：《民主四讲》，三联书店2008年版，第248页。
③ 转引自郁建兴《马克思国家理论与现时代》，东方出版中心2007年版，第289页。

力面临着巨大挑战，特别是随着公民社会的不断发展与成熟，社会成员的民主意识与文化素质不断提高，国家能力的实现受到越来越多的社会因素的制约，同时，国家的政治职能日益向社会职能转变，为国家能力的社会化建设提供了可能。因此，社会化是现代国家能力建设的目标取向。

恩格斯在《家庭、私有制和国家起源》中指出："国家是社会在一定发展阶段上的产物；国家是承认：这个社会陷入了不可解决的自我矛盾，分裂为不可调和的对立面而又无力摆脱这些对立面。而为了使这些对立面，这些经济利益互相冲突的阶级，不致在无谓的斗争中把自己和社会消灭，就需要有一种表面上凌驾于社会之上的力量，这种力量应当缓和冲突，把冲突保持在'秩序'的范围以内；这种从社会中产生但又自居于社会之上并且日益同社会相异化的力量，就是国家。"① 这就是说，国家是社会发展到一定阶段的产物，国家与社会的分离是一种历史发展的必然。尽管如此，国家又承担着一定的社会职能，"政治统治到处都是以执行某种社会职能为基础，而且政治统治只有在它执行了它的这种社会职能时才能持续下去"②。特别是第二次世界大战以后，随着国家垄断资本主义的发展，国家对于经济和社会公共事务管理的领域越来越大，干预的程度越来越深，国家的社会管理职能越来越呈现出增强的趋势。在一定程度上而言，经济与社会方面的活动日益成为当今国家的主要任务，其政治职能居于次要地位或者掩盖在国家的社会职能中。由此可见，国家与社会的二元分化以及国家社会职能的日益增强表征着国家产生于社会并回归于社会的自身发展规律。

鉴于国家政治职能向社会职能的转移以及公民社会对于国家能力的影响，国家能力的社会化建设成为现代国家能力建设的目标取向。长期以来，在国家与社会的关系上，国家始终处于支配社会的绝对统治地位，这一传统严重影响和制约着国家与社会的双向发展。在国家层面上，国家权力的无限制扩张，往往会使国家能力失去有效性意义，使国家的发展失去活力；在社会层面上，社会力量由于过于弱小而不利于社会的自主发展。因此，加强国家能力的社会化建设可以有效地解决这一问题，从而正确地处理国家与社会之间的关系。加强国家能力的社会化建设，一方面，要将

---

① 《马克思恩格斯选集》第 4 卷，人民出版社 1995 年版，第 170 页。
② 《马克思恩格斯选集》第 3 卷，人民出版社 1995 年版，第 523 页。

国家权力从社会领域中适度退出。国家权力在社会领域中过于强大，容易形成对社会领域的完全控制，从而窒息社会的发展活力，甚至导致社会的畸形发展。国家权力从社会领域中的适度退出，并不表示完全放弃国家在社会领域中的作用，也不代表国家能力的削弱。相反，寻求国家在社会发展中的新功能，也在一定程度上提升了国家能力，并促进了社会的良性发展。另一方面，要加强社会能力建设。一般而言，社会能力主要是指社会组织在社会进步与发展过程中所具有的能力。从国家与社会的关系上讲，国家能力与社会能力是相对而存在的，但是从民族国家综合能力的构成方面而言，国家能力与社会能力是民族国家能力的重要组成部分，因此二者并不是对立的，也不是此消彼长的。社会能力不仅表征着社会的成熟与发展程度，而且标识着国家社会管理的完善程度。因此，要通过国家手段来培育社会能力，不断提高并发挥社会能力对国家能力建设的支持作用，同时要促进国家能力与社会能力的协调互动，使二者相互依存、相互制约、相互促进，共同服务于国家的发展。由此可见，国家能力的社会化建设，不是要削弱国家能力，而是要从整体上提高国家能力，这才是现代国家能力建设的目标取向。

总之，对现代国家能力建设进行理性审视，寻求国家能力建设的有效途径，是现代国家理论研究与实践发展不可回避的重大课题。现代社会发展趋势已经昭示：国家的有效性综合体现为国家能力的有效性，没有有效的国家能力，就不可能建设成现代国家。因此，现代国家建设与发展的任务与目标已经十分明确：加强和完善国家能力建设，提高国家能力对于经济与社会发展的有效性，从而最终促进国家建设与发展。

（作者：何颖，黑龙江大学政府管理学院教授，博士生导师；霍建国：黑龙江大学哲学学院博士研究生）

现代国家建构的逻辑与现实

——基于现代国家建构历程的民族问题透视

　　欧洲的文艺复兴运动，对于世界历史进程而言是具有转折性影响的重大事件。这一时期，欧洲自然科学与人文领域的一系列新发现、新创造，引发了人类社会从经济基础到上层建筑的全方位嬗变。就民族问题而言，这一运动实际上也构成了一个变化的节点。在此之前，民族概念和民族问题只是作为一种文化现象出现在历史记载和理论探讨中，但在此之后却逐渐成为现实政治实践中的敏感问题，也成为人文学科与社会科学探讨的热点话题。这意味着，在现代国家建构（state-building）层面探讨民族问题的时候，对民族进行不着边际的遥远追溯，其实毫无意义。现在，影响世界各国包括中国在内的民族问题，实际上是与世界近代史联系在一起的。具体来说，民族现象与民族问题的实质，是近代以来世界各国在建构新型国家——现代国家的进程中，由于现代国家的理论设计与现代国家建构所面临的现实问题之间存在脱节而出现的政治—社会问题，或者说，是现代国家建构的理论逻辑，与现实社会对传统社会一系列价值和共同体的扬弃进程缓慢交叠而出现的问题。

一　现代国家的逻辑建构

　　"中世纪的欧亚地区发生了一些神奇而又影响深远的事情……西欧地区的人们生活的方方面面发生了深刻的变化，出现了与……传统农业文明有着本质差别的一种新的充满活力、扩张性的文明——现代文明，从而开始了我们今天所说的现代化进程。"① 现代化进程催生了与传统社会截然

---

① ［美］斯塔夫里阿诺斯：《全球通史》，北京大学出版社 2005 年版，第 369 页。

不同的现代社会。虽然不同学科领域对于"现代化"、"现代性"、"现代社会"究竟是怎样一种状况，应该有哪些标志，如何去衡量等问题存在着诸多争议，但是对于现代化进程起始于欧洲文艺复兴时期，却具有高度的共识。

在人类现代化的进程中，国家的现代化既是一项重要内容，又是现代化进程的重要推动力量。然而，在文艺复兴开始之后的两百多年时间里，人类对现代国家的建构更多地停留在思想层面，属于逻辑建构。

对现代国家的逻辑建构肇始于思想领域的祛魅。思想的祛魅固然与人文、社会科学领域的思想进步有密切联系，但主要是由自然科学领域的新发现触发的。天文学新发现严重冲击了中世纪由基督教组织建立起来的维持社会—政治运行的神学政治体系，将人从神学的束缚中解放了出来。"哥白尼……用这本书（虽然是胆怯地而且可以说是只在临终时）来向自然事物方面的教会权威挑战，从此自然科学便开始从神学中解放出来。"①从此以后，自然科学领域注重观察、实验的研究方法，迅速促发了哲学领域经验主义、怀疑主义、理性主义思想的兴起。当培根疾呼"知识就是力量"，笛卡尔提出"我思故我在"之后，笼罩于社会之上的神秘主义雾霾日渐消散，被魅化了的宗教领袖、官僚贵族等权贵阶层，以及被其所垄断的解释自然、社会现象的话语体系和统治社会的权力也随之崩溃。

理性的、对一切充满怀疑的个人，逐渐成为思想、行动的主体，也成为探讨社会问题，进行政治制度设计的前提。思想祛魅运动涉及自然科学新发现、宗教改革、哲学新思想的提出、文学艺术新理念等一系列内容，其过程持续了两三百年。祛魅运动从根本上解构了传统社会—国家的理论基础，将魔力从现实世界中排除出去，并使世界理性化②，进而为现代国家的逻辑建构清除了思想障碍，开拓了广阔的思想空间。

祛魅运动使得个人作为传统社会中信仰的、被动的、服从的客体，变成了怀疑的、积极的、主动的主体。个人角色的变化在政治领域产生了革命性影响，它使得人们对于国家、政府、政治等一系列问题的思考范式发生了根本性变化，将个人作为理性主体对待成为探讨一切政治思想的前提。

基于个人主义这一前提，政治思想家们自然而然地引申出了这样一系

---

① 《马克思恩格斯全集》第 20 卷，人民出版社 1995 年版，第 363 页。
② ［德］马克斯·韦伯：《新教伦理与资本主义精神》，三联书店 1987 年版，第 79—89 页。

列观点：个人是自由的，个人是平等的，个人有足够的智慧作出对自己有利的决定，不同的个体之间相互交往只能通过协商的方式而非强迫的方式进行。基于这些结论，文艺复兴以后，政治思想家们赋予理想中的未来社会—国家以完全不同于传统国家的价值。在传统国家中，普罗大众往往被认为是天生卑贱的、智慧低下的、茫然的、粗鄙的，因而需要由高贵的、智慧的、善良的、血统纯正的贵族和精英来统驭。

当新的价值被确定之后，现代国家建构的理论先驱又进一步为未来的社会—国家设计了基本制度。基于个人主义价值，国家应该是通过个人契约组建的，国家的统治者和统治方式应该由个人通过平等协商确定，国家的权力应该服从个人契约并服务个人目的等，也就成为国家存在的基本价值以及制度设计的依据。因此，理论逻辑上的现代国家一般都是民主国家，有完善的法律体系，权力有限且受到监督，以帮助个人实现其福利为主要目标，不能侵犯个体的正当利益。

在基本价值与制度内核被确定之后，思想家们进一步从逻辑上对国家政治结构与运行机制进行了设计。个人契约被转化成宪法—法律体系和代议机构；统治者的选拔过程被设计为选举制度、政党政治；权力的约束由权力制衡、党派竞争和传媒体系共同完成；福利目标则演变成为国家—政府的各类公共服务职能。

实际上，早在18世纪欧洲启蒙运动期间，现代国家的逻辑建构就已经基本完成，此后对现代国家的理论探讨更多的是在此基础之上的补充和完善。

二　国家建构的现实障碍与民族主义

"哲学家们只是用不同的方式解释世界，而问题在于改变世界。"① 无疑，从逻辑上建构的现代国家光明而美好，令人神往。但是，当思想家们通过他们华丽的语言和激情的构想，将人们对现代国家的向往之情激发起来之后，通过革命或改革，试图把理想付诸实践的政治家们，却面临着许多在现代国家逻辑体系中找不到答案的现实问题。这些问题如果得不到有效解决，现代国家建构的实践就无法继续下去。世界各国的政治家们在寻找这些问题

---

① 《马克思恩格斯选集》第1卷，人民出版社1995年版，第4页。

的答案时，又几乎无一例外地回过头来在传统社会中寻找启迪与路径，民族主义作为一种社会运动，进而作为一种社会思潮，从此登上了历史舞台。

现代国家建构实践面临的第一个重大问题是，在被祛魅了的社会中，传统的整合纽带断裂或弱化，新的整合纽带却未能及时形成。而这使得试图领导现代国家建构实践的精英们，难以动员起足够的社会资源，特别是整合人群，以支持其革命运动或现代国家建设的政策。现代化与祛魅固然瓦解了传统社会—国家的基础，但同时也使被各种传统纽带黏合在一起的社会碎片化，原子化。由缺乏信仰、安全感和意义感的个体组成的社会，代替了由血缘、宗教信仰、传统习俗与价值理念、传统国家与社会制度等牢固纽带黏合的各类共同体组成的社会。在这一新的社会中，"个人解脱了经济和政治纽带的束缚，他通过在新的制度中积极和独立地发挥作用，获得了积极的自由。但同时，他所摆脱的这些纽带正是过去常常给予他安全感和归属感的那些纽带，人不再生活在一处以熟人为中心的封闭的世界里。世界已变得无边无际，而同时又有威胁性。由于人失去了他在一个封闭社会中的固定地位，所以也失去了生活意义。其结果是，他对自己和生活的目的产生了怀疑。……所有人都成了他潜在的竞争对手，他同人的关系成了一种勾心斗角、尔虞我诈的关系。他自由了，但这也意味着：他是孤独的，他被隔离了，他受到来自各方面的威胁……"① 韦伯更是一针见血地指出，现代化使人们的价值理性逐渐丧失，工具理性日益支配人们的头脑，社会联合的基础不再是崇高而神圣的价值纽带，而是人们对利益的斤斤计较，这种联合是极不稳定的。

现代国家建构实践面临的第二个问题是，现代国家核心要件的界定存在着理论与现实的矛盾。主权、领土和人民被认为是现代国家三大核心要件，在现代国家逻辑建构的理论进程中，主权是什么、领土边界如何确定、人民究竟包括谁不包括谁都是模糊的。但是，当政治家们真正要去建构现实中的国家时，却必须清晰界定这三大要素。然而，这个任务却几乎是不可能完成的。对主权、领土、人民三大因素的任何界定，都会在逻辑上陷入两难。按照先哲们的设想，现代国家的主权，是人民通过契约形成的，因此国家首先要确定自己的人民是谁，但是这个问题却是任何一个试图完全依照现代国家的理论蓝图去新建国家的政治家必然会遭遇的首要矛盾。从逻辑上说，现代

① ［美］埃里希·弗罗姆：《逃避自由》，国际文化出版公司1987年版，第73—87页。

国家完全依照同意原则来建立，所有接受现代国家价值的人都应该是它的人民。但在实际中，谁也无法确定有哪些人会同意现代国家的价值，同意签订那份契约；即使能确定，也不可能真正让每个人去签约。如果现代国家按照传统国家的既有基础来确定自己的人民，情况一样糟糕，因为传统国家的边界模糊且变化频繁，按照什么标准来界定就成为问题。其次在国家边界的确定方面所遇到的问题也是一样的，若完全按照理论设想来建立现代国家，现代国家可能会成为一个没有边界的国家；若在传统国家基础上确定边界，那么选择什么阶段作为标准又会引发激烈的争议。

在近代以来世界各国现代化以及现代国家建构的实践中，面对这两大问题，政治家们采取的措施具有高度的一致性，那就是在既有的国家基础上，尤其是以这个国家历史上最强大的阶段为参照，确定国家的边界，进而确定其成员。在现代国家通过回归传统确立边界之后，边界之外的矛盾冲突与边界之内的矛盾冲突在性质上逐渐区别开来。与边界之外国家的矛盾大多通过战争—谈判的方式解决，并形成了相对稳定的格局。而大多数国家为了消弭边界之内的问题，持续开展了重构民众对国家认同的政治—经济—文化建设，并从历史上各种传统共同体中寻找凝聚社会成员，激发民众对国家—政府忠诚的纽带与工具，而这一般被称为公民民族主义运动。公民民族主义的现代国家建构运动，实际上意味着现代国家建构的实践与现代国家的理论逻辑出现了较为明显的脱节。这种脱节导致现代国家建构的实践，必然将在现代性与传统之间不断摇摆和徘徊中艰难前行。

建构现代国家的公民民族主义运动，从一开始就受到各类传统社会共同体的抵触，甚至激烈的对抗，而这种抵触与对抗有相当一部分后来演变成了族裔民族主义运动。狭义的民族问题，即现在理论界探讨的民族问题，基本上是这两类民族主义运动碰撞冲突的产物，是一国之内聚居于特定区域尤其是偏远区域的传统社会共同体，特别是传统生产生活方式变迁迟滞、社会流动性很弱、传统宗教与文化习俗氛围浓郁的族群，突然遭遇与国家现代性建构相伴而来的市场化、世俗化的汹涌大潮，出现的困惑与迷茫种种不适应的自然反应。他们在汇聚和融入方面遭遇困难，就必然会从传统纽带中寻找认同与归属感。一些西方学者认为："构建国家的过程——如果这个过程成功的话——需要经过顺序大致相同的五个阶段。每一个进一步发展的机会在国家的生命历程中都代表着一次'危机'，无论成功与否国家机构都必须解决这些危机。"而"'认同性危机'是建立国家时所遇到的第一个障碍，原先认同于部落、地区或其他亚国家团体的人必须首先认识到他们是这个国家的公民"。但这种认同却"并不会轻易、快速或自动地发生"。① 所以这也是世界上大多数地区在现代国家建构进程中所面临的普遍性问题。

三 民族主义的性质与走向

民族主义在一开始，是以社会运动的方式出现的，并没有形成理论。关于公民民族主义与族裔民族主义的理论区分，是在欧洲世界现代国家建构进程已经初步完成，现代国家三大核心要素都基本明确之后，才被归纳总结形成理论的。当人们认识到民族主义存在这两大分野之后，对民族现象与民族问题就能够清晰地在理论上进行梳理了。

就其根源而言，民族现象与民族问题的出现，是现代性价值的成熟超前于社会现代化进程，现代国家的理论逻辑存在一定缺陷的结果。文艺复兴以来的现代国家逻辑建构进程，是基于对传统社会神学—政治体系高压的反弹，因而难免充满了激进色彩与理想主义。近代早期思想家们对传统社会的各类共同体，以及维系这些共同体凝聚力的或多或少具有魅化色彩的社会纽带，也难免过度批判与否定。

然而，在人类还未能完全成为自然、社会与自我的主宰的情况下，与神秘信仰联系在一起的传统社会所形成的各类具有魅化色彩的联系纽带，对于个人获得归属感和安全感至关重要。马克斯·韦伯将这些给人们提供归属感、安全感的抽象存在，称为价值理性。他认为："谁的行为如果不考虑预见到的后果，而只坚持其关于义务、尊严、审美、宗教律令、虔诚或'事实'的正确性的信念，并且不管对他提出的是何种要求，那么，他的行为就纯属价值理性行为。价值理性行为……永远都是一种行为者对自己提出的'要求行为'或符合'要求'的行为。"② 价值理性与手段的运用（工具理性）、目的的设定（目的理性）共同赋予人们存在和活动的价值与意义，从而使人获得满足和安慰，也即实践合理性。在韦伯价值理

---

① ［美］迈克尔·罗斯金等：《政治科学》第9版，中国人民大学出版社2009年版，第48页。

② ［德］马克斯·韦伯：《经济与社会》，商务印书馆2006年版，第57页。

性论述中，价值理性的内容，大多都与传统社会早已形成的具有魅化色彩的价值、文化有关。

然而，现代国家在逻辑建构的进程中，却更多地强调了工具与目的，对于具有价值理性的社会因素缺乏深入探究，这使得现代国家在逻辑上虽然可以建立，但在实践层面却不容易操作，除非重新赋予其价值理性。民族主义所承担的任务恰恰就是为现代国家的建立、存在和活动，提供了价值理性的支撑。

民族主义运动之所以会与传统社会的文化族群形成密不可分的关系，并最终导致民族主义思潮的兴起，出现公民民族主义与族裔民族主义的分野，实际上也与现代国家逻辑建构有关。现代国家在进行逻辑建构的过程中，对于传统社会中最强有力的几类共同体，或者说，维系社会存在的基础性纽带，也是维持传统国家存在的合法性的最强有力的社会纽带——宗教信仰、血缘纽带等，进行了矫枉过正式的批判。这种批判与经济领域出现的市场化、工业化、城市化一起，使得传统社会具有强大凝聚功能的共同体如教会、宗族、姻亲、乡亲等不断瓦解或弱化。

与此同时，面对市场化、工业化、城市化所带来的生活方式的改变，人们纷纷寻求新的归属与安全感。"他们（现代化进程启动后的人们）与地方的联系中断，巨大的经济变迁与人口流动带来的结果使许多人感到十分脆弱，处境危险"，因此他们"要在传统语言、族裔联系以及宗教中寻找慰藉"，"在他们熟悉的种族联系与文化传统中寻求庇护"。① 主要通过语言与日常生活方式而彰显差异性的文化族群，在其他传统共同体弱化后，日渐显示出其提供人们迫切需要的"价值理性"的价值。

由于经济社会发展而得到强化的族群认同，很快被政治领域的现代国家建构工程师所利用，以进行现代国家公民共同体的建构，进而更好地推动现代国家价值、制度与组织建构。回看近代史的发展历程不难发现，早期建立的现代国家，无不将国家文化价值的统一与推行某一族群（主要是本国占人口多数的族群）的语言文字和文化习俗等同，将国家的边界界定与该文化族群的居住边界或者曾经建立的传统国家边界等同，将民众对政治共同体的认同与对特定族群共同历史记忆联系在一起。因此可以

---

① ［美］安东尼·史密斯：《全球化时代的民族与民族主义》，中央编译出版社2002年版，第98页。

说，即使是纯粹的公民民族主义运动，其所借助的工具也充满了传统族群的文化因子。而这种公民民族主义运动在所有文化族群多元的国家，甚至可以说每一个国家，都或多或少地遭遇过抗拒，因为当国家所提供的各方面价值、利益与某一族群文化高度捆绑之后，其他族群在获取、享有和发展相关利益时无疑会面临不利局面，其族群的传统文化会日渐边缘化，与传统文化联系在一起的个人安全感和归属感也会弱化。

不同国家在公民民族主义运动，或者在民族建构方面的区别仅在于，部分国家在公民民族主义运动中立场坚定，坚持以现代国家价值、制度、组织建构统领民族建构，并且采取了一系列有效措施，改变受到公民民族主义运动负面影响的群体和区域在现实价值、利益分配等方面的不利局面，进而使这些群体的抗拒活动逐渐弱化直至消失，多元文化族群国家便被建构成政治—经济—文化高度一体化的民主—民族国家。而另一些国家没有或者无法彻底坚持公民民族主义，无法将现代国家价值、制度与组织体系在全国均衡地建立，无法弥补区域间、群体间因国族建构而产生的价值、利益失衡，因而不能彻底消除境内受到不利影响的群体与区域在政治—文化领域的抗拒活动，民族问题与政治参与、利益分配等交织缠绕，族群纷争的阴霾始终挥之不去。

然而，从长远来看，人类社会的现代化进程是不可逆转的，这也意味着，作为传统社会遗留的纽带——族群文化，本身也会随着工业化、信息化、全球化的发展而消逝于历史之中。但是，由思想家们基于逻辑建构起来的现代国家价值、制度与结构，却是与现代化进程紧密联系在一起，服务于现代化进程的，是人类社会目前能够寻找到的组织政治权力、治理社会问题、稳定社会秩序、维护和增进社会公共利益的最好方案。

第二次世界大战以来，特别是全球化进程启动以来的世界历史发展进程，已经非常清晰地显示出这样的图景：传统社会遗留的包括族群在内的各种因素，对于政治、经济、社会运行的影响逐渐减弱，社会的现代化程度、民主化程度、个体的自由度不断增强，群体与群体间的文化界限日趋模糊。在部分高度发达的区域如欧盟内部与美国、加拿大之间，甚至过去基于公民民族主义运动确定的国家边界与公民成员身份认同都在淡化，但是现代国家的民主、自由、人权、法治、公共服务、社会福利等价值，以及为实现这些价值而设计的制度与组织体系不但没有弱化，反而日趋完善。其背后的原因，正是现代化的发展使得在现代国家建构初期显得超前的现代国家价值、制度与组织体系，与社会发展的契合程度越来越紧密，也即是说，它不再是超前的，而是合适的了。相反，那些在政治领域坚持强调和突出族裔文化因素或其他传统魅化因素作用的国家，都或多或少地陷入了永远找不出答案的群体间价值—利益的争论之中，社会秩序受到各种各样现实的或潜在的威胁，现代国家应有的促进社会发展，保护和服务个人自由的作用得不到彻底而有效的发挥。国家能力的削弱与激烈的群体间矛盾互相催化，形成恶性循环。部分国家甚至因此分裂解体，其民众则陷入令人绝望的混乱与贫困之中。

四　现代国家建构的困境及趋势

现代国家建构从启动以来，虽然已经走过了几百年的风雨历程，但目前仍在行进之中。世界上大多数国家几乎都在国家认同性、合法性、渗透性、参与性、分配性等一个或几个方面存在着或强或弱的张力。

较早开始现代国家建构的欧美国家，其现代国家建构进程与现代化发展进程同步，现代国家价值、制度和组织建设，是在工业革命持续推进，市场经济体制渗透与扩张，社会现代性发育日渐成熟的背景下展开的。它们大多在公民民族主义运动方面立场坚定，在三四百年的现代国家建构进程中，始终坚持以现代国家价值、制度、组织建设统领民族建构，以在全社会形成统一而稳固的价值信念。同时采取多方面措施校正受到公民民族主义运动负面影响的群体和区域的落差，逐渐弱化传统社会共同体对现代国家建构的羁绊，消解具有狭隘民族主义色彩的社会运动，进而使国家逐渐建构成政治—经济—文化高度一体的民主—民族国家。

但即使是欧美发达国家，这种数百年的公民民族主义国家建构进程，也并未完全消弭现代国家理论上的统一性或一致性与现实社会区域、群体间差异性的冲突，他们依然面临着如何增强公民价值理性，提高公民国家认同以及社会整合和国家统一的难题。如亨廷顿对美国多元文化弱化国家认同的忧虑，法国在处理科西嘉问题和融合新移民过程中所面临的冲突，西班牙巴斯克和加泰罗尼亚独立抗争的暗流涌动，英国北爱尔兰与苏格兰分离运动潮涨潮落，都是发达国家社会群体整合所面临的问题。

但在西方现代国家建构中，公民导向的价值取向整体上清晰而坚定，相关的理论积累已臻成熟，现实的利益纽带也已经牢牢地将公民捆绑为一体，公共服务的普及与均等化使公民与国家的契约关系日趋紧密。这些国家经过上百年探索和改进所形成的包容性、调适性较强的治理结构、丰裕的经济实力、发达的市场体系以及与之相适应的文化社会环境、公民现代性价值的培育等，均为公民导向的国家建构提供了强有力的支持。

而一些后发国家在现代国家建构进程中，则出现了不同程度的价值与政策摇摆。国家建构的思路出现混乱，目标发生偏移，导致了族群、宗教、宗族、区域等传统社会纽带对国家政治运作和社会公共生活的影响趋强，解决的困难与阻力也更大。首先，这些国家在政治、经济、文化等领域的发展还远不成熟，现代国家建构进程与社会现代化进程并不同步，大多数国家都是被动地卷入现代化进程并开始现代国家建构任务的。这就意味着支持国家逐渐走向现代性、一致性的各类社会纽带还非常脆弱，甚至有名无实。在许多第二次世界大战后摆脱殖民统治的亚非国家，甚至统一的国家—政府仅具有形式意义，国内各区域真正的主导性力量仍然是具有传统魅化色彩的部落酋长、宗教领袖与封建贵族。现代国家的政治价值、制度与组织未能真正渗透到社会的各个角落，全国范围内统一的市场体系尚未建立，公民精神也无从培养，现代性社会生活方式缺乏生长发育的土壤。各区域之间经济联系不够紧密，语言文字、文化习俗、宗教信仰等方面的差异显著且相互隔阂，社会共识形成困难。这些传统社会共同体固有的保守性、封闭性，不但阻碍了现代国家建构进程的推进，而且成为社会分裂与动荡的重要诱因。

其次，先发国家出于保持自身竞争力和对国际格局主导权的需要，在民族问题上采取双重标准，极力鼓励、支持一些发展中国家的狭隘族裔民族主义运动，以牵制甚至遏制其发展进程，更为这些国家的社会整合与发展进步带来了重重困难。英美等西方国家，一直公开支持那些在利益上与其存在较严重博弈国家的狭隘族裔民族主义运动。苏联与南斯拉夫解体、巴尔干半岛和高加索地区族群冲突、中东族群矛盾、非洲大陆族群与宗教纷争、中国边疆民族问题……可以说，只要存在严重族群冲突的地区，几乎都有西方大国的身影。内外矛盾交织，进一步使部分发展中国家在推动自身现代国家建构进程中，出现了群体观念与利益的分裂，引致其现代国家建构价值目标的游离和政策措施的波动，从而进一步干扰了这些国家现代国家建构的进程。如苏联戈尔巴乔夫时代迫于内外压力而推行的"新思维"，尼日利亚、利比亚等在外国干预的背景下，对部族割据的无奈与放任，前南地区因外部势力介入而持续至今的族群、宗教纷争，都已经或正在造成严重的现代国家生存危机。

对于后发国家而言，现代国家建构进程的推进，必然会有一段漫长而又曲折的经历。这些国家需要坚持公民国家方向不动摇，坚守国家整合的目标不游移，对内外压力有明晰准确的认知，采取坚定而审慎的措施，在现代国家建构目标与社会多元现实之间存在冲突与博弈的情况下，不断调适公民利益与族群利益的关系。

族群利益是一种基于族群划分，以他族为对象涉及族际关系的群体性利益诉求，其基础是族属认同。而族属认同是一种相对封闭、排他的认同，这种认同的过度强化，无疑会导致社会不同族群之间相互疏离。而这种文化心理层面的认同一旦与利益相结合，且被制度安排所固化，则会使原有的心理隔阂进一步转化为经济、政治壁垒，从而在社会成员之间造成裂痕，会使族群之间因利益分割而壁垒森严，并可能引致族际关系的紧张甚至对立。现代国家的基础应当是超越地域、宗教、族群身份的公民，公民利益是以国家为对象的个体利益诉求，对公民利益诉求的积极回应，尊重和保障每一位公民个体的权利，实现公民权利与国家权力的良性互动，是强化公民对国家的政治认同，增强国家凝聚力的基石。因此，如何防止因族群身份和地域相对固化而引致的问题，如何有效地引导族群之间的交流和融合，如何通过恰当的制度安排将族群整体利益诉求逐步转化为公民个体利益诉求等，都是在理论和实践层面亟待解决的问题。

在现代国家建构进程中起步较晚的国家，需要通过完善治理结构、优化社会管理制度设计，使现代国家的政治价值得以普及；不断提升公共服务供应水平，推动公共服务均等化，以良好的公共服务换取公民对国家、政府与现代国家政治价值的认同，以及对公民—国家契约关系的遵从；建立全国统一的市场体系，借助市场机制与公共权力的调控，疏通国内区域间利益分隔状态，将国民整合成牢固的利益共同体；鼓励与支持不同文化的交流，使不同族群、区域基于传统形成的文化、价值，在激荡碰撞中逐渐融汇分享，形成能够为国民广泛认同的共同文化价值体系；通过普及现代科技、教育和有利于现代性发育的文化理念、生活方式等，形成与现代国家建构相适应的新的社会纽带，以增强国家的认同感和凝聚力。

（作者：李俊清，中央民族大学管理学院教授）

世界政治转型方式的变化与
中国的政治发展

一 政治转型方式的变化

从世界整体状况看，政治转型的方式随着时代的发展已经发生了重要的变化，政治转型日益呈现出温和与渐进的特征。

近现代意义上的政治转型最早发生在欧美，可以 17 世纪的英国资产阶级革命、18 世纪的美国独立战争和法国大革命为代表，这些革命虽然各具特色，但其实质都是资产阶级反对封建统治的民主革命，是从封建政体向资产阶级民主政体转型的标志。从转型或取得政权的方式看，它们都采取了激进和暴力的方式，尽管使社会发生实质性变迁的转型持续了很长一个时期，但政权更迭本身是很短暂的。

在这一阶段的革命或转型的基础上，欧美的民主化进程或政治转型呈现出逐步温和化的趋势。在英国，1688 年"光荣革命"不再是革命而是用"政变"的不流血的方式实现了资产阶级政权的巩固，此后直到 19 世纪英国政治发展的主要变革或转型就是议会改革及选举权的扩大，而这完全是以和平的群众运动的方式完成的。在法国，尽管爆发了 1830 年革命、1848 年革命以及 1871 年巴黎公社革命，但是这些革命的规模和影响不仅无法与大革命相比，而且自巴黎公社以后法国就进入了一个和平发展与改革的时期，政治发展的进程再也没有用革命的方式来推动。在美国，独立战争后民主化不断推进，但并没有出现大的政治动荡。虽然 1861 年发生了南北战争，但这并不是北方民主化进程的延续，而是向迟迟没有推进民主转型的南部的扩展，是南部的转型或革命。此后，美国完全进入了一个和平发展的时期，国内的政治发展和大量改革都是在和平主义的旗帜下进行的。德国和意大利的民族民主革命发生得较晚，但在 19 世纪后期完成统一后，其国内大规模的暴力革命也逐步缓和下来，政治发展以渐进的方式进行。

20世纪以后的欧美进入了和平改革时期，其国内再也没有发生大规模的暴力斗争，政治改革和转型变化完全是以温和渐进的方式进行的。尽管发生了两次世界大战，但这种把暴力从国内转向国外的方式本身就说明了国内冲突的相对弱化。由于各国发展的不平衡，它们完成这种转型的历史时段和所用的时间并不完全相同，但基本趋势是相似的。

19世纪至20世纪，东欧、拉美、亚洲和非洲的民族独立和资产阶级革命依次展开，这些地区的现代化进程落后于西欧和北美二三百年，因此，主要国家的暴力革命直到20世纪上半叶才基本完成，而一些更晚进行现代化国家的革命或暴力性的民族主义运动在20世纪六七十年代也基本结束了。20世纪最后20多年发生的"第三波"民主化浪潮，标志着后发现代化国家的民主化或政治转型的方式已经基本上从暴力对抗转变为和平过渡，其渐进性也越来越明显。亨廷顿是这样描述这一时期各国政治转型的："民主国家是如何产生的呢？民主的国家是由民主的方式产生的：舍此无他。民主国家是通过谈判、妥协和协议而产生的。它们是通过示威、竞选和选举而产生的，是通过非暴力地解决分歧而产生的。它们是由政府和反对派中的政治领袖所缔造的，他们都有勇气向现状挑战，并使他们追随者的眼前利益服从于民主的长远需要。民主国家是由政府和反对派中的领导人，即那些抑制反对派激进分子和政府保守派的武力挑衅行为的领导人所创设的。民主国家是由政府和反对派中那些有智慧承认在政治上没有一个人可以垄断真理或美德的那些领袖们所创设的。妥协、选举和非暴力是第三波民主化的共同特征。在不同程度上，这些也是这一波民主化中绝大多数变革、转换和转移的特征。"[①] 值得注意的是，这些政治转型不再像过去那样完全取决于人民或反对派单方面的意愿，在相当程度上也是威权统治者或多或少的主动所致。

即使在"第三波"民主化时期内，较早发生转型的国家与较晚发生转型的国家或地区相比，也有一个冲突逐渐弱化和妥协逐渐增强的趋势。例如，东欧的罗马尼亚1991年发生的政治转型是由一定程度的人民起义

---

① ［美］塞缪尔·P. 亨廷顿：《第三波——20世纪后期民主化浪潮》，上海三联书店1998年版，第202—203页。

实现的，东亚最早发生政治转型的菲律宾是以持续 3 年之久的大规模群众示威运动、农民反抗运动和士兵起义以及最后与 1986 年的普选交织在一起而实现的。20 世纪 90 年代中后期发生的韩国政治转型，表现出更多的温和性和稳定性，它们主要是通过选举而实现的。这种不同既与各国或各地区之间经济社会水平和政治模式的差距以及文化差别有关，例如东德的温和性与罗马尼亚转型的激进性之间的差异就是如此，也与政治精英和人民都不愿再看到更多的冲突有关，例如蒋经国就是看到了菲律宾国内的动乱以及马科斯的下台而决定在中国台湾解除戒严的，而反对派的领导者也愿意以选举竞争而不是以暴力手段取得政权。

就少数国家在转型过程中出现的一定程度的暴力和多数国家出现的低度暴力事件而言，应该说与渐进性转型的趋势并不违背，它们不仅比本国以往的政治转型的暴力程度要低得多，而且与欧美相比，由于它们的政治发展相对落后，社会政治结构和管理机制还没有发展到可以完全消除暴力运动的程度。这里有一个重要的参数值得重视，那就是在市场化国家中，支持一个国家发生政治转型的人均生产总值指标不断上升，而转型中的冲突程度则随之递减。这是一个基本的趋势，尽管政治转型方式还要受到其他因素例如社会结构和文化的影响。

当代的政治转型更可能采取一种和平的方式。日本的政治转型如果以长期执政的自民党下台和民主党的上台为标志的话，其变化的程度几乎是微乎其微，几乎无"转型"可言，或者说，其渐进性和稳定性非常明显。实际上，中国台湾和韩国已经表现出这种渐进性和温和性。如果中国台湾的政治转型是以 2000 年民进党上台执政为标志，韩国的政治转型是以 1992 年金泳三和 1997 年金大中执政为标志的话，那么这一过程比以往各国或各地区的转型要温和与稳定得多。

二　一党长期执政与政治体制内的民主化

温和而渐进的政治转型越来越成为现实，也越来越受到人们的关注。在这方面，马来西亚和新加坡的情况很值得关注。这两个国家的执政党都已经执政了 50 多年，经济和社会高度发展，民主政治有很大的进步。

是什么原因使它们没有发生标准意义上的转型即国家体制的转型，长期执政的政党在市场经济高度发展的情况下仍然保持着执政地位呢？在笔者看来，政治制度具有较强的现代性指向和较高的制度化水平，渐进的政治改革并使其与本国的发展水平相适应，是它们一党长期执政并使其威权主义适应社会经济巨大变迁的最重要原因。

新加坡和马来西亚的政治体制之所以具有较高的适应性，是因为它积累了较多的现代性因素，在此基础上执政者建立和培育了一种具有包容性和高效率的政治体制。具有现代性是指它们继承了英国的行政制度和法律制度，并在此基础上进行了适应现代化与国情的改造。具有包容性是指它在一党体制内把多党竞争和民主政治发展到了一个较高的水平，其效率高的表现是它们能够有效地主导经济和社会的发展，在上情下达和下情上传方面较为通畅。① 如果一种制度不能在面对环境变迁的挑战时作出调整，就会因自身不能适应这种变化而不得不以体制的转型来适应这种变化。韩国、菲律宾、泰国、马来西亚、印度尼西亚、中国台湾等国家或地区，以及很多后发展国家，包括伊斯兰国家在内所发生的政治转型，尽管有诸多原因，但政治体制的制度化水平较低，尤其是缺乏适应性或包容性是它们共同的原因。

新加坡和马来西亚政治发展的特色之一是在对政治参与进行严格限制的基础上逐步培育公民意识并进行制度创新来扩大民主。现在看来，这在客观上有很大的积极效应。一方面，它在保证一党威权主义体制相对稳定的前提下逐步放松管制，不像有些国家压制政治参与从而导致激烈的对抗和体制的崩溃。对民主的培育主要是允许反对党的存在和发展，使媒体越来越中立，允许民众投反对党的票和发表不同的言论，可以直接批评政府的政策。其中新加坡的集选区制度是体现这一特色的重要的制度创新，它既抑制了政治参与的快速膨胀，也没有打压政治参与，而是通过提高政治参与的门槛来引导有序政治参与，在选民和反对党政治素质不断提高的情况下则促进了政治参与。

马来西亚执政的巫统的政治领袖们利用其政治体制和种族的多元性，在政治发展的不同水平上有效地限制和培育了政治参与。它对政治参与的限制主要表现在利用宪法和国家权力抑制反对党的发展上，执政党利用执掌的法律、媒体和政治权力制裁反对党的领袖并限制反对党的发展。对政治参与的培育主要表现为这种控制是逐步放松的，它越来越能容忍反对党

---

① 李路曲：《2011 年新加坡大选与政治发展模式》，《当代世界社会主义》2011 年第 4 期。

的发展及其政治参与的扩大，在这方面已经超过新加坡。同时，马来西亚很好地利用了联邦制这一体制，使地方自治性容纳了更大的民主，而这种民主的发展没有更多地干扰联邦政府的稳定。

在这种具有现代性的威权主义主导下，经过数十年市场经济的发展，在马来西亚和新加坡都培育了日益成熟的中产阶级和市民社会；同时，几十年的民主选举也使人民群众的民主素质有了很大的提升，中产阶级和一般选民在选举中越来越理性。民主化的基本条件就是市民社会和中产阶级的发展和成熟。一方面，长期的市场化和经济发展使新加坡大多数人都进入了中产阶级的行列，生活水平和受教育水平大大提高，人们的政治参与意识也随之提高了；另一方面，在具有竞争性选举的环境中，代表不同群体利益的反对党也有所发展，不但在吸纳人才方面有很大发展，而且在政治上也越发成熟。这表现在民众、执政党和反对党的民主意识都有很大提高上。在新加坡2011年的大选中，在围绕选举议题进行激烈争论的同时，各种政治力量和选民都表现出了竞争中的理性和冷静。他们表示不愿意看到一些国家发生的民主沦为民粹的现象，不愿看到国会沦为不同党派和政客表演的舞台——因为这会严重地削弱政府的效率，他们需要制度化的和理性的民主制度。

还有一个不可忽视的问题是，新加坡和马来西亚之所以能有制度化的政治体制并保证政治转型或民主化的稳定推进，是因为它们具有现代性的强国家体制。现代性意味着国家有推动民主化的倾向，同时也表明，它是一种现代体制，即不受一个政党的完全控制，或者说不是党国体制。也就是说，强国家并不意味着强政党，而是指国家有强有力的治理能力。强政党有时也会导致强国家，但这样的党国体制无法稳定地推进民主化，因为其中既得利益的顽固和保守性会强烈地反对改革，最终不是改革被阻止，就是改革导致激进的转型和体制的崩溃。凡是政治转型比较稳定的国家，都是不存在党国体制或执政党在转型时期没有完全垄断国家权力的。

马来西亚和新加坡强有力的国家机器并不是民族主义执政党建设起来的，这与中国以及其他由强大的革命政党或许多强大的民族主义政党建立国家机器的方式有很大不同。这两个强大的国家是殖民统治后期的英国殖民当局和本地政治精英与政党之间一种政治合作的产物。尤其是在民族主义政党执政后仍然要借助于殖民当局的军事力量包括警察力量进行统治，镇压左翼反对派，并保留了而不是重新建立自己的行政系统。因此，强国家先于马来西亚的巫统和新加坡的人民行动党建立起来并进行统治，在一定意义上可以说这两个政党是"进入"而不是"建立"国家体制的，这一点与早发现代化国家的政党是在体制内建立的相似。这种情况在一定意义上有利于国家构建的连续性和现代性建设。

所以，尽管它们的民族主义政党在进行民族斗争和争取国家独立的过程中都很强大，但并没有建立一个全新的国家制度，因而也没有使自己的政党与国家完全结合在一起。在这种情况下，加之存在着多党政治的政治环境，执政党难以垄断社会生活的方方面面，所以党的组织很快实现了转型，它不再是斗争的工具，而日益成为选举的工具。这一点有深刻的意义，党的主要任务是通过选举获得合法性而执政，它的分支或基层组织成为专门的选举和动员机构，而没有必要在政府和企事业单位中建立党的组织。行政系统是唯一的执行国家权力的机构。这样，在推行民主化的过程中，无论政党怎样变化，国家权力的贯彻都不受影响。换言之，执政党放松了自己的控制和权力，而是通过国家进行有效的控制。这种强国家弱政党的体制是它们能够在体制内大大发展民主并保持政治稳定的重要原因。

三　关于中国政治体制改革的一点思考

从整个世界的民主化特点以及新加坡和马来西亚在一党和威权体制内发展民主和促进政治转型的情况看，当代政治转型的温和性和渐进性仍在持续是无可置疑的。这主要有三方面的重要因素对政治转型起着越来越重要的作用：一是随着人类文明程度的提高，人们对生活和生命的关怀程度越来越高，因而暴力和流血冲突越来越不为人们所接受。二是在后现代因素的影响下，政治转型不再像过去那样主要是由纵向的阶级分裂或等级分裂以及传统文化与现代文化的冲突所致，而是在现代化条件已经比较成熟甚至后现代因素大量出现的情况下，其社会结构发生了横向扩展。尤其是多元化、多元利益和文化群体改变了传统社会的分裂向度和烈度，对社会整体来说其分裂性要小得多，这就在客观上软化了社会分裂和冲突的基础。三是全球化带来的交流互动及信息交流的增加和通畅，使得后转型国家一方面处于国际社会示范性的压力和监督之下，在人文关怀、民主的机制和模式及社会自由方面都会受到民主国家的影响；另一方面随着治理方式的交流和积累，统治者在主观上越来越希望把握民主化的主动权，他们在主观上的努力尤其是对国外已经成熟的民主治理经验的借鉴会越来越多，这就大大提高了人们解决转型冲突的能力。

其实，当谈论"东亚模式"或"中国模式"的时候，尽管存在着不同的解读，有人把其看成是完全不同于其他国家政治发展的一种政治形态和发展模式，也有人认为它们是在世界整体发展趋势之中的一种具有自身发展特点的政治形态和发展模式，但从政治发展或政治转型的视角看，这两种观点无疑都潜在地包含着这样一层意思：东亚一些国家和中国的政治发展或民主化进程是一种渐进方式，它不会发生多元民主政体取代威权政体的急剧转变，它是一种渐进、温和而稳定的转型或发展。这不仅意味着这种转型是渐进的，也意指转型本身不再是威权政治向多元民主政治的转型，而是一种国家治理的创新或国家"一元"的民主治理。

这种温和性和渐进性所反映的几点实际变化越来越为人们所认识并对人们产生了重要的心理影响：一是民主化是由执政党、反对党和人民群众共同推动的，不再仅仅是早期自下而上推动的；二是一些长期执政的政党在下台后经过调整和改革又重新上台执政；三是长期执政的政党的下台并不意味着国家的危机，社会和政治局面仍然相对稳定；四是反对党上台后并不会对原执政党进行打压或迫害，也不存在这样的政治环境，而是承认国家共治的局面。当然，执政党会在一定程度上重新分配官职，但官职在法治化国家中的特权是有限的。这些现象使人们不再把民主化和政治转型视为一场革命、一场剧烈的冲突或改朝换代，而是一种改革，一种渐进而温和的权力交接。

可以说，伴随着现代化进程，合理进行国家制度的建构和改革是保证民主化进程最重要的政治资源。在现代化的一定阶段里，政治参与和政治诉求主要取决于政治觉醒的程度，而较少取决于经济水平，尽管后者也有一定的作用。因此，靠经济发展来抑制人们政治参与的诉求只能在一定程度上和在发展的一定阶段上起作用，不能在根本上或长期起作用。在现代化过程中经济发展的好与坏都可能会引发不满或政治转型。新加坡 2010年国民生产总值增长 14%，居世界第一，人均 GDP 5 万美元，然而在2011 年 5 月的大选中人们对执政党的不满和要求改革的呼声也达到了历史的最高点。还有一些国家在经济危机时由于人民的不满而导致了政权的更迭。因此，只有在体制内适时地实行改革以使政治制度和治理方式适应经济和社会变迁的要求，才是现代国家构建的根本所在，也是保证社会经济和政治民主稳定发展的根本所在。

从世界民主化的趋势和特征尤其是新加坡和马来西亚的政治发展中，对中国的政治改革和发展做一点思考，会有所启示。

当三十多年前邓小平和党中央提出党政分开时，就是看到和遵循了一个基本的常识性的问题和事实，即当时世界发达的民主国家都是党政分开的，而且凡是实行党政合一的国家都存在着管理上的问题，无法解决中央过度集权、"党要管党"和提高政府效率的问题，因此，党政分开实际上是一个在政治发展过程中需要重视和解决的问题。但当20世纪80年代在改革过程中遇到了一些问题和阻力后，这一改革被搁置了。实际上，当时阻止党政分开的因素并不是根本性的，有些是外在的，包括对党政分开这个概念本身及其实践都存在着很多认识上的误区。

这些误区包括：第一，认为党政分开是不要党的领导，削弱党的领导，甚至意味着执政党下台。新加坡和马来西亚是一党长期执政，执政党长期掌握着领导权，但其党政是分开的。党的基层组织是选举及动员组织，因而党的主要功能是选举及动员群众。由于党政分开，它们在很大程度上解决了重复领导和政府效率问题，解决了对政府的监督问题，解决了党脱离群众的问题。因此，在现代化过程中，它们能够适应社会经济和政治变迁的需要，适时推动体制内的民主化改革，以化解经济发展和不断变化形式的社会和政治矛盾。应当看到，它们在人均产值5万美元和2万美元的水平上仍然能较好地维持着一党政治下的动态的社会和政治稳定。由于社会经济的发展水平高，它们面临的转型和改革压力更大，但它们基本上能维持一种动态的社会和政治平衡。

第二，有人认为，这是意识形态的问题，即是否坚持党和社会主义路线的问题。实际上，群众路线是党的根本路线，在从革命党向执政党转型后，尤其是20世纪90年代党在理论上解决了这一问题后，党在现代化中的路线已经确立，从邓小平思想、"三个代表"和"科学发展观"到新时期的群众路线，即最近以习近平为总书记的党中央强调要把人民的利益放在第一位，这些都说明党的路线和意识形态与人民群众的根本利益是一致的。

第三，有人认为，党政分开会使庞大的党的各级领导干部这一既得利益集团失去特权地位，因而他们会消极地对抗改革，从而使改革难以推动。其实既然党政一体，党的各级领导干部可以通过逐步转化为各级政府官员来保障他们的利益。如果 30 年前就实行这一改革，则会逐步消化这种改革的阻力。在很多国家里，例如新加坡，这种改革的速度要快得多，也遇到了一些阻力，但都克服了。历史上没有毫无阻力的改革，只要有足够的决心和合适的方式方法，就能推动这种改革。更重要的是，现在进行这种改革仍然不晚，改革的经济条件（我们的经济实力）和政治条件（群众和中央反对腐败的决心）已经越来越成熟了。

第四，有人认为，只能先进行党内民主，再推动社会民主。我们认为，党内民主与党外民主应同时推动，当然应渐进而有序地进行。因为如果先进行党内民主，那么只会使一般党员的民粹思想扩大，形成执政党的党内民主而对党外的特权。这反而会使党没有动力和能力去推动国家民主这一终极目标。只有在党外民主的监督下，党内民主才能有效地进行。

（作者：李路曲，上海师范大学法政学院教授）

论政治多样性的限度

——以政治生态学为视角

2008 年爆发于美国并延烧至欧亚大陆的金融危机，其直接后果是再一次暴露了资本主义金融体系的脆弱性，以及资本的贪婪本性。但此后世界不同国家对于危机的不同处理方式和由此造成的不同结果，尤其是美国和中国相异的应对方式及其直接经济社会效果，却也产生了令人"意外"的政治后果①：对于美国政治模式和中国政治模式优劣利弊的全球性热议。而且这种比较和评判一直持续至今，丝毫没有消歇的迹象。抛开这种比较的意识形态成分和外壳，从学理层面看，这种比较的实质即是政治多样性与政治统一性之间的比较。毋庸讳言，在比较者看来，美国政治模式代表着政治多样性，中国政治模式代表着政治统一性。但显而易见的是，这种基于"二分法"的非此即彼的比较和定评，武断地排除了事实上存在的其他选项，并不严谨和科学。不过国际政治学界对于中美两种模式的比较和评判，却也提出了一个有待人们思索和研究的理论课题，即应如何看待政治多样性与政治统一性之间的关系？换句话说，在今天这样一个以政治多样性为标志的民主化时代，政治多样性有无一个度量界限？本文的目的即在于从政治生态学的角度回答此一诘问，检讨政治学研究中"二分法"的不足，并试图以"三分法"即一分为三的方式，探寻政治多样性的合理限度及其统一性问题。

—

政治多样性包含诸多层面，诸如政治文化、政治思想、政治体制的多

---

① 表面看来似是意外，其实并非意外。任何经济行为从来都不是纯粹的经济行为，其背后总会闪现出政治的身影，露出政治的尾巴和印记。

样性探索，都属政治多样性的范畴。政治多样性是以民主化为主题的现代政治发展进程的一个重要特征。它的对立面无疑就是以集权化为特征的政治一统性。这是基于"二分法"的方法论进行政治分析和政治模式比较时学界习惯的看法。而且，鉴于当今世界中美两国所拥有的巨大的国际影响力，尤其是二者意识形态的明显分殊，和基于意识形态分殊所形成的不同的政治制度，人们更愿意将美国政治制度和中国政治制度分别看作政治多样性和政治统一性的典型代表。至少在目前看来，中国政府在应对世界性金融危机中的表现赢得了全球性赞誉。尤其是它以高度集中的权力和与之相应的国家意志，通过一系列果断、迅捷而高效的举措，弱化了世界性金融危机对于中国社会经济发展环境的冲击，从而避免了社会经济的大动荡。显然，这引起了西方政治家和政治学界对于中国政治模式的极大关注。加之改革开放以来中国经济社会的全面进步，中国模式更为世人所瞩目。吊诡的是，中国模式尤其是中国政治模式，却是墙内开花墙外香。这可能是缘于国人对于自身政治体制所暴露出来的弊端有着更为切身的体会，人们对于进行政治体制改革的渴望越来越迫切。无疑，人们希望，多样性应当成为以民主化为主题的政治体制改革的重要方向。

确实，在西方民主体制下，政治多样性对于推进政治发展，限制权力集中和垄断，进而对于保障公民自由，维护公民合法权益，确保社会公平正义，起到了不可低估的作用。但人们只是盲目称颂政治多样性而已，无视或回避了政治多样性的限度问题。其实，从西方不同政治发展模式的比较中也应冷静地看到，多样性有其自身的合理限度。以这个合理限度为标尺来衡量，政治多样性不足，固然对政治发展无益；政治多样性过剩，对政治发展同样有害。

在西方民主体制下，政治多样性的最典型制度表征，是以两党制或多党制为表现形式的政党制度。

两党制指在资本主义国家两个主要的政党通过议会或总统竞选轮流执政的一种政党制度。[①] 两党制发轫于英国，此后，逐渐为美国、加拿大、澳大利亚、新西兰等国家所采用。两党制又有以英国为代表的内阁制的两党制和以美国为代表的总统制的两党制之别。

---

① 张友渔主编：《中国大百科全书·政治学》，中国大百科全书出版社 1992 年版，第 212页。

多党制是资本主义国家多党并存且竞相执政的政党制度。多党制起源于法国，后见之于德国、意大利、比利时、荷兰等欧陆国家和北欧诸国。

自政党产生以来，在社会结构相对简单的前现代社会，两党制的政党结构形式，基本上能够满足主要社会阶级或阶层的利益诉求，因而，两党制能够得以顺利延续和巩固下来。但是，随着现代消费时代的到来，人们的消费需求日趋多元和个性化，反映到生产方式上，就是社会分工日益细密；反映到物质利益上，就是利益欲求更形多样；反映到社会结构上，就是阶层划分更加繁复。在此状态下，两党制的政党结构形式，显然不能够充分地反映和代表多元社会阶层的经济、社会与政治诉求。因此，两党制的政党制度形式面临着亟待突破的政治困境。

在这一点上，美国的民主体制所遭遇的现实困境，或许可以提供一个绝佳的例证。2008 年以来，由金融海啸所引发的经济危机，沉重地打击了美国的经济与社会发展。经济拯救理念和政策的严重分歧，触发了共和与民主两党之间一场接一场的政治纷争和对抗。从一定意义上说，此种纷争和对抗，由于是一种多重博弈和反复较量，这实质上是一种充分讨论和论争的过程，因而有利于寻找到一种最佳的拯救经济的方案。由此来看，它在一定意义上无疑是有益的。但是，它也内含着现行两党式民主体制自身无力解决的矛盾，即囿于意识形态的差异和所代表的利益集团的不同，两党之间的政策主张难以弥合，更遑论求得一个折中的解决方案了。不唯经济拯救理念，对于医疗保险制度改革的纷争等，也严重掣肘着美国政治的决策进程。这成为美式两党制的制度困境所在。在这里，问题的实质在于，美国的两党民主体制缺乏在多样性和差异性基础上的有机统一。因为就两党的代表性而言，目前看实在是微不足道。大多数不属于共和党或者民主党的选民，在政治上缺乏代言人。

那么，现行的多党制的政党结构形式，是否能够弥补两党制的缺陷，满足多元社会和谐发展的要求呢？就多党制的制度形式来看，它确实能够更加全面地代表社会绝大多数人的利益，因为比起两党制，多党制满足了社会各阶层无论强弱均有其政治代言人的形式要求。以采行多党制最为典型的意大利为例。自 1946 年举行公民投票，废除君主立宪、实行议会共和制以后，多党制政治格局逐渐形成。迄今，意大利主要有天主教民主党、社会党、共产党、共和党、民主党、自由党等大小十数个政党，这足以使得社会各阶层的利益都得以通过多党制渠道表达。但是，意大利多党制所反映出的症结也同样明显。首先是政府组阁难度大。由于单个政党难以在议会中取得多数席位，不得不寻求与其他党派联合执政，这无疑会造成所联合的党派待价而沽的局面，组阁极其困难。2013 年 2 月，意大利举行议会选举，中左翼联盟虽然在众议院取得微弱优势，但不足以独自组阁。而中右翼政党为组阁所开出的条件也不合中左翼的心意，这令意大利新政府组阁一筹莫展。其次是政府更迭频繁，影响政策的连续性。多党联合执政，在执政之初就已经埋下了政策分歧的伏笔，因此，极易出现联合执政一方退出政府的状况，造成政府频繁更迭，影响政策的连续性。政府频繁更迭构成了第二次世界大战后意大利政局的一个突出特点。自 1946 年实行议会共和制以来，政府更迭已达五十余次，由此可见更迭频次之繁密。最后是执政难度大，执政效率低下。由于党派众多，且多为联合执政，各党政见的博弈与平衡过程无比繁琐，无疑加大了执政难度，危及执政效率。类似状况在奉行多党制的日本政坛也有鲜明的体现。

比较两党制与多党制，可以说，二者各有所长，又各有明显的不足。两党制与多党制所代表的这种不同程度的政治多样性结构所存在的制度性不足，折射出政治多样性与政治统一性的关系问题，以及政治多样性的限度问题。以下试图运用政治生态学的方法，分别探寻政治多样性与政治统一性的生态关系即整体性问题，以及政治多样性的合理限度所在。

二

上文分析的以两党制与多党制为代表的政治多样性所存在的结构性缺陷，可以说是政治多样性陷阱。也就是说，在当今世界，政治发展的趋势是以政治多样性为表征的政治民主化，这也是身处前民主时代的人们的普遍政治向往。但是，不加分析地一味追求政治多样性，或无视政治多样性的限度问题，所获得的社会政治效果往往与民主政治相反。这是一些后发现代化国家常常遭遇的尴尬。鉴于此，运用政治生态学的方法，探寻政治多样性的合理限度，以及政治多样性与政治统一性的生态关系即整体性问题，对于政治发展的选择大有裨益。

"我们时代需要一个全面与富有远见的知识体系——既是科学的又是社会的——来应对所遇到的难题。……我们不能继续受制于传统科学的思维方法，去肢解现实现象和研究其个别性碎片。我们必须把它们结合起来，看到它们之间的相互联系，并同时从整体性与特殊性的视角观察它们。""生态学"这一词汇"在如此完全不同领域中的扩展应用，对于我们这个急切获得某种智力内在一致性和概念统一性的时代来说，似乎是正合时宜的"。①

"有必要强调的是，'整体性'不是一个不加区别的'普遍性'，从而使一个现象简约为与其他现象间存在的共同之处。它也不是一种可以代替构成自然与社会的巨大物质差异性的、无所不在的'能源'。相反，整体性有着丰富多彩的结构、连接和协调，从而使整体具有多样化的形式和众多的独特性，而这些往往被那些严格的分析性思维简化为'无数的'和'随机的'细节。""生态整体性不是一种不可改变的匀质性，恰恰相反，它是一种充满活力的多样性中的统一。在自然世界中，平衡与和谐是通过不断变化的差异性、不断扩大的多样性来实现的。因而，生态稳定性不是简单性和匀质化，而是复杂性和多样化的一种功能。生态系统保持其整体性的能力，并不依赖于环境的统一性，而是它的多样性。"② 整体性与多样性相统一的原则，或者说，多样性中的统一性，构成了生态学的一条重要法则和主要信条。

质言之，多样性中的统一性，就是多样性与统一性如何实现动态平衡的问题。在这对关系中，多样性是前提，统一性是结果。尊重多样性，才会形成良好的、合乎生态法则的统一性；抹杀多样性，形成的不是统一性，而是千篇一律的"一统性"。简言之，多样性中的统一性，就是"多元一致"。③

先来分析多样性与统一性这对关系中的多样性问题。显然，在这对关系中，多样性居于首要地位，它决定着统一性的性质。"大自然中多样性的重要性已由这一行星上千千万万物种生机勃勃的共同进化得到展现。成熟的生态系统，如珊瑚礁和顶级森林，都是以丰富的生物多样性为主要特征的。所以，尊重多样性隐含了向自然界学习，以确立相应的环境价值观

---

① ［美］默里·布克金：《自由生态学：等级制的出现与消解》，郇庆治译，山东大学出版社 2008 年版，第 6 页。

② 同上书，第 10 页。

③ 陈家刚编：《协商民主》，上海三联书店 2004 年版，第 299 页。

和社会价值观。"① 进而言之，向自然界学习，还要确立尊重多样性的政治价值观。

政治体系中的多样性，在制度角度是指制度设计的多元分殊和相互制衡，在此基础上所达成的统一性，才是生态有机与动态平衡的。也只有在此背景和条件下，诸如立法机构、行政机构和司法机构的分立并存才符合其设立与存在的本意，它们的设立与存在才有其功能上的价值——维持政治体系的有机统一："一种体系的各个部分都要对整个体系履行一种功能。任何体系都是功能的统一体，体系的每个部分都具有一种功能，所有功能对体系都是有用的。"② 否则，它们的分立与存在就失去实质意义了。浙江省体育局原局长、中国足坛"反黑先锋"陈培德针对足球界的反黑扫赌曾深有感触地说："过去总说我们存在着体制性的腐败，这个说轻了，应该是腐败的体制。我们足球的这种办、管、监三位一体，党、政、事、企、群五合一的体制，是滋生腐败的温床。在现行足球环境和体制下，足球界任何人出问题都不要感到奇怪。"③ 这段话虽是针对足坛领域的反腐扫赌有感而发的，但深思之，把它放之当下中国诸领域而皆准。在制度设计上，存在着深重的排斥多样性基础上的统一性的弊端，统一性已经被异化为严重的"一统性"。而"一统性"的政治体系在现时代的典型性特征，就是以排斥多样性为前提的高度集权，其典型表现是党政不分、政社不分、政法不分、管理与监督不分……其恶果是主体一元，监督失位，腐败丛生。制度反腐专家李永忠教授有句话说得好：在中国有句俗话，"钱聚人散，钱散人聚"。一个老财主，如果他把钱紧紧攥在自己手里，他不分给他的那些做文书的、打工的、记账的，那么对不起，钱是归他了，人心却散了。他把钱散了，人心就能够聚了。换一个字，权力也这样。如果权力不分解，过分集中，人就会散。如果权力分解了，人就会聚。所以权力分解，既有利于制衡，同时也有利于民主的发展。④

再来看一下多样性与统一性这对关系中的统一性问题。

---

① ［美］丹尼尔·A. 科尔曼：《生态政治：建设一个绿色社会》，梅俊杰译，上海世纪出版集团 2006 年版，第 100 页。

② ［法］莫里斯·迪维尔热：《政治社会学——政治学要素》，杨祖功等译，华夏出版社 1987 年版，第 186 页。

③ 《沪媒称南勇或有染末代甲 A 悬案》，中国网（china. com. cn），2010 – 12 – 14。

④ 《议行监合一的权力结构致苏联最后溃败》，《南方都市报》2011 年 12 月 25 日。

　　身处开放社会的政治体系，它的构成与运作，它所面对的社会环境，都是复杂多样的，它无时无处不身处由内部次体系与外部诸环境所构成的网络扭结之中，因此，它的运作状态是以互动和动态平衡为最突出特征的。"生态的整体性不是通过科学、伦理或政治等外力强加的。"① 也就是说，它的权力运作模式是扁平的、多面向输出与回馈的往复状态。这就与身处封闭状态的政治体系的权力运作的等级化的、自上而下的单向性殊为不同，它无疑是高度复杂、高度关联的政治系统。在这种多元节点的扭结与勾连中，任何一个环节的变化都可能会引起或激发其他一系列环节发生相应的变化。这种起因于多样性的高度复杂性、差异性和关联性，无疑要求多样性中的统一性，以使得政治体系形成一个有机的生态整体，整合为一个整体大于部分之和的有机力量。否则，如果缺乏多样性中的统一性，复杂程度越高，关联性越强，政治体系的无序和离心程度就越严重，由之所产生的政治社会后果也就越发严重。原因很简单，开放的网络状的社会，任何一个节点的意外状况的发生，都会通过四通八达的网络结构发散开去，形成"蝴蝶效应"，社会某个角落的一个细微变化就可能引发整个社会的大变动。

　　关于如何求得多样性、差异性基础上的有机统一，阿尔温·托夫勒有精辟的见解："要重建民主，我们必须抛弃一个唬人但错误的观念：不断增长的差异性会自动地带来社会紧张与冲突。事实恰恰相反。社会冲突不仅是不可避免的，在一定范围内，它是有益的。如果一百人都拼命地想要获得同一个发财机会，他们也许不得不为此争得不可开交。但是，如果这一百人中的每一个人都有自己的不同目标，那么他们之间就会进行交易与合作，进而形成共生关系，这对大家都更有益。只要有适当的社会安排，差异性会有助于形成一个安全和稳定的文明。"这个适当的社会安排，就是"建立能调节差异性，并使之合法化的富有想象力的新体制。这种新体制对不断变化和多样化的少数派迅速转变的要求，反应敏感"。② 质言之，这个新体制就是能够容纳政治多样性，同时又能够迅速整合政治多样性的政治统一性体制。

---

　　① 吴承笃：《栖居与生态——"诗意地栖居"的生态意蕴解读》，《山东师范大学学报》（人文社会科学版）2012 年第 6 期。

　　② ［美］阿尔温·托夫勒：《创造一个新的文明：第三次浪潮的政治》，陈峰译，上海三联书店 1996 年版，第 93—94 页。

三

　　社会政治生活的多样性是政治生态学的理论追求。但"多样性"也存在一个生态限度问题。任何真理超越其限度就成为谬误。与欧洲的意大利一样，印度投入大量精力来应对自身存在的多样性。法国总统戴高乐说过："谁有办法治理一个有 246 种奶酪的国家？"那么一个信仰 3.3 亿个神的国家呢？一个 19 世纪的英国旅行家曾经说："孟加拉邦与旁遮普邦的相似度还不如苏格兰与西班牙。"虽然这是一种夸张的说法，但毫无疑问的是，这个国家是一个几乎占据了整个次大陆的帝国。而且，像欧洲一样，印度希望自由地处理这种多样性。要想自由地处理多样性，就必须拥有统一性。从美国总统奥巴马的就职典礼中可以看出，美国是一个具有统一性的国家。欧洲在 1945 年后曾有机会拥有统一性，但现在却永远失去了这个机会。印度在独立后的头几十年内也曾拥有统一性，但现在却偏离了路线，处于一个政治混乱、媒体无良的局面下。不幸的是，现阶段印度盛行的是宗派主义、地方主义、沙文主义和分裂主义。①

　　既然政治多样性有其合理限度，那么，这个"限度"隐藏在哪里呢？其实，哲学界已经间接地为政治多样性的限度问题作出了解答。庞朴先生最先明确地把中国哲学史上关于事物"三分"的思想概括成"一分为三"的哲学命题。作为对于深具阶级斗争哲学工具色彩的"一分为二"命题的反动，庞朴先生"一分为三"的哲学命题，认为事物在"一分为二"之后，还要"合二而一"，这个合成的"一"，已是新一，而不是原来那个"一"了，这就是"三"。因此世界本来就是三分的，"一分为三"的事实，是客观的、无处不在的②。庞朴认为："其实三就是多，多必归于三"，"万物皆是三"③。进一步讲，事物的"一分为三"，又可细化为"一维三分"、"二维三分"和"三维三分"等多种状态。"在现实生活

　　① ［英］蒂莫西·加顿·阿什：《印度为何全面落后于中国》，和讯网，2013 年 3 月 6 日。
　　② 夏锦乾：《试论"一分为三"与巫术政治文化的关系——兼评庞朴先生的"一分为三"研究》，《文史哲》2013 年第 3 期。
　　③ 庞朴：《中庸与三分》，《文化一隅》，中州古籍出版社 2005 年版，第 215、216 页。

中，凡成功的事情，那背后一定是三在起作用。"① 物理常识也告诉我们，根据"三点稳定原理"，三点方可形成一个稳定的平面。比较而言，两点也可形成平面，但可以形成多个平面，显然，这就没有稳定性可言了。哲学上的"一分为三"命题和物理学上的"三点稳定原理"，移植于社会政治生活，实质上就是"第三方"原理。

是否可以这样说，"第三方"就是政治多样性的那个"度"。在政治体系内部，一家独大，那是单一性、一统性，有违政治生态准则，为政治生态学所不齿；"二虎"相争，虽可产生一定的互为制约之效，但常因双方势均力敌而僵持不下，且谈不上真正意义上的"多样性"；四方及其以上的政治参与，多则多矣，但易陷于杂多纷乱，内耗丛生，决策过程迟滞，恐置政治体系于不能自拔境地；只有以"第三方"为限的多样性，各方既有互为制衡之效，又相对简约，不失为多样性的最佳界点。其实，"三方"相协，互动而生，也是现实社会政治生态的最优写照。

从政治体系内部运作看，良好的政治发展往往是在立法、行政与司法三方各自相对独立与相互制衡的架构下取得的。这可能是人类迄今为止所找寻到的最优社会政治发展制度架构。这似乎已经成为一个定律。

从宏观政治发展看，"现代政治制度由三大部分组成：强大的国家、法治、负责制政府（民主）。首先，一个良好运作的社会必须要有强大的国家政权。国家一定要像一个国家，它需要利用其权力有效地维护自身的安全、维持和平与正常的社会秩序，并向国民提供服务。其次，这种权力需要在一定限度之内使用，国家要通过法律来治理，法律要高于统治者、高于权力，用法律限制国家权力的滥用。这就是法治，即'法律的统治'。最后，政府是一个负责的政府，要承担对社会和其治下的责任"。② 强大的国家、法治、负责制政府（民主）这样三个组成部分，只有当它们成为一个有机的整体的时候，才是各自的效力得以最大限度发挥的时候。怎样才能形成一个有机整体，以发挥各自的最佳效力？在保持三者之间动态平衡的基础上，实现和保持三者之间制度化的开放与互动，是唯一的选择。即是说，在现代政治制度下，国家的权力由公民通过选举这一对

---

① 庞朴：《郭店楚简揭秘·一分为三》，《文化一隅》，中州古籍出版社 2005 年版，第 155 页。

② ［美］福山：《国家、法制与负责制政府》，《财经》2012 年 12 月 3 日。

权力代理人的赋权过程所产生，因此，这就决定了国家权力的工具性质——它的本质是为社会和公民服务。政府只不过是对于国家权力予以执行和落实的一种组织形式。为了规范权力的运行，防止权力因为被滥用而超越其固有的服务的本质，需要在宪政的前提下，通过独立的立法和执法部门的法治活动，限制权力的边界，防止权力的性质被人为改变。而这样一个相互制约与监督的制衡机制，没有国家、法治、负责制政府（民主）之间的内部开放性，是不可能实现的。

从宏观社会发展看，自有市场制度以来，良好的社会发展往往也是在政治国家、市场经济与公民社会三方互动与平衡的架构下取得的。正如英国社会学家拉尔夫·达仁道夫所分析的："自由建立在三大支柱之上，亦即立宪国家（民主政治）、市场经济和公民社会。"① 现代民族国家的宏观社会发展，早已进入以促进和保障人的自由的领域分殊的阶段，市场经济、政治国家与公民社会三足而立，各有擅长。②

即使是一个社会要在社会结构上保持稳态，也必须在精英阶层与弱势阶层这二者之间，嵌入中产阶层这一"第三方"，并且必须大力发展与壮大中产阶层，如此，方可有效避免社会的两极分化和由此带来的对于社会稳定的威胁，因为先发国家的历史经验已经证明，中产阶层是一个社会的稳定器——当然，中产阶层这一社会稳定器，必须通过政府为之提供足够的政治参与渠道才能发挥作用，否则，它会成为社会失稳的爆发点。因为中产阶层在实现了自己的物质追求之后，会产生强烈的政治参与欲求。这就要求必须建立公众参与度更高的政治体系来满足这种欲求。

在急剧变革的当下中国，中产阶级也正在政治、社会和经济领域悄悄地确立自己的重要地位。即以社会思潮的分流来看，也往往是左、中、右三分，其他不过是此三端的进一步分化。社会演进的方向往往决定于三大社会思潮竞争与合作的分野之中。古今中外社会政治思潮的演变，概莫能外。进一步看，超越左右的"第三条道路"之所以更具可欲性，就在于

---

① ［英］拉尔夫·达仁道夫：《现代社会冲突》，林荣远译，中国社会科学出版社 2000 年版，第 36 页。

② 在这看似具有相同支撑力的三大支柱中，公民社会更具有根本意义。"在民族的总体框架中，如果没有公民社会，政治民主和市场经济仍将是无本之木"（［英］拉尔夫·达仁道夫：《现代社会冲突》，林荣远译，中国社会科学出版社 2000 年版，第 250 页）。

它有着比左和右两条道路更加扎实和宽厚的社会结构及思想基础。这就是为什么世界各国普遍看重发展中产阶级这个第三社会群体的原因所在。恰如郑永年所说："中产阶级庞大意味着什么？一是可持续的经济发展，中产阶级就是消费社会。二是中产阶级意味着社会稳定。三是中产阶级意味着创新。"[①] 从统计学和最一般的意义上看，在现时代，就任一较为发达的社会而言，社会结构都呈现出橄榄形态，即是说，中产阶级或阶层居社会的最大多数。基于此，反映社会现实的思想潮流，也往往以超越左右的"第三方思潮"最具代表性和影响力。所以，从政治层面看，驾驭和治理一个成熟的复杂社会，关键在于必须改革现有政治体制，使之变得更加开放，更加透明，更加民主，即更加具有公众参与性。

总之，现代政治要保持其可持续发展。就必须具有以民主为主旨的现代政治的灵魂。

（作者：刘京希，山东大学《文史哲》副主编、编审，山东大学政治学与公共管理学院兼职教授）

---

① 郑永年：《中国处于社会改革机遇期》，新华新闻，2012 年 12 月 10 日。

网络政治社团与中国政治发展

——以新浪微博微群为例

一 网络政治社团的兴起及其发展概况

（一）网络政治社团的兴起

1. 网络政治社团的产生

"截至 2012 年 12 月底，我国网民规模达 5.64 亿，全年共计新增网民 5090 万人。"[①] 从数据来看，除了技术、能力等原因无法上网的人之外，中国网民基本上涵盖了绝大部分民众，中国网络社会基本形成并已初具规模。

可以说，网络重新塑造了一个全新的社会。"网络空间几乎冲击了现实社会的所有领域，解构并重新塑造着个人和组织的社会行为方式，为个人行为活动提供了全新的舞台。"[②] 在当前中国政治形势下，社会转型导致阶层分化重组、利益重新分配，公民们越来越需要进入政治过程，向政治系统输入自己的利益主张，政治制度化水平的低下致使传统的政治生活方式难以满足权利意识觉醒的公民寻求自身权利保障的期待，因此，网络实名举报、人肉搜索、网络结社表达诉求等非传统政治生活方式开始冲击着原有的政治生活，使得网络在现代政治生活中扮演着越来越重要的角色，网络进政治，政治进网络，虽不可能取代传统政治生活方式，但势必会与传统政治生活方式并行不悖。

---

① 中国互联网信息中心（CNNIC）：《第 31 次中国互联网络发展状况统计报告》，http：//www. cnnic. net. cn/hlwfzyj/hlwxzbg/hlwtjbg/201301/P020130122600399530412. pdf，2013 - 1 - 15。

② 刑林：《转型时期大学生网络社团研究——以"飘渺水云间"网络社团为例》，浙江大学 2008 年硕士学位论文。

现实政治与虚拟政治的结合催生了网络政治社团的产生，它是拥有共同兴趣爱好、强烈政治权利诉求和目标追求，有相对稳定的成员且具备一定的政治责任感与使命感，按照特定的政治利益与政治价值观集合在一起，突破了时空的限制和血缘、业缘等现实社会关系束缚的网络虚拟组织。

2. 网络政治社团的分类

从网络政治社团的产生方式看，可以将网络政治社团分为两类：一是现实的政治组织转化为现实和虚拟的双重结构，以扩大自身在网络社会中的影响力；二是为了规避在现实政治中的种种不便而建立的政治社团。新浪微博微群"共识网"即是《领导者》杂志为扩大自身影响力而在网络平台建构的，将现实的政治组织转化为现实与虚拟的双重结构；而微群"微博建言反腐"则是规避在现实条件下收集资料较慢、影响力较弱等弊端而建立的虚拟政治社团。

从网络政治社团的产生目的与存续时间来看，可以将网络政治社团分为追求长远目标的固定性政治社团与追求短期目标的临时性政治社团。前者有一定的持续性政治目标与价值导向，后者则可能就是因为某件事情而发起的阶段性的维权组织。"法治中国"微群即是立志追求依法治国，建设社会主义法治国家的固定性网络政治社团；而类似于新浪微博上对于"湖南'上访妈妈'唐慧起诉劳教委败诉"等话题进行的"微话题"讨论可以被视作是临时性的维权团体。

3. 网络政治社团的特征

网络政治社团产生于网络虚拟空间，具有现实社团与网络虚拟空间双重特征。（1）虚拟性与真实性。网络政治社团的首要特征即是虚拟性，其形成、言论、组织等都是在网络空间、不被外人知晓的情况下完成的；但现实政治中的言论自由表达空间不足，网络的匿名性特征使得网上言论被称为"沉默的声音"，因而网络政治社团又具有真实性。（2）成员的复杂性。由于网络政治社团的准入门槛较低，其成员比较复杂。在这当中，值得重视的是意见领袖与可能的非理性网民。意见领袖作为网络政治社团的意见引导者，其理性与否直接关系到该社团的理性；非理性的网民则可能扮演着使不当言论扩大化的趋势，会进一步降低社团的存在价值与影响力。（3）公益性与互益性。作为具有一定政治目标的组织，网络政治社团不论是临时性的还是固定性的，其政治目标与维权内容都是一定的，是公益性与互益性的，是与现有社会发展中出现的政治问题与可探讨的政治价值相联系的，其成员在其中可以相互习得一定的政治知识，培育一定的政治意识。

网络政治社团作为中国政治生态中的新兴力量，已成为现实政治的有益补充和部分替代，其兴起与发展对中国政治发展产生了极大的影响。虽然探讨网络社团及其与中国政治发展的文章、著作方兴未艾，但以网络政治社团来探讨中国政治发展的著作与文章还未曾见。新浪微博微群作为新兴的网络政治社团，有别于政治类 QQ 群与 BBS 等传统的网络政治社团，它综合了微博的时效性与虚拟社团的集群性，并且很多是加 V 认证的名人创建的专业群，认可性强、讨论更加集中与专业，影响力较大。由于网络政治社团的概念范围较大、类型多样，且临时性的维权组织较多、话题较杂，本文拟以固定性网络政治社团中的微群为例，分析微群对中国政治发展的积极影响与挑战，并初步提出应对的策略。

（二）微群的目标取向与活跃态势

本文以"民主"、"宪政"、"反腐"、"人权"、"法治"、"自由"、"改革"、"责任"、"文明"、"博爱"、"平等"、"正义"、"公平"、"自由主义"、"共产主义"为关键词和标签在新浪微博微群中集中搜索了相关的微群（成员数在 20 人及以上），考察了发言数与成员数排名前三的微群，并以两者之间的比值界定其活跃程度，制作了表1。

从表 1 中我们可以看出，公平、正义、民主、法治、自由是当前中国网民最为关注的政治话题，其微群数量分别达到了 105、104、101、97、60，主要原因是现阶段中国在一些方面存在着一定程度的不公平、不正义现象，而公平、正义一直是国人非常重视的价值；而对于民主、法治、自由来说，这是现代民主政治的基本价值追求，发展中国特色的民主政治当然也不能离开这些基本的价值理念。就成员数与发言数而言，追求法治、自由、公平、正义的微群人数与发言数远远超过其他微群，这表明在中国现阶段政治发展中，基于社会不公正而呼唤公平、正义、追求法治的理念已经较为突出。而以微群发言数与成员数的比值考察相关微群的活跃度来看，"反腐"、"公平"、"正义"排名前三的微群的比值全部超过了 1，表明微群的参与者对这些话题的关注度较高，热衷于表达自己的观点，积极参与相关话题的讨论。虽然这其中的数据或许会出现一定的误差，但却大体上反映了当前民众在网络政治社会中的关注倾向。

表1　　　　　新浪微博微群中以"民主"、"宪政"、"反腐"等
为关键词与标签的微群概况

关键词	标签含关键词	群数量	成员数与发言数排名前五的微群	成员数	发言数	发言数与成员数的比值
民主	民主	101	愤青联盟	3326	9932	2.99
			醉钢琴刘瑜	3323	598	0.18
			共识网	2006	2051	1.02
宪政	宪政	18	共识网	2006	2051	1.02
			华人的良心	1048	1658	1.58
			政治学	462	759	1.64
反腐	反腐	45	正义建言反腐群	6824	14579	2.13
			微博建言反腐	4814	10708	2.22
			中国良心	3985	17909	4.49
人权	人权	19	反非法强拆群	1179	2317	1.97
			维权爆料—互助团	285	342	1.20
			维基解密—爆料中国	208	25	0.12
法治	法治	97	法律人	30200	25259	0.84
			法律	16362	15977	0.98
			律师微群	15451	15875	1.03
自由	自由	60	淘思想	33227	44639	1.34
			法律人	30200	25259	0.84
			律师吧	20164	17702	0.88
改革	改革	46	中国经济说真话微博群	1154	11464	9.93
			司法改革	490	382	0.78
			国家电网	605	338	0.56
责任	责任	20	公益慈善圈	2396	3603	1.50
			中国青年政治学院	671	214	0.32
			维基解密—贪腐黑揭秘	421	374	0.89
文明	文明	26	中华文明	5101	10740	2.11
			中国老子论坛	1079	1331	1.23
			传播文明	438	453	1.03

关键词	标签含关键词	群数量	成员数与发言数排名前五的微群	成员数	发言数	发言数与成员数的比值
博爱	博爱	27	河南爱心公益联盟	1273	1824	1.43
			生命微关爱	270	1371	5.08
			我是中山人	256	94	0.37
平等	平等	40	华人的良心	1048	1659	1.58
			白衣战士公开群	1008	1196	1.19
			公民社会维权交友	958	699	0.73
正义	正义	104	司法	6972	7398	1.06
			正义建言反腐群	6824	14579	2.13
			中华文明	5101	10740	2.11
公平	公平	105	正义建言反腐群	6824	14579	2.13
			公平 * 公正 * 公信群	4817	10716	2.22
			多元文化交流群	3634	6293	1.73
自由主义	自由主义	8	真实世界的经济学	21190	20030	0.95
			李敖研究	1340	1802	1.34
			政治学	462	759	1.64
共产主义	共产主义	16	知本学社	360	529	1.47
			红色家园	200	26	0.13
			为共产主义奋斗	189	354	1.87

注：1. 所有数据截止到 2013 年 4 月 15 日 19：00。

2. 为了尽可能地减小误差，笔者将搜索词既设为关键词也设为标签，但由于民主、法治、人权等政治理念与目标在很多时候是同时使用的，因而搜索到的微群不可避免地会出现重复。

3. 发言数与成员数的比值精确到小数点后两位，并以此判断该群的活跃程度。如果比值在 0—1 之间，则表明该微群的活跃度较低；如果比值在 1 以上，则表明该微群的活跃度较高。

二 微群的兴起对中国政治发展的积极影响

（一）培育政治参与的社会资本，建构中国特色公共领域

政治参与是民主政治的应有之义，是现代化的标志与实质，发展中国特色的民主政治需要人民广泛的政治参与。一方面，现有的政治参与渠道

因为一定程度的僵化不灵、渠道不畅与狭窄、耗时耗力等使得民众政治参与的热情不足、能力不够，甚至可能担心打击报复而存后顾之忧。当网络被引入中国之后，民众在网络上看到了政治参与的动力，"技术使古代的雅典在今天成为可能"①。通过微群等网络政治社团参与网络反腐、表达自身对于中国民主政治建设进程的思考等可以弥补个体力量的不足，冲破现有政治参与的藩篱，改变原有的政治参与格局，拓宽政治参与渠道，弥补现实政治生活中政治参与渠道的不足以及因技术、时间等因素而导致的参与不足，切实培育政治参与的社会资本。另一方面，当前中国社会公共领域的发展不尽如人意，网络政治参与被视为是对现实政治参与空间缺乏的弥补，并且是一个难以管制、自由度较大的非制度化空间。"由于网络核心技术的缺位和网络空间的无限广阔，现实政治权力在对虚拟社会的掌控上显然力不从心，存在着太多管理上的空当和盲点。"② 这样，网络社会与现实社会夹缝空间的存在与法律法规管理上的不足给中国特色公共领域及公民社会的成长提供了一定的空间。

现代政治社会需要的是具有现代政治意识、积极参政的公民，现代公民社会塑造的是具有民主、法治等政治价值资本的公民，网络政治社会需要的是被现代政治价值塑造的社会化的公民。因此，通过在与自己切身利益相关的微群中就某事件、某个政治目标表达自己的观点与看法，积极地参与政治生活，切实形成政治参与的社会资本，对于建构公民社会起到了积极的作用。

（二）推动民主、法治等政治目标的普及

民主、法治等是现代公民的政治追求与现代社会的基本政治价值。网络社会的形成，微群的兴起构筑了依托网络技术的现代虚拟化政治社团，在微群中发布民主、法治等内容可以起到良好的教育、示范作用，使得民主、法治等政治目标不再是某个特定领域与阶层的呐喊与独角戏，成为全民关注的焦点。如表 1 所示，本文搜索的民主、反腐、人权、法治等现阶段民众较为关心的政治话题，亦是政治发展的目标与价值所在。在"醉

---

① Thomas Simon, "Electronic Inequality," *Bulletin of the Scientific Technology Society*, 11, 1991: 144.

② 王存奎：《当前网络政治参与中的结社问题研究》，《中国人民公安大学学报》（社会科学版）2012 年第 1 期。

钢琴刘瑜"、"凯恩战斗群"、"共识网"、"正义建言反腐群"、"反非法强拆群"、"法律人"、"律师微群"等微群中，因为广泛的参与、交流等使得民主、反腐、人权、法治等政治目标与价值被宣传扩散，推动了政治目标的大众化。以"民主"为例，有 101 个在标签中致力于中国民主进程的微群。在这其中，由"江山谁主沉浮"创建的微群"凯恩战斗群"即是比较明显的事例。"凯恩战斗群"创建于 2011 年 4 月 26 日，拥有成员1393 人，截至 2013 年 4 月 17 日共有发言 3429 条，平均每天发布 4.69 条微博，在其群简介中指出本群是"汇集民主思想，普及民主常识，人人都可以成为屁民凯恩，国家兴亡屁民有责！"此类微群发表的关于民主、法治等概念、看法在本群中在一定程度上受到普及并被转发，其影响波及其他用户，推动了政治社会化。

（三）推动网络反腐的深入，促进干部清正、政府清廉、政治清明目标的实现

"在网络社会，软实力正变得比以往更为突出。"① 网络社会最重要的资源是信息，"没有信息就不会有问责。信息就是权力，拥有它的人越多，就会有越多的权力得以分配。"② 显然，在信息与权力之间存在着实际的确切联系。网络反腐在当下呈现出蓬勃发展之势，虽然网络反腐查实的案例不少，但我们不能排除网络举报中部分是哗众取宠，故意捏造事实，造谣诽谤的。在网络上发帖、发图等都是匿名的，被追究责任的风险较小，在自身成本与利益的考量之下，很多不负责任的言论就产生了。鉴于当前形势下对网络反腐的重视，必然要耗费一定的人力、物力、财力去查实查伪，造成公共资源的过度耗用。这样的事例不胜枚举，因而网络反腐需要建立在正确的、可靠的信息之上。在这方面，微群给予了很大的支持。"人们行为的标准以及对这些行为的判断是建立在环境给予的信息基础上的，反腐败斗争作为社会的综合性治理工程，离不开人们的广泛参与，而人们能否有效参与取决于人们对社会规范性信息的掌握和是否全面获知特定对象的公共行为的信息，并在此基础上将两者进行对照并判别，

---

① Joseph Nye, Jr., "Redefining the National Interest," *Foreign Affairs*, 1999（Jul. /Aug.）.

② ［新］杰瑞米·波普：《制约腐败——建构国家廉政体系》，清华大学公共管理学院廉政研究室译，中国方正出版社 2003 年版，第 177 页。

进而揭露并控制腐败的行为。"① 显然，一个稳定的、致力于反腐败的网络政治社团更有能力收集到较为权威的、可信度高的信息，更能够在众多纷繁复杂的信息中找寻到自身所需要的。网络反腐是技术反腐、制度反腐、运动反腐的结合，是政府与公众的结合。网络曝光、举报形成了蝴蝶效应、围观效应，引发了全社会的关注与讨论，形成了腐败的对立面，对于推动干部清正、政府清廉、政治清明具有良好作用。

三　微群的兴起对政治发展的挑战

网络社会的监管不足、网民非理性行为的存在等一系列问题使得微群等网络政治社团的发展并不是顺畅的，其对政治发展提出了新的挑战。

（一）微群与现实政治能否合作，合作能否持久

微群处于制度化的外圈，是非制度化的，并没有在网络政治中形成比较完善的政治解决渠道，因而，微群的政治行动必须依靠制度化的现实政治。网络政治出现的部分原因是对现实政治解决现实问题不力的回应，但虚拟化的政治并不能解决问题，解决问题只能靠制度化的现实政治，是"网上吸纳扩展、网下深化联络，网上交流思想、网下共同行动"的虚实结合。因此，虚拟政治与现实政治的合作成了网络政治社团能否常态发展的重要因素。

类似"表哥"事件等微群中虚拟政治与现实政治之间成功合作的案例为后续合作提供了可以借鉴的经验，但更多的是现实政治对网络举报、曝光等不闻不问，致使事件被搁置直至淡出公众视野。以"微博建言反腐"微群为例，网名为"北斗918"的网友在2012年10月11日09：41转载了在网易新闻论坛"社会万象"版下发表的《湖北省阳新县检察院副检察长王安平渎职侵权20年无官管》的帖文，但是此事截至2013年4月17日仍然只是网上的行动，相关的单位并没有介入调查，致使该事件被搁置。由于网络虚拟政治是非制度化的，所有的举报、爆料等网上行动都必须依赖于现实政治的制度化运作，现实政治与网上行动的不合作就会在微群等网络政治与现实政治体制之间树立起一堵墙，加深了对政府的不

① 袁峰：《网络反腐的政治学：模式与应用》，中央编译出版社2012年版，第20页。

信任。对通过现有的政治体制解决问题的信心不足，就形成不了虚拟与现实的合力，就不可能解决虚拟政治中的问题，结果必然会对政治发展产生负面影响。因此，虚拟政治的成功有赖于现实政治的积极作为，现实政治的成功有赖于虚拟政治的积极参与，两者是相辅相成的，中国政治发展的未来必然是建构在双方合作的基础之上的。

（二）意见领袖的非理性"意见"与网民非理性服从的结合

"在网络空间，社会孤立的动机并没有消失；网络群体对个人意见的压力作用方式有所变化，强度相对减弱，但其影响依然不容忽视；从众心理的动因继续存在，从众现象依旧普遍。"① 网络爆炸式信息所带来的选择困难，在面对来自意见领袖的"意见"时害怕被孤立，因而选择从众，顺从该意见而不加思考，更愿意服从类似于加 V 认证的名人等意见领袖，产生从众效应。从众行为可能会造成判断误差，使意见领袖误以为其观点得到了强化。"在群体的行为中，个体的智慧往往会消失得几乎无影无踪，个人的力量一般都会在失去理性控制的情况下发生放大、变性、变形、变向和变力。"② 这可能会使得意见领袖的"意见"被广泛传播，真相与谣言并行。我们所要分析的就是这种从众效应是从众者的理性使然还是非理性使然，从众者是理性之人还是乌合之众。一个微群被意见领袖的正确"意见"影响，从众者选择理性的跟从，那就必然会产生较好的政治影响；如果意见领袖非理性的"意见"被强化和固化就会造成误判，使得非理性占据上风，压制多元观点，鼓励极化思维，那么"舆论的形成不是社会公众'理性讨论'的结果，而是'意见环境'的压力作用于人们惧怕孤立的心理，强制人们对'优势意见'采取趋同行动这一非合理过程的产物"③。"群体永远漫游在无意识的领地，会随时听命于一切暗示，表现出对理性的影响无动于衷的生物所特有的激情，它们失去了一切批判能力，除了极端轻信外再无别的可能。"④

---

① 谢新洲：《"沉默的螺旋"假说在互联网环境下的实证研究》，《现代传播》2003 年第 6 期。

② 黄建钢：《政治民主与群体心态》，中信出版社 2003 年版，第 31—32 页。

③ 袁峰、顾铮铮、孙珏：《网络社会的政府与政治——网络技术在现代社会中的政治效应分析》，北京大学出版社 2006 年版，第 46 页。

④ ［法］古斯塔夫·勒庞：《乌合之众：大众心理研究》，冯克利译，中央编译出版社 2005 年版，第 24 页。

（三）可能成为政治冲突的催化剂，冲击现有政治秩序

作为现代化的后发国家，中国在借鉴他国成功经验的同时也在利用现代化的后发优势努力追赶先进国家。"但是，除了西方，世界其他地区在现代化进程中，中央集权、民族融合、社会动员、经济发展、政治参与、社会福利等等，不是依次而至，而是同时发生。"① 在这种情况下，各种复杂的政治思想文化的传播以及由此形成的各种利益集团使得中国现代化进程中不可避免地出现了各种各样的、前所未有的、异乎寻常的问题和冲突，增加了政治参与的竞争与吸纳的冲突，增加了掌权者与权利意识觉醒者之间的冲突。

如何解决矛盾，调和冲突就成了社会进一步发展、政治参与进一步拓宽的必然前提。网络政治社团开辟了另一条政治参与的途径，减轻了现实政治中政治冲突对政治稳定的影响；但网络群体性事件、由网络组织发动的现实政治运动屡见不鲜，呈现出"网上政治动员——现实政治运动"的趋势，显然加剧了现代政治冲突，赋予政治环境一定的压力，"激化政治冲突，解构现有的政治秩序"②，在一定程度上冲击了现有的政治秩序，加剧了虚拟社会与现实社会的二元对立，尤其是对小道消息的坚信与对政府信息的质疑等极大地损伤了政府的公信力，更为严重的是网络政治的蝴蝶效应与围观效应可能会诱发并演变成现实政治行动，"本来一件很小的政治事件，在信息不对称、不透明的情况下，经过网络传播之后激变成大事，由此引发社会恐慌和政治动荡"③。从目前的政治现状来说，由微群引发的现实政治群体性活动已经屡见不鲜，如微群"愤青联盟"、"南方周末"等讨论的"南方周末"事件、微群"为夏俊峰奔走呼号"对夏俊峰案的关注等在一定程度上增强了民众挑战现实政治秩序的信心，以致出现了"南周事件"，挑战了中国现行的新闻审查制度，出现了《南方周末》部分员工罢工、声援"南周"的人群在报社外集会、港台人士联署支持大陆新闻工作者的抗争活动等群体性事件。如果任由此类事件重复发

① ［美］塞缪尔·亨廷顿：《变化社会中的政治秩序》，王冠华等译，上海世纪出版集团2008年版，第46页。

② 郭小安：《网络政治参与与政治稳定》，《理论探索》2008年第3期。

③ 程玉红、曾静平：《论虚拟网络社会对我国政治发展的影响》，《现代传播》2011第9期。

生，显然会对现有政治秩序构成挑战与威胁，造成政治失范与社会失序。

四　积极应对微群挑战以推动政治发展

（一）重建网络"公共领域"

1. 构建公共空间：平等、开放、包容

网络政治社团是面向全体网民的，除特殊原因外不存在任何的准入门槛，因此，微群等网络政治社团是开放的。微博达人、名人等意见领袖的存在必然会使得其与成员的地位、影响力不平等，如何确保双方在不平等的平台上平等、包容地交流，就成为公共空间能否保持活力、持续有效发展的前提。从目前的微群现状来看，绝大部分微群中的话语权还是集中于少数意见领袖身上，普通成员被边缘化，持观望态度，未能发挥应有的作用。对意见领袖来说，在不可能实现平等的情况下，需要做的就是趋向于平等地交流，而不是依靠自身的影响力去强制别人接受自己的思想与观点；对于普通的成员而言，不能非理性地恶意攻击，而是要在学习的基础上提升自己的发言水平与能力，更好地参与而不是破坏，交流而不是攻击。

2. 构筑公共舆论：理性的批判和讨论而非恶意攻击

互联网"以其自由平等、开放、去中心化、多元化、赋权的特征，实现了个人的自由畅言，成为公众议论和探讨政治话题的重要手段"[1]，但同时亦不能忽视微群中恶意的政治诋毁、人身攻击等非理性行为。重建网络公共领域，重建的应该是具有理性精神的公共领域，是能够保证成员平等、自由、民主地发表言论，是能够促进良好的政治目标诉求的，是能够在互动中提升认识的公共领域。因为"公众舆论的形成是由独立人格的公民就公共利益问题自由、平等地辩论和交流，进行理性批判达成共识的过程"[2]，因此，"如果没有具有批判意识的公众的相互交流，即便舆论有公共潜力，也不会发展成一种公众舆论"[3]。

---

[1]　赵春丽：《网络民主发展研究》，经济科学出版社 2011 年版，第 73 页。

[2]　郑燕：《网民的自由与边界——关于微博公共领域中言论自由的反思》，《社会科学研究》2012 年第 1 期。

[3]　［德］哈贝马斯：《公共领域的结构转型》，曹卫东等译，学林出版社 1999 年版，第 247 页。

（二）合理妥善地应对非理性舆论

1. 加强引导，"忍"与"辩"而不是"怒"与"删"

"作为公共权力部门，有两个词是万不可放弃的，一是忍，二是辩。"① "忍"就是积极应对而不是控制，能包容异见和不理性，而不是简单地封、堵、删，也不能不闻不问，故意拖延；"辩"不是开脱，而是要将不理性引向理性，引向主流。忍与辩的对立面就是怒与删，忍得了网上舆论，必然就会对话、包容；忍不了，必然就是怒与愤，必然会导致删帖或不闻不问。如果我们的网络监管者能够做到"忍"与"辩"，那么微群等网络政治社团就能在包容与宽容的环境中生存，成为政治冲突的缓冲带。

2. 微群成员要加强自律

由于微群存在一定的组织动员能力与网络影响力，如果举报、动员等得不到现实的支持与回应，就会使得网络舆论的努力化为乌有，并可能激发原有的泄愤情绪，出现不可控的、非理性的言论与事件。"人们寻求聚合是为了找到与他们有着共同利益和兴趣的人，以便与之交谈。当他们找到一种他们喜欢的聚合方式后，他们就会不断地重复这种行为。"② 如何应对这样的挑战就成为现实政治的难题。一方面，网上舆论、爆料等过多，而现实监管人手有限，不可能顾及所有；另一方面，举报、爆料等帖文的真实性有待调查，政治社团中的政治非理性与恶意攻击毕竟是存在的。虽然从经验来看，网民的道德自律并非较好的监管途径，尤其是"他们更多的是凭借自身的经验并受到意见领袖和朋友的影响来对事件作出评价，而这些评价包含着大量的情绪内容"③，但我们也不能因此否定自律的作用。微群成员在网络上要加强自律，严格约束自身，以法律法规为底线，对自己的言论负责，对成员负责，不能进行恶意攻击与诽谤。以网民"法帮网"创建的微群"法律"为例，其群在公告中即开宗明义地指出："本群言论自由，倡导理性思考，理性发言，群成员要对自己的言

---

① 高明勇：《微博问政的30堂课》，浙江人民出版社2012年版，第70页。

② Lee Sproull and Same Faraj, "The Net as a Social Technology," in *Culture of the Internet*, Edited by Sara Kiesler（Lawrence Erlbaum Associates Publishers, 1997）, 1936.

③ 郑燕：《网民的自由与边界——关于微博公共领域中言论自由的反思》，《社会科学研究》2012年第1期。

论负责。"

3. 加强监管，使微群在法律法规的范围内行事

对网络的监管是任何国家的通例，是为了其能在一定的法律法规范围内更加健康地发展。由于微群的积极影响与消极挑战并存，如何能够更好地发挥其积极影响且能避免其消极挑战就成了网络监管者的核心任务。如果说，构建一个基于理性、平等、开放、包容的网络公共领域是为了使微群更好地发挥其积极作用，那么加强监管就是为了最大化地避免其消极后果，最大化地挖掘其对中国政治发展的积极作用。

从目前各国的通例来看，结合网络政治社团的特点，我们认为，加强网络法治建设是较为可行的途径。由于中国目前网络立法的针对性与前瞻性不强而导致很多的新兴现象并没有被纳入法律法规的规范之内，使得网络立法的预警机制较为落后，往往是出现问题之后再行立法规制，严重滞后于社会的发展。在研究和借鉴韩国、新加坡等国的经验基础之上制定有关网络政治社团的法律法规，强化监管责任与监管能力，重点预防可能的经网络政治社团所引发的群体性事件，将通过微群等散布的目的性很强的行动性信息与言论解决在萌芽状态，尽可能在网络上将其引向理性的轨道；监管者要把握好舆论监管的度，不能一味地采取删帖、封号等极端措施，要"忍"与"辩"，但这不代表要听之任之，对于虚假消息的发布者要坚决给予警告甚至封号，要合理使用以"微博辟谣"为代表的监管机制；在监管的同时，纪检、宣传等部门对于有理有据的举报、爆料、言论等要重视并及时采取措施，最大化地回应舆论而不是拖延搁置。如此，方可使网络政治社团更好地服务于现实政治，使网络政治社团对政治发展的积极作用得到充分发挥。

（作者：龙太江，湖南大学政治与公共管理学院教授，法学博士；周光俊，湖南大学政治与公共管理学院硕士研究生）

现代化进程的节点与政治转型

在产生了经济发展的"中国奇迹"的当下中国，也存在着一种"中国焦虑"现象。

200多年前的欧洲存在类似现象。法国大革命后，欧洲陷入"贵族不可能，民主无希望"的焦虑状态。回归传统的贵族社会不可能，理想中的民主社会又无希望。整个欧洲思想界陷入深深的迷惘之中。

当下的中国知识界也处于迷惘之中。这种迷惘来自于中国式焦虑："文革回不去，改革迈不动。""文化大革命"的老路走不了，尽管还有人想走；改革的新路很难走，尽管改革的意志尚存。思想界的分歧尖锐，几乎任何重大问题都有分歧，甚至激烈的对立，政治共识难以达成。造成这一状况的深刻背景是现代化正处于一个新的历史节点上，社会发生着剧烈变化，并要求实现政治发展转型。

一 现代化的第一节点与动员型政治

现代化是由传统农业社会向现代工业社会的转变过程。但是，现代社会与传统社会不是断裂性的，而是历史的更替过程。现代化进程、特点及政治类型在相当程度上取决于前现代社会，即农业社会的特性及因子，特别是作为传统社会因子的农民问题。

早期现代化的国家属于内生型，即在现代社会诞生之前，就在其社会内部孕育着现代社会的因素。如持续长达数百年的"圈地运动"，不仅促进了农村商品经济的发展，而且造成了传统农民的消失。正如巴林顿·摩尔所说："'圈地运动'是一项决定性的扫荡，它摧毁了体现在传统村庄中的整个农村社会的结构。"① 英国"以部分采用商品化农业来适应那些具有自己强大经济基础的贸易和工业加工生产的阶级的发展，这就使农民问题不复存在了"。② 相比英国的渐进主义，法国则是以激进主义的大革命方式进入现代世界的，其中一个重要原因是新兴社会因素与传统社会因素的脱节，"法国的贫苦农民是蓬勃发展的现代化力量在摆脱古代的农村社会束缚过程中所造成的主要牺牲者"。③ 美国进入现代社会相对平稳，其中一个重要因素，甚至是决定因素，就是美国作为一个主要由移民构成的"新大陆"，"并未遇到要瓦解封建主义或官僚主义的、庞大而又牢固的农业社会这样一个问题"。"美国社会也从未有过像欧洲和亚洲社会那么庞大的农民阶级。"④ 由此可见，现代化的历史进路及政治类型在相当程度上取决于前现代社会的特性。

与英国等早发内生型现代化相比，中国的现代化属于后发外生型。对于后发外生型现代化的国家来说，现代化的第一个节点是现代化启动初期。

中国是世界上最为典型的农业社会和官僚社会，有一个庞大的农民阶级。当中国在外部力量的入侵下进入现代化进程时，其传统农业社会内部未能生长出新的社会因素，农业商品经济极不发达。近代以来的城市工商经济不仅比例极小，而且与广大农村是脱节的，农民更多的是以牺牲者的状况进入现代化的。直至 1949 年，中国的农民仍然占总人口的 85% 以上，是典型的农民中国，或者说是乡土中国。

农民中国的重要特点一是贫困，广大农民处于极度贫困状态之中，对生存和物质的要求极其强烈，整个社会以资源占有为中心。这种生存危机依靠英国式的渐进道路则很难解决，通过激烈的革命进入现代世界成为主要选择。而在毛泽东看来，中国革命的首要问题是农民问题。因为不解决占全国人口大多数农民的生存问题，革命的成功根本没有可能。而农民问题的核心又是土地问题，只有农民获得土地资源，才有生存的可能和发展的基础。

农民中国的另一个重要特点是分散。自秦王朝以后，中国就处于小农经济和官僚政治的结构之中。亿万小农尽管人数众多，但他们的生产方式

---

① ［美］巴林顿·摩尔：《民主和专制的社会起源》，华夏出版社 1987 年版，第 15 页。

② 同上书，第 30 页。

③ 同上书，第 56—57 页。

④ 同上书，第 88 页。

主要是与自然交换，缺乏社会的横向联系，处于孙中山先生所说的"一盘散沙"状态，重要问题是"贫、弱、愚、私"。他们不能依靠自我组织的力量改变整个阶级的命运，特别是没有先进的思想引导进入一个新的世界。

因此，在现代化初期的第一节点上，传统政治形态分崩离析，中国政治面临的主要任务是将整个社会，实质上是分散的农民社会通过政治动员的方式带入现代化。以政党为中心的动员型政治由此兴起。以孙中山为代表的一批先知先觉者率先组成政党，进行革命。但以孙先生为代表的政党还不能完全适应农民中国的特点和要求，未能深入动员广大农民。随后，更有组织性和动员能力，特别是能够与农民中国相衔接的中国共产党应运而生。

动员型政治是由少数政治精英对社会大众的动员，由此将社会大众，特别是广大农民带入并整合进现代化过程之中。毛泽东明确指出："要打倒帝国主义和封建主义，只有把占全国人口百分之九十的工农大众动员起来、组织起来，才有可能。"①

动员内容是土地改革，经济发展，满足大众的物质需求。中国共产党之所以能够取代资历更老的国民党而在全国执政，主要因素就是能够满足广大农民对土地的迫切要求。如亨廷顿所说："得农村者得天下。"②

动员过程是有一个权威性政党和领袖自上而下地将社会吸纳到党和国家体系中，自主性社会消失，进而导致权力的过分集中。社会大众，特别是农民大众由于能够从动员中改变自己的命运，他们很容易将自己的命运交付于领导权威，"为民做主"和"替民做主"，并表现出对领导权威的感恩和服从，因此，政治动员的过程实质上又是一个新的权威主义政治的建构过程。特别是中国的动员型政治产生于生死存亡的战争动员年代，权威主义的特性更为突出。

动员型政治是一种政治与社会互动关系的模型，其突出特点是政治发动、引导和推动社会，政治居于主导地位。

任何政治一旦生成，就都有其自主性，动员型政治尤其如此。但是，动员型政治也与其他类型的政治一样不可能完全脱离社会的要求。1949年以后，中国以政治动员的方式启动国家工业化。为了工业化的需要，国

---

① 《毛泽东选集》第 2 卷，人民出版社 1991 年版，第 564 页。
② ［美］塞缪尔·P. 亨廷顿：《变化社会中的政治秩序》，三联书店 1989 年版，第 267 页。

家将广大农民组织起来，土地归集体所有，形成城市国家所有制和农村集体所有制的城乡二元结构。城市工业发展与农村农业发展处于脱节状态，农民的数量和贫困状态并没有得到根本性改变。为此，1979 年后，国家推动农村第二次土地改革，让农民获得土地经营自主权，以适应农民改善自己命运的要求。整个国家的重心转入发展经济，特别是确立了发展市场经济的导向。随着经济的发展，国家进入现代化进程的第二个节点。

二 现代化的第二节点与回应型政治

如果说，现代化的第一节点是农民中国，那么，现代化的第二节点则是城乡中国，而不是如发达国家一般直接进入城镇中国。

城乡中国表现为工业化和城镇化加速并占主导地位。在经济发展的推动下，社会财富迅速增加，普遍性贫困消除，农民减少，城镇人口增加。改革开放以来，中国的工业产值和来自工业的财政收入占 80% 以上，城乡人口各占 50% 左右。特别是市场经济造成社会日趋活跃，自主性增强。即使是传统的乡土中国也深为城市市场经济所渗透。

城乡中国同时还表现为社会差距的扩大，特别是城乡差距的扩大，这是因为"现代化带来的一个至关重要的政治后果便是城乡差距"。[①] 在当下中国，尽管城乡人口各半，但社会占有财富和公共资源的占有极不均衡，处于"一个国家，两种社会"的格局下。经济落差造成社会落差，对社会的期待扩大，甚至是"期待革命"。公众不仅要求温饱生活，而且要求社会公平。在市场经济中孕育的个人权利意识增强，但相应的制度构建滞后。与市场经济相伴随生长起来的不是理想状态的"市民社会"而是以交换为中心并浸润到所有领域的"市场社会"。这种无限度的"市场社会"造成社会的普遍性不满，对执政者的压力增大，自上而下的动员型政治开始失灵和失效，从而向回应型政治转变。

回应型政治是治理者不断回应社会的要求和压力，主动调适自己的政治行为，对各方面的利益加以整合，从而保证现代化的稳定性和持续性。

回应型政治是动员型政治的基础发生重要变化后的替代物。一是权威主义下降，动员时代所产生的政治权威发生变化，政党的社会化程度提高

---

① ［美］塞缪尔·P. 亨廷顿：《变化社会中的政治秩序》，三联书店 1989 年版，第 66 页。

而精英性降低，政党领袖的平民化程度提高而魅力性降低，政治权威一呼百应的能量减少。二是平民主义上升，动员时代万众一心跟党走的状况发生了变化，社会自主性增强。特别是在"市场社会"条件下，每个人都希图通过自己的行为表达自己的意向，最大限度地实现自己的利益。社会大众，包括农民对政治权威的认同都取决于政治能够为自己提供什么，且政治认同是有限的。"人们已习惯于根据公民的经常性利益来评价政治。"① 新世纪以来，经济持续发展，执政党改善民生，在农村废除农业税，建设新农村，政绩卓著；但这一时期也正是政治诉求最强烈和社会不满足感最突出，群体性事件迅速增多的时期。这恰恰反映了传统动员型政治的失灵。

与动员型政治是政治权威主导的政治过程有所不同，回应型政治则是社会诉求与政府治理的互动过程。互动的依据是民众在现代化进程中所获得的权利。中国的改革开放和市场经济发展的一个突出后果就是社会大众获得前所未有的个人权利。作为中国改革突破口的农村改革的主要内容就是赋予农民以生产经营自主权。伴随着改革开放，人们获得的经济、社会和政治权利愈来愈多。中国由一个以资源为中心的时代进入一个以权利为中心的时代。只有获得权利才能获得资源，只有维护权利才能维护自己的利益。由此建构起以"维权"为中心的权利话语体系。这一话语体系赋予公众政治诉求的正当性。他们不再是听治理者如何说，而是看其如何做，更在意如何使自己满意。由此构成对治理者的政治压力。近几年来迅速兴起的"网络问政"就是重要标志。

回应政治的突出特点是市场社会推动政治进程。政治要不断地回应日益增长和永无止境的社会诉求。其结果是达到社会与政治、权力与权利的相对均衡。

三　政治转型的不适应性及调适

中国自新世纪以来，就开始由动员型政治向回应型政治转型。其标志是胡锦涛提出的"新三民主义"，即"权为民所用，情为民所系，利为民所谋"，由此确立了新世纪以来民生主义导向的施政理念。从中共十六大报告到十八大报告，都高度强调权力属民、权力为民的原则，十分重视民

---

① ［日］山口定：《政治体制》，经济日报出版社1991年版，第216页。

生导向，并与政治动员时代的群众路线相衔接。十八大报告更是强调指出："坚持问政于民，问需于民，问计于民，从人民伟大实践中汲取智慧和力量。"①

当然，与经济高速发展和社会迅速变化相比，中国的政治转型还有诸多不适应之处，并需要加以调适。

一是社会期待迅速扩大，政治回应不及。现代化是一个历史变革的过程，充满着社会矛盾。在早期现代化国家里，这些矛盾具有历时性，矛盾是渐次递进的，治理者有相对从容的时间和空间逐一解决之。而在中国这样的后发现代化国家，矛盾具有共时性，即各种社会矛盾同时压缩在一个时空里，由此对治理构成巨大的压力。如改革开放以来，中国面临的首要任务是发展经济，解决普遍贫困问题。邓小平因此表示"发展是硬道理"。但是，经济高速发展带来的是社会差距、社会不公、政治腐败问题。这种问题在许多国家，甚至在早期现代化国家都存在过。如在法国大革命前的 18 世纪经济繁荣和美国 19 世纪经济繁荣过程中的社会不公与政治腐败。但是，对于当下中国来说，社会期待特别巨大。一方面要求迅速增加财富，改善民生；另一方面又急切地期待社会公平和反对腐败，实现清廉政治。当这种巨大的社会期待由于政治回应不及而难以很快得到全面满足之时，就可能会出现情绪化的激进主义。如回归"文化大革命"的运动式治理。重庆"唱红打黑"正适应了这种激进主义情绪的要求，因此被某些人称为"重庆模式"。面对这一"模式"所裹胁的民意，权威中心一度还很难适应。尽管所谓的"重庆模式"只是政治动员时代中极端年代的一种回光返照，不可持续，但是它也昭示着中国执政者所面临的社会期待是超历史的，如果不能作出必要和及时的回应，因势利导，就有可能发生难以预见的后果。近几年来，中央领导人一再推荐《旧制度与大革命》一书，实际上就反映了一种历史性的忧虑。法国由于没有及时回应民众的要求而造成大革命，美国通过改革"新政"则化解了政治危机。当下的中国治理更需要强化回应能力，对错综复杂的社会矛盾予以庖丁解牛般的破解，既需要巨大的政治勇气，也需要极大的政治智慧。

二是对社会公平的要求强烈，政治回应相对被动。与农业时代的利益

---

① 胡锦涛：《坚定不移沿着中国特色社会主义道路前进　为全面建成小康社会而奋斗——在中国共产党第十八次全国代表大会上的报告》（2012 年 11 月 8 日）。

单一化不同，进入工业社会以后，利益多样化，且由于权利意识的萌生，人们都会寻求渠道以表达自己的利益诉求，要求社会公平。治理者需要建构合适的渠道让民众的社会诉求得以制度性表达。如英国等早期现代化国家因面对巨大的社会公平压力，在 19 世纪不得不建立了政治表达机制，对巨大的压力加以疏导，从而化解了紧迫的政治危机。在当下中国，经济迅速发展，但由于利益结构调整的不均衡，人们在普遍受益过程中又认为自己吃亏了，存在强烈的不满足感，并以积极行动加以表达，于是群体性事件增多。特别是网络时代又放大了民众的呼声和事件的影响。但由于长期的动员型政治的影响，中国未能及时地建构起合理的利益诉求表达机制，与积极主动的"维权"诉求相比，政府只能被动"维稳"，尽可能地满足人们的要求，实行"糖果主义"治理，如对各种上访的处理。由此就有可能出现新民粹主义，即群众诉求天然合理。其政治后果是很容易出现"维而不稳"，造成"小闹小解决，大闹大解决，不闹不解决"的局面。"小闹"和"不闹"的人觉得自己吃亏了，就会进一步助长无序的行为表达。中共十八大报告高度强调"加紧建设对保障社会公平正义具有重大作用的制度"，并第一次提出"权利公平、机会公平、规则公平"的内容，为回应社会公正要求指出了方向。[1]

三是面对多元社会的发展要求，整合式的政治回应不够。传统社会是一个社会结构和利益固化的社会，具有强烈的身份等级性。现代社会得以取代传统社会的重要特征是社会流动性的增强，机会均等，社会多元化，并可以通过表达而改变自己的命运。如亨廷顿所说："现代化在很大程度上会引起社会上各种社会势力的集聚化和多样化。"[2] 当然，在现代化进程中，也可能会出现旧的社会和利益固化未能完全消除，又产生新的社会结构和利益固化。如早期现代化国家于 20 世纪初期出现的经济垄断，阻碍了社会的共同发展。为此这些国家出台了各种反垄断举措，以保持社会活力和促进共同发展。中国的改革开放为每个人的发展提供了机会，尽管存在社会差距，但只要有机会和空间，就可以缓解社会差距和有可能出现的社会冲突。为此，在现代化的新的节点上，特别需要整合式的政治回

---

① 胡锦涛：《坚定不移沿着中国特色社会主义道路前进　为全面建成小康社会而奋斗——在中国共产党第十八次全国代表大会上的报告》（2012 年 11 月 8 日）。

② ［美］塞缪尔·P. 亨廷顿：《变化社会中的政治秩序》，三联书店 1989 年版，第 8 页。

应,通过对多样化的利益和声音加以整合,形成能够引领社会发展的主导思想和整合利益的公共政策,以打破社会结构和利益固化的格局,为社会共同发展创造空间。显然,当下的整合式政治回应还不够,"改革迈不动"就是这种现象的反映。如收入分配不公是重要问题,但社会期待已久的收入分配改革政策却迟迟难以出台。随着经济的高速发展,政治体制改革成为重要任务,但更多的是态度表达而缺乏实际的行动方案和时间表。其中的重要原因就是利益固化问题。而"改革迈不动"必然会引发"回到文革去"的冲动。为推动改革,中共十八大强调:"必须以更大的政治勇气和智慧,不失时机深化重要领域改革,坚决破除一切妨碍科学发展的思想观念和体制机制弊端",并鲜见地将"攻坚克难"作为十八大的主题词之一。①

四是社会参与动力增强,包容性的政治回应不足。在传统社会里,政治资源处于垄断状态,社会参与缺乏制度性空间。因此,现代世界诞生的重要标志就是改变政治垄断,打开社会参与的大门。但在现代化初期,早期现代化国家的政治大门是有限度地开放,对社会参与作了各种资格性限制。只是到了19世纪以后,早期现代化国家才扩大了社会大众的参与空间,同时也借此缓解了社会矛盾。如在19世纪前期,早期现代化国家主要受"钞票"控制,劳资冲突尖锐。在19世纪后期,随着普选制的实现,缺乏"钞票"的人有可能通过"选票"改善自己的命运,缓和劳资矛盾。在中国,动员型政治打开了公众参与的大门,但在权力集中的体制下,公众更多的是对体制的依附,缺乏参与的动力和空间,社会活力也严重不足。改革开放以来,中国的社会充满活力,这种活力需要通过政治参与加以保障,参与动力由此增强。但是政治回应的包容性还不够,特别是缺乏制度化渠道和机制保障的多元化的社会参与。相当多的治理者还缺乏对批评的包容态度,更习惯于动员时代的自上而下的领导,缺乏平等协商,包容不同意见的意识,极个别地方的当权者甚至运用粗暴的手段压制不同声音。所谓"重庆模式"的年代,仅仅因为发出不同声音就有可能被"劳教"和处罚,法治被粗暴地践踏。而大量进城务工的农民由于缺乏制度化参与以保障自己的权利,只能以极端的方式加以表达。

---

① 胡锦涛:《坚定不移沿着中国特色社会主义道路前进 为全面建成小康社会而奋斗——在中国共产党第十八次全国代表大会上的报告》(2012年11月8日)。

当今中国"文革回不去，改革迈不动"的焦虑，一方面表明中国的现代化进入一个新的节点，社会发生了剧烈变化；另一方面又表明政治治理需要转型，以适应社会的剧变。中国动员型政治相当成熟，回应型政治才刚刚开始，还有相当长的路要走。

回应型政治的重点是注重长远和精致的顶层设计。在政治动员时代，整个社会处于黑暗无际状态，政党和领袖以其敏锐的先进性和严密的组织性，振臂一呼，就可划破黑夜，人民群起响应，万众一心进入现代世界。而在现代化的第二个节点上，社会迅速成长，利益和价值多元化，群众不那么"听话了"，但对政治又有着强烈期盼。因此，当政者要积极回应社会的要求，通过具有前瞻性和精致化的政治设计，规划社会发展蓝图，并确定行动路线图，实现改革与稳定、自由与秩序、活力与和谐的相对平衡，从而顺利地迈过第二个节点。

回应型政治的难点是时序的选择。与早期现代化国家的历时性社会矛盾相比，中国现代化的社会矛盾具有共时性，在第二个节点上尤其突出。因此，回应型政治应特别重视政治策略和行动路线，从时序上逐一解决社会矛盾，既不回避矛盾，也不期望一揽子解决。20 世纪 80 年代改革提出了从群众最关心的问题入手，从做得到的事情着手，仍然是回应型政治必须坚持的一个原则。

回应型政治的基点在地方和基层探索。法国大革命后的欧洲知识界在相当长时期里陷入迷惘之中，直至托克维尔的《论美国的民主》一书横空出世，才打破了思想迷惘的沉闷局面。这是因为托克维尔的书指出了"民主有希望，基础在社会"。法国大革命的民主带来的是混乱和倒退，美国的民主带来的是繁荣与和平，关键是美国有一个民主的社会。当下中国尽管社会活跃，但并没有出现一个法治有序的市民社会，而是一个将交换无限放大的"市场社会"，民间意识形态尖锐对立，利益结构错综复杂，任何一项自上而下的总体性改革都会遇到重重困难。除了自上而下的顶层设计以外，向地方和基层开放更多的探索空间，通过先行先试，积累经验，同时中央要及时总结提炼，将之上升为普遍性的政策和制度，形成上下的联动和呼应。

（作者：徐勇，华中师范大学中国农村研究院教授、院长，教育部"长江学者"特聘教授）

社会转型与中国共产党的角色转换

一 特殊国情国家的社会转型与 中国共产党的特殊角色

社会转型的内容一般可概括为六个方面：经济转型即工业化；社会转型即城市化；政治转型即民主化；文化转型即世俗化；组织转型即科层化；观念转型即理性化。社会转型从特殊意义上说，是特指传统社会向现代社会的转换和变迁，而这种"传统→现代"的社会转型是以"现代化"为核心内容的。

后发展国家的现代化是在特定的国际环境中启动和推进的。国际环境与一个国家在国际社会中所处的地位有关。后发展国家的发展环境，可用"先进—落后"二元结构来描述，即发达国家的现代化已经达到相当高的水平，而后发展国家的现代化则远远落在发达国家的后面。"先进—落后"二元结构环境使后发展国家的现代化过程具有不同于发达国家的一系列特征。

第一，追赶性。这一特征表现在以下几个方面。首先，起点低，但有明确的追赶目标。其次，其发展进程主要不是创新过程，而是从发达国家那里借用现代性因素的过程，借用的是最新或较新的现代性因素，因此，有可能避免"黑暗中的探索"，缩短发展进程。最后，经济社会的发展过程不是自然历史过程，而是对来自外部挑战的积极回应，是追赶发达国家的大规模的国家行为。追赶性现代化有其特定的政治要求。首先，要由强大的政府启动和主导发展进程。追赶性现代化不是自然历史过程，而是对来自外部挑战的积极回应，是突然启动的大规模的行为过程。这种过程民间力量是无法启动和主导的。其次，要求由那些具有强烈的发展志向且又具有现代科学知识的精英集团掌握政权。

　　第二，外源性。外源性是指现代化的初期和中期所需的资金、技术和市场在国外。追赶性现代化在短期内需要大量的资金和技术，而大部分资金和技术在国外。现代化的初期和中期尤为如此。产品的大量出口，即国际市场上的竞争力在现代化的相当一段时期内，主要靠产品的低价格和经济因素之外的特殊条件。因社会经济组织的能力所限，在现代化的相当一段时期内，引进外资和技术的任务只能由政府来承担。资源配置，即如何将资金和技术有效地同生产过程相连接，也要由政府来完成。这就要求政府不仅是强大的政府，同时又必须是高质量的理性政府。此外，政治稳定是引进资金和技术的前提条件。任何外商都不愿在政治混乱的国家投资或向其转让技术。

　　第三，急剧性。后发展国家的现代化是短期内急剧的变革过程。首先，是短期内革命性的变革过程。后发展国家的现代化是传导型巨变，是短期内追赶先进发达国家，由农业文明向工业文明转变的革命性的变革过程。其次，短期内革命性的变革过程必然是解体与整合的矛盾运动过程，具有中断性和过渡性特征。它是历史发展中的一种连续性中断，是历史发展两个前后连续性变迁的中断，但这个中断并不是对历史、传统的虚无化和完全否定，而是历史发展过程辩证否定的一个环节，它遵循"扬弃"的法则，是历史进程中连续性和非连续性的统一。由于这个过程是革命性的变革过程，它始终贯穿着经济结构、政治结构、社会结构、文化结构的解体与整合的矛盾运动。而这个过程并非是"新的来，旧的走"的单纯的和直线的"好事一起来"的过程，而是新旧交织在一起，交错在一起并进行博弈的极为复杂的过程。社会的整合水平、一体化水平不断下降，社会经常面临着整合危机和一体化危机，政治稳定经常受到威胁。转型社会蕴含着新与旧、传统与现代、旧同一性与新同一性之间的矛盾和冲突；蕴含着社会结构各种因素转型变革的不同速率的落差性、不平衡性和相互制约性以及边界的模糊性；蕴含着新旧转换过程中"旧辙已破，新轨未立"的无序性、多变性、不确定性和失范性；蕴含着社会系统结构自组织力量对这种无序性和失范性的整合要求。最后，短期内急剧的变革过程，又必然会导致一系列的不均衡发展，如增长与分配的不均衡、贫富的不均衡、产业间的不均衡、地区间的不均衡、经济发展与政治发展的不均衡等。这些不均衡导致一系列的不满，进而导致政治不稳定。这些特征要求由强有力的政府驾驭和控制全局与发展进程，确保政治稳定，有序、渐进地推进发展进程。

第四，动员性。后发展国家的现代化是由政府自上而下地动员社会、综合使用国力、有计划地推进的现代化过程。首先，后发展国家的现代化不是自然历史过程，而是由掌握国家政权的政治集团自上而下地动员和组织社会的过程。其次，是在发达国家全方位的示范效应之下，由政府综合使用国力，以求效力最大化的过程。最后，政府直接介入并主导经济活动和社会发展进程。计划是政府主导经济和社会发展进程的主要手段之一。这个特征也有特定的政治要求。首先，强大的政府是制定和推行经济和社会发展计划的基本前提条件。其次，政治权力的高度理性化是设计切实可行的发展目标并制定正确的发展计划的基本条件。最后，要求决策程序和过程合理化和科学化。

第五，全面性。全面性有两层意思：一是由于发达国家全方位的示范效应，后发展国家自觉或被迫地将现代化的各项任务同时展开，即它不是社会某些局部的变化，而是社会结构的整体性变迁，它的表现、影响涉及人们社会生活和精神观念的方方面面；二是由于发达国家全方位的示范效应，后发展国家在经济发展过程中始终面临着期望与满足的矛盾，进而面临一系列的政治不稳定。此外，还要求政府具有强大的能力，有效地驾驭和控制整个发展进程。由于发达国家全方位的示范效应，期望远远高于满足。一方面，期望为发展提供动力；另一方面，超前发展甚至畸形发展的期望往往成为政治不稳定的重要潜在因素和社会秩序混乱的重要原因。这一特征也要求由强大而高效率的政府来维持政治稳定并为社会提供正常运行所必需的一系列公共产品。①

中国的国内环境可以表述为"强国家—弱社会"二元结构。中国有独特的基本国情。首先，中国有五千年悠久的历史，其中两千多年是统一的主权国家，而国家结构是中央集权制的大一统国家。发展是继承与创新结合的结果。传统的影响不是人们的主观意志所能控制的，我们无法回避历史传统对现代的影响。正因为发展是在原有基础上的发展，两千多年来的中央集权制的政治传统是中国政治发展的基础，也是对中国政治发展影响最大、最长远的变量。其次，中国是拥有13亿人口、960万平方公里

---

① 赵虎吉：《比较政治学：后发展国家视角》，中山大学出版社2002年版，第343—350页。

国土的超大规模国家。最后，中国又是超复杂结构的国家。地区间的自然环境差异、发展差距、文化差异巨大，且又是由 56 个民族组成的多民族国家。在市场经济、信息化、全球化时代，特别是在社会大转型过程中，如何将超大规模和超复杂结构的国家整合成一个整体并建立和维持良好的秩序，是摆在我们面前的历史性课题。

新中国是中国共产党领导中国人民，经过长期的武装斗争建立起来的。新中国成立时，中国共产党已经掌握和控制了绝大部分的政治资源，此外，中国共产党的组织化水平很高，对全国的覆盖面和渗透力极强，任何政治组织都无法与之相比拟。由此，中国形成了"强国家—弱社会"二元结构环境。建党 90 多年来，党员人数达 8500 万名以上的超大规模的中国共产党，以民主集中制为基本组织原则、个人服从组织、下级服从上级、全党服从中央，即内聚力、覆盖面和渗透力极强的中国共产党是超复杂结构、超大规模的中国既能保持统一稳定，又能高速发展的最重要的政治因素。

二　从"利益代替"到"利益代表"：转换中的中共角色

权力中心从毛泽东转移到邓小平之后，中国的政治价值目标发生了巨大变化，随之出现了改革开放的新局面。如表 1 所示，邓小平的政治价值观不同于毛泽东。在夺取政权之前，毛泽东从中国的现实出发，指出了中国革命的道路和方法。获得政权并大体巩固新政权后，毛泽东偏向了理想主义，把中国推进理想主义实验场。理想主义必然引出了第二个价值理念，即理念主义。在毛泽东那里，马克思主义等理念性价值比安全、福利等国家治理的实体性价值更为重要。这两个价值理念又必然带出了第三个价值理念，即国家主义。当国家、集体、个人之间的利益发生冲突时，集体、个人必须服从国家利益。

表1　　　　　　　　　毛泽东和邓小平政治价值观比较

毛泽东	邓小平
理想主义	现实主义
理念主义	事实主义
国家主义	社团主义

在邓小平的政治价值观中，现实比理想重要得多。国家的未来，即理想当然很重要，但现实更重要。理念很重要，但安全、福利等国家治理的实际效果比理念更加重要。邓小平用著名的"黑猫白猫"论，阐述了这个价值观。邓小平通过政府政策，展示了国家、集体、个人紧密合作才能利益最大化的价值倾向。

随着基本价值观念的转变和改革开放的深化，中国的国家与社会、政府与企业、中央与地方关系发生了巨大变化，甚至是根本性变化：改革开放前，社会成员没有任何选择权，其选择权全部集中在国家手中，个人的一切都被动地听命于国家的安排；改革开放后，选择权完全回到了国民的手中。改革开放前，企业只是生产组织，而不是经营组织，其经营权在政府手中；改革开放后，经营权回到了企业，企业成为微观经济活动的主体。改革开放前，地方政府只是中央权力的传导系统；改革开放后，地方政府在承担中央权力的传导系统角色的同时，也承担了地方利益代表的角色。权力（权利）关系的上述变化带来了个人、企业和地方政府巨大的行为动力。这些动力与对外开放从境外引进的大量资金、技术、市场和管理方式相结合，产生了巨大的生产力，有力地推动了中国的现代化进程。

上述变化可以表述为中国共产党的"利益代替"角色开始向"利益代表"转变。所谓"利益代替"是指民众利益的代表权完全由执政党垄断和代替，由执政党替民做主、替民安排一切，民众把一切权利完全交给执政党，一切听命于执政党。这种"利益代替"执政方式主要表现在三个方面：第一，执政党高度垄断民众权利利益代表权，即"替民做主"。第二，权力单向运行。执政党垄断民众利益代表权，即利益代替。执政党与民众的这种关系，决定了权力只能自上而下单向运行，自下而上的权力监督则不可能存在。第三，不存在纠错机制。权力的单向运行也导致了纠错机制的缺失。一切都是执政党说了算，无法形成任何试错反弹机制。

"利益代表"可以从三个方面表述：第一，执政党代表民众利益，而不是代替民众利益。综合并表达民众利益的主渠道依然是执政党，但是民众也可以通过其他渠道表达自己的意愿。民众认为执政党尚未为自己表达出来的利益，由民众自己通过一定的渠道表达。第二，权力有限双向互动。执政党依然掌握大部分权力资源和权力，但并没有垄断一切权力资源和权力，即权力集中，但不是垄断。随着大量经济资源转移至社会，随着利益的多元化和社会结构的不断分化，相当一部分权力分散到社会之中，执政党与民众之间形成了一定程度的权力双向互动，这也为建立纠错机制奠定了基础。第三，开始形成纠错机制。纠错机制的关键在于权力主客体之间的双向互动。权力主客体之间有限的双向互动，为纠错机制的形成提供了可能。

改革开放前，中国政治体制的基本特征是：正式制度层面的"利益代表"制度规定与非正式制度层面的"利益代替"同时并存。正式制度明确规定了人民当家做主，如人民代表大会制度等。中国共产党综合和集中表达人民利益，并通过人民代表大会与人民代表进行沟通后，执政党的意志转变为国家意志。这些正式制度体现了中国共产党的"利益代表"角色，体现了人民的参与和执政党与人民之间权力双向互动。但是在实际政治过程中，"利益代表"角色变成了"利益代替"角色，执政党垄断了人民的利益表达权，人民当家作主变成了执政党"替民做主"①。改革开放使这种格局发生了根本性变化，即"利益代替"角色开始向"利益代表"角色转换。

三　角色专门化：巩固"利益代表"角色的基础

政治角色的专门化是政治角色规范化、制度化、程序化的前提。如图1所示，中国政治体制的静态特征是双重双轨政治结构：人民选举产生全国人民代表大会，形成最高权力机构；全国人民代表大会选举产生并监督国务院；国务院对社会进行管理。这是一个权力轨道。单从这个轨道看，中国已建构了相当完整的类似于议会内阁制的民主政治制度：各阶层、各民族、各年龄段、各性别的公民均享有平等的政治权利，由他们选举产生最高权力机关全国人民代表大会；人民代表大会选举产生政府并讨论决定重大问题；政府贯彻执行人民代表大会的决定并对社会实行管理；人民代表大会监督政府；人民定期改选全国人民代表大会组成人员；人民代表大会定期改选政府组成人员。中国的政治体制还有一个权力轨道：党员代表人民；党员选举产生党中央；党中央对人民代表大会、国务院实行领导；国务院对社会实行管理。这样，权力获得和权力运行形成了第二个轨道。

---

　　①　关于"利益代替"角色向"利益代表"角色的转换，请参阅赵虎吉《重构政治价值：中国政治发展的内在属性与发展逻辑》，《学习与探索》2011年第1期。

此外，与同级政府并行，又有同级党委。各政治机构内部又有党的组织，如全国人民代表大会党组、国务院党组等。这样，就形成了另一个权力运行轨道，使执政党权力国家化、行政化并形成了政治体制的双重双轨结构。

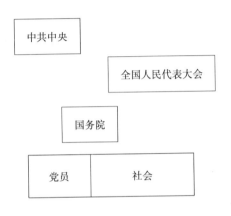

图 1　双重双轨政治结构①

执政党权力的国家化和行政化意味着中国共产党同时担当三个角色：一是执政党角色，即利益表达、利益综合、提出政策意见；二是代议角色，按特定价值目标和方向，协调不同利益群体之间的利益冲突并制定相关法规、通过相关决议、任免政府组成人员等；三是行政角色，即将代议机构的意志和执政党的意志转换成具体的政策，管理各类行政事务。因此，在横向上，中国共产党之外的各政治机构的自主化、专门化水平很低，特别是人民代表大会。首先，人民代表大会作为最高权力机构，拥有立法、决策、人事、监督等职能。履行这些职能，需要高水平的自主化和专门化。目前，全国人民代表大会尚不具备这些条件。其次，各政治机构之间的制约机制很不健全。全国人民代表大会因其自主化水平低，其权力不足，无法在事前、事中、事后，即全方位地监督政府行为。执政党中央、全国人民代表大会、全国政治协商会议、国务院等机构之间，只有执政党自上而下地对其他各政治机构实行单向的领导和监督，不存在各机构

① 此图最初是由北京大学的李景鹏教授在 80 年代末的课堂授课中首次使用的。

之间互动的相互制约机制。这种状况是双重双轨政治结构的必然结果。

在纵向上，不同层级政治机构的自主化水平很低。执政党和政府的各层级之间基本上是单向的命令—服从关系。下级组织的行为目标由上级组织的行为目标分解而来，下级组织的权力是上级组织权力的延伸。改革开放之后，特别是 1997 年税制改革之后，中国的中央与地方及地方各层级之间的关系发生了很大的变化，地方党委和地方政府的权力量有了大幅度增加。但是，中央和地方关系的基本属性依然是单向的命令—服从关系。

制度规定与实际过程不一致。首先，按《中国共产党章程》规定，中国共产党组织内部权力分配的基本原则是：参与决策的人数越多，权力越大；参与决策的人数越少，其权力量就越小。比如，中国共产党全国代表大会是中国共产党的最高权力机构，5 年召开一次大会。闭会期间，每年一度的中央委员会的全体会议是最高决策机构。全委会闭会期间，依次是政治局、政治局常委会。但是，在实际运行过程中，上述制度规定与实际行为并不完全一致，有时，甚至相互背离。比如，参与决策的人数越多，权力越小；参与决策的人数越少，其权力却越大。其次，在制度层面，人民代表大会的权力大于政府，由人民代表大会选举产生、监督和制约政府，而在实际过程中，人民代表大会的权力量远远达不到制度规定的权力量。最后，按宪法、政府组织法的规定，政府的基本组织原则是首长负责制，但是，政府运行的实际行为原则却是集体领导、分工负责制。这样，制度规定与实际过程之间形成了不一致的状况。

缺乏严密而系统的程序、规则。制度只规定每一机构的权力量及由此形成的与其他机构之间的关系。程序和规则是制度在实际运行中的行为规范，也是各个政治主体实际行为过程中具体的和明确的行为规范。没有详尽、明确的程序和规则，制度将是一纸空文。中国政治体制的基本特征之一就是只有制度规定而缺乏严密、系统的程序和规则。首先，缺乏严密而系统的规则。比如，党代会代表和人民代表大会代表在议决某项议案时，一名代表能否就同一个议案发言两次或三次，每一次发言可以讲多长时间等，对此均没有详尽的规定。其次，规则缺乏封闭性。封闭性是任何一种规则的生命。规则的封闭性是指规则辐射范围的全方位性和权威性，即任何人都必须在规则的辐射范围之内。如果一些人必须遵守规则，而另一些人可以不遵守规则，规则将失去权威性，人们总会想尽方法绕开规则，而不是自觉遵守。目前，中国政治生活中仅有的一些规则都缺乏封闭性。

在同一个政治系统中，不同角色承担不同的功能，因此各有各的行为规范。关于全国人民代表大会的组织原则，《中华人民共和国宪法》第三条规定：中华人民共和国的国家机构实行民主集中制的原则。《中华人民共和国宪法》第八十六条明确规定：国务院实行总理负责制。各部、各委员会实行部长、主任负责制。《国务院组织法》第二条规定：国务院由总理、副总理、国务委员、各部部长、各委员会主任、审计长、秘书长组成。国务院实行总理负责制。总理领导国务院的工作。副总理、国务委员协助总理工作。《国务院组织法》第九条规定：各部、各委员会实行部长、主任负责制。各部部长、各委员会主任领导本部门的工作，召集和主持部务会议或者委员会会议、委务会议，签署上报国务院的重要请示、报告和下达的命令、指示。副部长、副主任协助部长、主任工作。关于执政党的行为规范，《中国共产党章程》总纲关于党的建设必须坚决实现的四项基本要求第四条明确规定：坚持民主集中制。民主集中制是民主基础上的集中和集中指导下的民主的结合。它既是党的根本组织原则，也是群众路线在党的生活中的运用。必须充分发扬党内民主，保障党员民主权利，发挥各级党组织和广大党员的积极性创造性。必须实行正确的集中，保证全党的团结统一和行动一致，保证党的决定得到迅速有效的贯彻执行。加强组织性纪律性，在党的纪律面前人人平等。加强对党的领导机关和党员领导干部的监督，不断完善党内监督制度。党在自己的政治生活中应正确地开展批评和自我批评，在原则问题上进行思想斗争，坚持真理，修正错误。努力造成又有集中又有民主，又有纪律又有自由，又有统一意志又有个人心情舒畅的生动活泼的政治局面。《中国共产党章程》第二章"党的组织"的第十条第五款明确规定：党的各级委员会实行集体领导和个人分工负责相结合的制度。凡属重大问题都要按照集体领导、民主集中、个别酝酿、会议决定的原则，由党的委员会集体讨论，作出决定，委员会成员要根据集体的决定和分工，切实履行自己的职责。

如上所述，从静态角度讲，中国的相关法规对执政党、代议机构和行政机关的行为规范都做了明确规定。但是，从实际政治过程的角度看，上述法规交织在一起，甚至相互冲突，各行为主体的角色边界变得模糊不清。执政党全党的基本行为原则是民主集中制，而各级委员会的行为规范则是集体领导分工负责制。正如上文指出的，中国共产党的组织渗透在人民代表大会、政府等各个重要的政治组织之中，且处于领导地位并实际承担执政党、政府、代议机构的多种角色，执政党自身的行为边界和行为规范模糊不清。比如，各级党代会的运行原则似乎是民主集中制，但各级委员会的实际运行原则则是首长负责制，即一把手负责制。执政党的行为边界和行为规范的不确定必然导致其他角色的边界模糊。比如，政府行为原则的法律规定是首长负责制，而在实际运行过程中的政府原则却是集体领导、分工负责制，有时是多种原则的混合。

中共十七大报告指出：坚持党总揽全局、协调各方的领导核心作用，提高党科学执政、民主执政、依法执政水平，保证党领导人民有效治理国家；坚持国家一切权力属于人民，从各个层次、各个领域扩大公民有序政治参与，最广泛地动员和组织人民依法管理国家事务和社会事务、管理经济和文化事业；坚持依法治国基本方略，树立社会主义法治理念，实现国家各项工作法治化，保障公民合法权益；坚持社会主义政治制度的特点和优势，推进社会主义民主政治制度化、规范化、程序化，为党和国家长治久安提供政治和法律制度保障。党的十八大报告明确指出：共产党是中国特色社会主义事业的领导核心。要坚持立党为公、执政为民，加强和改善党的领导，坚持党总揽全局、协调各方的领导核心作用，保持党的先进性和纯洁性，增强党的创造力、凝聚力、战斗力，提高党科学执政、民主执政、依法执政水平。

上述表述明确界定了中国共产党的角色边界，即总揽全局，协调各方。以价值理念和正确的方法论驾驭方向，以党的组织系统和组织原则，协调各方并驾驭全局。而其他各方各司其政、各负其责。无论正式制度规定还是在实际政治过程中，切实把各个行为主体的角色边界划分清楚，各个行为主体的行为规范才能得到落实。也就是说，角色专门化是角色规范化的前提，而中共角色的专门化又是其他机构角色专门化的前提。

四　政治理性化：角色制度化的基本条件

政治理性化是角色规范化、制度化、程序化的基本条件。制度是指稳定的、受到尊重的和不断重现的行为模式。[①] 制度的目的是建立和维持一定的秩序，节约交易费用，降低社会运行成本是制度的基本功能。政治制

---

① ［美］塞缪尔·亨廷顿：《变革社会中的政治秩序》，华夏出版社 1988 年版，第 12 页。

度必须满足三个条件：第一，确定性。政治制度必须明确地告诉人们能做什么、不能做什么，做了不能做的该怎么办。必须明确划分行为边界，并预先明确告知人们违背制度的后果。第二，普遍约束性。同一政治共同体内的所有人都必须遵守制度。第三，强制性。当有人不遵守时，能够制止。

制度要具备上述三个条件，并真正履行其功能，达到其目的，就必须建立在以下三个逻辑起点上：其一，权力是"必要的恶"；其二，冲突和合作是人类的基本行为模式；其三，人的理性是有限的。

权力意味着支配和被支配。因此，权力天生就是对平等、自由的破坏，是一种"恶"。

然而，人类社会要建立和维持秩序，又离不开权力。因此，权力一经产生，就必须受到制约和监督。权力是指凭借一定的资源，影响或改变他人的思想或行为的能力。权力所凭借的资源的不同，必然导致权力表现形态的不同。凭借知识、真理、人格魅力等资源而形成的能力，是一种权威，人们对权威的服从是"心服口服"。凭借物质、金钱、组织等资源而形成的能力，是一种影响力。人们对影响力的服从是"心服口服"＋"不得不服"。凭借统治力量，即军队、警察等强制性资源而形成的能力是一种强制力，人们对强制力的服从是因"恐惧而服"。权力的这些基本属性表明：首先，权力是对平等的破坏。平等意味着相同或相等。平等的内涵涉及社会生活的方方面面。从内容上看，有政治平等、经济平等、法律平等、社会平等，等等。从基本属性上看，有规则平等、机会平等和结果平等。假如，人们平等地拥有各种资源，就不可能存在权力现象。正是因为少数人占有更多的权力资源，所以才存在多数人服从少数人的权力现象。其次，权力是对自由的剥夺。自由的内涵主要有三个方面：一是摆脱别人的束缚（消极自由）；二是按自己的意愿行事（积极自由）；三是行为后果自负并不妨碍他人的自由。在现实生活中，一个人不受别人的摆布并按自己的意愿行事并非是绝对的，而是有条件的，即一个人的自由度取决于其能力的大小。能力大，自由度就大；能力小，自由度就小。此外，为了不妨碍他人的自由，每个人必须拿出一部分自由给国家，由国家制定行为规范（制度）来规约人们的行为，以建立秩序。权力意味着一个人服从另一个人。服从就是不自由，就是把自己的一部分自由交给另一个人。

　　综上所述，权力意味着对平等和自由的破坏，因此是一种"恶"。然而，人类社会离开权力就无法建立和维持秩序。从最一般的意义上说，秩序是一个系统的范畴，它指事物存在的一种有规则的关系状态。在一个系统中，组成系统的各个要素都有其不同的存在和运行特点。如果要素之间的关系总是能表现出某种恒定的规则性或协调性，即系统的协同性的话，可以说这个系统或事物是有序的。反之，称之为无序。当人们在处理自己实践活动中所形成的社会关系时，作为现实的社会秩序问题就表现出来了，这就是人们如何协调他们之间因资源稀缺而导致的利益冲突，不至于"人对人像狼一样"进而导致整体存在的危机。同时，秩序对于人的意义决不止于保障人的存在，更进一步的是人们总是希望能持续地存在或更好地存在——发展。所以，人们需要秩序的目的归根结底是保障自己的存在和发展。①

　　约翰·肯尼斯·加尔布雷斯曾指出：权力的大规模的组织性集中以及在行使权力的个人中间的大规模分散这两者的结合是当代的现实。② 在现代社会里，权力越来越集中在各类组织之中，而具体的个人实际上行使着越来越多的权力。在中国，大部分权力资源，包括诺思所说的"暴力潜能"，更多地集中于国家手中。一方面，国家权力是保护个人权利最有效的工具，因为它有规模经济效益，国家的出现及其存在的合理性，也正是为了保护个人权利和节省交易费用之需要；另一方面，国家权力又是个人权利最大和最危险的侵害者，因为国家权力不仅具有扩张的性质，而且扩张总是依靠侵蚀个人权利来实现的，在国家的侵权面前，个人是无能为力的。

　　在个人行使权力的过程中，权力的自我膨胀也是人性之必然。罗素曾指出：在人的各种无限欲望中，主要是权力欲和荣誉欲。两者虽有密切关系，但并不相同：英国首相的权力多于荣誉，而英王的荣誉多于权力。但是，获得权力往往是获得荣誉的最便捷的途径。罗素还指出：动物只要能够生存和生殖就感到满足，而人类还希望扩展。在这方面，人们的欲望仅限于想象力所认为可能实现的范围。假如可能的话，人人都想成为

---

　　① 沈湘平：《人学视野中的秩序》，《河北学刊》2002 年第 3 期。
　　② ［美］约翰·肯尼斯·加尔布雷斯：《权力的分析》，河北人民出版社 1988 年版，第 133 页。

上帝。①

综上所述，权力是对平等和自由的破坏，无论国家权力，还是个人权力，都具有无限膨胀的本性。正因为如此，任何权力都必须受到监督和制约。离开监督和制约的权力，有可能成为绝对的"恶"。权力的所有权、使用权和监督权，必须分散到不同组织之中，并形成相互之间的制约。任何权力组织和个人，都必须处于被监督之中。

制约是指不同权力主体之间相互制衡。任何权力主体不能拥有绝对权力，权力必须分散，并相互制约。监督是指某一权力主体单向地控制另一权力主体的越轨行为。从这个意义上讲，政治制度就是对权力主体及其相互间制约与监督关系的法律规定。

总之，权力是必要的"恶"，是对权力进行监督和制约的逻辑起点，也是政治制度安排的逻辑起点。

制度是管理冲突并建立秩序的手段。这就是说，冲突是制度安排的逻辑前提。在计划经济时代，从国家大事到人民大众的一切，均由国家计划和安排，因此，国家的主要职能是计划和安排，而不是管理冲突。但是，在市场经济条件下，每一个社会成员都是独立的利益单元，都生活在市场的竞争之中。在这种格局之下，管理冲突并建立和维持秩序是国家的基本职能之一。其实，人类社会一直贯穿着冲突与合作，冲突与合作是人类的基本行为模式之一，是社会存在的方式之一，是一种社会过程，是一种社会互动。

冲突学派认为，社会冲突有着直接的积极作用。特别是社会冲突为社会学家提供了分析社会变迁和"进步"的主要论据。功能学派则持相反的立场。他们主要的注意力放在调试问题上而不是放在冲突问题上；注重社会静态特征而不注重动态特征。对他们来说，具有重要意义的是维持现存的结构及保证他们顺利行使职能的途径和手段。他们注重那些妨碍一致的失调和紧张。……把结构归于心理的范畴，从而把社会冲突归于个人机能失调。……由于注重维持和保证社会秩序的正常结构，帕森斯倾向于认为冲突主要具有破坏性的、分裂性的和反功能的结果。帕森斯认为，冲突基本上是一种"病态"。②

---

① ［英］伯特兰·罗素：《权力论——新社会分析》，商务印书馆1991年版，第3页。
② 同上书，第144页。

　　在市场经济条件下，"冲突"应是一切制度安排的逻辑起点。制度意味着规约人的行为，而规约人的行为则以人之间有可能发生冲突为前提。假如，人与人之间的利益是一致的；假如，人人都是圣人君子，在利益面前互相谦让，就不会发生任何冲突，也就不必建立各种制度来规约人们的行为。

　　从制度安排的角度讲，在任何一个政治共同体中不存在"好人"、"坏人"，而只存在"有限理性人"。假如，政治共同体成员都是"好人"，就没有必要用外部强加的行为规范去建立秩序，单凭思想政治工作，不断弘扬人的善性就可以使社会有序。假如，都是"坏人"，各种行为规范就必然会失去价值基础，无法发挥任何作用，也就无法建立和维持秩序。一般而言，人是有理性的，然而人的理性又是有限的。人的理性使人趋利避害，理性的有限性使人犯错误。假如，人们了解与自己将要作出的行为相关的所有信息，并且完全了解可能发生的所有行为的后果，就不会出现冲突，也不会犯错误。人类是社会的动物，与他人交往是人的本质属性。人类不仅仅是合理的和理性的存在，人类同时具有善与恶的本性和理性与感性。因此，在人类的行为中，不仅有引起分裂和冲突的行为，而且还有可能引起和谐与合作的行为。利他行为和利己行为都是人类的可能行为方向。人类共同体由利他与利己、合作与冲突、分歧与一致等一系列的行为支撑和维持。正是因为人的理性是有限的，所以"人是天生的政治动物"。正因为如此，人类共同体要以各种制度规约人们的行为，以建立和维持秩序。[1]

五　重构核心价值：角色制度化的基本保障

　　重构核心价值是中共角色制度化的基本保障。在中国，自由、平等、主权在民等政治价值是从国外传播来的，并非中国原有的，政治的形式价值，即制度规定也是按照这些外来的实质价值而设计和安排的。然而，从国外传播来的政治价值与中国原有的儒家的政治价值之间形成了二元格局。政治价值的二元化导致了政治结构的二元化、制度规定与实际过程的

---

　　[1]　此节的内容可参阅赵虎吉《论政治制度安排的逻辑起点》，《教学与研究》2005年第7期。

二元化、程序与规则的缺失等。从这个角度讲，政治价值的一元化是中国政治发展的核心问题。中国的政治发展过程就是政治价值从二元化逐步实现一元化的过程，也是政治价值的一元化逐步带动政治结构的一元化、制度规定与实际过程的一元化、程序与规则完善的过程。这个过程具体表现为人民代表大会制度、政府制度的宪法规定得以实际运行，党章的制度规定得以实际运行，即执政党角色的专门化、制度化。

构建政治价值体系，就是要将二元化的政治价值逐渐融合成一个整体的过程。市场经济这一新的生产方式是重构政治价值体系的基本平台。人类政治价值取向的不断变更根植于社会生产方式之中。马克思主义正是把生产方式理解为人类社会存在和发展的基础，把政治生活理解为建立在经济基础之上的上层建筑。"一切社会变迁和政治变革的终极原因，不应当在人们的头脑中，在人们对永恒真理和正义的日益增进的认识中去寻找，而应当在生产方式和交换方式的变更中去寻找；不应当在有关时代的哲学中去寻找，而应当在有关时代的经济学中去寻找。"因此，人类社会生活的变迁和转型蕴含着政治价值取向的逻辑进程。①

市场经济具有以下几种价值倾向。第一，市场经济是交换的经济。一切生产要素都在交易中加以配置。第二，市场经济是自由交换的经济。买卖必须自由进行。如果交易不是自由地进行，而是由交易双方本意之外的某种因素控制或支配着，那么，这种交易则无法持续维持。交易的管理者必须严格执行交易规则，有效保护交易各方的自由，交易方可持续、有效地进行。第三，市场经济是平等交换的经济。市场经济以等价交换的原则运行，排斥身份、地位等因素的干扰。第四，市场经济是竞争地进行交换的经济。能力的大小等因素会产生不同的竞争结果。无视能力、努力等因素，只追求同样的竞争结果，将会破坏市场经济的正常运行。第五，市场经济是按严格的规则进行交换的经济。严密而系统的规则是自由交换、平等交换、激烈竞争的必要条件。竞争越激烈，规则越要详尽而系统，就像交通规则是交通安全的根本前提一样。市场经济是二律背反的。一方面，市场经济是自由、平等地进行交换的经济。另一方面，市场经济又是激烈竞争的经济，激烈的竞争极力排斥他人的利益，由此，极力破坏平等、自由、公平的竞争。因此，严密而系统的规则是市场经济的生命。当市场中

① 丁志刚：《政治价值研究论纲》，《政治学研究》2004 年第 3 期。

的各方自觉、严格遵守规则时，市场才能有效运行，而规则的权威性是各方自觉、严格遵守规则的前提。规则的权威来自规则的封闭性，即市场经济中的各方都必须处于规则的辐射范围之内。市场经济的上述价值倾向，实际上又是市场经济的政治要求。比如，经济上的交换关系要求政治上的交换，如公民与官员之间通过选举进行交换；公民之间、候选人之间的平等；选举和被选举的自由；候选人之间的竞争；竞争必须以详尽而系统的规则来建立秩序等。在儒家文化区，市场经济的价值倾向正在猛烈地冲击着传统价值倾向并呼唤新的政治价值。

　　市场经济及其价值倾向也许是传统与现代、"自己的"与"外来的"之间的媒介物。市场经济、历史传统和他国文明是重构中国政治价值体系中的关键变量。"每一历史时代主要的经济生产方式与交换方式以及由此产生的社会结构，是该时代政治和精神的历史所赖以确立的基础，并且只有从这一基础出发，这一历史才能得到说明。"[1] 市场经济作为一种生产方式正全方位地冲击着中国社会的各个领域。价值是需求、期待、可能的结合。政治价值不能创造，而只能发现。中国政治价值体系的重构，必须在市场经济的价值需求和期待中加以解释和说明。市场经济的推行必然导致许多精神产品要经受市场的检验或考验。政治文化的境遇同样如此。市场经济既对原有的政治文化秩序产生冲击，导致政治文化的短暂迷乱，同时又刺激过渡性政治文化结构的产生……市场经济对政治价值重构产生了如下结构性效应：政治思维的非意识形态化；政治情感的功利化；政治认知的理性化；政治理想的现实化；政治心态的宽容化。[2]

　　在市场经济的价值平台上，传统与现代的辩证统一、本土文化与外来文化的辩证统一是可能的。发展是累积的变化过程。发展是在时间和空间积累基础上的变化和扩展。在时间上（纵向），发展是对传统的继承与开拓。在纵向（时间）上，历史具有传承性。历史就是传承与开拓的连续。历史传统的影响不是人们的主观意志所能控制的，所以无法回避历史传统对现代政治的影响。同时必须注意到，传统中的哪些因素必须继承，怎样继承。在空间（横向）上，发展是对他国先进因素的借鉴与创新。在横向（空间）上，文明具有传播性，不同文明之间是交互影响的。历史就

---

　　① 《马克思恩格斯选集》第 1 卷，人民出版社 1995 年版，第 31 页。
　　② 刘剑君、徐勇：《市场经济与政治文化论纲》，《东方评论》1997 年第 5 期。

是传播（学习）与创造的连续。必须善于学习别人，但不能简单地模仿别人。中国是一个拥有 13 亿人口、960 万平方公里国土的超大规模的国家，没有现成的经验可供借鉴。必须探索自己的路，不能也不可能照搬别国模式。但这绝不意味着拒绝他国的文明。

核心价值的构建离不开传统的继承，但不是原封不动地照搬，而是一种扬弃。比如，中国传统文化中的儒家社群主义，以及作为基本伦常的仁、义、礼、智、信和中庸思想等，都是极其宝贵的历史经验，具有重要的价值。对他国先进因素的借鉴也是同样的道理。西方政治价值中的自由主义、精英主义，特别是社群主义等为中国政治价值提供了重要的参照。

总之，形式价值与实质价值的一元化是政治角色制度化的基本前提和保障。以市场经济为媒介，以中国的传统为基础，借鉴和吸收他国文明优异成果，重构中国的政治价值是中国共产党角色制度化的前提和保障。

（作者：赵虎吉，中共中央党校教授、政治法学部主任）

社会协商论纲

> 拯救之道似乎在于下面的原则：所有的权力都来自于人民，任何权力都不得悖逆人民，大众的意志应该通过某些形式表达出来，它不能受到任何障碍的阻碍。[1]

——题记

一 问题的提出："执政合法性的危机"与"社会协商的柔性应对"

中国社会科学院社会学研究所和社会科学文献出版社于 2012 年 12 月 18 日联合发布了 2013 年《社会蓝皮书》，其中指出中国近年来每年发生的群体性事件可达十余万起，由此导致中国的公共安全经费逐年激增。从统计数据中（详见表 1）可以看出，"公共安全"支出的预算在 2009 年开始超过"国防"支出的预算；"公共安全"支出的决算在 2010 年开始超过"国防"支出的决算。2013 年 3 月 5 日，中国政府公布 2013 年的国防与公共安全预算数额，数据显示，国防预算为人民币 7406 亿元，而公共安全预算则为人民币 7690 亿元，创下了自 2009 年开始连续 5 年维稳支出高于军费的纪录。虽然财政部表示"公共安全项目的支出不能全部算为维稳经费，其中还涵盖了公共卫生、公共交通、建筑安全等诸多领域"[2]，但国外媒体依旧将"公共安全"支出的数额视为"维稳经费"，将"国防"支出的数额视为"军费"，并解读出中国内部群体性事件剧增导致社会动荡不安，甚至发出"维稳经费超过军费，敌人在外还是在内"的疑

---

[1] ［英］阿克顿：《法国大革命讲稿》，姚中秋译，商务印书馆 2012 年版，第 129 页。

[2] 参见《财政部驳斥中国维稳经费超 7000 亿报道》，财经网，2012 年 3 月 7 日。

问，进而认为中国的执政者存在政权危机感并难以驾驭和管理民众。于是，外国媒体让中国面对了一个难以解释的困境：在高喊和宣传"和谐社会"的背景下，维稳经费竟然比军事费用还高，表明执政者认为首要的危机就在国内且应以稳定政权为先，那么所谓的"和谐社会"到底和谐不和谐？如果和谐的话，那为什么对内进行高成本的维稳；如果不和谐的话，那么"和谐社会"的提法表明其仅仅是一句空话或假想吗？此外，暴力维稳的社会管理手段还会导致大量的经费投入维稳中，从而挤压本应该用于民生、教育等事业的经费数额与比例，减低民众的福利待遇，更会促生民众的不满与怨恨，反而更加滋生了群体性事件发生的可能性。

表1　　　　　　全国财政支出中关于"国防"与"公共安全"
支出的对比数据　　　　　　　　（亿元）

年份	项目	预算数	决算数
2011	国防	6011.56	6027.91
	公共安全	6244.21	6304.27
2010	国防	5321.15	5333.37
	公共安全	5140.07	5517.70
2009	国防	4806.86	4951.10
	公共安全	4870.19	4744.09
2008	国防	4177.69	4178.76
	公共安全	4097.41	4059.76
2007	国防	3509.21	3554.91
	公共安全	3296.96	3486.16

资料来源：根据财政部官方网站发布的《2011年全国公共财政支出决算表》《2010年全国公共财政支出决算表》《2009年全国财政支出决算表》《2008年全国财政支出决算表》《2007年全国财政支出决算表》整理而成。同时，需要说明的是，在财政部的官方网站上还能找到2006年和2005年的全国财政支出的决算数据，但是这两年的数据对于"公共安全"项目仅仅统计了其中的重要组成部分——"公检法司支出"与"武装警察部队支出"，由于这两个部分的内容并不能完全反映"公共安全"项目的统计数据，本文所引用的数据舍弃了2006年和2005年全国财政支出中关于"国防"与"公共安全"支出的对比数据。

应当说，群体性事件此起彼伏，考验着执政者的政治智慧。就像郑永年教授所指出的那样："维稳机构的利益在于不稳定，这个机构反而成为不稳定的根源。"①　暴力的社会治理手段必然会激发社会主体的不满、反感、愤怒乃至反抗。既然暴力维稳的手段不能有效地解决群体性事件，那实际上也就从反面提示具有政治智慧的执政者，为何不另辟蹊径，尝试用具有非暴力性质的社会协商（法律）制度呢？

关于"社会协商"，最早的文件见诸 1987 年党的十三大报告（原文使用的是"社会协商对话"的表述）。此外，中国对"社会协商"的研究是从对"协商民主"（deliberative democracy）理论的引入和探讨开始的，不仅起步时间较晚，且中间曾一度中断。自党的十四大报告开始，就不再使用"社会协商"的字样，直到 2012 年党的十八大报告提出了"协商民主"，才使得"社会协商"受到关注。目前，"社会协商"还存在着理论上的不足与潜在困境，现有的成果较多地沿用了国外关于"协商民主"的分析框架和研究范式。学界对中国社会协商的不少基本问题还缺乏统一的认识，包括但不限于对社会协商的基本定义、内涵、外延等，很难用现有的政策性文件和理论研究成果来准确界定"社会协商"的概念和研究范围，从而使"社会协商"本身在理论上还很不成熟，这也影响了社会协商的法律化及制度化进程。

概括而言，社会协商是作为解决当前社会广泛存在的社会矛盾而提出的一个概念，在一些学者的论著和一些政策法规性文件中也有使用，党的十八大提出民主协商的理论，在内涵上与社会协商研究的初衷有着很大程度上的契合性。社会协商的主体是什么？社会协商包括哪些主要内容？社会协商在社会生活中有何价值和现实意义？如何在探寻理论基础后进行社会协商的制度化建设？这些问题需要结合党的十八大报告来进行认真探讨。

二　社会协商内涵与框架的揭示：
一个历史解释学的视角

（一）待讨论问题的属性

欲认清社会协商的基本面貌，必须明确该问题的属性。首先，从表面上看，社会协商的基本面貌似乎属于一种事实上的描述，即事实判断问

---

① 郑永年：《改革及其敌人》，浙江出版联合集团和浙江人民出版社 2011 年版，第 135 页。

题，但不同的讨论者基于各自的理解会对社会协商本身作出不同的读解。如果一个问题属于事实判断问题，那么不同的研究者基于相应的实证分析等方法所得出的结论一定是唯一的，而目前恰恰是对社会协商无法作出一个统一的事实描述，所以关于社会协商基本面貌的问题，不应是事实判断问题。其次，从"不同的讨论者基于各自的理解对社会协商本身会作出不同的解读"角度出发，对社会协商基本面貌的描述必然包含了讨论者的价值情感在其中，而不同的理解（如社会协商的主体是什么？社会协商包括哪些主要内容？社会协商在社会生活中有何价值和现实意义？等等）又似乎会对社会协商所涉及主体的利益产生影响，由此，对于"社会协商基本面貌"的讨论似乎属于价值判断问题。不过，需要注意的是，应严格区分"社会协商本身"与"社会协商的制度效应"，前者仅欲用抽象的概念术语来对社会协商的基本面貌进行一种解释和表述，后者则需立法者在对社会协商基本面貌进行解释和描述的基础上，对相关主体着手实施一系列的利益安排，进行制度设计，此时才会存在价值判断问题。由于是对社会协商的基本面貌进行一种解释和表述，对"社会协商基本面貌"的讨论应当属于"解释选择"问题，而非"事实判断"问题，亦非"价值判断"问题。不同的问题具有不同的讨论方法，如果以研究事实判断问题的方法或价值判断问题的方法研究、解释选择问题，就可能会偏离正确的方向，所得出的结论就可能不是妥当、准确的结论。

基于这种考虑，对"社会协商基本面貌"的讨论既然属于解释选择问题，就可能要引入其他学科的研究成果（包括但不限于法律文化解释学、哲学解释学等）展开思考。社会协商并不是凭空的想象，从新中国成立以来至少有 14 个政策性文件使用了"社会协商"的概念术语即为明证，本文拟结合党的十八大报告，从历史解释学角度，把与社会协商有关的政治协商、合同协商放入历史的维度进行解释和表述，期望通过此种方式更好地对社会协商的基本面貌进行解读。

（二）历史维度的解读

不同的历史阶段有着不同的历史任务和使命，也会对执政者的政治合法性问题产生相应的影响。所谓的"政治合法性"术语并不同于法学意义上的合法性（即符合法律规定与否，跟法律抵触冲突与否），前者是正当性与有效性的结合，尤为关心执政者（包括但不限于政府或政权）如何及能否在社会成员（包括但不限于民众、社会组织）心理认同的基础上进行事实层面与价值层面的有效统治与顺利运行其权力。政治合法性被认为是执政者执政需要满足的最起码的条件，假如执政者丧失或缺乏相当程度的合法性，其政府将很快地分崩离析抑或被推翻。只有唤醒对合法性的信仰并及时更换政治合法性的基础，才能得到社会成员的认可，更好地实现执政者统治的长久存续。

1. 1949—1978 年：以政治建设为主的阶段（具有强人主义和干预主义的时代特色）

从 1949 年开始，伟大的中国共产党武装夺取政权，人民的大救星毛泽东主席在革命年代中建立了超凡的个人威望。就像马克斯·韦伯所说的那样："政治合法性（正当性）要求的效力可能建立在超凡魅力的基础上——基于对某个个人的罕见神性、英雄品质或者典范特性以及对他所启示或创立的规范模式或秩序（超凡魅力型权威）的忠诚。"① 由于敌对势力一直觊觎和侵害新政权，自此一直到 1978 年改革开放之前，阶级斗争成为政治的主线，开始了以政治建设为主的各项建设。本阶段反映了强人主义的时代特色。

（1）强人主义的时代烙印

强人是历史造就的，正所谓"时势造英雄"、"乱世出英雄"，强人在缔结新政权的过程中，经历了枪林弹雨的洗礼，获得了民众的拥护，建立了个人威望与绝对的权威。民众经历过旧政权的剥削压迫，在新政权建立后都非常支持与拥护强人的统治。在阶级斗争的环境里，由于革命依赖工农阶级，所实行的政策与制度往往都是对工人和农民有利的，再加上毛主席对军队提出的"为人民服务"扩至作为权力主体行事的准则，这更加得到下层民众的拥护与支持。况且，政治力量带动和动员起民众的积极性，全国上下凝成一股绳，干劲十足，团结一心，共同建设社会主义美好家园。

在政治建设过程中，由于个人权威与绝对的威望成为惯性和常态，民主的理念和作法很难被接受与实行。再加上强人在位时所造成的个人崇拜，又进一步强化了民众服从个人意志的安排，"但是有各种不同的服

---

① 参见［德］马克斯·韦伯《经济与社会》第 1 卷，阎克文译，上海世纪出版集团 2010 年版，第 322 页。

从，而且不是每一种程度的服从都是值得赞美的"①，盲目的服从实际上丧失了个人的思想，这更使得群策群力、集体力量和团体智慧不被重视与关注。于是所谓的监督与制衡更是被明确拒绝。"人们都争先恐后地去迎接自己的镣铐，相信它能保证他们自由，因为他们的智力只能感受到政治制度的好处，却没有足够的经验预见到它的危险性。"② 政治强人往往根据个人的喜好作出制度安排，将国家利益与个人权力混在一起，甚至可能以喜怒哀乐决定国家的政策，敌对阶级自然没有好下场，然而工农阶级在阶级斗争中也没有得到什么好处，甚至最终导致损害民众利益的大事件不断发生。"整个民族，以及组成民族的每个人，对他们自己的命运没有任何潜在的发言权。"③

在强人政治下，对旧政权的一切事物都采取否定态度，包括将原有法律制度全部推倒重来，而引进的苏联法律制度又与国情存在水土不服的情况，致使法律制度的规范性与逻辑性远远弱于政治性，法成了阶级斗争的工具。甚至在有段时期里，与"法"相比，"动乱"在阶级斗争中更有效，再加上法约束了执政者的个人意志，为此还推行了法律虚无主义，取消公检法机关，导致法律成为一纸空文，司法秩序被破坏，法律不被信仰。

此外，在政治上，强人主义的确可以对政治制度的建设起到非常有效率的作用。但是，一旦延伸到经济领域，由于其专业性和技术性较强，而且阶级斗争起到了破坏经济的作用，强人主义所擅长的命令、干预即使有效率但未必一定能引导经济向前发展。

（2）干预主义的时代烙印

新中国成立伊始，就在政治上接受了从苏联引进的政治统治模式，实行强人管理国家，使得经济上对应地实行了计划经济的管理模式，"列计划、下指标、完成定额、接受上级领导与干预、由上级主管部门批准"等成为那个时代最熟悉的被打上历史烙印的事务。政治建设中的掌控、监管手段延伸到了经济领域，逐渐成为束缚经济发展的桎梏和障碍。

"中国经济体制的目标模式经历了五次转变，第一次发生在 1949 年到

---

① ［英］J. S. 密尔：《代议制政府》，汪瑄译，商务印书馆 1982 年版，第 15 页。
② ［法］卢梭：《论人类不平等的起源和基础》，高煜译，广西师范大学出版社 2002 年版，第 121 页。
③ ［英］J. S. 密尔：《代议制政府》，汪瑄译，商务印书馆 1982 年版，第 35 页。

1977 年，为计划经济体制。"① 在这期间，尤其在 50 年代中期推行国有化之后，企业的形态基本上是以国有企业和集体企业为表现形式的，二者都受到计划经济时期企业上级主管部门或单位的干预。"这两种企业都是在特定政府'主管部门'最终控制之下的、执行经济计划的企业'单位'。"② 鉴于二者履行的职能相同，为便于讨论，在此仅以国有企业为例进行论证。

在计划经济体制下，中国习惯用指示、命令、通知等而非采用法律的方式对"国有企业"③ 进行干预，从而束缚了国有企业的手脚，使国有企业不再具有竞争力。也就是说，"新中国成立以后，我国对国有企业长期没有立法，完全用政策和行政手段进行调整"④。这种束缚主义做法的弊端一直影响至今，企业的上级主管部门或单位除了可以决定企业的人事安排外，还能随意无偿地划拨企业资产，这种行政权力经常干预、影响企业的自主经营决策。与此同时，党委的领导力量也不容忽视。"党委与企业的特殊结合体制强化了国有企业的政治化和行政化属性，弱化了企业的经济属性。"⑤"党委对国有企业管理层的最终控制权——这一强大力量无所不在……尽管国有资产管理机构缺乏管理公司的能力，它在投票选举董事的时候，仍然会服从上级党委（如市委）的指令。"⑥

在计划经济时期，国有企业承担了办社会的重担，其不仅要进行生产经营，更要为职工建立医院、学校等来满足职工医疗、教育等的需求。"在计划经济时代，国有企业职工的待遇有两个特点，第一个是低工资、

---

① 参见吴晓波《激荡三十年——中国企业 1978—2008》（上），中信出版社、浙江人民出版社 2007 年版，第 95 页注释 1。

② 参见方流芳《试解薛福成和柯比的中国公司之谜——解读 1946 年和 1993 年公司法的国企情结》，梁治平编：《法治在中国：制度、话语与实践》，中国政法大学出版社 2002 年版，第 290 页。

③ 新中国成立以来，一直是将"国有企业"称为"国营企业"，1993 年第八届全国人大第一次会议对《中华人民共和国宪法》进行修改，才正式采用了"国有企业"的提法来取代"国营企业"一词。

④ 史际春：《企业和公司法》，中国人民大学出版社 2008 年版，第 286 页。

⑤ 叶林：《公司法研究》，中国人民大学出版社 2008 年版，第 197 页。

⑥ 参见方流芳《试解薛福成和柯比的中国公司之谜——解读 1946 年和 1993 年公司法的国企情结》，梁治平编：《法治在中国：制度、话语与实践》，中国政法大学出版社 2002 年版，第 309 页。

全福利，第二个是享有企业保障而非社会保障。"① 这种方式对职工似乎比较有利，起码在最低限度上为职工搭建了一个安乐窝，至少不愁衣食住行。同时在国有企业里工作，简直就是找到了铁饭碗，成为永久就业职工，甚至该职工的职位在其退休之后还能由子女来"继承"。不过，这种作法严重束缚了国有企业的手脚，使其承担了相当沉重的负担。由于有了这个安乐窝，职工就可能不思进取，从而在提供劳动时就没有积极性和主动性，使国有企业犹如死水一般。就这样，国有企业不仅要受到上级主管部门或单位的束缚（行动自由上受干预）而使企业丧失活力，还要斥巨资给职工建安乐窝（资金运用上受干预）而使职工丧失上进心进而导致企业如死水一般，周而复始，循环往复，国有企业越来越不堪重负，越来越丧失竞争力。在国有企业无法负担不能承受之重时，要么国家财政、企业上级主管部门或单位出资扶植这个越来越不具有竞争力的病态企业，使其就这样丧失活力到底；要么破产倒闭、对职工产生消极的负面影响，成为社会不稳定的关键因素。但相关事实表明，在这个时期里，国家财政、企业上级主管部门或单位都没有采取让国有企业破产倒闭的方式，而是对这些"无底洞"不断注资，给国有企业打"强心针"以维持其"生命"。这同时也维持了国有企业不断丧失活力的现状。

正是由于对国有企业施加束缚、进行干预而使得国有企业不仅丧失经营自主性，还拖着办社会的沉重负担，最终导致国有企业丧失活力、丧失竞争力，而且这种现象周而复始、循环往复，更加剧了国企丧失活力、丧失竞争力的病状。

2. 1978—2003 年：以经济建设为主的阶段（具有能人主义和自由主义的时代特色）

仅仅依靠革命及领导人的个人威望不是长久之计，随着社会的和平稳定及强人的逝世，执政者的政治合法性程度会逐渐减弱。为获取社会成员的心理认同，邓小平同志果断地于 1978 年实施改革开放政策，以发展经济为第一要务，提出让少数人先富起来，先富带动后富，最终实现共同富裕。于是开启了中国以经济建设为主的阶段，并将政治合法性基础由革命所建立的领导权威向发展经济转变。"虽然建立和保持支配不是在任何情

---

① 参见张文魁、袁东明《中国经济改革 30 年·国有企业卷》，重庆大学出版社 2008 年版，第 163 页。

况下都要利用经济权力，但在绝大多数情况下，实际上是在那些最为重要的情况下，却正是以这样那样的方式利用经济权力建立和保持支配的。"[①]本阶段反映了能人主义和自由主义的时代特色。

（1）能人主义的时代精神

强人并不是在所有的领域都擅长，在宏观上掌控大局是强人的专长，但在微观领域，需要的是懂行的能人。正所谓"内行看门道，外行看热闹"，由于计划经济服从领导意志的惯性，在本阶段经济建设背景下，能人主义逐渐取代强人主义从事具体的生产经营活动。

具体说来，出于对中国的国有企业丧失活力、丧失竞争力病状的担忧，国家领导人寻求各种方式进行改革。"在1978年开始推动国有企业的改革，由对放权让利进行试点到全面实行放权让利，再到两权分离与承包制。"[②] 从中可以看出，中国对国企改革的力度和决心，同时从1978年之后，中国的经济体制也出现了变化，不再宣扬过去的计划经济，而是对束缚主义逐渐进行松缚。"中国的经济体制目标模式的第二次、第三次和第四次转变，依次发生在：①从1978年到1983年，提出了'计划经济为主、市场调节为辅'的改革思想；②从1984年到1987年，提出了'有计划的商品经济'理论；③从1987年到1992年，提出了'计划与市场相结合的社会主义商品经济'理论。"[③] 这期间，由于放权让利和两权分离的深入进行，根据政府主管部门的决定，企业中出现了承包、租赁等方式。承包、租赁等方式使能人辈出，这些能人多采取提成等奖励措施来调动企业职工的积极性。"在企业史上，最早因承包而受到举国瞩目的厂长马胜利，在其承包的第一年就实现了工人工资翻倍的目标，工人们也渴望出现这样的能人来改变他们的艰难状况。"[④] 中国几千年的传统文化就是一种人治，人们渴望一种贤明领导，在这个时期，尤其是在1988年8月1日起施行的《中华人民共和国全民所有制工业企业法》推行厂长（经理）负责制之后更是如此，人们寄希望于贤明的厂长带领职工走出企业的困

---

① 参见［德］马克思·韦伯：《经济与社会》第2卷上册，阎克文译，上海世纪出版集团2010年版，第1080页。

② 参见张文魁、袁东明《中国经济改革30年·国有企业卷》，重庆大学出版社2008年版，第1—67页。

③ 参见吴晓波《激荡三十年——中国企业1978—2008》（上），中信出版社、浙江人民出版社2007年版，第95页注释1。

④ 同上书，第181—183页。

境。事实上也是如此。"当时的国营企业聚集了中国几乎所有的资产和精锐人才，它是中国渐进式改革的主角。"① 能人们八仙过海，各显神通，纷纷展现个人的个性，充分发挥主观能动性，运用各种方式给企业注入活力。能人的领导给了职工们心理暗示和心灵安慰，在能人麾下就会比在安乐窝中更为积极主动。能人对职工尊重，职工对能人尊崇，双方共渡难关，一起努力使企业走出困境。"尽心为人谋福利就是尊重……对人显示爱的迹象都是尊重……颂扬、推崇也都是尊重。"② 精诚所至，金石为开，能人和职工的互相尊重、互相爱戴、共同拼搏，也确实使相当多的能人在一段时间内带领职工将企业转亏为盈，所向披靡，风光无限。正因为是这种能人厂长（经理）和职工精诚合作所成就的默契，作为能人的厂长（经理）往往对职工利益给予支持、照顾和保护。

不过，在经济转型时期也不乏庸才的出现而导致企业病态依旧，或者能人所管理的企业在市场竞争中因某些原因被淘汰出局。在这种情况下，企业职工的利益就很难得到较好的保障。再加上一些能人在将多年亏损的企业盘活盈利、一战成名后，滋生了骄傲自满情绪，讲求身份地位而与职工"相互隔离"，从而对职工利益的保障逐渐淡出这些能人的视线。同时，往往在能人将多年亏损的企业盘活盈利后，其个人威望在企业中获得极大提高，从而极度排斥监督，抑或因缺乏监督而导致随意性比较大，再或者即使有所监督，亦可能会因个人权力较大而罔顾制约、肆意妄为。企业中出现庸才的领导，倒不见得无法推行企业民主，但企业中出现能人的领导，就很可能会阻碍民主。前述的能人马胜利，就在将多年亏损的企业盘活盈利、一战成名后，充分展示了其缺乏民主决策的事实，从而导致其决策过于随意并全凭个人意志，没有深入考虑决策所带来的风险，亦无相应的经营战略规划，最终导致马氏神话破灭。曾经的步鑫生神话也是如此。"其在被中央指定为典型之后，很快就在这样的热浪中迷失了自己，他对助手提出的交易对象资质的质疑火冒三丈，还不顾自己企业的实际情况而贸然应允相应的交易。"③

---

① 吴晓波：《激荡三十年——中国企业 1978—2008》（上），中信出版社、浙江人民出版社 2007 年版，第 110 页。

② 参见［英］霍布斯《利维坦》，黎思复、黎廷弼译，商务印书馆 1985 年版，第 65 页。

③ 参见吴晓波《激荡三十年——中国企业 1978—2008》（上），中信出版社、浙江人民出版社 2007 年版，第 117 页。

（2）自由主义的时代精神

为促进经济的发展，干预主义所采取的计划、审批、管控等手段已被实践证明严重阻碍了经济的发展。顺理成章地，自由主义对干预主义实行解套，提倡意思自治，鼓励交易。

"根据自然的趋势，人对自己的幸福总是比对别人的幸福关心得多；人总是把自己的全部才力都用来为自己谋福利；爱自己、讲利害、满足情欲是他的行动的唯一动机；考虑个人利益在他的一切活动中占据中心地位。"[①]　"人们尽其力之所及来互相促进快乐和利益，乃是正当而合理的。"[②]　自由主义不仅促进社会进步、否定干预，更是对建立市场经济以促进市场自由竞争起到了根本性的作用。早在200多年前，1804年的《法国民法典》就是在自由主义背景下公布施行的，它也是第一部资本主义国家的民法典，法典规定所有的法国人是平等的、自由的，只受自己意思的支配。《法国民法典》宣扬解放人，而不是束缚、剥削、奴役、压迫人。《法国民法典》保障个人参与市场竞争、自由竞争、公平竞争，在市场竞争中充分发挥自己的优势来获取自己的利益。随后各国逐渐颁布民法典来保障自由，人可以自由地在市场中竞争，还可以设立企业来参与市场竞争，从而彰显了民法意思自治原则的巨大力量。

但随着被解放的人在市场经济中自由竞争的深入进行，出现了优胜劣汰的现象，同时也出现了生产者、经营者与消费者以及雇主与劳动者之间的分化和对立的状况。双方占有信息的不对等以及经济实力谈判能力的不对等，加剧了作为强者的一方生产者、经营者以及雇主对消费者以及劳动者的压迫、欺凌。可以看出，个人主义的最终结果成就了市场竞争中强者愈强、弱者愈弱的现象（此是就一般意义而言的，当然不排除强者在竞争中沦为弱者抑或弱者转化为强者现象出现的可能，此处只是对市场竞争中强者愈强、弱者愈弱现象的强调）。但是民法对这种现象却无能为力也无法排除，毕竟这是民法所保障的自由竞争的结果，更是私法自治原则（尤其是契约自由原则）充分践行的表现。于是强者就开始充分张扬其个性，肆无忌惮地实践着个人主义带给他的好处，尤其表现为在市场浪潮

---

① 参见［法］霍尔巴赫《自然政治论》，陈太先、眭茂译，商务印书馆1994年版，第19—20页。

② ［英］威廉·葛德文：《政治政治论》第1卷，何慕李译，商务印书馆1980年版，第99页。

中，出资人或股东为了自己的利益，而不惜压榨本企业劳动者的相关利益，违背社会责任。"每个人都希望利用别人的劳动，每个人都希望别人仅仅为了他的幸福而帮助他……这些忘恩负义之徒深信，仿佛上天也乐意让他们的同胞为他们干活，为维持他们的骄奢淫逸和懒散怠惰的生活效劳……"①

3. 2003 年至今：以社会建设为主的阶段（具有民主主义和公正主义的时代特色）

在经济发展过程中，市场的自由竞争，贫富悬殊，导致优胜劣汰的结果，处于劣势的市场主体往往无法于教育、医疗、住房等社会事务中得到一定程度的满足，由此促进了社会矛盾的激化。严重危及了执政者的政治合法性，仅仅依靠经济手段已远不能满足社会成员尤其是处于弱势地位的社会成员的心理认同，因此亟须找寻新的政治合法性基础以获取社会成员的支持。毕竟，"任何权力，甚至任何生存的优势地位，都需要给自己找到正当理由"②。正是如此，2003 年 7 月 28 日，胡锦涛在讲话中提出了"科学发展观"。2004 年 9 月 19 日，党的十六届四中全会第一次明确提出"和谐社会"这一概念。"科学发展观"与"和谐社会"这两个概念都强调了对社会事务的关注和对社会成员特别是弱势群体的保护，由此开启了以社会建设为主的阶段。本阶段反映了民主主义和公正主义的时代特色。

（1）民主主义的时代要求

前一阶段，围绕着经济建设，能人主义导致唯意志现象，能人充分运用智慧、能力等主导下属的行为，随着时间的累积，上层与下层之间出现断层，群众基础逐渐丧失。因此，必须呼唤民主主义来化解能人主义的缺陷，通过多数的智慧来消除个人智慧的弊端，通过沟通、交流、协商来消除个人意志单方决定的危害③。

在经历了计划经济和经济转型时期后，中国开始正式向市场经济迈

---

① 参见［法］霍尔巴赫《自然政治论》，陈太先、眭茂译，商务印书馆 1994 年版，第 35 页。

② ［德］马克斯·韦伯：《经济与社会》第二卷上册，阎克文译，上海世纪出版集团 2010 年版，第 1091 页。

③ 托克维尔就坚信"民主政府经过时间的推移，一定能增加社会的实力"。具体内容参见［法］托克维尔《论美国的民主》（上卷），董果良译，商务印书馆 1988 年版，第 255 页。

进。"中国的经济体制目标模式的第五次转变，发生在 1992 年以后，正式提出社会主义市场经济理论。"① 市场经济的自由理念传导并带给社会主体以各种多元化的价值，其中之一就是这个时期以后民主的观念已经逐渐开始被社会所接受。民主主义要求权力主体与社会主体之间进行沟通交流，充分让每个社会主体来参与相关事务，尤其是与其切身利益息息相关的事务，使得社会利益能够向上反映，社会力量的拥护使得权力主体的执政基础更为牢固与坚实。毕竟，集体的群策群力、信息的公开与反馈、意见的沟通交流更容易为社会主体所接受，这是其参与社会建设的体验，也使社会主体产生自身属于"国家—社会"共同体的归属感，从而实现社会主体与权力主体在共同体中的亲密合作。民主的方式反对暴力，强调通过民主来化解社会建设阶段中的矛盾纠纷，特别是群体性事件，可以获得比强力压制方式解决问题更好的社会效果。由此，社会主体与权力主体之间不再是对抗、冲突，而是相互合作、融合，建立双方的信任关系，即"信任应当逐步地和悄悄地赢得，而不能靠武力和突袭"②。

民主主义要求权力主体与社会主体之间针对涉及切身利益的共同话题，通过信息的公开或相互之间的沟通交流抑或意见的反馈来达成相互的理解、谅解乃至妥协。正所谓"妥协是民主本性的组成部分"③。当权力主体进行社会建设时，较常见的方式是招商引资，并可能采取重新规划一座城市布局的作法来吸引投资资金的进入，这就不可避免地触及了社会主体的切身利益。首先，可能存在触及私人利益的情形，如拆迁。在实践中，拆迁引发的纠纷是常见的事情，暴力的强拆往往会导致被拆迁人的反抗与对峙，极端地，还会存在被拆迁人自焚以示抗议的实例。《物权法》于 2007 年 3 月 16 日审议通过并公布后，随即就发生了重庆史上最牛钉子户事件，开发商将被拆迁人杨武、吴萍夫妇周围的房屋全部拆除，同时挖断了房子边上的路，使被拆迁人的楼房变成了孤岛，同时还被断水断电。

---

① 参见吴晓波《激荡三十年——中国企业 1978—2008》（上），中信出版社、浙江人民出版社 2007 年版，第 95 页注释 1。

② ［古罗马］西塞罗：《国家篇　法律篇》，沈叔平、苏力译，商务印书馆 1999 年版，第 138 页。

③ ［奥］凯尔森：《法与国家的一般理论》，沈宗灵译，中国大百科全书出版社 1996 年版，第 319 页。

此事件被媒体曝光，又逢《物权法》刚公布没几天，遂引起全国的广泛关注。最终，经过相互协商，于 2007 年 4 月 2 日，杨武、吴萍最终与相关部门、开发商达成妥协，当晚被拆迁人的房屋被拆除。其次，也可能存在触及公共利益的情形，如环境保护。2012 年四川什邡、江苏启东等事件的发生，使追求 GDP 增长而不顾及社会公共环境的作法备受质疑，因为这触及了社会主体的切身利益，激发了公众的维权意识，他们反对将可能导致环境污染的企业引入当地，以求良好的生存环境，此亦符合人与自然和谐发展的政策要求。最终，当地政府在处理什邡和启东等地的问题上，都向抗议民众作出了妥协，不再引进相关的企业。

（2）公正主义的时代要求

面对具体的社会事务，在各种社会关系中，并不总是有对等的双方。"大自然使人们生长得这样千差万别……人们就其体力和智力、嗜好和思想、关于幸福的观念和获得幸福所选择的方法而言，彼此之间存在着颇大的差别。人间不平等的根源就在于此。"① 不平等的问题越来越受到重视。要克服这种不平等，自由主义是无法完成这个任务的，尤其是企业从其出资人个人利益出发的话，就会使得这种不平等越来越严重，作为相对方的劳动者、消费者等都会成为这种不平等的牺牲品。这就需要通过公正主义来对自由主义进行矫正，以消解不平等的现实，维护人间的公平正义。

公平正义历来是学者探讨的焦点问题，从古代到现代，人们就一直在追求公平正义的道路上奋斗着。

关于公平的探讨，是一个永恒的话题。所谓的公平，至少应当包括两个方面的内容：首先，要对人类行为之初设置同样的起跑线，给予当事人以平等的机会参与竞争；其次，对人类行为之时及之后，要对当事人之间的利益进行相应的协调、平衡，维持当事人利益均衡的状态。人类总是面对着无限的世界，在纷繁复杂、变化多样的世界中一定会出现各种各样的提前抢跑和利益失衡的现象，这就需要公平原则来对之进行相应的调整。对公平的探讨似乎很难绕过对正义的探究，二者具有千丝万缕的联系，凡是不公平的也就是非正义的，这诚如有学者所指出的那样，"公平是正义的核心"。②

_____

① ［法］霍尔巴赫:《自然政治论》，陈太先、眭茂译，商务印书馆 1994 年版，第 15 页。
② 张文显:《二十世纪西方法哲学思潮研究》，法律出版社 2006 年版，第 508 页。

　　威廉·葛德文在他的著作《政治正义论》中认为，"正义的原则，引用一句名言来说，就是一视同仁"①。罗尔斯在他的名著《正义论》中，对威廉·葛德文的正义原则又进行了进一步发扬，并提出了他自己的正义原则，即"第一个原则：每一个人都有平等的权利去拥有可以与别人的类似自由权并存的最广泛的基本自由权。第二个原则：对社会和经济不平等的安排应能使这种不平等不但可以合理地指望符合每一个人的利益，而且与向所有人开放的地位和职务联系在一起。"② 罗尔斯的正义第一原则为平等原则，规定主体的基本自由权是完全平等的，绝对不可侵犯；第二原则实际上是差别对待原则，差别原则是弱者本位原则，是对弱者的补救原则，是要求强者兼济扶助弱者的原则，是弱者允忍尊重强者的原则，是谋求强者与弱者和睦相处、共同发展的原则。③

　　差别对待起码可以有三种后果：一是给予特权；二是维持现状，放任这种差别；三是予以歧视待遇。在当今"从契约到人权"④ 的社会里，高举人权的大旗，构建和谐社会的目标，都与第三种结果——歧视待遇格格不入，从而排斥、否认第三种结果的出现。对于第二种结果——维持现状，放任这种差别，在现今社会里也是无法容忍的。因此差别对待的第二种结果也是需要被否定的。至于第一种结果——给予特权，在这里需要做中性的理解，而不是贬义的意思。正是由于社会主体尤其是弱势群体，通过自身力量无法实现公平正义，从而需要给予其特权，对之进行倾斜性保护。但需要指出的是，虽然需要给予弱者特权，对其进行倾斜性保护，但从本质上来讲，这对强者本身也是有好处的，"正义这个原则本身要求产生最大限度的快乐或幸福"⑤，对弱者和强者都会产生最大限度的快乐或幸福。给予弱者以相关特权，会使得弱者从内心里不排斥强者，甚至会增进双方相互之间的凝聚力、向心力，精诚合作，默契配合，共同推动社会不断前进，减少社会的矛盾冲突。

―――――――――

　　① 参见［英］威廉·葛德文《政治政治论》第 1 卷，何慕李译，商务印书馆 1980 年版，第 84—85 页。

　　② ［美］罗尔斯：《正义论》，谢延光译，上海译文出版社 1991 年版，第 66 页。

　　③ 参见邱本《经济法研究·上卷·经济法原理研究)》，中国人民大学出版社 2008 年版，第 61 页。

　　④ 参见邱本《人权论集》，吉林大学出版社 2009 年版，自序第 4 页。

　　⑤ ［英］威廉·葛德文：《政治政治论》第 1 卷，何慕李译，商务印书馆 1980 年版，第 11 页。

（三）解释选择的结论：对社会协商基本面貌的描述

"在权力的稳定分配以及随之产生的身份秩序条件下，那种基于优势特别是血统问题上发展出来的神话，就会被负面特权阶层所接受，只要大众继续处于自然状态，即仍然没有发展出对支配秩序的思考时——这意味着只要尚无迫切需要让现状变得'可疑'，那种情形就会一直存在下去。但是在阶级状况已经变得确凿无疑且人人都会坦承那是决定每个人的个人命运因素时，高等特权群体的那种神话，即他们每个人的特殊运气都是应得的神话，就会成为遭到最激烈憎恨的攻击目标之一。"① 如欲理解这段话，须对韦伯之前提及的不平等有所理解，即"人的命运并不平等，人际之间的健康状况、财产状况、社会身份状况等等都不可能没有差异，简单地观察即可表明，只要存在这种差异，处在较有利地位的人就始终需要把他的地位看作某种方式的'正当'地位，把他的优势看作'应得'的优势，而他人的不利地位则是咎由自取"②。简单而言，社会贫富差距悬殊的同时也导致了身份、权力、地位等的差距拉大，如果执政者依旧只顾发展经济、注重效率优先而不兼顾公平的话，就会在社会事务问题上（如医疗、教育、住房等）引发社会矛盾，甚至导致群体性事件的产生。这会严重危及执政者的政治合法性，所以在以社会建设为主的时期，政治合法性基础需要从发展经济转向社会治理。社会治理手段有刚性与柔性两种方式，刚性的社会治理手段如行政强制命令、暴力维稳等，尤其是后者比较容易引起社会成员的不满与反抗，但柔性的社会治理手段如社会协商，就能够在很大程度上得到社会成员的心理认同。社会协商手段的运用不仅有利于化解群体性事件，而且可以提升执政者的政治合法性基础以获取社会成员的支持。

从历史维度视角出发，社会协商是以社会建设为主阶段的产物，是因应社会矛盾冲突、激化乃至化解群体性事件的产物，更是执政者增强政治合法性程度的法宝。于是，对于社会协商基本面貌的描述必须满足如下五点历史维度的判断：

---

① 参见［德］马克思·韦伯《经济与社会》第二卷上册，阎克文译，上海世纪出版集团2010年版，第1092页。

② 同上书，第1091—1092页。

　　第一，以社会建设为主的阶段与以政治建设为主的阶段存在一定的时间间隔，社会协商不具有以政治建设为主阶段的强人主义与干预主义特征。这就说明了社会协商是一种不同于权力运行那样的管理与被管理、命令与服从的方式，它作为柔性治理方式要求排斥强人的管制（当然现阶段不存在所谓的强人），特别要排斥干预主义的运作手法。正因如此，社会协商的运用将会对政治建设起到积极的影响与示范作用，将民主主义和公正主义引入政治建设，可以完善中国民主制度、加强政治体制改革、完善社会治理，而这恰恰是社会协商的意义之所在。

　　第二，社会协商是为了解决以经济建设为主阶段发展到一定程度所引发的社会矛盾而出现的。换句话讲，社会协商不排斥经济向前发展，它是对经济发展所导致的某些不良后果进行纠偏的有益手段。进一步讲，社会协商是对能人主义与自由主义的有益补充，社会协商本身就是自由商谈的产物，协商是其重要内涵之一，协商意味着妥协，能人的出现有助于协商或妥协的实现，当然，没有能人的出现亦不影响协商或妥协的实现。社会协商包含自由、妥协的精髓。更进一步讲，社会协商的目的是最终通过妥协和让步达成共识，以最大限度地减少矛盾和冲突。

　　第三，在以社会建设为主的阶段中，社会事务的处理成为本阶段的历史任务，社会协商恰恰有助于对社会事务的处理。党的十八大报告在其第七部分中对"社会事务"进行了列举与说明，"加强社会建设，必须以保障和改善民生为重点……解决好人民最关心最直接最现实的利益问题，在学有所教、劳有所得、病有所医、老有所养、住有所居上持续取得新进展，努力让人民过上更好生活"。这里所谓的社会事务并不是漫无边际的概念范畴，而是有所限定的。从正面而言，社会事务是与社会成员的利益息息相关的，是执政者欲提升政治合法性程度，化解经济发展所引发的社会矛盾而需要处理的事务。从反面而言，它不是前两个历史阶段所关注的，也不是现今仍关注的政治事务和经济事务。由此可以看出，社会协商的内容之一是对社会事务的妥当解决与处理。不过，值得进一步指出的是，社会协商不仅可以运用于社会事务的妥当解决与处理中，而且当社会事务因未得到妥当解决与处理而引发矛盾冲突（特别是导致群体性事件）时，亦存在适用的空间。也即社会协商的内容不仅在于对社会事务的妥当解决与处理，而且包含对社会事务未妥当解决与处理所导致的矛盾冲突的化解。还有一点需要说明的是，党的十八大报告使用了"经济社会发展重大问题和涉及群众切身利益的实际问题"的表述，这个范围应当比"社会事务"的范围要宽泛，因为毕竟报告针对的是"协商民主"而非"社会协商"。"协商民主"至少还可以表现为与政治建设相关联的政治协商、与经济建设相关联的合同协商，并不局限于与社会建设相关联的社会协商之上。

第四，承接第三点的判断，社会事务的妥当解决与处理以及未妥当解决与处理所导致的矛盾冲突并不是社会成员单方的事情，也不是拟提升政治合法性程度的执政者的单方事情。社会协商的主体是双向的，单方不可能存在协商，协商是双方当事人的谈判和意思表示一致。协商主体的一方是社会成员，从法学的角度可以表述为社会主体，具体表现为社会公民和社会组织等。协商主体的另一方是执政者，从法学的角度可以表述为权力机构，具体表现为党委（机构/机关）、政府（机构/机关）等。政治合法性恰恰就是党委（机构/机关）、政府（机构/机关）等权力机构如何及能否在社会公民和社会组织等社会主体心理认同基础上进行事实层面与价值层面的有效统治与顺利运行其权力。也即社会协商的主体一方是党委（机构/机关）、政府（机构/机关）等权力机构，一方是社会公民和社会组织等社会主体。

第五，承接第四点的判断，当社会协商的主体双方被确定之后，如何协商就成了问题的关键。因为以社会建设为主的阶段呈现出民主主义和公正主义的时代特色，所以社会协商的方式必须符合这个特征。对话和信息公开的形式都符合民主主义和公正主义的要求。由此，顺理成章地或逻辑地就可推导出社会协商的载体包括面对面交流形式和非面对面交流形式（借助大众传媒等公共话语平台的形式）。

综上所述，如若对社会协商下一个定义的话，就不能偏离从历史维度视角出发的上述五点判断。即所谓的"社会协商"是指权力机构与社会主体之间采取对话和信息公开的方式，通过面对面交流和借助大众传媒等公共话语平台这些载体进行协商，参与社会治理，以妥当解决与处理社会事务或化解因未妥当解决与处理社会事务所导致的社会矛盾冲突。此内涵是在下一步构建和谐社会，实现"中国梦"过程中极富价值的内容，与党的十八大报告提出的奋斗目标有着相当的契合性，对此的研究亦非常具有现实意义。

三 解释选择完成后的体系效应

通过历史解释学的方法对社会协商基本面貌作出描述后，即完成了相应的解释选择工作，所得出的解释选择结论将影响整个社会协商（法律）制度的体系效应。不同的解释选择结论自然会产生不同的体系效应，对于本文而言，至少会对社会协商的理论基础、社会协商与其他相关概念之间的逻辑关系这两个问题产生一定的影响。

（一）体系效应之一：社会协商的理论基础

从文献梳理的角度看，既有的关于"社会协商理论基础"的认识较多地沿用了国外关于"协商民主"的分析框架和研究范式，此外还存在诸如治理理论、集体行动理论、博弈理论、政治妥协理论等，它们似乎都以不同的视角对"社会协商理论基础"进行了诠释与反思。也就是说，这些理论都可以在一定程度上对社会协商进行或多或少地解释。但具有较优解释力的理论一定是契合已有"对社会协商基本面貌的描述"（诸如定义、范围）的理论。因为不同的社会协商基本面貌的描述会产生相应的体系效应，进而影响相应理论基础能否最大限度地对社会协商予以诠释与反思。毕竟不同的理论基础存在着一定的适用与解释范围，当待诠释与反思的概念（即"社会协商"）的基本面貌描述被确定之后，不符合其定义、范围等的相关理论基础必然会被过滤掉。

1. 国外所涉社会协商理论基础的简要述评

国外所涉社会协商理论基础主要有五种：协商民主；治理；集体行动；博弈；政治妥协。由于后文还将详述协商民主理论，在此仅述评后四个理论。

治理理论中的"治理"源自英文的"govern"，具有控制（control）的含义，其名词形式的"government"，根据《布莱克法律大辞典》的解释为："1. 确定如何规制一个国家或组织的原理和规则的结构；2. 一个民族或国家的主权权力；3. 通过人民行使政治权威的一个组织。"① 从外文的含

---

① See Bryan A. Garner (Editor in Chief): *Black's Law Dictionary* (West, 2009, 9th Edition), p. 764.

义表述看，治理理论最为核心的要素应可归结为两大类：静态的结构与动态的运行。从静态的结构看，治理所展示的结构往往是通过制度化的规则使其定型化并确定其采取何种形态。从动态的运行看，如果想让治理得到较优的结果，必须具有一套严格和妥当的规则使治理能够顺利进行。所以，规则对于治理理论而言至关重要。治理理论在公司法理论中运用得较为娴熟和广泛，如果抛开法学的视野，所谓的"地方治理"、"公共治理"等亦是采取了治理理论作为其理论基础的。需进一步指出的是，治理理论已经不再是从前的那种单一的、纵向的管理与被管理（支配或被支配、统治与被统治）的关系了，而是具有双向互动的重要特点。"说到底，治理所求的终归是创造条件以保证社会秩序和集体行动……治理的概念是，它所要创造的结构或秩序不能由外部强加，它之发挥作用，是要依靠多种进行统治的以及互相发生影响的行为者的互动。"① 可以说，治理理论至少在两个方面具有参考借鉴价值：首先，社会协商的制度设计似乎也是可以考虑从静态的结构与动态的运行两个大的方面入手的。其次，治理理论所展示的"互动"的合理内核也与社会协商所要求的"互动"具有异曲同工之妙。由此说明治理理论对社会协商的某些方面可以起到参考借鉴作用。

集体行动理论是美国学者曼瑟尔·奥尔森在其名著《集体行动的逻辑》中所确立和阐述的。该书"研究的是传统经济学不予关心的非市场决策问题，传统经济学之所以不研究这类问题，无非是认为，诸如此类的决策和行动是由非市场因素决定的，所以就超出了经济学有关行为的传统假定。但现代经济学的拓展和进步恰恰证明了：非市场问题并不意味着不能用经济学方法来研究"②。曼瑟尔·奥尔森在书中的最大贡献也是他一生所专门研究的一个问题："为什么个人的理性行为往往无法产生集体

---

① ［英］格里·斯托克：《作为理论的治理：五个论点》，华夏风译，《国际社会科学杂志》（中文版）1999 年第 1 期。本篇论文还指出了治理理论的五个论点：1. 治理指出了政府但又不限于政府的一套社会公共机构和行为者。2. 治理明确指出在为社会和经济问题寻求解答的过程中存在着界限和责任方面的模糊之点。3. 治理明确肯定涉及集体行为的各个社会公共机构之间存在着权力依赖。4. 治理指行为者网络的自主自治。5. 治理认定，办好事情的能力并不在于政府的权力，不在于政府下命令或运用其权威。政府可以动用新的工具和技术来控制和指引；而政府的能力和责任均在于此。具体内容请参见［英］格里·斯托克《作为理论的治理：五个论点》，华夏风译，《国际社会科学杂志》（中文版）1999 年第 1 期。

② ［美］曼瑟尔·奥尔森：《集体行动的逻辑》，陈郁、郭宇峰、李崇新译，生活·读书·新知三联书店、上海人民出版社 1995 年版，译者的话第 1 页。

（或社会）的理性结果?"社会科学的研究者往往会作出如下预设:"一个群体或集体,如果具有共同的利益,那么就会为实现此利益而采取集体行动以实现这个共同利益。"就像"亚里士多德所说的那样,'人们为了获得特别的好处,通过为生活的目的提供某些特别的东西而聚到一处'……社会心理学家莱昂·费斯廷格指出'集体成员身份的吸引力并不仅仅在于一种归属感,而在于能够通过这一成员身份获得一些什么东西'……已故的政治学家哈罗德·拉斯基理所当然地认为'社团的存在是为了的达到集团成员共有的目的'"①。可是,曼瑟尔·奥尔森通过一生研究却发现,这个预设不能很好地预测、解释和分析集体行动的结果,很多应实现共同利益的集体行动并没有发生,恰恰相反,个人的自利或者说理性行为往往导致对集体不利甚至非常有害的后果。曼瑟尔·奥尔森的研究结果极其类似于中国古代"一个和尚挑水喝,两个和尚抬水喝,三个和尚没水喝"的寓言故事。可以说,集体行动理论至少在两个方面具有参考借鉴价值:首先,如果研究本应爆发一场群体性事件缘何没有发生或发生的不成功,即引发社会协商(制度)适用前提之一,那么曼瑟尔·奥尔森的这一理论颇具实用性。其次,如果研究社会协商一方主体是多数人时缘何没有实现与另一方主体的协商,即社会协商(制度)的有效性判断,那么曼瑟尔·奥尔森的这一理论亦颇具实用性。由此说明集体行动理论仅仅是对社会协商的某些方面起到参考借鉴作用。

合作博弈理论是美国的冯·诺伊曼和奥斯卡·摩根斯顿两位大师在他们的著作《博弈论与经济行为》中首次提出的,同时该书的出版亦标志着博弈论的创立。不过,博弈论中的"博弈"根据是否可以达成具有约束力的协议分为"合作博弈"和"非合作博弈",后者是纳什在1950年和1951年完成的两篇论文中确立的。针对合作博弈而言,它要求博弈者之间能够达成有约束力的协议,并且都会遵守该协议,也即采取了一种合作或者妥协的方式。无论是合作,还是妥协,都需要经过博弈各方的讨价还价、沟通交流、达成共识。合作博弈就是通过这种合作或妥协来增进博弈各方的利益乃至整个社会利益的。于是,就可以很容易地看出,"合作博弈"强调团体理性。与之相对应的非合作博弈则是在博弈各方达不成

---

① 参见［美］曼瑟尔·奥尔森《集体行动的逻辑》,陈郁、郭宇峰、李崇新译,生活·读书·新知三联书店、上海人民出版社1995年版,第5—6页。

有约束力的协议时，如何最终通过游戏规则来实现个人利益的最大化，即"非合作博弈"强调个人理性。从博弈论的相关书籍最喜欢谈及的"囚徒困境"出发，就会发现，如果博弈者（当事人）只选择对自己最有利的策略，而不考虑社会利益或博弈对方的利益，利己行为所带来的结果往往是损人不利己的。归纳而言，合作博弈是研究博弈者相互之间达成具有拘束力的合作时如何分配合作所得到的收益，此属于"收益分配"问题。而非合作博弈是研究博弈者在利益相互影响（无法达成合作，甚至可能相互拆台）的格局中如何作为，才能使自己的收益最大，此属于"策略选择"问题。可以说，博弈理论至少在两个方面具有参考借鉴价值：首先，"合作博弈"对已经达成社会协商共识的主体如何进行"收益分配"颇具实用性。其次，"非合作博弈"对社会协商缘何没有达成共识或虽得出最后的却是较劣的结论时如何进行协调颇具实用性。由此说明博弈理论对社会协商的某些方面可以起到参考借鉴作用。

政治妥协理论是针对政治利益冲突的双方通过相互的利益让步，来达成共同的认识或解决政治冲突的。英国著名历史学家和政治思想家阿克顿就说过："妥协是政治的灵魂。"① 这句貌似与政治妥协理论同义反复的话就强调了妥协在应对政治利益冲突时的巨大功能与作用。将政治妥协四个字做一个拆分："政治"表明该理论的适用前提与适用领域，"妥协"表明该理论的具体手段与具体方法。政治妥协在现代社会里运用得较为普遍和频繁，已被很多执政者所重视和实践。因此，关于政治妥协的经典表述有很多，它们彰显了人类的政治智慧，包括但不限于："在政治学中，我们都寻求在不相容的要求之间达成妥协，我们更多的是寻求妥协而不是寻求协调一致……所有的妥协的共同之处是，它们都涉及调和对立的理想和利益。"② "当个人的利益是相互冲突的时候，意见一致便只能通过某种形式的交换或交易来达成。"③ 阿克顿在其著作《自由与权力》中亦谈及："哪里没有原则的冲突，哪里就没有利益和人的冲突，哪里的政党就会堕入偏见，妥协的理论折射出政党政治的精义。"归结起来就是，政治妥协

---

① ［英］阿克顿：《自由史论》，胡传胜等译，译林出版社2001年版，第181页。

② ［英］约翰·格雷：《自由主义的两张面孔》，顾爱彬、李瑞华译，凤凰出版传媒集团、江苏人民出版社2008年版，第138页。

③ ［美］詹姆斯·M. 布坎南、戈登·塔洛克：《同意的计算——立宪民主的逻辑基础》，陈光金译，中国社会科学出版社2000年版，第41页。

是一种在政治利益多元化的基础上，通过沟通、协调、谈判、对话、交流等实现求同存异的手段与工具。这一手段和工具的使用，往往会和"民主政治"、"民主主义"等关键词联系在一起，因为妥协与民主往往是一对不可分离的范畴。著名的纯粹法学派代表人物凯尔森就曾言："多数和少数之间的自由讨论之所以对民主是必不可少的，就因为这是创造有利于多数和少数之间妥协气氛的一个途径；而妥协则是民主本性的组成部分。"① 可以说，政治妥协理论至少在两个方面具有参考借鉴价值：首先，针对协商的方式，要求在相互竞争的众多利益之间相互作出妥协，这种妥协往往会以牺牲部分利益为代价。其次，针对协商的价值，"政治妥协"与"民主"相勾连，凡是"民主"所具有的非暴力、维护自由平等、限制公权等优点都可充分予以吸收和接纳。不过，由于政治妥协理论主要被应用于政治领域，处理政治事务，用以解决政治利益冲突和政治矛盾纠纷，这与社会协商适用于社会领域、解决社会事务有所不同。由此说明政治妥协理论仅仅是对社会协商的某些方面可以起到参考借鉴作用，更为关键的是适用前提不同（并不针对社会事务），致使其不能被社会协商所完全吸纳和采用。

综上所述，治理、集体行动、博弈、政治妥协四个理论都是从不同的侧面出发的，对社会协商理论基础的夯实与奠定起到了重要的作用。

2. 社会协商的较优理论基础："政治国家与市民社会"理论

如果上述理解准确的话，较优的解释理论基础一定会契合本文前述通过历史解释学的角度对社会协商基本面貌所做的描述。虽然"政治国家与市民社会"理论也是从某个侧面对社会协商起到理论基础的夯实与奠定作用的，但目前它应是社会协商的较优理论基础。因为政治国家（政社不分）阶段——市民社会（政社分离）阶段——政治国家与市民社会（政社互动）阶段恰恰与上文三个阶段（以政治建设为主的阶段——以经济建设为主的阶段——以社会建设为主的阶段）相吻合。

在政治国家（政社不分）阶段，国家权力深入每一个领域，呈现出一种"国家"与"个人"的依存和对立结构。个人要对国家负责，接受国家的全面管理与支配。"市民社会"的出现，打破了"国家"与"个

---

① ［奥］凯尔森：《法与国家的一般理论》，沈宗灵译，中国大百科全书出版社 1996 年版，第 319 页。

人"之间的依存和对立结构，被认为是一个脱离国家、脱离政治的领域。"在市民社会中，每个人都以自身为目的，其他一切在他看来都是虚无"①，"利己的目的，就在它的受普遍性制约的实现中建立起在一切方面相互依赖的制度"②。于是，"市民社会"的出现，还成了国家权力和个人自由的缓冲地带。在市民社会（政社分离）阶段，个人的自由性以及自利性都得到了极大的张扬。根据黑格尔的设想，"市民社会的发展有三个环节：第一为'需要的体系'，在这个范围内，有劳动及分工的方式，与此相联系就形成了各个等级。第二为司法，在市民社会中，财产关系和契约关系都由法律规定和维系，市民的财产和人格都得到法律的承认，并具有法律的效力……第三为警察和同业公会，这是一种预防社会危险和保护生命财产的措施"③。也即通过个人的创造性劳动，追寻个人利益的实现，并由法律和国家保障这种社会秩序与劳动成果。

应当说，"市民社会"的出现并没有否定"政治国家"的作用，而且"市民社会"亦不是尽善尽美的，二者都具有一定的弊端与局限性。"政治国家"的弊端和局限性在于打击私人自治和破坏创造能力。国家权力呈现刚性的过度使用，使国家淹没社会，形成国家与社会高度一体化（即政社不分）的总体结构面貌。个人在国家的严格管理和控制之下，丧失其个性，无法发挥其自主性与能动性，其创造能力被压抑与束缚。"市民社会"的弊端和局限性在于锻造过度的个人主义，唯个人利益至上，缺乏社会责任，还会产生严重的两极分化现象，强者在市场竞争中胜出，弱者在市场竞争中被淘汰。正是由于政治国家与市民社会各有弊端与局限性，因此，结合二者的长处，消解二者的短处，促进二者良性互动就成了现今社会的首选，以呈现出"政社互动"的融合结构。

哈贝马斯就看到了"政治国家"和"市民社会"各自的弊端和局限性，他要把二者结合，使其互动，他所设想的"商谈论"，就非常"尊重'国家'和'社会'之间的边界，还把市民社会——作为自主公共领域的社会基础——同经济行动系统和公共行政两者都区分开来"④。社会协商

---

① ［德］黑格尔：《法哲学原理》，范扬、张企泰译，商务印书馆 1961 年版，第 197 页。

② 同上书，第 198 页。

③ 同上书，第 17—18 页。

④ 参见［德］哈贝马斯《在事实与规范之间——关于法律和民主法治国的商谈理论》（修订译本），童世骏译，生活·读书·新知三联书店 2011 年版，第 371 页。

就与哈贝马斯所说的"商谈"有异曲同工之妙，在政治国家与市民社会共存阶段中，社会协商可以有效地促进与实现政社互动。

政社互动有一个最大的特点，在于利益的多元化，不再是政治国家下的唯国家利益至上，亦不再是市民社会下的唯个人利益至上，而是各种利益的集合，包括但不限于国家利益、个人利益，社会公共利益、集体利益等都是囊括在内的。利益的多元化就可能导致利益的冲突、对立与碰撞，甚至由此引发矛盾冲突，较优的选择应是多方式、多渠道地疏通和表达各方的利益诉求，包括前述面对面交流形式和非面对面交流形式（借助大众传媒等公共话语平台的形式）。不过，从实践来看，涉及与社会主体切身利益息息相关的社会事务时，如环境污染等，代表政治国家一方的权力主体与代表公民社会一方的社会主体可能会由于前者的强力而导致后者的不满，于是引发了社会主体对环境污染影响自身及子孙后代的担忧。苦无诉求渠道的社会主体选择了游行、示威、"散步"等方式，这些方式只是为了引起权力机构的重视，与其对话沟通，呼吁权力机构让步以保护环境。如果权力机构作出了妥协，就意味着社会协商已经发挥了妥当解决与处理社会事务的功效。如果权力机构没有作出妥协，而社会主体亦不让步的话，很可能会使温和的抗议行为升级，最后可能导致权力机构采取强力维稳方式来平息此事，正所谓"政府机构为了追求自己的目标，经常会使用暴力"[1]。这个时候，政社互动就扭曲成了政治国家的单线行动，造成政治国家与市民社会二元对立而非良性互动的局面。

美国学者查尔斯·蒂利曾言"对于关系论者来说，集体暴力等于是一种对话，但却是残酷的或片面的对话"[2]，彰显出了柔性沟通交流的必要性。当权力机构一味使用刚性的社会治理手段，就会压抑社会主体的诉求。此外，权力机构往往还会选择站在欲诉求的社会主体的相对方面，"政府通常站在既有不平等的受益者那边，原因有三：一是因为统治者与统治阶级也在受益者之列，二是因为受益者拥有高级手段来组织和影响政府，三是因为统治的资源（诸如税收、士兵、武器、船只、食物和信息）从不平等系统流向政府……集体暴力更经常地起因于政府使用暴力手段来

---

① ［美］查尔斯·蒂利：《集体暴力的政治》，谢岳译，上海世纪出版集团 2011 年版，第 21 页。

② 同上书，第 7 页。

保护不平等的受益者，使得它们避免来自不平等的受害者发起的挑战"①。于是，这些因素相互作用就成了引发群体性事件的缘由。然后，权力机构再采取刚性手段平息群体性事件，势必将政治国家的触角深入市民社会的角落中，挤压市民社会的空间。相比之下，作为柔性社会治理手段之一的"社会协商"，会在妥当解决与处理社会事务或化解因未妥当解决与处理社会事务所导致的社会矛盾冲突两个方面，实现政社互动，不仅会增加权力机构的政治合法性程度，还会让社会主体基本满意。

（二）体系效应之二：社会协商与其他相关概念之间的逻辑关系

当对社会协商的定义、范围作出较为狭窄的界定后，它与相关概念之间的关系就可能处于上下位或平行对等的地位；当对社会协商的定义、范围作出较为宽泛的界定后，它与相关概念之间的关系就可能存在交叉或包容。这就是对社会协商基本面貌所作的不同描述结论产生的体系效应。当对社会协商基本面貌的描述确定之后，也就决定了社会协商与相关概念之间的逻辑关系。

十八大报告使用了"民主"、"协商民主"、"政治协商"等概念，应该说，"民主"、"协商民主"与"政治协商"是三个层面的不同概念。为更好地理解"社会协商"，有必要结合十八大报告中的"民主"、"协商民主"、"政治协商"，再加上"选举民主"、"合同协商"，来厘清这六个概念之间的逻辑关联（包括上下位概念层次及各自所属的范围大小）。

"1863 年 11 月 19 日，林肯在葛底斯堡国家烈士公墓落成典礼上的演说中提到'我们……要使这个民有、民治、民享的政府永世长存'"②，借用林肯总统的六字"民有、民治、民享"来诠释"民主"可谓最为经典和传神。查看六字的原文"of the people"、"by the people"、"for the people"可以做进一步分析与理解。"of"一词表示"归属"，意为政府归属于人民，而不是相反。"by"一词表示"执行者"，意为政府行权时是由人民来行使的，反映人民的意志。"for"一词表示"目的"，意为政府是以人民的目的而存在和行使权力的。归纳起来，实际上，这三个介词包含

---

① ［美］查尔斯·蒂利：《集体暴力的政治》，谢岳译，上海世纪出版集团 2011 年版，第12 页。

② 参见［美］亚伯拉罕·林肯《林肯选集》，朱曾汶译，商务印书馆 1983 年版，第239—240 页。

了要从人民的利益出发而共同参与的内涵。"选举民主"和"协商民主"都符合这个内涵的要求。也即"民主"的下位概念至少有两个：一为"选举民主"；另一为"协商民主"。

在选举民主中，"选举为手段，民主为目的"。"竞争性民主制的合法性产生于自由、平等和无记名选举中的多数人选票"①，选举民主在西方国家表现得较为突出。中国也存在着选举民主，并根据行政区划的级别采取直接选举和间接选举相结合的方式：在乡镇一级和县一级是直接选举，其他的上级行政区划是间接选举（即不是全员投票选举，而是通过所推选出的代表进行投票选举）。直接选举相比间接选举而言，前者和人民群众的联系更为紧密，更加反映人民的意志，具有更高的政治合法性。但也具有一定的弊端，诸如法国政治思想家托克维尔所提出的"多数的暴政"② 就是人所皆知的缺点，并且选举民主还可以被有着不良企图的主体操纵和利用，违背民主的初衷。"很多历史事件表明，在很多情况下，自由民主政治既不能防止不好的人当选，也不见得能够选出最好的人。"③ 针对选举民主的弊端，需要协商民主，尤其是协商民主的重要表现形式之一的社会协商进行一定程度地克服④。仅仅像西方那样大范围地使用选举民主来彰显民主反而是不民主的，这背后隐藏着无数的陷阱与罪恶。

相比西方国家所关注的"选举民主"来讲，我们国家对"协商民主"尤其是其表现形式之一的"政治协商"的运用更为普遍和娴熟（这并不排斥中国也存在"选举民主"的事实）。"deliberative democracy"，在中国大陆地区被译为"协商民主"，而中国台湾地区则译为"审议民主"。不管译法如何，该词都包含"参与"、"关心的话题"、"多数"、"审慎"、"妥协"等意味。正所谓"不同的研究者对协商民主所下的定义，彼此之间有着极大的不同……在所有的定义中，那些被视为协商民主的现象都具有一个突出的核心含义……所有人都同意该观念涉及集体决策，而所有与

① ［德］哈贝马斯：《在事实与规范之间——关于法律和民主法治国的商谈理论》（修订译本），童世骏译，生活·读书·新知三联书店 2011 年版，第 362 页。

② "多数的暴政"亦可意译为民众所熟知的"多数人对少数人的暴政"。［法］托克维尔：《论美国的民主》（上卷），董果良译，商务印书馆 1988 年版，第 287 页。

③ 郑永年：《中国模式——经验与困局》，浙江出版联合集团、浙江人民出版社 2010 年版，第 231 页。

④ 这也恰好为未来进行社会协商法律制度构建提供了一个出路，法律制度在解决民主的弊端上，可以有所作为。

这一决策相关的人或其代表都参与了该集体决策：这是其民主的部分。同样，所有人还同意该观念涉及经由争论进行的决策，这些争论既来自参与者，也面向参与者，而这些参与者具备了理性和公正这样的品德：这是其协商的部分"①。同选举民主中"选举为手段，民主为目的"一样，在协商民主中则是"协商为手段，民主为目的"。以这十个字为逻辑起点和判断标准，协商民主在中国至少存在三种形式，政治建设领域表现为政治协商，经济建设领域表现为合同协商（目前并不存在"经济协商"的说法），社会建设领域表现为社会协商。此处之所以将政治协商、合同协商、社会协商相并列，就是因为这是限定了社会协商基本面貌的体系效应的逻辑展开。从历史维度进行解读，自1949年新中国成立至今，基本上经历了以政治建设为主——以经济建设为主——以社会建设为主三个阶段。政治协商是政治建设的重要成果之一，经济协商是经济建设的重要成果之一，相应地，社会协商将是社会建设的重要成果之一。历史逻辑将政治协商、合同协商、社会协商相并列，同时这三个概念都具有"协商民主"所包含的"参与"、"关心的话题"、"多数"、"审慎"、"妥协"等意味，也就说明"协商民主"具有政治协商、合同协商、社会协商等表现形式至少在历史逻辑中还是站得住脚的。

"2012年12月24日全天和25日上午，中共中央总书记习近平和中共中央政治局常委俞正声一起，分别走访了中国国民党革命委员会、中国民主同盟、中国民主建国会、中国民主促进会、中国农工民主党、中国致公党、九三学社、台湾民主自治同盟中央和中华全国工商业联合会，共商巩固和发展爱国统一战线、坚持和完善中国共产党领导的多党合作和政治协商制度的大计。"② 其实，中国共产党早就有着和民主党派多党合作并进行政治协商的优良传统，这种权力机构与权力机构之间的政治协商在中国的政治建设过程中功不可没。

在以经济建设为主的阶段中，促进经济发展成为首要的历史任务。作为经济建设成果之一的合同协商制度在能人主义与自由主义背景下符合合同法的立法宗旨与基本原则：首先，能人主义决定了在能人充分发挥领导

---

① 参见［美］约·埃尔斯特主编《协商民主：挑战与反思》，周艳辉译，中央编译出版社2009年版，第9—10页。

② 具体内容请参见《习近平走访各民主党派中央和全国工商联》，CCTV，2012年12月25日。

能力时，他将会尽一切努力积极促成合同的缔结，这恰好符合合同法鼓励交易的立法宗旨；其次，自由主义决定了合同当事人之间通过平等磋商，自愿达成合意并履行之。社会主体与社会主体之间通过合同协商，从最初的拟订合同的意愿到合同的成立、生效与履行，实现合同正义并促使经济在"看不见的手"①的作用下，以促进个体的利益来带动和促进社会利益，最终使经济发展起来。

在以经济建设为中心的时代背景下，能人主义排斥否认民主，自由主义带来了贫富悬殊的后果。然而，在现今以社会建设为主的阶段中，作为社会建设之一的社会协商制度在民主主义和公正主义背景下，恰好弥补了前一阶段中能人主义与自由主义的弊端，由此，呼唤追求民主（民主主义）和缩小贫富差距（公平正义）成了现代社会的主旋律。针对社会事务，由权力机构与社会主体之间进行共同商讨，并达成广泛的社会共识，可以充分发挥社会协商的效能。因此，在以社会建设为主的现阶段中，为解决与社会主体切身利益相关的问题，需要在民主主义和公正主义的时代精神下，充分发挥社会协商的最大功效。

政治协商是在权力机构和权力机构之间进行协商，合同协商是在社会主体与社会主体之间进行协商，不同于前两类协商，社会协商则是权力机构与社会主体之间进行协商。社会协商的要义在于，通过权力机构与社会主体进行平等、直接、公开的对话，就与社会主体利益尤其是公众利益密切关联的社会问题进行信息沟通、意见交换、平等协商，以正确处理和协调各种不同的社会利益和矛盾②。2013 年 1 月 1 日，史上最严交规正式开

---

① 亚当·斯密的自由主义设想及对"看不见的手"运作机理为"他通常既不打算促进公共的利益，也不知道他自己是在什么程度上促进那种利益……他所盘算的也只是他自己的利益……他受着一只看不见的手的指导，去尽力达到一个并非他本意想要达到的目的……他追求自己的利益，往往使他能比在真正出于本意的情况下更有效地促进社会利益"。具体内容请参见〔英〕亚当·斯密《国民财富的性质和原因的研究》（下卷），郭大力、王亚南译，商务印书馆 1974 年版，第 27 页。

② 2013 年 1 月 7 日上午，中国社会科学院社会学研究所发布《社会心态蓝皮书》，指出"群体间的不信任加深和固化，表现为官民、警民、医患、民商等社会关系的不信任，也表现在不同阶层、群体之间的不信任。社会不信任导致社会冲突增加，又进一步强化了社会的不信任，陷入恶性循环的困境中……社会群体更加分化，群体行动、群体冲突增加。阶层分化和底层认同使得民意极端化，常常表现出一边倒的声音和行为。极端化格局下，群体进一步分化。常常出现由事件引发的、短暂、松散、无组织、无目标的利益群体。越来越多相同利益、身份、价值观念的人们采取群体形式表达诉求、争取权益，群体间的摩擦和冲突增加。"具体内容请参见常红《社会心态蓝皮书：社会总体信任度下降　社会冲突增加》，人民网，2013 年 1 月 7 日。

始实施，公安部在 1 月 2 日强调法制统一，要求各地严格执行；然而 1 月 4 日却提出，只要见黄灯停下来就不处罚；接下来的 1 月 6 日又说对"闯黄灯"行为以教育为主并且暂不处罚。对此，有的民众表示政策不断地朝令夕改，对其管理水平难以认同；有的则表示，权力部门也在倾听民众意见，是进步的表现。对闯黄灯政策褒贬不一的评价实际上反映了权力机构在推出事关社会主体切身利益的政策法令之前，没有经过公众参与、讨论、论辩、质疑，更没有听取公众的意见，权力机构单方作出决定后就开始推行。如果事先经过权力机构与社会主体之间充分的社会协商，或许就可以避免民众的不满，就可以避免朝令夕改事件的发生，更不会损害权力机构的权威性及公信力。

综上所述，从历史维度出发，六个相关概念之间的逻辑关联可参见图 1。其中，"民主"为最上位的概念，是最终的实现目的。其下位概念有两种形式：一为"选举民主"；一为"协商民主"。正因为"选举民主"存在不足，所以我们不能走西方"选举民主"的道路，需要"协商民主"来补正和补充。接下来，"协商民主"至少有三种实现方式，一为"政治协商"；二为"合同协商"；三为"社会协商"。可以说，"社会协商"是对十八大报告"协商民主"的丰富与发展。

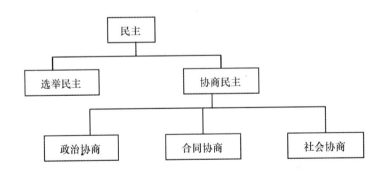

图 1　各相关概念之间的逻辑层级结构

四　社会协商制度建构的设想

在以政治建设为主的阶段中，政治协商得以法律化和制度化（如 1949 年 9 月 27 日通过的《中国人民政治协商会议组织法》）。在以经济建设为主的阶段中，合同协商得以法律化和制度化（如 1981 年 12 月 13 日通过的《经济合同法》、1985 年 3 月 21 日通过的《涉外经济合同法》、1987 年 6 月 23 日通过的《技术合同法》三部合同法和 1999 年 3 月 15 日通过的《合同法》）。在以社会建设为主的阶段中，亦需要呼唤社会协商的法律化和制度化。目前，社会协商尚未实现法律化与制度化（法律化应是制度化的主要表现形式之一）。哈贝马斯就曾希望其设想的商谈可以法律化与制度化，"商谈原则要能够通过法律媒介而获得民主原则的形式，只有当商谈原则和法律媒介彼此交叠，并形成为一个使私人自主和公共自主建立起互为前提关系的权利体系"①。如欲对社会协商进行制度建构，应满足如下基本判断：在以社会建设为主的时代主题下，以政治国家与市民社会（政社互动）为较优理论基础，权力机构与社会主体之间对与社会主体利益息息相关的社会事务进行沟通、磋商、交流，柔性化解群体性事件与危机。

（一）立法论的路径选择

从立法论的角度出发，第一个需要明确的就是"社会协商"立法建构的路径选择，因为这个问题涉及是否要制定"社会协商法"。

具体而言，至少有两种路径可供选择：制定一部"社会协商法"；无需"社会协商法"，只要整合、完善现行法律制度，同时弥补现行法律制度所缺少的内容即可。客观而言，相比第二种路径，第一种路径选择方式的难度很大，需要对法律概念、主体、客体及其关系等进行完全、彻底地探寻与深思。应当说，这两种路径选择，其价值判断结论是一致的，区别仅仅是将同样的价值判断结论妥当地容纳进一部法律制度中还是分散在立法中而已，这是典型的"立法技术"问题。其难度并不是取舍路径选择的最优标准，更不是选择第二种路径的"懒人"借口。实际上，立法技术没有对错之分，只有优劣之别。较优的立法技术，应当具有较高的适应性，而这种适应性的判断需要结合中国立法传统、司法传统、法学教育背景才能作出更好地区分与甄别。

就第一种路径选择而言，它与中国的法学教育背景具有较高的适应

---

① ［德］哈贝马斯：《在事实与规范之间——关于法律和民主法治国的商谈理论》（修订译本），童世骏译，三联书店 2011 年版，第 156 页。

性。目前的硕士、博士学位论文都出现了较高频率的"制度性研究"现象。这种制度性研究的主要表现形式之一就是"对策研究",针对现有实践所产生的问题,要么提出制定某某法,要么提出修改、完善某某法。因此制定一部"社会协商法"与中国的法学教育背景具有较高的适应性。

就第二种路径选择而言,它与中国的立法传统和司法传统具有较高的适应性。2011 年,中国已经形成了中国特色社会主义法律体系[①],"社会协商法"在这个最高立法机关所宣布的法律体系中很难找到单独的定位,它既不能单独被宪法相关法所吸收,也不能单独被行政法所吸收,还不能单独被民商法所吸收,亦不能单独被社会法所吸收,等等。中国现有与社会协商相关的法律制度一般散见于各类法律部门条文之中。此外,中国一贯的司法传统是遵循法律的规定进行司法裁判,这有一个隐含的前提,即相应的法律规范必须是裁判规范,如果仅仅是诸如倡导性规范之类的行为规范,那么该规范将很难得到司法适用。社会协商的功能有两个:一为妥当解决与处理社会事务;二为化解因未妥当解决与处理社会事务所导致的社会矛盾冲突。围绕着社会协商的第一个功能"妥当解决与处理社会事务"所设计的法律规范不可能是裁判规范,只能是调整权力机构与社会主体行为的行为规范。围绕着社会协商的第二个功能"化解因未妥当解决与处理社会事务所导致的社会矛盾冲突"在很多情况下亦无法作为裁判规范,诸如因环境污染引发的群体性事件通过社会协商的手段得到充分解决,则不会诉诸法院,那么这时根本没有任何裁判规范存在的可能性。因此,不需制定一部"社会协商法",只要整合、完善现行法律制度,同时弥补现行法律制度所缺少的内容,这种做法与中国的立法传统和司法传统具有较高的适应性。

如此看来,这两种路径选择都可以得到相应理由的支持。不过,无法忽视的是,虽然第一种路径选择与中国的法学教育背景具有较高的适应性,但中国的法学教育背景同时亦可证成或支撑第二种路径选择。因为接受法学教育的学生群体在校期间所接受的教育以及撰写的毕业论文很多都属于"对策研究",这种对策研究最后给出的解决方案,都是要么提出制

① 2011 年 3 月 10 日,全国人大常委会原委员长吴邦国宣布,一个立足于中国国情和实际、适应改革开放和社会主义现代化建设需要、集中体现党和人民意志的,以宪法为统帅,以宪法相关法、民法商法等多个法律部门的法律为主干,由法律、行政法规、地方性法规等多个层次的法律规范构成的中国特色社会主义法律体系已经形成。具体请参见周兆军《吴邦国:中国特色社会主义法律体系已经形成》,中国新闻网,2011 年 3 月 10 日。

定某某法，要么提出修改完善某某法。提出制定一部"社会协商法"只是其中一个解决方案，然而，提出修改、完善现行法律制度也是其中的一个解决方案。需要指出的是，对策研究具有一定的弊端，它往往会针对不合理的现象头疼医头、脚痛医脚地提出解决方案（甚至移植外国的作法）。未来的法学教育应转变"对策研究"的因循，可以寻求因果关系，如此进行的制度设计将会更有针对性和可行性。

综上所述，中国以往的立法传统和司法传统以及未来法学教育的转向，都在最大程度上支持了第二种路径选择，因此，本文对"社会协商"的立法建构将采取如下作法：整合、完善现行法律制度，同时弥补现行法律制度所缺少的内容。

（二）立法论的指导原则

在对"社会协商"立法建构的路径作出选择后，就要开始着手进行立法设计了。这种设计有宏观和微观之别，前者是指"社会协商"立法建构的指导原则，后者则是指"社会协商"立法建构的具体规则。从立法论的角度出发，第二个需要明确的就是"社会协商"立法建构的指导原则，这是从宏观上进行所谓的制度设计。

"社会协商"立法建构的指导原则应能够表达社会协商法律制度的基本价值取向，作为一种抽象概括的准则能够贯穿于整个法律制度的始终。没有指导原则，相关的法律制度就会失去灵魂与统帅。至于"社会协商"立法建构的指导原则具体包括哪些内容，应当属于学术概括，不同的研究者可以从自身的学科背景、视野角度、价值取向等出发提炼出不同的指导原则内容。由于是学术上的提炼，当然可以仁者见仁、智者见智。鉴于"社会协商"的落脚点和上位概念都是"协商"，"协商"的本质为妥协、退让，这是自由的一种表现。因此，最为核心的指导原则应是"自由协商"。以"自由协商"为基点，可以依据"保障自由协商→自由协商本身←限制自由协商"的逻辑线条展开。其中，"保障自由协商"的指导原则有"平等协商"、"公平协商"；"限制自由协商"的指导原则有"诚信协商"。

首先，"平等协商"是要强调社会协商双方主体之间法律地位的平等。"平等是一种原则，一种信条。"[①]虽然权力机构具有和行使着国家权

[①]　[法]皮埃尔·勒鲁：《论平等》，王允道译，商务印书馆1988年版，第20页。

力，而社会主体则处于公权力的管理之下，但是针对社会协商而言，这两方主体之间不存在管理与被管理的关系，二者具有独立平等的人格、互不隶属，都能独立、平等地表达自身的意思。实际上，这就意味着"平等协商"是"自由协商"的基本前提，如果社会协商双方主体之间不能平等协商，那么将无法进行自由协商。

其次，"公平协商"不仅强调权力机构不能以其自身的权力优势来压迫、逼迫、强迫社会主体接受不公平的协商结果，还强调社会主体不能通过闹事、静坐等方式来压迫、逼迫、强迫权力机构接受不公平的协商结果。也就是说，作为妥协的协商结果，这种妥协必须建立在自愿自由的基础上，不能是在非自愿非自由基础上达成的不公平利益安排。如果自愿自由达成不公平的状态与结果，即使其中一方主体作出较大的让步与牺牲，仍应承认这种自愿自由达成的不公平利益安排的效力。所以"公平协商"是对"自由协商"的有益补充，在社会协商双方非自愿非自由基础上达成不公平利益安排后起到纠偏的作用。

再次，"自由协商"是要强调社会协商双方主体之间能够自由地表达自身意志，以达成一定的协商目的或协商结果。"唯一名副其实的自由，乃是按照我们自己的道路去追求我们自己的好处的自由……约翰·密尔强调个人自由，强调个性发展，并且认为完全的个人自由和充分的个性发展不仅是个人幸福所系，而且是社会进步的主要因素之一。"① 自由协商是社会协商双方主体中社会主体表达利益诉求、权力机构理解甚至认同社会主体表达利益诉求的最为核心的手段和方式。在自由协商的基础上，权力机构与社会主体之间可以充分地进行社会协商。

最后，"诚信协商"强调社会协商的主体双方之间应当诚实守信，要将最低限度的道德要求上升和注入法律之内。从本质上讲，"诚信协商"是对"自由协商"进行的必要限制，因为自由协商不能是完全、彻底、漫无边际的协商，不能是不受限制的一种协商。任何一方违反诚信原则，将导致权力（权利）的滥用。

归纳来讲，"社会协商"立法建构应至少具有四个指导原则："平等协商"；"公平协商"；"自由协商"；"诚信协商"。这四个指导原则相互之间具有一定的逻辑关联："平等协商"构成了"自由协商"的基本前

---

① ［英］约翰·密尔：《论自由》，许宝骙译，商务印书馆1959年版，第14页。

提,"公平协商"是对"自由协商"的有益补充,"诚信协商"是对"自由协商"的必要限制,"自由协商"则处于各原则的核心地位(见下图所示)。

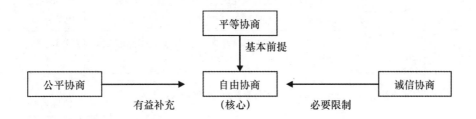

(三) 立法论的初步建构

在四个指导原则的宏观基础上,从立法论的角度出发,第三个需要明确的就是"社会协商"立法的具体建构,这是从微观上进行所谓的制度设计。这种设计的要求是整合、完善现行法律制度,同时弥补现行法律制度所缺少的内容。

1. 实证分析得出的设计启示之一:社会协商手段的适用顺序

如果在"北大法宝——中国法律检索系统"中直接检索"全文"(而非"标题")包含"社会协商"字样的,就可以得到如下14个检索结果(参见表2)。

从形式上看,与"社会协商"相关的14个政策性文件至少可以时间和空间两个维度展开思考。

(1) 现有"社会协商"制度的时间维度思考

其一,1988年(9次/14次)及1989年(1次/14次):实践层面。

其二,2003年(1次/14次)、2007年(1次/14次)、2008年(1次/14次):实践层面。

其三,2012年(1次/14次):理论层面。

根据所罗列出的"社会协商"在14个法律及政策文件中的颁布时间,可以发现,大多数(10个)集中在20世纪80年代末期,还有少数(4个)出现在21世纪。于是,相关问题就产生了,即从1989—2003年这十余年间出现"社会协商"空档的原因到底是什么?

表 2 　　　　"全文"包含"社会协商"字样的政策性文件列举

序号	渊源类型	名称	发布日期/实施日期
1	行政法规	国务院关于福建省深化改革、扩大开放、加快外向型经济发展请示的批复	1988.4.11 1988.4.11
2		国务院关于广东省深化改革 扩大开放 加快经济发展请示的批复	1988.2.10 1988.2.10
3	地方性法规	云南省文山壮族苗族自治州自治条例	1988.1.21 1988.4.1
4	地方政府规章	北京市人民政府工作规则（试行）［失效］	1988.3.8 1988.3.8
5	地方规范性文件	上海市浦东新区人民政府关于印发《2008 年区政府工作要点》的通知	2008.1.17 2008.1.17
6		上海市浦东新区人民政府关于印发 2007 年区政府工作要点的通知	2007.2.27 2007.2.27
7		广州市人民政府办公厅转发广州市人民代表大会常务委员会关于广州市人民政府办理关于改善广州市饮用水水质问题的议案实施方案的决议的通知	2003.2.21 2003.2.21
8		山东省政府关于印发山东省人民政府工作规则的通知［已被修订］	1989.7.31 1989.7.31
9		天津市人民政府办公厅印发《天津市人民政府办公厅关于办理人大代表意见和政协委员提案工作的暂行规定》的通知	1988.8.8 1988.8.8
10		贵州省人民政府关于改进省政府工作的暂行规定	1988.6.5 1988.6.5
11		福建省人民政府关于颁发《福建省人民政府工作规则（试行）》的通知	1988.6.4 1988.6.4
12		山东省人民政府工作规则（试行）［失效］	1988.4.2 1988.4.2
13	政府工作报告	中华人民共和国第七届全国人民代表大会第一次会议政府工作报告	1988.3.25 （发布）
14	其他	中国法治建设年度报告（2011）	2012.7.1 2012.7.1

　　根据分析，其原因包括但不限于如下四点：第一，针对社会治安情况而言，20 世纪 80 年代，社会处于相对稳定的时期，社会矛盾并不突出，因此，维稳并不是当时的主要目标。相反，搞活经济促进生产力的发展是第一要务。特别是在 20 世纪 80 年代直至 90 年代中期之前，当时的警察基本上都是全员配枪且要求随身携带的，由此产生的威慑力足以使社会动荡减少到最低限度。自《枪支管理法》于 1996 年 10 月 1 日实施之后，警察用枪的管理就开始严格起来，不再实行全员配枪亦不要求随身携带。这在一定程度上或多或少地会对社会治安产生一定的负面影响①，由此亦导致现在治安状况差于 20 世纪八九十年代情形的出现，甚至许多地方还出现了袭警事件。于是，保持稳定的社会治安状况就成了 20 世纪 90 年代以来的任务，从而维稳就相应地挤压了社会协商制度的生存空间。第二，针对经济发展水平而言，20 世纪 80 年代，经济发展程度较低，两极分化并不严重。1987 年 10 月底，党的十三大报告明确指出："十亿人口的绝大多数过上了温饱生活。部分地区开始向小康生活前进。还有部分地区，温饱问题尚未完全解决，但也有了改善。"也就是说，相互之间的贫富差距并不过分悬殊。社会协商（法律）制度需要具有一定的经济基础，因为只有人民的基本生存条件得到满足与改善之后，才可能提出其他的要求。同时，在经济发展起来之后，为维护经济成果，暴力的方式就会受到质疑与动摇，毕竟暴力会在很大程度上破坏经济成果，这就为社会协商（法律）制度的生存提供了必要的条件。此外，2012 年经济增速放缓反而收到了意外的效果，即群体性事件减少②，暴力维稳的数量也相应地减少，正所谓此消彼长，使得社会协商（法律）制度呈加强趋势。第三，针对民主意识而言，当时，民主意识程度还处于较低状况，随着社会的发展，对于"民主"的呼声越来越高，这成为社会协商（法律）制度再次被提上议程的必要条件。第四，针对相应的理论探索而言，原有关于社会协商（法律）制度的理论研究尚不够，直到 2012 年才出现法学研究课题的指

---

　　①　在这里仅仅是陈述一个事实，并不存在主观上的价值评判。

　　②　一个佐证就是澳大利亚《悉尼先驱晨报》2012 年 10 月 14 日的报道：中国政府的一位高级安全官员称，中国经济增速的放缓产生了一个意想不到的结果，那就是暴力和社会冲突事件出现了下降。报道说，土地价格的下降以及土地成交量的减少也导致了强制征地事件的下降，而这类事件约占 2010 年中国有据可查的 187000 件"群体性事件"的 2/3。报道援引这名省级安全部门二把手的话说，中国"群体性事件"的数量去年达到顶峰，此后在全国范围内都呈下降之势。

引，相信只有社会协商（法律）制度理论在得到较大程度的研究之后，才能更好地在实践中得以运用。

"秩序向来是进步的基本条件，而反过来，进步则成为秩序的必然目标。"① 社会的不稳定，使得执政者想当然地作出了头痛医头、脚痛医脚的抉择，即采取暴力维稳的方式进行社会管理，但却没有想过治理社会不稳定的本源之所在。

（2）现有"社会协商"制度的空间维度思考

在进行"社会协商"用法的空间维度思考时，需要说明的是，由于在 14 个政策性文件中存在 2 个国务院颁布的行政法规、1 个政府工作报告、1 个法治报告，其地域似乎均可归属于北京，但这样就不容易与其他地区颁布的地方法规及地方规章作出同等比较了。因为其他地区不存在发布行政法规、政府工作报告的可能性，所以排除了 2 个国务院颁布的行政法规、1 个政府工作报告，并附带排除了 1 个法治报告，而仅仅对剩余的 10 个地方性文件进行空间维度的探究。

具体而言，这 10 个地方性文件所颁布的地区归类如下：

其一，西南地区，共计 2 个文件（云南、贵州）。

其二，直辖市，共计 4 个文件（北京、上海、天津）。

其三，沿海城市，共计 4 个文件（广州、福建、山东）。

根据所罗列出的"社会协商"在剩余的 10 个政策性文件中的颁布地区状况，可以发现，至少有两个现象值得进一步关注：

首先，社会协商的制度土壤大多存在于经济发达地区，经济发达程度与权力主体、社会主体参与协商的意愿成正比，可能源于保护现存经济水平，不希望通过暴力等方式降低自身生存水平。其次，社会协商（法律）制度，不涉及西藏、新疆等地，或许是因为这些地方存在高度的政治敏感性与民族问题，暴力维稳的社会治理手段运用较多。社会主体运用社会协商（法律）制度，可以更好地处理社会主体尤其与民众合法利益息息相关的社会事务。正所谓"倾听正义，完全忘记暴力……由于鱼、兽、有翅膀的鸟类之间没有正义，因此他们互相吞食"②。

---

① ［法］奥古斯特·孔德：《论实证精神》，黄建华译，商务印书馆 1996 年版，第 45 页。

② ［古希腊］赫西俄德：《工作与时日·神谱》，张竹明、蒋平译，商务印书馆 1991 年版，第 9 页。

（3）现有"社会协商"制度时空维度思考的结论

在现有 14 个关于"社会协商"的政策性文件中，无论时间还是空间维度的思考，都指向了两个问题，即社会协商与暴力维稳的关系、社会协商与经济发展的关系。甚至这两个问题可以合并为一个问题，即社会协商与稳定的关系。由此涉及了社会协商（法律）制度的设计/适用顺序问题。应当说，要回答这个问题，在理论上起码可以有两种结果：一种是良性循环（"经济发展→社会主体共同富裕→社会主体要求安定和谐→促进经济发展……"），还有一种是恶性循环（"经济发展→两极分化强弱悬殊→社会不安定→暴力维稳→阻碍经济发展→社会更不安定→更需暴力维稳……"）。当然，这只是理论上的抽象，因为"社会主体共同富裕"与"两极分化强弱悬殊"是两个极端的端点，在现有社会条件下应是处于这两个极端的中间状态，所以需要关注的是从"两极分化强弱悬殊"向"社会主体共同富裕"的社会转型过程中，社会协商法律制度并不能完全取代暴力维稳，成为解决社会问题的唯一手段，二者并不互相排斥，亦不非此即彼，而是相互补充。正因为社会协商与暴力维稳是互相补充的关系，所以在进行制度设计时，就不宜将社会协商设置为第一顺序的、解决社会事务的方案，同理，亦不宜将暴力维稳设置为第一顺序的、解决社会事务的方案，二者不存在适用顺序的先后问题。

2. 逻辑分析得出的设计启示之二：模型转换

对现行的、已有的社会协商法律制度进行反思，可以发现一个现象：既往的制度设计都是以个人为模型基础展开的。在一对一的利益碰撞中，虽然很多法律都将主体之间的法律地位视为平等的，但实际上，由于财力、权力、关系等因素的存在，每一个主体之间在实际上都不可能是平等的。"大自然使人们生长得这样千差万别……人们就其体力和智力、嗜好和思想、关于幸福的观念和获得幸福所选择的方法而言，彼此之间存在着颇大的差别。人间不平等的根源就在于此。"[①] 这就意味着"法律世界"中的抽象平等并没有展示出"生活世界"的不平等状况。更进一步讲，双方主体在从事法律行为或活动时，会出现强弱之分，只不过强弱悬殊的程度不同罢了。于是，可以发现，过往的制度以个人为模型展开设计，在

---

① ［法］霍尔巴赫：《自然政治论》，陈太先、眭茂译，商务印书馆 1994 年版，第 15 页。

一对一的利益碰撞中会采取两种方式进行立法及司法保护。首先，既然双方在"法律世界"中被抽象为平等的，所以一方享有的权利，另一方同样享有，即对二者进行同等保护；其次，既然双方在"生活世界"中实际上是不平等的，那么就要赋予弱者一方更多的权利，或苛加强者一方更多的义务。这两种制度设计在现有的法律制度中都存在着，前者以民法等为代表，后者则以劳动法、消费者权益保护法等为代表。固然，劳动法、消费者权益保护法等已经认识到了这种现实状况，主张要对弱者一方进行倾斜性保护，拉德布鲁赫就说过："民法只认识抽象的'人'，不认识相对于企业主力量弱小的劳动者，对于劳动者的结社它一无所知，而正是通过结社，劳动者相对于企业主的弱势地位才得以平衡。"① 可是，当进一步分析就会发现，虽然法律赋予了弱者一方更多的权利或苛加给强者一方更多的义务，但是在关系存续期间，弱者一方"有"和"没有"更多的权利往往并无区别，强者一方"有"和"没有"更多的义务同样往往并无区别。从权利落空、义务无视的角度出发，就会发现两种制度设计的结果并没有太大的差异（即使第二种制度设计已经注意到了现实的不平等状况），都是弱者一方的权利得不到实现。

劳动法上有一个现象值得关注：法律专业的研究者基本上将劳动法的调整对象限定为个别劳动关系，即一对一的个人模型被纳入其视野；经济学专业（尤其是劳动经济学专业）的研究者基本上将目光放在集体劳动关系上，即团体模型被纳入其视野。这或许是专业的界限，但对本文起到了一定的借鉴和反思作用。即为什么劳动法的实施效果不尽如人意？对其制度的有效性进行考问，原因之一就在于法律过分地关注以个人模型展开制度设计，而没有考虑团体模型对个人模型弊端的补正。当制度以团体为模型展开设计时，就会以一个个弱者（或弱者代表）组成的团体去应对一个强者，这种对弱者利益保护方式的效果会比以个人模型赋予双方同等权利或赋予弱者更多权利的制度设计效果要好。

具体而言，作为弱者的劳动者，其个人的力量在社会竞争中是弱小的，劳动者可能的求助途径之一就是通过团体的方式靠团体主义超越个人主义之上来保护自己。"个人依归于集体，这个集体要么是公司要么是单

---

① 参见［德］拉德布鲁赫《法学导论》（修订译本），米健译，商务印书馆 2013 年版，第119—120 页。

位……个人只有合群，融入集体之中"① 才能靠团体的强大力量来维护自身弱小的利益。英国的韦伯夫妇最先提出了产业民主思想，他们认为："劳工运动将使工人摆脱竞争，从而消除由于自由劳动市场和个体工人交涉权力的不足而使产业工人所处的那种仆从状态……同时，支持以工会运动和团体协商解决劳动问题。"② 劳动者要么自发结成相应的团体组织，要么加入工会，通过罢工、游行、集体谈判等充分维护自己的利益。报道中常见到因个人权利得不到实现（常年加班不给加班费、薪金过低要求涨工资等）而采取集体罢工的事件，从中可以看出团体主义的力量。当然，团体法的力量还可以通过工会表现出来。在团体法中，要么团体作为一方与强者进行博弈，要么团体作为中介与强者进行沟通。哈贝马斯就曾提到"黑格尔在其《法哲学》（第 250—256 节）中赋予法团（同业公会）这样一个重要任务：在市民社会和国家机构之间起中介作用"③。

如果将目光放远，从本文一贯的历史角度看，自原始社会以来，人类就处于家族、氏族、部落等的团体主义的庇佑之下，人们结成原始人群来共同地从事狩猎、采集等活动，在各自相对的团体之内受到保护。进入奴隶社会之后，以及在接下来的封建社会里，虽然生产力有所发展并出现剩余产品，但生产力总体而言还不是很发达，所以在奴隶社会和封建社会里采取按"身份"立法的方式，在国家主义的背景之下对具有身份等级的奴隶主和地主赋予特权，使他们充分享有个人自由，可以行使个人权利甚至个人权力，以充分体现奴隶主和地主的个人主义，而奴隶和农民只是奴隶主和地主的个人主义奴役下的工具。如果说奴隶社会和封建社会还算不上真正的个人主义的话，那么在资本主义社会里，由于工业革命的发生以及启蒙思想的宣扬，主张每个人都是自由、平等、独立的，也就在形式上实现了每个人的个人主义，每个人都可以充分张扬自己的个性，主张自己的权利和利益。此时生产力已经获得了极大的发展，社会不需要靠"身份"来追逐个人的权益甚至特权，而是可以平等地通过契约来实现个人的自由和权利。也即契约普遍存在于资本主义社会中，"契约是对个人主

---

① 参见邱本《论有限集体人权》，《人权论集》，吉林大学出版社 2009 年版，第 104 页。
② 参见常凯《劳动关系学》，中国劳动社会保障出版社 2005 年版，第 42—43 页。
③ 参见［德］哈贝马斯《在事实与规范之间——关于法律和民主法治国的商谈理论》（修订译本），童世骏译，生活·读书·新知三联书店 2011 年版，第 424—425 页；［德］黑格尔《法哲学原理》，范扬、张企泰译，商务印书馆 1961 年版，第 248—252 页。

义的强调"①，通过双方的平等协商以实现个人的权利。梅因在论述原始社会与古代法时就曾说道："所有进步社会的运动，到此处为止，是一个'从身份到契约'的运动。"② 奴隶社会、封建社会和资本主义社会都推行个人主义，但每个社会阶段个人主义的内容不同。奴隶社会奉行的是奴隶主阶级的个人主义，封建社会奉行的是地主阶级的个人主义，在这两类社会形态中是有限的个人主义；资本主义社会奉行的是全体自然人的个人主义，是充分的个人主义③。人类似乎忽略了历史上从团体模型转向个人模型的事实，进而忘记了可以从个人模型到团体模型的转换。

从个人模型到团体模型的转换，将有助于提升社会协商法律制度中社会主体的协商能力，如果制度设计中引入团体法的概念和内容，会有助于完善现行法律制度，同时还能弥补现行法律制度所缺少的内容。更为关键的是这比个人模型中"法律世界抽象平等赋予同等权利、生活世界不平等赋予弱者更多权利"的作法更有力量，制度的有效性将得到较大的提升。需要进一步指出的是，这种模型的转换并不是说要舍弃个人模型的制度设计，而是说在将视野扩展至团体模型后，仍要借助个人模型中的第二种立法设计对弱者一方赋予更多的权利，当个人无法通过自身实现这些权利时，团体法的作用与价值就在于可以实现这些权利。因此，"团体模型"与"个人模型中的第二种立法设计"相结合，方为上策。人类在发展的历程中，大致经历了从团体主义到个人主义（此处个人主义表现为有限的个人主义和充分的个人主义两种形态），再到现今社会个人主义和团体主义相互结合、相互平衡的发展路径和前进趋势。在进行社会协商制度设计时，恰恰需要对个人主义和团体主义进行结合与平衡。

（作者：周友苏、郑文睿，四川省社会科学院法学研究所）

---

① 参见邱本《从契约到人权》，《人权论集》，吉林大学出版社 2009 年版，第 3 页。

② 参见［英］梅因《古代法》，沈景一译，商务印书馆 1959 年版，第 97 页。

③ 从资本主义社会的现在到社会主义社会的现在及未来，一直都强调个人主义和团体主义的结合，只不过现今资本主义社会在二者相互平衡尤其是二者发生冲突的时候可能更偏向于个人主义，社会主义社会在二者相互平衡尤其是二者发生冲突的时候可能更偏向于团体主义。不过，现在似乎又呈现出一种对个人主义和团体主义平等对待、平等保护的倾向。

第三编

中国特色社会主义公共政策与公共管理

话语共识与官民互动
——网络时代政府回应方式探讨

互联网技术的日新月异，不断改变着传统的民意表达和聚合方式，深刻地变革着公共舆论的生成路径。网络的开放性、及时性和便捷性，使整个公共话语的空间结构发生了变化。就政府与大众的关系而言，网络使两者之间的话语权得到重新分配，话语方式面临着重新建构的需要，话语关系也需要进行重新理解和理顺。在传统的舆论机制下，官民之间的话语关系相对简单，政府通过传统媒介渠道更全面地掌控着话语权，一般通过官方媒体发布式的话语方式来回应人们的利益和情绪诉求。而网络时代政府和大众的话语交流出现了前所未有的碰撞和互动性，其一方面给传统的政府回应机制带来了巨大挑战，另一方面这种变化也为民主品质的提升和社会管理方式的创新提供了可能的契机。关于政府回应问题的已有研究文献比较多，本文主要尝试从话语权、话语方式、公共舆论话语体系变革的角度，从民主政治的视野分析和理解互联网时代的政府回应问题。

一 回应性与现代民主

政府回应主要属于公共管理学的研究范畴，但从更深层次看，其与现代民主的内在逻辑紧密关联。英国学者杰弗里·托马斯视回应为民主的核心内容："每一个声称自己是民主政体的政权，都要说明（不论有多少合理性）它如何确保一致，如何让统治行为合乎受其影响的人们的愿望。"[1]民主的本质并不在于实现竞争性选举，而是要确保公权力如何始终以公共

---

[1] ［英］杰弗里·托马斯：《政治哲学导论》，顾肃、刘雪梅译，中国人民大学出版社2006年版，第254—255页。

理性为依归，不断回应公共性需求。因此，从这个意义上而言，政府回应不仅仅是现代国家实现公共管理的一种机制性安排，还是现代民主所内含的价值要求。

现代民主突出地表现为一种公共权力的责任性，即由人们选举产生国家机关，通过民主委托的方式实现国家治理。这种委托和授权的关系使现代民主蕴含责任政治的内在属性。"责任政治是现代民主政治的一个基本特征。"① 公共权力一经产生，就有责任不断回应选民的政治愿望和利益诉求，以符合选民对之的期待，承担与权力行使相符的政治义务。"公共管理的责任的基本理念之一就是回应，回应意味着政府对民众对于政策变革的接纳和对民众要求做出的反应，并采取积极措施解决问题。"② 只有通过回应，公共权力的责任性才更加突显，民主政治的真实性才更为彰显。代议制作为现代民主政治的一种基本形态，对人类政治文明承担着重要意义，然而，民主的实践也使诸多民主理论家不断反思代议民主的消极要素。卢梭曾经尖锐地批评了英国的代议制度，认为代议制只能保障形式的民主，即公民选举时的民主，而一旦选举结束，"他们就等于奴隶，他们就等于零了"③。熊彼特也认为，代议制并不能保证真正意义上的人民统治，它只能保障公共权力产生时的民主，现实的统治与权力操纵依然掌握在政治精英的手中。"民主政治并不意味着也不能意味着人民真正的统治……民主政治的意思只能是：人民有接受或拒绝将要来统治他们的人的机会……民主政治就是政治家的统治，清楚地理解这句话所含的意义是极端重要的。"④ 可见，现代民主依然处于不断完善的进程中，而政府回应机制的完善，是弥补代议制困境的有效制度安排之一。只有在公共权力不断回应公民需求和社会关切的过程中，民主的价值才能得以真正实现。缺乏回应这一传导性机制，民主在一定程度上就有可能流于形式，现代政府的责任性也无法突出。在代议民主的基本框架下，通过回应机制的构建，使公共权力合乎公共理性的需求，是现代民主价值和民主实践得以不断推

① 张贤明：《论政治责任——民主理论的一个视角》，吉林大学出版社2000年版，第6页。
② ［美］格罗弗·斯塔林：《公共管理部门》，陈宪等译，上海译文出版社2003年版，第132页。
③ ［法］卢梭：《社会契约论》，何兆武译，商务印书馆1980年版，第35页。
④ ［美］熊彼特：《资本主义、社会主义与民主》，吴良健译，商务印书馆1999年版，第415页。

进的路径选择。政府对社会关切的回应性意愿越高，回应性机制越完善，就越能反映公共权力的公共性属性，表明其对公民意愿的尊重和民主价值的追求。因此，回应不仅是公共管理学层面的技术操作，也是民主政治的重要组成部分。它不仅是现代国家公共管理实践进程中工具理性的机制安排，更是现代民主所内含的价值理性的必然要求。

综上所言，政府回应与现代民主的发展紧密相关。提升政府回应水平，符合民主政治发展的内在要求和必然趋势。正是在这个意义上，不能仅从政府管理的技术和机制性安排层面认识政府回应，而是要把政府回应问题放在现代公共生活的价值性层面加以理解。

二　互联网的发展对政府回应的挑战

如前所述，政府回应对现代民主政治的发展具有必要性意义。事实上，在现实政治过程中可以看到政府回应也是经常性的现象。然而，在网络时代之前，政府回应主要是一种发布式的回应，即政府通过制度性渠道及一些非制度性渠道获取民意，然后经过反复权衡，最后通过官方媒体发布声音，回应人们的普遍性关切。由于传统媒介主要被政府和精英集团所垄断，人们很难就政府回应的真实效果发布声音。由于对话语权的掌控，政府对公共舆论的议程设置、话语导向甚至舆论封杀具有绝对性的优势。在这样的背景下，政府回应往往是政府综合各种优势作出的最有利于自身形象的回应。但互联网的发展，使政府的这种话语优势不断趋于相对退却的状态。网络使公共话语体系逐渐趋于扁平化，实现了"所有人面对所有人传播"的人类理想。① 随着互联网技术的不断发展，传统的公共舆论话语权被不断解构。"网络话语权在公共话语体系中的影响力日益增强，使得主要依靠传统媒体把握社会公共话语权的模式被打破，各阶层的话语权占有格局正在被改写。"② 这种话语权力关系的变化对政府回应产生了巨大的挑战。

首先，互联网打破了政府对公共话语权的垄断，使政府回应的效果直

① 方兴东、张笑容：《大集市模式的博客传播理论研究和案例分析》，《现代传播》2006 年第 2 期。

② 赵云泽、付冰清：《当下中国网络话语权的社会阶层结构分析》，《国际新闻界》2010 年第 5 期。

接面临公共舆论的评估和考量。网络的一个突出特征就是改变了信息的占有和发布机制。在网络时代之前，政府可以通过对信息的垄断和过滤来实现舆论的管控。而互联网彻底打破了这种舆论的管控机制，近年来，随着博客、微博、微信等技术的发展，几乎人人都可以成为信息发布源和传递者。比如，近年来的宜黄拆迁自焚事件、温州动车事故、城管打人事件等，都是因为网民的发布、围观和参与而迅速上升为公共性事件。在这些公共性事件中，政府几乎都处于网络民意倒逼下的被动回应状态。一方面，互联网改变了信息发布方式。在很多重大公共性事件中，往往由网民首先把信息发布到网络上，并迅速积聚成舆论事件。政府部门几乎在没有任何准备的情况下就要面对网络上汹涌澎湃的声音。传统的信息过滤和发布机制被打破。另一方面，政府在回应社会普遍关切的过程中，会不断受到公共舆论的评估、考量甚至质疑。由于互联网使人们获取信息的方式越来越宽泛、多元和便捷，人们会迅速通过信息的相互传递来判断政府回应的真实性和有效性。由于科技的发达，人们甚至会把一些公共事件发展进程中的图片、视频、证据发布到网络上，如若政府回应不够理性、全面、真实，往往就会处于极为尴尬和被动的局面。近年来，一些政府层面的回应常常在网民的围观和求证中迅速失去权威性和可信性。正如任剑涛在分析微博客对公共舆论的影响时所指出的："在中国官方信息的政治过滤机制密不透风的情况下，经过精心编辑和新闻管控的网际网络，曾经是人们获取国家过滤信息之外、人们期待了解的其他重要信息的途径。但微博出现以后，这种过滤信息的权力机制崩溃了。"① 随着网络技术的不断深入发展，对政府回应的挑战性会越来越高。政府必须通过回应模式的变革，来适应这种公共舆论环境。

其次，互联网使话语权处于分散的状态，使政府在回应的过程中面临信息整合的困难。网络使公共舆论的话语权几乎分散到每一个计算机的客户端上。"随着信息运动速度的增加，政治变化的趋向是逐渐偏离选民代表政治，走向全民即走向中央决策行为的政治。"② 尽管话语权的分散扩大了民主参与的渠道，但这种表达方式的分散性和广泛性决定了网络舆论

① 任剑涛：《微博参政助推执政方式变革》，《中国改革》2011 年第 10 期。
② ［加］马歇尔·麦克卢汉：《理解媒介——论人的延伸》，何道宽译，商务印书馆 2000 年版，第 255 页。

往往具有随意性、无序性和非理性的特征。网络中的大量信息错综复杂、真假难分，政府需要从庞大的信息量中了解、解读和分解出真实、客观、合理的民众关切，才能有针对性地作出有效的回应。尽管回应性是现代民主的内在要求，但现代社会的多元性和复杂性不可能使政府有求必应，政府只能对人们普遍关切的、真实的、合理的诉求进行回应。而网络的随意和无序往往会使这种诉求缺乏必要的协商和整合过程，甚至有一些诉求仅仅是情绪的宣泄，或者是信息沟通不畅所产生的误解。在网络舆论的解读和整合中，政府至少面临以下几方面的困难：第一，如何从真假难分、浩如烟海的网络信息中提取真实的信息；第二，现代社会的多元性反映到互联网上也表现出不同利益群体的相互较量，而这种较量往往缺乏现实社会生活中的理性协商和沟通，极有可能产生一种舆论极化的现象，使政府处于一种两难的境地；第三，互联网很难真正完整地代表民意，到底有多少人通过网络来表达利益诉求？哪些人善于运用网络来表达利益诉求？这些诉求的合理性和代表性如何？对此都需要进行深入分析。可见，在网络时代，政府面临的信息是极为复杂的，对其回应能力产生了巨大的挑战。

最后，互联网话语方式的草根性，使政府回应面临话语方式的一定程度上失灵的困境。现代社会从某种意义上而言是一种话语关系的社会，人们之间的理解和沟通都需要通过语言来实现。"价值的社会契约、重叠共识则本质上都是一种依赖于语言的契约。视域融合、合理交往更是从解释学的角度把语言看成我们遭际世界的基本方式，语言和理解之间有着根本的联系。"① 语言方式的差异会对相互之间的理解和对待方式产生重要的影响。中国的官方话语方式带有较强的意识形态和官僚主义色彩，在传统的政府回应模式下，由于政府对话语权的垄断，官方的语言方式在公共舆论中处于明显的霸权地位。通过这种垄断和霸权，官方话语方式在公共舆论中基本上处于畅通无阻的境地。不管人们对这种语言方式是否接受，在多大程度上接受，都不影响官方话语方式在公共舆论体系中的横冲直撞。但是，互联网的发展特别是自媒体时代的到来，民间的话语空间不断增加，民间话语方式开始在公共舆论体系中安营扎寨、攻城略地，对官方的话语方式产生了一定程度的冲击。传统的八股文风、官话、空话、套话开始面临民间话语方式的抵制。一些政府官员习惯于传统行政话语的语言方

① 沈湘平：《价值共识是否及何以可能》，《哲学研究》2007 年第 2 期。

式、居高临下、自说自话、空乏无味，不顾及听众的感受，必然会在公共舆论的话语体系中与民间话语产生隔阂，最后给政府和大众之间的沟通、交流和相互理解制造障碍。这种语言方式使政府回应缺乏亲近感，甚至让人反感。比如近年来的一些重大灾情，媒体在连线当地官方负责人了解灾情时，官员语气平缓地逐个介绍各级领导的重视和批示，引起了人们较大的反感。① 这些官话、套话、废话在传统的行政话语体系中往往大有市场，但在网络时代则面临失灵的困境。如果不改变这种语言和话语方式，那么政府回应必然难以被人们所接受。

　　总之，互联网对传统政府回应模式的挑战是多方面的，但同时，它又为官民互动的有效性、广泛性、真实性提供了技术支持，为政府回应水平的提升提供了可能的路径，也为现代民主的发展提供了平台和契机。如何变革政府回应模式，使之不断适应网络时代的公共生活需求，是一个需要不断加以深入研究的问题。

三　官民互动：互联网时代政府回应的本质特征

　　互联网时代的到来，使政府回应的内涵和特征发生了变化，对其需要重新加以理解。事实上，任何政府形态下都存在一定的回应现象，公共权力的掌握者总是需要在一定程度上回应人们的利益诉求。只有这样才能稳固执政的基础。即使在非民主的社会里，专制者也需要通过一定的政府回应，来满足人们的基本生活需求，否则，就有可能面临被推翻的危险。然而，这种回应是不确定的，往往取决于统治者的认知水平和统治的现实需要。"在非民主社会中，公共权力的所有权和行使权集于统治者一身，尽管回应也会出现，但这种回应绝大多数情况下是偶然和被动的，其取决于统治者的善良意志和统治需要，而非一种必然的价值和模式。"② 代议制民主的出现，实现了公共权力所有权和行使权的分离，公共权力来源于公民的选举和委托，政府有责任对选民的利益诉求和关切进行必要的回应。不同于非民主政治形态下的象征性和统治性回应，在代议制民主下，政府回应成为一种必要的机制安排，这是由民主的内在逻辑要求决定的，绝非

---

① 洪丹：《打开监督官员八股套话之门》，《南方日报》2010 年 6 月 25 日第 2 版。
② 陈新：《微博论政与政府回应模式变革》，《上海行政学院学报》2012 年第 1 期。

可有可无的技术性手段。当然，这种回应无论从回应的话题设置、回应的方式选择，都主要取决于政府。在这一过程中，社会诉求与政府回应之间存在着一定的时间差和空间差，话语权、话语方式基本上被政府所掌控。在公共话题的进程中，公民的话语权资源相对稀缺，话语渠道也甚为有限，很难在与政府的关系中取得话语的主动权并形成一种互动关系。

　　然而，互联网的发展打破了政府回应过程中政府的话语权垄断地位，使政府回应开始表现为多元主体反复参与、沟通和博弈的状态，变化成为掌握话语权的不同主体之间持续互动的状态。在这一状态中，政府已经不是政府回应过程中的一元性主导力量，它与不同的话语主体之间形成了整个信息传输和公共话语构建的互动状态，政府回应突出地表现为官民之间的互动性。因此，有学者认为，网络时代的政府回应更多地体现为一种互动关系。"政府回应是政府对于依靠自身信息、技术和诚信优势，通过与公民之间的对话交流和教导所引领出的公民理性意志和利益反映的回复过程。它不是政府单方面的垄断作为，而是政府与公民在一定的社会环境条件下，回应主体即政府组织和回应客体（包括公民等）双方的互动关系。"① 而且，这种互动关系是一个动态持续的过程，有赖于多元主体的广泛参与。"回应是一个具有连续性特征的社会科学范畴"，"指多元主体在一定的社会结构中基于共同利益、诉求的应答、认同、实化及实践的互动过程。"② 可见，网络技术的不断发展，扩大了官民之间的对话和沟通渠道，政府回应突出表现为官民之间的一种互动性关系。这种互动性关系的好坏，直接决定了政府回应的成效、民主政治的品质和公共生活的秩序。综上而言，互联网时代的政府回应是民主政治内生逻辑决定的一种机制安排，指政府与掌握话语权的社会多元主体之间持续互动，进而基于公共理性对社会普遍关切的问题作出的必要的答复过程。

　　这种官民之间的持续互动关系，为公共生活的进步提供了契机。首先，这种互动性的政府回应有利于公共决策的民主化和科学化。在现代国家中，代议制尽管在民意的聚合方面发挥着主导性作用，但是，现代社会的利益分化、信息的纷繁复杂、制度性渠道政治参与成本较高、政治参与

---

　　① 东波、颜宪源、付晓东：《基于公民网络政治参与双重性的政府回应路径》，《理论探讨》2010 年第 3 期。

　　② 戚攻：《论"回应"范式》，《社会科学研究》2006 年第 4 期。

渠道不足等要素，决定了其在转达社会各方意愿方面并不完整。而互联网技术的发展拓宽了公民参与政治的渠道，政府与公民之间的良性互动，有利于减少政策制定的盲区，改变传统制度渠道利益表达不全面的困境，使公共决策更加科学完善。同时，这种互动有利于完善政策的相关信息交流和反馈，从而使公共决策兼顾各方声音，进而使公共决策更好地为社会理解和接受，降低政策执行的阻力，提升政策运用的有效性。其次，这种互动性的政府回应有利于规范公共权力。竞争性选举尽管为民主提供了基本保障，但是公共权力在执行的过程中依然有偏离公共性的可能。一旦权力脱离公众的视野，就可能偏离公共理性的轨道。而基于网络技术的这种互动性回应，为人们监督公共权力提供了更多的条件，将进一步推动公共权力运行的公开化和透明化。政府回应正成为公民有效监督政治，进而规范公共权力运行的必要机制保障。最后，这种互动性的回应有利于稳固公共权力的合法性基础。民主选举确定了现代国家合法性的基本路径，然而，单纯的选举政治显然不能完全支撑现代国家的合法性基础。事实上，政治合法性的建构是一个不断持续的过程。"对国家来说，找出一种借助合法性更新自己，并为自己生成一种新的合法化的程式便成为紧迫的事情。"①因此，公共权力需要通过不断回应和满足人们的关切和诉求，对其政策目标进行必要的解释，通过与社会的良性互动，引导公共舆论对其的支持。通过政府回应与社会加强互动，有利于化解由于政府和大众之间的信息不对称所造成的误解，从而协调各方关系，提升人们对公共权力和公共政策的认同感。"建立多渠道、多方面、多层次的政治权力主体和客体之间的双向沟通机制，这是政治权力合法化的一种保障机制。"②

　　官民互动是网络时代政府回应须遵循的基本理念，然而，在现实政治生活中，这种互动关系还远未趋于良性状态，甚至还处于一种紧张和碰撞的情境之中。这种紧张与碰撞与现实政治生活中利益分化、贫富差距、权力腐败等现象有密切关系，也与公共话语体系的变革紧密相关。由于互联网的普及，政府在知识和信息的传播上不再具有垄断性，人们认知水平的提高和话语权的增加，使传统的政府话语模式在公共舆论中面临危机状

---

① ［美］贾恩弗兰克·波齐：《近代国家的发展——社会学导论》，沈汉译，商务印书馆1997年版，第129页。

② 周光辉：《论公共权力的合法性》，吉林人民出版社2007年版，第156页。

态。官僚主义的话语体系遭到了民间话语方式的抵制，政府的解释和回应往往不被人们所接受和认同。一些思想观念滞后和官僚作风较强的官员，往往"与新社会群体说话，说不上去；与困难群众说话，说不下去；与青年学生说话，说不进去；与老同志说话，给顶了回去"①。不变革这种官僚主义的话语方式，很难与网络空间中的话语方式实现对接，政府的行政话语方式和互联网中的民间话语方式处于一种割裂的状态，也就难以形成政府回应的互动性。一种良性的互动状态，必然要求参与互动的主体相互之间能够有一种理解和认同。笔者认为，当前政府回应过程中出现的一些问题，除了现实政治的影响之外，与官方和民间话语沟通的不畅具有重要关系。而要改变这种话语互动的不畅，需要寻求基本的话语共识。

四　话语共识：构建官民良性回应关系的路径选择

现代社会的利益分化和多元化，愈发要求人们在公共生活中取得某种基本共识。而共识的获取依赖于某种话语的共识。"无论是价值共识的生成，还是价值共识的澄清，语言的运用和理解都是其基础。同时，多元主义对价值共识可能性的质疑归根到底也是聚焦于不同语言之间的可理解性、可翻译性。"② 缺乏话语共识，人们的沟通和交往就会出现障碍，政治和社会性共识也难以达成。官民之间的良性互动，离不开话语共识的构建。只有在一定的话语共识的基础上，政府与大众之间的互动才能真正实现，政府回应才能有效、真实和不断得到拓展。

话语是人们进行交流和沟通的基本媒介，话语关系是人类社会的一种基本关系。正如福柯所言："人类的一切知识都是通过话语而获得的。任何脱离话语的事物都不存在，人与世界的关系是一种话语关系。"③ 话语并非仅仅是一种表达的工具，它与社会关系具有紧密的关联性。在公共生活中，话语往往带有较强的社会政治色彩。话语"既具有语言意义，又具有非语言意义"，它已经"进入社会生活"的各方面。④ 在现实生活中，

---

①　鲍洪俊：《习近平：要群众相信，决不仅仅靠权力》，《人民日报》2005 年 5 月 30 日。

②　沈湘平：《价值共识是否及何以可能》，《哲学研究》2007 年第 2 期。

③　王治河：《福柯》，湖南教育出版社 1999 年版，第 159 页。

④　于奇智：《福柯人论之分析——从知识考古学的观点看》，《中国社会科学季刊》1995 年春季刊。

人们的话语权和话语方式，往往反映了人们的社会关系。在公共生活中，话语总是与权力联系在一起的。法国社会学家布迪厄敏锐地认识到话语与权力的关系："语言关系总是符号权力的关系，通过这种关系，言说者和他们分别所属的各种群体之间的力量关系转而以一种变相的形式表达出来。"① 福柯也指出了话语与权力之间的关联性，其"话语理论向人们揭示，话语乃权力的产物，在话语的实践中潜藏着权力的运作，因此，话语蕴含着权力，话语显现、释放并行使着权力，话语即权力。话语的争夺实质上即权力的争夺，话语的拥有意味着对权力的实现"②。可见，话语关系的变化会对权力关系产生深刻影响。

互联网的发展特别是自媒体时代的到来，公共话语关系发生了深刻变化。政府垄断公共话语权的局面被打破，话语权力结构被重新分配。同时，民间话语方式大量进入公共舆论，政府的行政话语模式的霸权地位被不断削弱。这种话语关系的变化，使得政府与大众之间的权力关系和沟通方式发生了变化。在这种话语权趋于分散、官民话语方式不断碰撞和融合的过程中，针对民间话语权的倒逼，政府的行政话语能力不断显现出退却的状态，传统的政府回应能力正处于极为尴尬的境地。在这种状况下，如何尽快找到官民之间的某种话语共识，对缓解当前公共舆论的混乱状态，具有极为紧迫的意义。那么，应该如何达成这种共识呢？

首先，话语共识的形成需要基于官民两者相互体认的理性，其核心是平等的话语权。徐贲认为："话语共识是一种宗教之外的政治性共识，它的形成和变化机制是说'理'，它的条件是独立、自由、理性的思考个体。""在现代社会里，形成共识的不是神话，也不是诡辩，而是基于自由、理性个人的公共话语。"③ 这就要求，无论是官员还是公民，都要在参与公共话语的过程中以一种平等的、理性的精神相互对待。哈贝马斯的话语伦理学主张："每一个有语言和行为能力的主体在自觉地放弃权力和暴力使用的前提下，自由平等地参与话语论证，并且在此过程中，人人都怀有追求真理、服从真理的动机和愿望。不仅如此，通过话语共识建立规则还必须为所有人所遵循，每个人都必须对这种规则的实施带来的后果承

---

① ［法］皮埃尔·布迪厄、［美］华康德：《实践与反思——反思社会学导论》，李猛、李康译，中央编译出版社2004年版，第190页。

② 董志强：《话语权力与权力话语》，《人文杂志》1999年第4期。

③ 徐贲：《共识需要真实的理性话语》，《社会科学报》2010年10月11日第6版。

担责任。"① 这就要求，政府需要改变传统政府回应过程中行政话语居高临下的姿态，以一种平等的话语姿态回应人们的关切。少一些大话、官话，少一些教导性的意识形态话语，真正以平等的心态与公民进行沟通。同时，对于公民来说，对所获得的网络话语权也需要珍惜和认真对待。当前网络中一些谩骂、攻击、造谣给官民相互沟通制造了相当大的阻碍因素。总而言之，话语共识的形成需要官民两者以平等的心态，理性、平和、宽容地参与公共舆论。只有这样，才能为共识的进一步形成以及良好的互动建立心态基础，才能使政府回应的互动性不断加强。

其次，话语共识的形成需要基于官民之间基本信任的确立。只有基本信任的存在，沟通和交流才成为可能，否则双方都以相互质疑的心态面对对方，必然会导致互动的真实性大大减弱。当前，由于政府公信力的长期流失，政府回应往往会受到人们的广泛质疑。一些不负责任的政府机关或者官员，为了自身利益的需要，在回应公共舆论的过程中编造一些虚假信息，引起大众的广泛质疑。如"躲猫猫"、"临时工"、"七十马"等词汇的出现和传播，都是因为政府的回应不够真实。这种虚假回应极大地削弱了政府本已稀缺的公信力资源，给官民互动造成了很大的障碍。这就要求，政府机关在今后的回应过程中，需要以真实性为基本导向，使政府回应能够符合客观、理性的常识，从而逐步积累公信力资源。通过公信力的提升，来减少官民之间沟通的信任成本，使官民之间的沟通更加真诚、坦然和互信。

最后，话语共识的形成需要相互之间话语方式的不断融合和衔接。当前，官方话语方式和民间话语方式出现了一定程度上的相互对接，比如"不折腾"，"神马都是浮云，转变发展方式最给力"等网络语言开始出现在政府的话语体系中。尽管政府的话语体系有其应有的特征，过于草根化往往会失去规范性，但这种尝试和姿态无疑是寻求与大众沟通和互动的开始。事实上，这种网络化的语言出现在官方的话语中更多的是一种象征性意义。最为关键的是，政府需要改变长期以来行政话语体系中的大量空话、假话、套话、与时代脱节的话，增加话语的亲和力和真实感，使听众能够接受。只有这样，官方话语体系和民间话语体系的衔接性才能增强，内心的认同感和互动性也才能增强。

---

① 王凤才：《后现代语境中话语伦理学的困境及其意义》，《哲学动态》2005 年第 2 期。

　　总而言之，只有形成某种话语共识，政府与大众之间的互动性才能不断增强。而这种官民互动性的提升，对于变革传统的政府回应模式，提升网络时代政府回应的水平和能力具有重要的意义。

　　互联网的发展，对于公共生活的影响是巨大的，而这种影响依然在不断深化中。网络对于传统政府回应模式的挑战，必然推动其谋求革新和变化，从而适应时代发展的需要。网络民主的发展，会使政府回应的重要性越来越突出，政府回应的互动性越来越加强，政府回应的现象越来越频繁。这种回应必然会对现代民主生活产生深刻的影响。

　　（作者：陈新，浙江工商大学公共管理学院行政管理系讲师）

"公共自信"："公共自卑"的"天敌"

"公共自卑"至今不仅是一个很陌生的心理学概念，而且还是一个很生疏的管理学概念。它是在研究现实社会的"公共心理"运行状态及特点中才形成的一个新视角和新概念，是对现实社会心理状态的一种反映和概括。它是"公共心理"运行和发展的一种特殊状态和极端状态，是一个在以后社会的运行、发展和管理中不得不给予高度重视的问题。虽然自卑有个体自卑与公共自卑之分，个体自卑主要讲的是以社会个人为单位的自我自卑，而公共自卑则是以社会公众这个整体为单位的集体自卑；虽然个体自卑是公共自卑的基础，没有个体自卑就没有公共自卑；但公共自卑对个体自卑的作用和影响却是几何式的、传染性的和立体性的。特别是在一个"民主化"、"全球化"和"信息化"发展的时代中，"公共自卑"不仅是一种最易出现的"公共心理"问题，而且还是一种十分具有杀伤力的"反能量"心理状态。因此，就有必要深入地研究一下"公共自卑"及其"天敌"，以便于形成一个最适合管理"公共自卑"的心理管理模型——重塑"公共自信"。

一 公共自卑的性质：一把"双刃剑"

在当下中国社会中，"公共自卑"的问题及其现状一旦被意识到就是令人担忧的。无论是国家和政府，还是媒体舆情和社会公众至今都没有对"公共自卑"形成一个完整的概念并产生足够的重视，甚至对"公共自卑"的定性和定位还存在很大的偏差。应该学会辩证地看待"公共自卑"问题。它具有浓厚的两面性和双刃性。无论是过弱的或是过强的"公共自卑"都会对社会公共性和公共社会性的有序、有节和健康的发展产生和形成作用与影响。只有适当的"公共自卑"的存在和作用才能顺利地推进社会公共性和公共社会性连续和可持续的良性发展。它的特性只有当下面两个特点走向极端状态的时候才会充分地表现出来。

（一）不可或缺性

人们很少从"公共性"的角度审视人类社会。其实，"公共性"是人类社会形成、运行和发展的内核，不仅自始就存在于人类社会中，而且还将永远作用于人类社会，区别在于种类、方面、层次、程度和效果的不同。所以，"公共性"的问题并不是一个可有可无的问题，而是一个地位和大小及其运行的向度、速度、力度和程度的问题。与"个体自卑"相似，"公共自卑"也有良莠之分。现实中，人们总是把"公共自卑"放在毒瘤层面给予认识和形成对策的。良性的"公共自卑"会产生"公共意识"，而莠性的"公共自卑"则会产生"公共颓废"。其中，"发现"的机制很关键，它也有良莠之别："良性发现"指在发现自卑的同时还发现了自尊，然后是自励；而"莠性发现"则在发现自卑之时不仅没有发现自尊，反而更加妄自菲薄。所以，没有自卑的自信是一种盲信。假如缺失了"公共自卑"，一个国家要想崛起几乎是不可能的。相反，"公共自卑"没有了，就会出现如下三种情况。

1. 可能会形成"自满自大"的病态

假如没有了"公共自卑"，作为最大公共体的国家来说，就会失去一种内核，就会失去一种凝聚力，就会呈现一种发散状。在一个社会里，公众一旦缺乏了"公共自卑"，很可能就会陷入一种自负、自大、自满、自傲、自以为是等境地和状态，从而就会很快形成一种自负、自大、自满、自傲、自以为是的社会氛围。由此要充分看到，"公共自卑"就如"东亚病夫"在一个国家发展中的作用和影响一样，它无疑会对中国社会的现代发展产生一种推动、促动和促进的作用。它甚至还成了导致"中国革命"、"中国大跃进"和"中国改革开放"甚至"转型升级"的原动力和驱动力。

2. 将不利于社会运行机理的形成

假如没有了"公共自卑"，社会就将不是社会。社会之所以为社会，是因为有构成"社会"的机理存在和作用。其实，"大社会"有大社会的机理，而"小社会"有小社会的机理；"长社会"有长社会的机理，"短社会"有短社会的机理；"整社会"有整社会的机理，"分社会"有分社会的机理。区别在于核心的大小、宽窄和深浅的不同。2012 年 11 月，党的十八大报告所高度概括的"富强、民主、文明、和谐；自由、平等、公正、法治；爱国、敬业、诚信、友善"等中国社会主义核心价值观 12 个词，就是为了构建一个崭新的社会运行机理。

3. 可能会阻碍国家综合实力的提升

假如没有了"公共自卑"，在一个"国际化"的世界潮流中，一个国家的综合实力是难以形成和提升的。其中，具有"公共自卑"情结是关键。"公共自卑"让人知自己之不足。只有知不足，才能奋进和精进。在任何时候都是有所不足的。有什么不足是一回事，而如何认识不足是另一回事。中国能走到今天世界第二大经济体的地步，靠的就是一种适度的"公共自卑"。适度的公共自卑可以让中国公共社会在整体上保持一种"韬光养晦"的良性发展状态。反之，缺乏公共自卑就会阻碍中国国际地位及综合国力的提升和再提升。

（二）不可过分性

对社会来说，"公共自卑"虽然不可或缺和适度可用，但也不可多得和多用。"公共自卑"是一种社会人普遍拥有的自卑状态，或者是社会人普遍把潜在的个体自卑显性化的一种状态。"公共自卑"的显性化程度和发力力度因未被人为管理控制住，就会导致"公共自卑"在现实中的过分和过度状态。这种消极性的状态在当前十分明显甚至显著。所以，假设当"公共自卑"处于一种过分状态的时候就会出现以下三种特别情况。

1. 阻碍"自谦自信"公共心态的形成

假如"公共自卑"过分了，就会妨碍"公共自谦"的形成和发力。与"自卑"不同，"自谦"的心理状态一直是中华民族的传统美德。有自信的自卑是自谦；而无自信的自谦就是自卑。只有自卑才会自暴自弃。但西方社会与中国社会自信的表现形式是不同的。区别在于，对自信的表现是直接的还是间接的。在现实中，中国社会的自谦正在变得越来越自卑甚至唉声叹气和自暴自弃。这是与政府不能很好地控制和引导社会的公共心理走向和公共自卑的发展程度有关。如今，中国的社会心理正弥漫着越来越多和越来越广的"公共自卑"。据不完全统计得出的结果：普遍认为中国人的素质不如美国人；中国的社会制度不如美国，等等。如果放任这样的"公共自卑"气息弥漫和延续而不闻不问和不管不束，中国社会就必定会阻碍"自谦自信"气质的形成。

2. 阻碍"社会梦"和"国家梦"的整体实现

假如"公共自卑"过分了，就会妨碍人们"社会梦"的形成和发力。不同的社会和国家在不同的发展阶段会有不同的"社会梦"。与"美国梦"类似但不同，中国推出了一个"中国梦"的概念。2012 年 11 月 29日，新任中共中央总书记的习近平在带领新一届中央领导集体参观中国国家博物馆"复兴之路"展览现场时明确和清晰地提出了这个名词和概念甚至理念。应该看到，它对中国社会管理创新的作用和贡献是巨大的。没有梦想，就没有理想，就没有想象，就没有创新，也就没有方向和动力。这对一个社会和国家来说是可怜的，甚至还可能是可悲的。

3. 羁绊"和谐社会"的全面推进和建成

假如"公共自卑"过了，就会妨碍"和谐社会"的推行、形成和发力。虽然"和谐社会"不像"小康社会"那样具有很高的政治地位，但它却是"小康社会"的核心。"小康社会"从本原看还只是一个经济学概念。"小康"就可以理解为一种"小程度的，但广泛的在生产资料所有制上有所有的状态"。而"和谐社会"则是一个社会学概念，是对各种社会关系的综合与协调。它要求鼓励所有的人都要发声，但发声的大小、节奏、旋律、高低和轻重都需要按照规则来进行。因此，过强的公共自卑可能会引起绝大部分力量的自卑有余而信心不足的状态，从而最终会成为全面建成小康社会的绊脚石。

二 公共自卑的影响：已透消极性

与社会自卑不同，公共自卑是一种垂直的、立体的和自上而下的心理整体自卑状态。所以，它一般是在现实的公共性运行中才能和才会得以存在、显现和作用的。公共自卑与公共妒忌不同：自卑是觉得自己低人一等，妒忌是看别人高自己一等。它主要是由对公共制度、公共设施和公共人物弱化或者缺乏信任和信心引起的。公共自卑是引发群体性事件的一个重要因素，也是引发公众影视文化自卑的一个关键因素。随着对"公共自卑"管理的严重缺位，目前"公共自卑"已经呈现出一种多样化的状态。不仅如此，而且其消极影响会越来越大和越来越深。

（一）群体情绪自卑

这是一种没有由头的自卑。有由头的自卑是一种理性自卑。从近年来各地发生的两大类群体性事件即维权类群体性事件和泄愤类群体性事件中可知，群体性事件的爆发多数是与人们对事情的处理失望或者绝望有关，否则群体情绪就不会因为失去理性和制度的控制而上升到显性层面。这又是与群体情绪的沉淀、陈腐、腐败和腐朽有关，与情绪的新鲜度有关：情绪的新鲜度越高，则自信度越高；相反，情绪的陈腐度越高，则自卑度也越高。与理性自卑不同，情绪自卑具有浓烈和强烈的群体性，也即具有大幅度的突然性、动态性和变化性。与个体自卑不同，群体自卑具有明显的情绪性，也即具有互动性、从众性和感染性。这也与政府驾驭群体情绪的能力、方式和方法有关。其中，是否让社会有一个流动、新鲜和健康的群体情绪是关键。所以，对群体情绪，与其被动地被其裹挟，不如主动地将它驾驭。只有驾驭群体，才能利用群体。群体本身蕴含着能量。这种能量其实至今尚未被人认识和了解。其实，当个体在整体处于自卑状态时是最容易发生群体情绪失控的。

（二）文化普遍自卑

这是对人所生存和生活其中的文化的一种自卑，属于社会心理自卑的一种形式，是一种对风俗、民俗和习惯的自卑心理，是一种渗透到人们心理深处的自卑。这主要表现在对历史和文化的态度上，主要是对自身文化的普遍不认同和自卑，甚至还达到一个妄自菲薄的地步。改革开放以来，文化普遍自卑的现象不仅没有得到遏制和控制，反而变本加厉。尤其是当经济自卑有所缓解甚至好转时，以政治自卑显现出来的文化自卑几乎渗透到了社会每个细胞里。这是一种发自内心的自卑情绪和情结。它对人的心理具有基础作用。从文字到语言到饮食到服饰到艺术到学术到做法到制度等，都是"月亮是别人的圆"。虽然文化的自卑具有一定的规律性和必然性，但它的消极性和破坏性已经异常猛烈。它往往与经济发展太快有关，不是经济发展本身的问题，而是它的发展与文化配套的问题。一般是，穷人"暴发"后都有一种文化上的自卑，一种对自身文化不认同所形成的自卑状态。其中，对文化的轻视和忽视甚至没有感动和感化人的心理与心灵的文化作品来重塑人的人格和品格乃至尊重和尊严，是形成文化自卑的一个根源。

（三）社会整体自卑

这是一个心理整体性的自卑状态。心理自卑有分体和整体的区别。分体自卑往往是局部性的，而整体自卑是全局性的。而个人和集体的自卑只是整体自卑的程度不同而已。但有意思的是，如果按自卑程度进行排行，当今能排列进世界前四名最自卑国家的既不是阿富汗也不是伊拉克也不是非洲的某些赤贫国家，而是亚洲的中国、印度、日本、韩国四个国家。这个发现是具有冲击力的。按照病理学的角度看，这往往是"综合征"的基本特征。它们自卑的原因肯定不是经济学上的概念，以 GDP 为标志的经济实力，它们都列世界前 15 名内，人口规模也在世界第 26 名内。所以，它们属于一种心理的整体自卑。但要看到，能挑起战争的一般都是整体自卑的且程度又很严重的国家。而整体自卑的特征在于，它不仅是全局式的而且是结构式的和崩溃式的心理自卑。社会结构的混乱、标准的缺失和运行机理的模糊，是社会心理整体自卑的基本动因。

（四）政治高屋建瓴般的自卑

这是对位于上层建筑和具有高屋建瓴政治的自卑状态。对马克思主义，对共产主义运动的历史，对社会主义制度的历史，对社会主义的政党，对社会主义政府，对社会主义政要，普遍有一种"不行"和"不适用"的看法。尤其是对它们的作用深度和影响长度基本上都持有起码的保留态度，甚至还持有明显的逆反和反对的态度。其关键是一种政治理论的自卑。只有政治理论的自卑才会导致政治信仰的自卑，而政治信仰自卑又会导致政治制度的自卑，而政治制度的自卑又会导致政治道路的自卑。人们就是对具有高屋建瓴性的政治有了自卑感，才导致对国家所实施的制度产生了自卑情结和效应，就会产生对政治形象的自卑。其实，公共自卑一般都是从政治自卑发生、发挥和发展甚至发酵的。而官僚主义、形式主义、享乐主义和奢靡之风是形成政治自卑的催生剂。"公共自卑"的形成和趋重的关键，主要是与对作为公共主体的政党和政府失去信心和信任有关。在一个需要政治偶像的社会中但又没有政治偶像，是政治自卑产生的最大的原因和最大的结果。

其实，社会的公共自卑有很多内涵，如权力自卑、金钱自卑、文化自卑、地位自卑、气质自卑和气势自卑，等等。特别是"每次在遇到危机的时候，总会爆发激烈的争论，人们相互抱怨，相互推诿责任，重复着冷漠和伤害，想当然地沉浸于过去的美好时光，神化伟大的一代……诽谤自那以后时代的人"。① 但每个社会及其每个阶段的自卑形式和程度各有不同。不同的公共自卑蕴含着不同的公共自信的能量和力量。自卑得越烈，则自信得越强。但其中不是简单地等于，而是有一个复杂的转换和转化过程的。它需要科学的设想和设计。一旦不科学，就会出现异态和歧途。虽然公共自卑是个体自卑的一个集合体，但却不是它们各自自卑的简单相加，而是每个自卑形式之间的一种复杂和综合的互动、交融和复合，如日本政府在钓鱼岛等问题上的强硬姿态，恰恰折射出日本社会自信的缺失②。要完成这样的转换过程，既需要哲学方向和方面的设想，又需要科学的方式和方法的设计。但自卑得越烈，则对自卑管理的思考越深。公共自卑的形成和趋烈往往是对公共心理缺乏管理的结果。中国社会甚至人类社会从整体上看，既没有一个"心理管理"的概念和理念，也没有一个"心理管理"的发生和方法，更没有一个科学的"心理管理"的技术和技巧。

三　公共自卑的原因：错综复杂性

"公共自卑"不是从石头缝里蹦出来的，它的产生有一种历史的必然性。其原因是多方面的。公共自卑产生的原因有政治因素、经济因素、社会因素等。虽然公共自卑属于主观层面的东西，但它的形成有其客观规律使然。日本前首相鸠山由纪夫认为，日本首相安倍晋三和其他个别右翼政客在领土、修宪、参拜靖国神社以及修改历史教科书等问题上所采取的强硬姿态，有着深刻的经济和社会根源。③ 找到客观性，是要承认公共自卑的状态和态势；而找到主观性，是要克服公共自卑的方向和程度。

---

① ［美］杰里米·里夫金：《第三次工业革命》，中信出版社 2012 年版，第 27 页。

② 这是日本前首相鸠山由纪夫在 2013 年 7 月 1 日在东京接受中国中央电视台记者专访时所说的观点。［视频］专访日本前首相鸠山由纪夫_ 新闻频道_ 央视网 http://news. cntv. cn/ 2013/07/02/VIDE13727272999093326. shtml。

③ 同上。

（一）政治因素

"政治"其实是人类治理方式的统称。人类至今的治理方式概括起来只有两类：一是少数人治理的模式；二是多数人治理的模式。人类至今对少数人如何管理多数人已经积累了丰富的经验，人类由少数人治理的模式已经起码有 5000 年历史了，已经有很成熟的方式和方法。但对多数人如何管理自己和少数人，人类从总体上还没有成功的经验和成熟的方式方法，一直都在探讨和探索之中，至今推行多数人治理模式还不到 100 年的历史。但要看到社会主义在人类治理方式转变和转化过程中的特殊地位和作用。

（二）经济因素

随着经济全球化的推进，自 2001 年 12 月 11 日中国正式成为世贸组织成员以来，已经有十几个年头了，目前也是世界第二大经济体。虽然近几年来中国国内生产总值在世界上的排名已经稳居第二位，但是由于中国人口基数巨大的历史原因，造成国内人均 GDP 排名在世界上仍然十分靠后。由于 GDP 与人均 GDP 之间的巨大落差，国内不少社会公众产生了一种经济上的公共自卑，认为"国家有钱是国家的事，自己还是没钱"。因此，在看待 GDP 与人均 GDP 时，一定要理性、客观，综合分析历史原因、客观原因、现实原因，应该看到中国经济的飞速发展，看到人民生活水平的显著提升，而不应过分自卑。客观上经济运行怎样是一回事，主观上怎么认识经济状态是另一回事。

（三）社会因素

"公共社会"是一个整体概念。社会公众是组成"公共社会"的最有活力的成分，但不是唯一的成分。但是，在现实社会生活中，经常可以听到社会公众通过电视媒体、网络媒体等大众媒体平台来抒发内心的怨气和牢骚的现象，由此在社会上造成和形成一个怨气大、牢骚多的群体。他们不仅处于弱势时是如此，而且在获利时也是如此；他们不仅是社会问题的受害者，而且也是社会问题的制造者。这既是公共自卑的一种表现形式，也是产生公共自卑的社会因素。社会因素在公共自卑的形成过程中一般起着一种烘托气氛和氛围的机理作用。一般情况是，经济因素只有通过社会因素才能对人产生作用和影响。但任何事情一旦到了社会因素层面就具有了一种综合效应，就会产生一种看不到和摸不着的心理感受，就有一种"冰冻三尺"甚至积重难返的态势。

（四）历史因素

在现实中，历史和历史学是两个不同的概念。历史是怎么一回事，历史说明了什么是另一回事。历史是客观的，但历史学是主观的；发现历史是一回事，认识历史是另一回事。对历史的不同角度审视会形成不同的历史观点和观念。根据距离现实的时间差距，历史的主观性就越浓厚甚至浓烈。怎么看待近现代史，成为当下社会管理的难点。很多现实的"公共自卑"几乎都是来自对现当代历史的认识。这就需要一种别具一格的崭新的对历史的理解、分析、解释和发现。其实，任何历史都具有两面性。关键在于人们怎么看。在历史自卑中蕴含着自信，在历史自信中又有自卑。能否在历史自卑中发现自信，又怎样在历史自信中发现自卑，是每个政府要解决的问题。某个事物的历史长短决定着其成熟的程度问题。不同岁数的人难以比较其成熟的程度如何。新中国与美国相比还相当年轻。美国有将近 240 年的历史，而新中国只有 64 年的历史。新中国只有美国1/4的历史。殊不知，历史的长短决定着经验的成熟程度。历史学不仅要发现和挖掘历史事实，而且还要发现、解释和阐述历史轨迹和历史规律。

（五）文化因素

"文化"的概念是综合的。个体和社会的社会心理是"文化"的基础因素，而文化产品则是"文化"的表象和表现形式。其中，核心价值观念起着中心的位置并发挥着中枢的作用。缺少核心价值观念，容易导致社会的心理、意识和精神状态分离甚至分裂。由此决定了中国进行核心价值观教育的必要性。现实的核心观念的缺失，核心价值的迷茫，信仰的丧失，底线的缺失，是这种教育提出和开展的社会基础。作为一个新型和新兴的社会制度文化来说，在成熟的制度文化的挑战下形成一些自卑情结也是正常的。但这种自卑要适度，千万不可到达妄自菲薄甚至自暴自弃的地步。

（六）理念因素

事实是，既需要纵向比较，又需要横向比较。特别是包含一个对社会主义怎么看的问题。不能说，现状不如资本主义就是不如资本主义。那么，少年儿童的力气不如中年人，难道少年儿童就永远不如中年人嘛？理念因素带来的还有目标和标准的因素问题。但它的基础则是信念。而信念的基础则是信仰。理念一般是体现在概念中的。有新理念，一定要有新概念。新概念的提出和接受，决定于理念的形成和提出是否科学。而缺少新概念是理念自卑的一种典型的表现。其中，理念是概念的核心，而概念是名词和名称的核心。理念的不变和陈旧是产生"公共自卑"的又一个重要源泉。

（七）管理因素

当前，经济社会发展的脚步越来越快，相对而言，政府职能转变的进程却很缓慢，在服务能力的提升上更有些乏力，跟不上和满足不了社会公众的需求。虽然，在30年的改革中，各级政府的公共服务职能已经有了较大的转变，但从总体上看，政府对公共自卑的管理和对社会的服务职能的意识还比较薄弱。与此同时，公共服务体系和机制的缺陷和缺口却越来越大。当前，中国正处于城镇化的高峰、人口的高峰、就业人口总量的高峰与走向老龄化的高峰叠加时期，人民群众的社会公共需求呈现出快速增长之势，但是与之相匹配的公共服务体制、机制的差距却越来越大。这就需要管理和科学管理。随着管理因素而来的是程序因素和规范因素。管理的关键在于，是否激活、保持和延续了公共自信和公共自觉。最主要的还是与在社会管理和公共管理中缺少一种尊重的机理和氛围有关。当初那种"群众是真正的英雄"的氛围几乎已经消失殆尽。这也是党中央在当前要抓"群众路线教育"的本源。没有公共自尊是形成公共自卑的根本原因。

（八）理论因素

关键是，理论自卑使得整个理念自卑变本加厉。它实际上是公共自卑的核心。俗话所说的"名不正，言不顺"就是这个道理。现实中很多"名不正"的现象都是由"言不顺"造成的。其中的"言论"就是理论。而没有自己的理论，没有创新的理论则是理论自卑的核心。理论是系统化的理念。一切的公共自卑基本上都是由理论自卑引起和形成甚至发酵的。但理论自卑直接导致的是思维和思想的自卑。近代历史揭示，科技的能量不如制度的能量，而制度的能量又不如理论的能量。当资本主义走到极其悲惨地步的时候，人类产生了马克思主义。马克思主义在形成和产生的时候确实解释了资本主义，但无法解释当代资本主义的发展也是事实。虽然相信当历史又循环到当初上空的时候又会恢复解释的功能，但当下却要解决这种理论的困惑乃至自卑。理论自卑的核心在于，如何理解和解释作为一种新型的社会主义制度存在和作用的合理性和未来性及其幼稚性和局限性。其中还包括对人类历史进程和社会形态历史的理论创新。把"实事求是"当成了"事实就是"是形成当下理论自卑的根本原因。所以，理论创新缺乏是形成自卑的根本。

四 公共自卑的管理："公共自信"发力

要充分认识到十八大报告提出的"理论自信"、"道路自信"和"制度自信"的实际意义。其实质是要让人感受到"自信"的一种难以估量的作用和力量。这对缓解和降低甚至克服当前的"公共自卑"将起着十分关键的作用。要清晰地看到自此之后"自信"话题和主题的展开。用"公共自信"克服和缓解"公共自卑"是一个很科学的思路。公共自卑的存在和作用是客观的，是不以人的意志为转移的。人不能没有自卑，但自卑要有度。自卑的大小和深浅要依据能力来界定。能力的形成、提高和完善是逐渐的。尤其要注意自卑的适度适时性。既然已经明白了"过犹不及"的道理，又懂得要辩证地看待公共自卑，就需要慎之又慎地在"过"和"不及"之间选取一个"度"。特别是还要能驾驭好"公共自信"。驾驭是需要能力的，包括发现"公共自信"的能力，特别是要在"公共自卑"中发现、提取和培植"公共自信"的能力，还要有把"公共自卑"发展为"公共自信"的转化能力。

（一）主体驾驭

这属于一种直接驾驭。管理者要有能力完成自我的"公共自卑"管理，接下来就是要对他人的"公共自卑"进行培养和管理。"公共自卑"作为一种大众心理，若是管理者忽视了被管理者的公共自卑心理，很可能会造成管理的失效和失败。如果被管理者的"公共自卑"处于一种游离的状态，那么，每一个或者许多个对公共自卑的管理就会遭受挫折和失败。管理者不仅要学着关注被管理者的各种公共自卑心理，还要懂得凝聚其公共自卑，使原先分散、不集中的"公共自卑"团结和凝聚在一起。管理者如果懂得很好地凝聚被管理者的公共自卑，"团结就是力量"，不仅有利于被管理者的完善与发展，还有利于促进管理的顺畅和成功。其中，不仅要尊重个体性主体，而且要尊重组织性主体，尤其要特别重视国家主体和单位主体公共自信的确立和树立。

（二）制度驾驭

这属于一种间接管理。在管理实际中主要涉及如下两个问题：一是制度是否具有公共自信；二是驾驭制度是否具有公共自信。制度是体制的保障，体制又是机制的完整体现。而机制又是机理的一个部分。仅制定制度是远远不够的，要想让制度具有公共自信，还必须具有由驾驭制度的能力所形成的公共自信。驾驭制度的要点有三点：一是制定式的驾驭；二是执行式的驾驭；三是反馈式的驾驭。不仅速度要快，而且系统性要强。它们本身是一个环链的和有机的系统。要驾驭制度的建设，就要把一种新型的制度变为一种系统的制度，然后再把一种系统的制度变为一种成熟的制度。但制度的建设和运行必须在现实社会中得以完善和完成，所以这种驾驭还必须受到和经受住各种各类各方各面各层的干扰和挑战。驾驭不好，这种制度建设就会或是船沉中途，或是形式主义。但怎样驾驭制度的建设和发展还有一个科学问题。关键是要让制度包含机制，而机制要体现体制。所以，驾驭制度的本质实际上是驾驭机制和体制。在一个公共性高度发展的当今社会里，具有"公共"价值的制度体现的是公共机制和公共体制。这决定了要特别做好"政策"建设的工作：就是要建立一种对"正"的刺激机理和机制。

（三）媒体驾驭

当今社会已经进入媒体时代、网络时代、电子时代。科技的迅速发展，使社会公众的生活发生着日新月异的变化。既然公共自卑的存在有其必要性、必然性和重要性，那媒体作为社会的舆论引导主体，应该承担相应的社会责任——积极引导公共自卑向良性发展，控制公共自卑发展的度，不要产生"过"或者"不及"的情况。电视、报纸、广播、政府的门户网站以及官方微博都是很好的平台。曾经在一段时间里,我们是把"媒体"当作"舆情"的。其实,这在当代越来越不同了。"媒体"只是"舆论",但"舆论"是"舆情"的一部分。所以,用"媒体"概括"舆情"就有些以偏概全了。把"媒体"从"舆情"中脱离出来并且得以驾驭乃至成熟,是现代政府管理者需要琢磨和操练的。公共自卑一般与媒体的畸形运行方式有关。而驾驭媒体的结果是,人类不能消极地成为媒体的奴隶,而只能积极地成为媒体的主人。而驾驭媒体的前提是对媒体的管理,是一种利用"法律"展开与深入的"管"和利用"政策"展开与深入的"理"。

(四) 舆情驾驭

其中,"三个有利于"很关键:一是有利于构筑社会主义和谐社会。它是人类孜孜以求的一种美好社会。马克思主义者及其政党不懈追求的就是这种社会理想。二是有利于建设建成建好"美丽中国"。十八大报告首次专章论述了生态文明,首次提出"推进绿色发展、循环发展、低碳发展"和"建设美丽中国"。三是有利于社会发展特色之路的行走。这决定了社会的整体需要一种"公共自卑"——对于在发展进程中取得的成果不能过分骄傲和自傲。但这种"公共自卑"必须是适度的和适当的,过多或过少都不行。适当的公共自卑是一种社会正能量,有利于在中国特色社会主义道路上越走越好。其中要驾驭"说"的情势:"说你行,不行也行;说你不行,行也不行。"舆情原则上是一种理性和情绪的混合物,其中是天使和魔鬼掺半的,是既需要打压又需要安抚的。

(五) 自尊驾驭

既要尊重公共代表的代表性,又要尊重公共大众的普遍性。但仅有尊重还是不够的,还要在尊重的基础上对公共自尊的驾驭。要看到,尊重是管理的最高境界。但怎么才能做到公共自尊,做到在公共交往和公共场景中不卑不亢,还没有完全成熟的经验和方法,还需要继续的探讨和探索。稍有不慎,就会陷入公共骄傲的陷阱,甚至还会跌入公共狂妄的泥潭。同时要知道,公共自尊也是公共社会成熟状态的产物。没有公共氛围作为基础,任何的公共自尊都会是畸形的,都是会走向极端的,甚至还会走向它的反面。它是需要输入公共理性和公共理念的。但自尊要有尺度,这就需要驾驭。自尊不能到自傲、自负和自用的地步和程度。但自尊又很容易变化到自傲、自负和自用的地步和程度。其中，自尊的结果是自信，而自信的结果是彼此信任。里夫金说："当公众的信任足够时，经济就会繁荣，未来就有保障；反之，经济就会衰退，前景就会暗淡。"①

（六）自强驾驭

要逆转公共自卑，就要从公共自强开始抓起。有了公共自强，才会有公共自尊，才会有公共自信。而在公共自强中，理论自强又是制度自强和道路自强的关键。这是提倡和实现理论创新的关键，虽然它离不开道路自强的实践。这也是学术界和理论界可以为社会的公共自强所做的重要甚至伟大的贡献。其中，"自强"有一个"不息"的机理问题。要想使事物有一个"不息"的发展机理和态势，就一定要有一个"自强"的状态。所谓自强，就是一种通过自觉、自发和自动从而使自己强大的状态。自强也有尺度，不能到一个自霸的地步和程度。"自强"的意识被激活后，就有一个如何管理"自强"的问题。"自强"一旦失之管理，就会破坏关系、环境和生态。这涉及了一个"自强"的程度和节奏及其时间和空间的问题，也引起了对"自强"必须进行规范的问题。

由此可知，"自信"还不是管理的最终目的。对公共心理管理的目的是要达到一个"公共自觉"的状态。那是一种群体的整体行为。一个民族和国家达到了"公共自觉"的状态，这个民族和国家就不可小看。这就需要造势"公共自信"。公共自信的形成有两法：一是自然形成法；二是人为锻造法。自然形成法虽然很和谐，很完备，但速度太慢和时间太长，是在没有"公共自卑"的挑战下也可以逐渐成长和成熟的。但现实是，"公共自卑"对管理的挑战越来越猛烈。这就要求必须对"公共自信"进行锻造。由"三个自信"可以看到，对个体和群体来说，"自信"都是一个系统，具有一种立体性。而"三个自信"只是"公共自信"整体的核心。"公共自信"是由目标自信、旗帜自信、领袖自信、理论自信、道路自信、制度自信等方面构成和组成的。但公共自信并不是公共自负。而要形成这种立体状态，则需要不断的、与时俱进的创新和培植及其解释、诠释和阐释。这涉及一个本身是否可信和民众是否接受的问题。把

---

① ［美］杰里米·里夫金：《第三次工业革命》，中信出版社2012年版，第27页。

"公共自信"和"公共自卑"放进"心理管理"的范畴去认识和理解就会发现，它们与社会心理和公共心理及其管理密切相关。特别是要打造信心、信任和信用甚至信仰。但与信心、信任、信用和信仰不同，"自信"是一种内化的过程。其中，理论的突破和创新至关重要。还有政府"公信力"的强大很关键。

应该看到，公共自卑与公共自信之间是一对矛盾。其矛盾性越大，其创新性和可用性就会越大。其中，有没有自卑或自信是一回事，如何利用自卑或自信是另一回事。凡是矛盾的，都是会转换和转化的。没有自卑的自信是一种自傲和自负，没有自信的自卑是一种自薄和自弃。所以，有自卑，才需要自信；有自信，才会有自卑。虽然自卑到了极端就会产生自信，但这种转换和转化往往有一个漫长和不可测的过程。转化得好，可以成为自信；转化不好，则会成为自傲。所以，从"公共心理"管理的角度思考"公共自卑心理"及其管理，是一个开放式、多元化的命题，这个命题对于当前状态下的中国社会具有十分重大的意义：研究好这个命题有利于中国公民认清自我、找准定位，更有利于推进中国社会公共心理向良性方向发展。研究的关键不仅仅是分析，重要的还是对"公共自卑心理"的应用之道进行谨慎的、专业的、专门的思考和行动。适度的、适当的"公共自卑心理"不仅有助于塑造个人的完整性格，有助于实现个体的自我认知，更加有助于推进中国社会营造"自谦"、"自信"的社会大环境，为进一步实现中国社会主义事业打下坚实的基础。对于"公共自卑心理"及其管理模型，依然有许多未知的领域值得我们继续、持续和连续的研究下去。随着社会的进步，相信关于这个命题的研究会引起更多专家、学者的关心、关注，也会促进这个命题的研究成果越来越深入。

（作者：黄建钢，浙江海洋学院管理学院教授）

治理视野下的古城重建策略探析

——以 J 市古城为例

一 问题的缘起

古城重建热近几年席卷了中国三十余座城市，动辄成百上千亿的重建费用备受社会各界质疑。据报道，2008 年启动的台儿庄运河古城重建项目，力图在原有 5% 的遗迹上，改造重建一个 100% 的古城。自 2010 年开城以来，该古城共接待游客 400 多万人次，2009—2011 年，古城三产增加值占 GDP 的比重提高了 3.9%[①]，成为国内重要的旅游目的地和休闲度假区，实现了城市的成功转型。聊城、邯郸、大理等市的古城重建项目则成了"拆真名城、建假古董"的负面典型，被国家住建部与文物局联合发出警告信并责令整改[②]。

这股古城重建热潮实质上反映了目前中国城市更新的发展模式及特征。已有研究认为："城市更新是城市形体、经济、社会、环境转型的诸过程中，各种力量相互作用的结果，以及对面临的机会和挑战做出的一种反应。"[③] 基于可持续发展的战略目标和各利益相关方相互作用的重要性，20 世纪 90 年代以来，关键行动者及参与者的合作已成为西方城市更新发展的支配性方式。与西方相比，中国的城市更新显得更为复杂。随着中国市场经济体制下产权私有化程度的不断加深，城市更新中的利益主体及博弈形式更为多元化，产权、拆迁、土地等正式制度在现实中的失效使各利

---

① 彭利国：《三十古城上演重建凤，"名城"称号骑虎难下：穿越五千年，拆仿一线间》《南方周末》2012 年 11 月 5 日。

② 《古城保护不该"拆旧仿古"》，《南方周末》2013 年 3 月 6 日。

③ ［英］彼得·罗伯茨、休·塞克斯：《城市更新手册》，中国建筑出版社 2009 年版。

益主体倾向于采用一种非常规、制度外的方式，以谋求各自的权益①。在现行土地制度及政策的影响下，中国城市更新呈现出强烈的经济利益驱动性和利益冲突的特征②。现行的制度缺陷使各方博弈无法达到均衡，如体制性利益主体的缺失；城市更新研究、社会关注的物质技术化倾向以及公共管理理念滞后；相关政府绩效评价标准的缺陷等。市场机制的引入使各参与方的角色扭曲，实行以粗放型的改造或重建为主的更新改造模式，使城市更新中利益群体间的差距不断加大。政府是博弈平台的提供者和规则的制定者，政府角色的扭曲将导致博弈缺失制度性的保障。为改良现存失衡的博弈机制，应构建利益共同体模式、责任共担模式、相关者交互参与模式等合作模型；加强城市更新的公众参与，在规划编制上确保公众的知情、参与、决策等权利，建立社会中介组织及利益表达机制，增进公众的民主权益和规划管理意识。总的来看，中国的城市更新实质上是各个行为主体从自身诉求出发进行的利益博弈过程，需要通过良好的制度设计引导、规范、促进各方利益的整合。

　　基于治理理论的视角，本文认为，城市更新的目标就是要寻求各行为主体之间的合力，共同促进城市的可持续发展。城市更新是不同的利益主体之间利益冲突与博弈的过程，需要明确责任主体，建构良好的利益整合及平衡机制。古城重建是城市更新的实践方式，其中各个行为主体之间的利益冲突与博弈最终会影响古城保护与发展的路径，也是导致古城重建陷入困境的重要原因。本文以 J 市古城为例并结合实证调研结果，研究分析古城重建的困境和各个行为主体的动机及其关系的变化，试图揭示在利益博弈过程中，谁的利益在古城保护与发展中具有主导意义，从而明确责任主体的地位，并从民主与效率的价值向度，提出古城更新治理的制度创新设想。

二　城市更新的趋势与利益整合的制度架构

　　目前西方的城市更新已进入合作治理的阶段。城市化的快速发展，使处于转型期的中国城市更新也在寻找一种治理转向。从城市更新过程及影

---

　　①　张杰、庞骏、朱金华：《旧城更新拆迁博弈中的帕累托最优悖论解析》，《规划师》2008年第 9 期。

　　②　黄晓燕、曹小曙：《转型期城市更新中土地再开发的模式与机制研究》，《城市观察》2011 年第 2 期。

响因素出发，为寻求各利益主体之间的合力，需要确立城市更新治理的制度架构。

（一）西方城市更新的趋势：多维度、多方参与的合作模式

经历了第二次世界大战后的重建和复兴，西方城市更新已由政府主导及具有福利色彩的内城更新、市场主导及公私伙伴为特色转向公、私、社区三方伙伴关系为导向的多目标综合性转变（见表1）。具体而言，由房地产开发的市场导向、以物质环境改造为重点的城市美化运动转向注重人居环境的社区综合复兴，注重城市的多样性、历史价值保护和可持续发展。采取政府、私有部门和社区三方合作模式，自上而下的公共干预与自下而上的民意诉求相结合，强调社区的参与和各相关方作用的制衡。建构合作制度并对合作过程进行管理，在体制、项目、技术上建立起不同层次的合作组织，把利益相关方通过公共资金的筹集、一致的目标、签署正式纲领或组织结构协议等方式联系起来；保持合作组织领导的核心性、组织结构及预算的独立性、工作人员的专业性及高素质、监控与评估的客观性并创造附加价值，从根本上奠定了合作制度的基础，提高了合作效率。

总的来看，多维度、多方参与的合作模式已成为西方城市更新的趋势，政府、市场和社区这三种要素正共同发挥作用，集中体现为更新过程的包容性，即多个角色的广泛参与；政府在更新组织中的协调及促进能力；吸引私有部门投入更新的创新机制；社区动员、参与及赋权；各方协调、合作的质量及实效。

（二）利益博弈时代的中国城市更新：多元合作的"政策真空"期

与西方发达国家相比，中国城市更新有其自身的复杂性和特殊性。经历了计划经济时期围绕工业生产展开的城市物质环境的规划与建设，特别是"文化大革命"时期伴随着政治斗争的支离破碎的城市建设，到经济转型期恢复城市规划、地产开发与经营主导的城市改造，目前中国的城市更新进入了快速城市化与多元化、综合化的时期。虽然建设宜居城市、人文城市、可持续发展等规划理念不断兴起，但是以追求经济效益为目标、以物质环境改造为重点的政策取向不变。"当市场取代再分配成为资源配置的基本机制时，利益的分配已经主要不是取决于国家的意志，而是市场和社会中的利益博弈"。旧城作为城市中历史悠久的集中性传统生活区有

着较大的影响力，旧城更新的改建、整治和保护应遵循"有机更新"的规律。然而实践中的旧城更新却往往偏重于物质环境层面的建筑形态与经营业态的再造，实际上是居民拆迁和商业开发。尤其是近年来，土地有偿使用、地产经济繁荣、住房的商品化使旧城改造获得新的动力和契机，但经济利益唯上的再开发，多趋向于高密度开发，造成人口密度、建筑密度和容积率过高；传统社区的文化纽带被切断，社区结构衰落；旧城居民安居利益与开发商经济利益发生冲突，正式的利益表达渠道缺乏；商业街区的开发与历史文化街区的保护，在战略导向、业态功能方面的冲突诸多矛盾不断涌现、错综复杂。

表1　　　　　20世纪七八十年代西方城市更新治理模式的转变

时期 类型	70年代 （Urban renewal）	80年代 （Urban redevelopment）	90年代 （Urban regeneration）
政策取向	以物质更新为主，兼顾社区需求	以房地产开发为主要形式的市场导向，以经济增长为目标	可持续、多目标（经济、社会、环境）
运行模式	政府主导型	公私合作型	社区参与型
决策模式	政府主导、福利主义、自上而下	市场主导、自上而下	自上而下与自下而上相结合
政府角色	中央政府主导、地方政府补充	公私双向合作，私人部门支配一些公共基金	协调、引导及促进作用
私有部门角色	自发性投资	公私双向合作，政府鼓励私人投资	重要投资者
社区角色	福利主义政策的对象，参与度较低	社区自助，政府支持有限	参与作用凸显，权利制衡者，政策焦点
体制安排	政府主导，私人部门功能增加，地方政府分权	以私有部门为首要力量，公共部门退居其次，后期强调地方的作用	制定战略框架、建设区域合作组织；跨部门合作，强调机构间的垂直和水平联系

　　资料来源：根据［英］彼得·罗伯茨、休·塞克斯《城市更新手册》（中国建筑出版社2009年版）资料整理。

　　总的来看，改革开放以来，随着中国社会主义市场经济体制的建立，城市建设中的新旧矛盾日益错综复杂，自上而下的管治模式依然不变，公众参与的途径依旧稀缺，社区力量仍很薄弱，各参与主体的利益冲突难以协调，自下而上的城市更新诉求得不到有效回应，城市更新陷入多元合作的"政策真空"。

（三）城市更新的利益整合：基于治理视角的制度架构

从中西方城市更新趋势及治理模式的比较可知，城市更新过程中不可避免地出现了利益冲突与博弈，有规则的利益博弈是市场秩序中的重要组成部分，为保障利益博弈的有序进行、实现利益整合，必须明确制度安排。

"治理是各种公共的或私人的个人和机构管理其共同事务的诸多方式总和，它是使相互冲突的或不同的利益得以调和并采取联合行动的持续过程。它既包括有权迫使人们服从正式制度和规则，也包括各种人们同意或以为符合其利益的非正式制度安排。"从可操作层面看，治理则是管理政策网络（policy networks），即相对稳定与前进的关系网，动员与汇集广泛分布的资源，使得集合的行动得以协调迈向共同政策。政府要通过网络经营和网络建构来指导和推动政策网络。目前西方城市更新的运行模式实质上是一种伙伴制，即"为重整一个特定区域而制定和监督一个共同的战略所结成的利益联盟"。这种伙伴制从最初的公私利益联盟逐步扩展到社区参与，发展为公私与社区及个人的多元合作政策网络。

从实践看，城市更新的内容一般包括土地交易、旧城拆迁、拆迁安置、规划管理、遗产保护五个方面。在土地交易中，集中体现了以产权制度为主线的计划与市场、中央与地方、政府与开发商的博弈；在规划管理、遗产保护上，不同利益主体的价值取向不同；拆迁安置中的利益分配是冲突的焦点。从城市更新过程看，城市更新要整合变化的内、外因，最后在经济发展、街区战略、培训和教育、保护城市环境、改善建筑环境等方面作出相应的政策。推动城市更新的内、外因素是关键，内因包括现有战略、可利用的资源、居民意愿、公众的参与程度、规划领导及宣传等；外因包括经济的宏观发展倾向、国家政策、竞争对手城市的策略等。

因此，在城市更新这一特定情境中的治理，至少应考虑两个制度层面：一是制度设计的价值取向，即经济、社会和环境效益的偏重或整合，这决定了治理的民主与效率倾向；二是操作层面上的基本制度安排，即政策网络的建构。根据奥斯特罗姆的制度分析和发展框架，"行动舞台是个体间相互作用、交换商品和服务、解决问题、相互支配或斗争的社会空间，它用来分析、预测和解释制度安排下的行为。那些将用于规制操作层面的选择规则有关的政策制定（或治理），通常是在一个或多个集体选择的行动舞台进行的"。因此，进行制度安排的前提就是要明确一个或多个层面上的行动舞台。实践表明，城市更新的基本制度主要是在正式的集体行动舞台和非正式的集体行动舞台上发挥作用，即利益主体本应遵循的不同类型的正式制度和可选择遵守的非正式制度。

具体而言，城市更新涉及多方面的政策，如产权、土地、财税、拆迁、安置、住房、环保等，须将它们分类整合进不同层面的制度安排中。从利益分析的视角出发，詹姆斯·E.安德森对公共政策的类型进行了归纳。首先，政策分为实质性政策和程序性政策。实质性政策与政府将要采取的行动有关，分配相关收益和成本，会直接给人们带来利益和不便；程序性政策只涉及怎样采取行动和由谁采取行动的问题。其次，从利益分配的角度出发，可分为分配性政策、再分配性政策和管制性政策。分配性政策涉及使用公共资金支持特定的团体、社区或产业，只会增加利益相关者的自由和权力，那些寻求利益的人们并不相互直接竞争；再分配政策涉及金钱、权利或权力的再配置，往往难以制定和通过；管制性政策是对个人或团体的行动加以限制和约束的政策，通常涉及两个团体或团体联盟之间的利益冲突，最终会产生明显的赢家和输家。根据不同类型公共政策的性质及功能，可将城市更新的制度安排分为正式制度层面的基础型、控制型、程序型、保障型、调节型制度，以及非正式制度层面的利益联盟机制、媒体力量等，以建立城市更新的利益整合制度架构。

三　价值判断与利益冲突双重困境下的古城重建

价值取向决定了行为主体的行动尺度及行为选择。从表面上看，关键行为主体对古城本身的认识影响了古城重建目标，导致实践中各种偏离规划导向的现象，实质上是关键行为主体自身利益诉求之间的冲突。

（一）在古城价值判断上的困惑

1. 对古城的理解与定位

不同群体对古城有着不同的认识，决定了古城重建目标的多样性。文物保护专家关注古城的历史文化价值，通常从古城现存的物质形态和可继承的历史人文形态定位古城重建目标。城市规划专家关注古城与新城的和谐规划与建设，以及如何发挥古城在城市更新发展中的作用。城市居民眼中的古城不仅承载着悠久的历史文化，而且满载着传统生活的印迹。开发商最关注古城的经济价值，古城重建就是潜在商机。对城市政府而言，古城则集经济、社会、环境价值于一体，古城重建目标复杂且多元。

具有完整砖石城墙形态的 J 市古城是指明府城，始建于明朝洪武四年，距今约有 634 年的历史。古城片区内部民俗文化建筑，最早的始建于唐宋年代，距今已有近千年的历史。除历史建筑类的物质形态外，"家家泉水、户户垂柳"，"水在石上流，人在水中走"，"幽幽古巷绕古城，处处泉水伴人家"等传统市井生活及文化风貌，也是极具保护价值的历史人文形态，对这种传统生活风貌的修复与展示也是古城重建的目标之一。因而古城重建的困惑在于，重建的范围如何划定？应以哪个朝代的古城风貌为重建标准？此外，通过对 J 市古城现状的实地调查发现，古城建筑退化严重，内部乱搭乱建现象普遍，居住功能衰退，产权密度高，居民生活环境差，基础设施落后，历史文化街区衰败严重，已不适应现代城市发展的需求。问卷调查显示，古城区内基础设施落后，"双气"的覆盖率不足一半，供暖缺失达 51.1%，供气的缺失达 49.6%，居民对卫生、排污等设施满意率较低（见表2）。

可见，历史既是客观存在的，又是向前发展的。古城重建陷入目标定位的困惑之中，即应保护一个何种历史尺度下的古城，同时又不与居民现实生活的需要相悖。

2. 古城重建中行为主体的动机

政府、开发商、专家与居民四大行为主体在古城重建中各持不同的动机，形成不同的利益诉求及价值取向。政府行为具有双重倾向，在公共利益与自身利益之间徘徊。于"公"，政府希望通过古城重建项目盘活资源、带动经济发展，进行城市美化更新，提升居民生活环境质量，同时避免拆迁带来的负面影响以维护社会稳定；于"私"，辖区政府希望增加财政收入和政绩，并将部分本应由其承担的公益性项目转嫁给开发商。对开发商而言，追求企业利润的最大化虽是其唯一选择，但客观上应承担相应的社会责任。专家们则关注古城历史文化的保护及利用。原住居民的最大愿望是改善居住条件和获得最大化补偿，其行为通常以自利倾向为主。同时，随着公民道德素质的提高，居民要求参与项目规划的诉求日益强烈，自觉维护公共利益的意识有所加强。

表2　　　　　　　　　　　　J市古城区基础设施情况　　　　　　　　　　　（%）

评价＼基础设施	无此设施	很差	较差	一般	良好	很好
卫生设施	2.7	17.1	19.8	36.4	18.6	5.4
供水设施	1.3	4.3	8.2	36.8	38	11.4
供电设施	0.7	3.5	3.7	30.2	48.2	13.7
供暖设施	51.1	7.2	8.2	16.2	13.6	3.7
供气设施	49.6	5.8	7.5	15.6	16.8	4.7
排污设施	8.4	27	21.9	26.3	12.3	4
消防设施	25.4	9.7	13.2	26.3	19.5	5.8
公共空间	12	11.3	14.5	32.3	22.7	7.2
建筑安全状况	4.1	15	16.7	38.6	20	5.7

数据来源：J市古城保护与发展问卷调查："居民对古城基础设施的满意度评价"。

F街历史文化街区是J市古城重建项目中需要加以重点保护的，在1997年J市政府编制的保护与开发规划中，早已确立了对该片区实施保护与改造相结合的方式，以低层建筑为主、维持原有街区肌理。受资金的限制，政府曾拟招商开发该片区，但因规划指标和保护要求等方面的限制难以满足开发商的条件而失败。为在2009年全运会前形成完备的街巷旅游格局，J市政府通过对F街进行大规模改造重建，将商业、旅游、美食功能融为一体，使F街与其周边的历史古迹相对接。但专家和市民至今仍很不认同这种取代式的改造方式，认为这实际上使F街丧失了原有的历史文化价值。又如G巷的保留问题。2002年全球最大的连锁零售商美国沃尔玛宣布，将携其中国合作伙伴大连万达集团，斥巨资在该片区兴建一座50000平方米的特大型商场。虽然文物局及众多文化人士据理力争并迫使拆迁期限拖延，但 J 市房地产开发拆迁管理办公室则坚称沃尔玛商业购物中心项目已经规划管理部门批准，并早在 2002 年 3 月 8 日就下发了"拆迁冻结通知"。最终 G 巷还是没能逃脱被拆迁的命运，百年老巷在短短几个月之内被夷为平地。再如，位于古城中心地带的 W 街，沿街所有墙壁在短期内都被涂成青砖灰。虽然政府的意图是保持统一风格，但是这种速成的修复方式却使历史街区变成了仿古街区。

可见，对效率的追求使古城重建中的政府行为偏离了正向价值取向，古城重建规划的实施在很大程度上受到开发商意向的影响，是保护与开发利益进行协调的结果。

（二）关键行为主体利益整合上的困境

1. 政府意愿：政府层级之间及部门之间的利益博弈

中国城市政府的权力资本随着城市的行政层级自上而下削减，权力及职责范围逐渐缩小而明确，但由于每一层级政府部门的自身利益诉求点不同，即使在总体权力资本上有所削减，但由于利益驱动，下级政府部门会集中可使用的权力，将职能重点放在自己关注的领域，从而导致宏观规划的转向。在古城重建中，市级政府最关注的是城市整体形象的塑造，古城只是众多有待更新的旧城区中的一个，古城重建的最大意义在于历史文化的传承和城市知名度的提升。城区政府所关注的则是更具体而实际的利益，如是否能增加城区招商引资数量和带动旅游产业发展，是否有利于产业结构的调整、增加商业产值，实现城区经济增长。因此，在古城重建的目标定位上，城区政府更倾向于建设商业性的历史街区。

古城重建过程也是政府内不同部门之间意愿整合的过程，其中包含了不同部门在职责和管理权限上的冲突。通过对相关政府部门的访谈可知，M 区整治工程是 J 市古城改造的试点项目，早在 2005 年开展保护与更新整治的具体设计与实施工程时，已计划由工程所在地的城区政府负责运作，明确其功能定位为"文化休闲旅游区"，按照历史文化街区的要求进行保护。考虑到不同的部门职责与管理经验，2010 年在编制全市重点项目建设计划表时，转由城区政府和市城建投融资中心共同负责。2011 年 9 月，该工程项目正式宣布开工后，又转由市园林绿化局负责实施。

2. 民意的界定：平衡三方博弈的基点

"如今的中国就是个大工地。对于正在改造、更新中的中国城市来说，如何在政府、规划、民意之间寻找平衡，这似乎是一个极难求解的问题。"汲取民意有利于寻找利益冲突的决策均衡点，但困惑在于对民意的界定与整合，即何为民意？应汲取何种民意？

以 J 市古城为例，广义上民意的主体可分为：J 市市民（包括古城内、外居民）、文保专家、游客等，狭义的民意主体仅指市民。实际情况表明，文保因素通常敌不过开发商的成本因素，项目在具体实施中往往忽视文保专家的意见。近年来，民间力量开始介入 J 市古城保护，通过私人承包、摄影和著书宣传等方式参与老街巷及文物保护事业，如位于 F 街区的关帝庙保护修复工程现正由私人负责。相比规划公示后的反馈信息，在制定规划和设计工程方案时积极了解真实的社会状况更为重要。为此，我们通过制作问卷，以街头拦访、入户调查相结合的方式进行抽样调查，发现市民对古城重建有一定的期待，对政府的政策依赖度和期望值都很高。

在古城重建的定位上，J 市市民更重视突出本土化特色，希望重点保护古城水生态系统和老街巷布局。在组织实施与融资机制上，市民大部分主张政府主导，在建设开发资金上倾向于政府财政出资或政府融资，赞成政府出资的高达 62.9%。关于古城保护项目的运营方式，民意多支持以政府全面负责和政府引导、社会多方参与为主的方式（如图 1）。

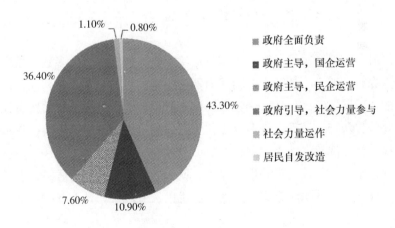

图 1　J 市市民对古城保护项目运营方式的选择

调查显示，J 市市民参与古城保护与开发的途径呈现出多元化的特征，更乐意通过社会调查和向基层政权组织反映建议，同时以微博为代表的网络参与等新兴渠道也备受中青年市民的欢迎（如图2）。

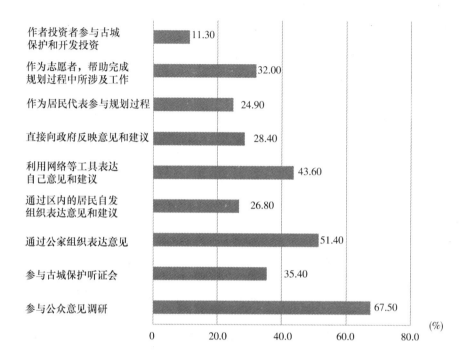

图2 J市市民参与古城保护项目的途径

同时，古城居民表示愿对古城改造给予较大的支持，大多数古城居民愿意为保护古城、不拓宽传统街巷而牺牲一定的机动车交通便利性，70%以上的居民愿意考虑外迁，半数居民愿意有偿转让古城内物产的所有权。

此外，调查还发现，许多泉眼位于居民的宅院内，古城内居民在泉水池子里游泳、洗菜、洗衣也习以为常，这显然不利于古城的保护与发展。要重现泉水人家传统的市井生活风貌，就必须就地留住部分居民，引导居民转变破坏泉水的生活方式，做到既不扰民又可观泉，是J市古城重建面临的重要难题。

3. 产权与拆迁：政府、开发商与居民之间博弈的焦点

拆迁是城市更新实践的起点，也是利益冲突与博弈的焦点。假设在纯粹公共利益的拆迁中，博弈双方只有政府与居民，不经过中间方，居民得到合理的补偿，公共利益也得到实现，即"双赢"。可现实中往往由于经

济因素促使政府与拆迁人结成利益联盟，演变为拆迁方与被拆迁方之间的矛盾。政府需要通过土地批租和房地产开发的方式来吸引改造项目的资金，需要具有成效的规划建设来彰显政绩，因而重视利用市场力量，为追求城市建设的效率和自身政绩，往往会迎合开发商的利益诉求。因此，纯粹以公共利益为前提的拆迁是不存在的，政企合作通常是古城改造的主要方式。

调查显示，拆迁面对的大多数古城居民属于社会弱势群体，他们大多为低收入人群，包括退休的老年人、下岗职工、小生意人、外地打工者及其他流动人口。片区内建筑密度高，人口密度很大，人均居住面积狭小。虽然古城内大部分居民考虑愿将产权转让并接受外迁安置，但居住现状以一宅多户为主，房屋产权情况比较复杂，私有产权所占比重较大，这给拆迁安置带来了一定的困难（图3）。

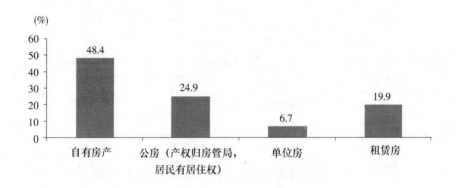

图3　J市古城区内房屋产权情况

为规范城市房屋拆迁和凸显社会公益，依据国务院颁布的《国有土地上房屋征收与补偿条例》，2011年3月，J市制定并实施《J市国有土地上房屋征收与补偿工作暂行规定》。与旧规定相比，该规定有四个方面的本质区别（见表3）。总的来看，最大的变化是政府成为征收、补偿的主体，建设单位不再参与搬迁，只是参与建设活动；政府不得再责成开发商进行强制拆迁，并加强补偿方案的公示与听证制度。

随着中国城镇住房制度市场化改革的深化和房地产市场的快速发展，即便拆迁不涉及开发建设单位，在安置房的问题上居民与开发商的互动仍不可避免，而居民与开发商的互动关系是在一种不信任的基础上展开的。

居民在房源、质量、环境等方面有较高的要求，同时又期望房价尽量降低；开发商一方面千方百计地降低建房成本，一方面则抬高房价。由于建设资金的牵制和政府财力的有限，古城重建中的房屋拆迁、居民安置不可能走纯粹的公益路线，市场化的介入不可避免。

表3　　　　　　J市城市房屋拆迁中居民安置新旧政策的本质区别

	旧规定	新规定
名称	J市城市房屋拆迁管理办法	J市国有土地上房屋征收与补偿工作暂行规定
关键词	拆迁	征收
实施主体	依法取得拆迁许可证的单位	市城乡建设委员会统筹，各区拆迁主管部门负责具体实施
法律关系	在拆迁人和被拆迁人之间，政府有行政裁决权	在征收人（政府）和被征收人之间，政府不具行政裁决权
实施程序	由拆迁房屋的单位启动，房屋拆迁主管部门颁发拆迁许可证，拆迁人委托拆迁单位实施拆迁	政府直接启动，由政府作出补偿决定，由房屋征收部门负责组织实施房屋征收与补偿工作
强制执行	由政府责成有关部门强制拆迁或由房屋拆迁管理部门申请法院强制执行	由政府申请法院强制执行

四　突破古城重建困境的制度设计：基于民主与效率平衡的治理理念

城市发展的驱动力是由政治、经济精英组成的增长联盟（growth coalition），这一联盟不直接参与但企图影响城市决策或提出地方发展的意识形态。中国特殊的土地资源性质与产权制度以及公共选择制度的失效，促成了城市更新中政府联盟的主导地位，地方精英占据了资源优先调配权。这虽促进了地方经济的发展，但增加的成本却常要地方居民来承担，所得利益并非平均分配给地方居民享有。利益联盟追求经济增长的效率取向被显性扩张，代表公益的民主取向则却步不前。

作为善治的治理，指的是强调效率、法治、责任的公共服务体系；作为社会控制体系的治理，指的是政府与民间、公共部门与私人部门之间的合作与互动。通过对古城重建中行为主体的动机分析可知，各方利益诉求点的冲突都有可整合的空间，任何一方都无力承担古城保护与发展的全部责任，因此建立利益整合的管理与合作机制是当务之急。基于城市更新利益整合的制度架构，在土地、产权等基础型制度的改革无法取得实质性突破的情况下，应明确责任主体，强化控制型、保障型和调节型制度，同时通过创新筹资机制，以发展合作产权的形式整合利益联盟的力量，共同突破古城重建的困境。

（一）政府角色定位：引导和把握利益平衡的方向盘

古城重建应是公益性行为，而非开发性行为，政府是古城保护的主要责任承担者，也是社会经济效益的重要受益者。从古城重建中利益主体及主客体之间关系、土地使用权和建筑产权关系的复杂性考虑，古城重建应采取政府主导下的多元主体合作更新模式。城市政府是古城重建项目的具体实施者，在待重建范围的认定、优惠政策、动迁群众工作等方面都起着先导作用，应依照相关法律、法规和详细规划进行管理，同时应积极听取专家意见，接纳公众参与，引导企业为居民和社区提供公共服务，促进形成政府理性执政、专家中肯建议、居民广泛参与、企业积极推进的良好局面。

在 J 市古城重建中，可以组织制度的形式明确政府的管理权限，如建立古城保护与发展管理委员会（以下简称"管委会"）。管委会是协调和整合各方权力的机构，目的在于减少政府层级和政府部门之间利益的冲突，实现专职管理。应当明确的是，管委会是一个长期有效的组织而不是一个临时机构，因为城市更新是一个长期循环的过程，一个项目的竣工并不代表永久的解决。从古城保护与发展的定位到项目实施、管理及监督的全程都应由管委会来调控，市级政府赋予其相关的职能及权力。

（二）控制型制度支点：通过规划明确公共利益

首先，古城重建应是一项公益性行动，要以规划为龙头，树立以人为本的理念，在规划方案编制中确立公共利益的价值导向。其次，规划是关键行为主体达成利益共识的行动，应发挥规划的协调功能，具体明确地界定"公共利益"的概念和范畴，制定保护与发展并重的布局方案，规制个体利益诉求不得侵害城市的整体利益。最后，规划应体现公平性、全局性、伦理性和规范性。政府与开发商之间的联合应强调合作规则的公平性，政府不能为追求效率及政绩而迎合开发商的个体利益诉求，牺牲古城的公益性。政府与产权人的联合应遵循全局性，使规划起到分配性政策的作用，"政府在执行这类政策时，各方皆可获得一定的利益"，防止公共利益被政府、个人或部分利益联盟侵占。开发商与产权人的联合要注重伦理性，保护弱势群体的权益，引导企业担负社会责任。同时，要结合公益因素确定控制性规划的技术指标，加强规划的规范性。

以 J 市古城重建项目为例，除了编制古城保护与发展总体规划外，还应编制相应的土地、产权、拆迁安置、组织管理、筹资融资、合作开发等子规划，并在规划中凸显社会公益性，即更多地从民生的视角和城市发展的整体利益出发制定相关要求。如拆迁安置应摆在项目实施的重要位置，建筑文化遗产的保护应纳入合作开发的前提条件，筹资融资应吸纳民间力量，组织管理应增加社会监督机制等。

（三）保障型制度支点：关注弱势的房产政策与系统的文物保护政策并行

完善的住房保障制度可缓解城市更新中的利益冲突与矛盾。随着城市经济的发展，古城居民的生活条件却相对下降，大多数古城居民属于社会弱势群体。对这部分居民而言，近年来房地产价格不断攀升，用安置补偿金购买商品住房远不现实，又不可能完全由政府进行公益性的住房安排，最终还需要通过市场途径加以解决。因此，必须完善住房保障制度，特别是针对弱势群体的房产政策。如在 J 市古城拆迁安置中，可建立政府住宅基金，扩大廉租房和经济适用房的比例，提供购房优惠政策并在相关税费上予以减免，增加"限价房"房源，保障低收入居民的基本居住条件和基本生活来源。特别要重视对低收入、住房困难的双特困户家庭的安置工作，优先考虑对其实施优惠政策，建立相应的社会保障和救济制度。

系统的文物保护政策可以规制古城重建"重开发、轻保护"的行为，防止城市文化遗产受到各类追逐经济利益行为的破坏，同时有效引导政府、开发商和居民在考虑城市文化遗产保护的前提下追求自身利益，有利于缓解利益冲突、达成共识。中国历史文化遗产的保护分为三个层次，即保护文物保护单位、保护历史文化街区、保护历史文化名城。从这三个层次出发，系统的文物保护政策既包括保护有形的历史建筑、街区等实体，也包括保护无形的民间艺术、民俗精华等文化内容，使传统精神财富得到传承。在古城重建时，还要实施生态环境保护政策，美化、绿化城区周边的人居环境，实现文物保护与生态环境的良性发展。此外，还可通过历史地图转译的方式，将历史信息绘制成历史地图，并融入规划管理和设计中，使历史城市保护和建设得到理性引导和控制。对J市古城重建项目而言，系统的文物保护政策既明确了文物本体保护，也明确了自然生态和历史人文形态的保护，有助于利益主体正确判断古城价值，如能借助历史地图转译的方式，则更能明确古城重建的范围及标准。系统的文物保护政策相当于规划的辅助指导，应在古城保护与发展规划编制中吸纳和遵循文物保护的政策精神。

（四）调节型制度支点：完善公众参与及规划沟通机制

反馈机制是城市更新必不可少的调节机制。目前在中国城市更新的过程中，公众参与仅停留在规划公示的初级阶段，缺乏互动机制。因此，为了达到真正意义上的公众参与，可将公众参与和规划沟通机制相结合，扩大参与群体和参与程度并加强立法保障，建立城市规划的公众全过程参与系统。此外，申诉上访之类的反馈机制因缺乏组织力量而常常无效，这是利益群体发育不均衡造成的。因此，仅仅通过正式制度的作用还不够，还要充分利用非正式制度的力量，可培育有信誉的社会中介组织，发挥媒体在政务公开、言论自由和民主监督中的作用，为弱势群体提供利益表达的正式平台和有效手段。

具体而言，在J市古城重建项目实施中，可建立市政府、社区团体、开发建设单位、市民个人直接参与的多元模式，开展规划宣传活动，明确公众参与的内容、深度、途径、权利和义务。不仅要在规划编制完成后进行公示，也要在规划及项目实施前收集和吸纳公众信息，形成"参与——反馈——再参与"的循环机制。此外，还可将公众参与作为政绩考核的一项重要内容纳入政府绩效管理的范围，进行监督和激励。

（五）利益整合的平台：多元筹资机制和合作产权

从行为主体在古城重建项目实施中的作用看，市场倾向于区位与环境条件优越的地块以及产权关系较为清晰、成组成片的拆除重建项目。古城区内的单位即使有对古建筑及相关文物自行整修的能力，但在技术与规划导向上难以做到整体的统筹。居民的自建自修更需要资金和技术的支持。政府主要是收购和动迁具有重要价值的历史建筑并将其转换为公益性用途，负责所有公共空间和环境的保护与更新。因此，可通过整合各方的资金、技术力量的方式来实现行为主体的利益整合。

建立"国家＋地方＋企业＋民众"的多元筹资机制。从国内已完成的古城重建项目看，多采用地方政府和国企共同负责的方式。在政府财力有限的情况下，建设资金多由开发商注入，这就导致了政府为了获得资金而迎合开发商需求的现象。以 J 市古城重建项目为例，除了采取一般的政企合作方式外，可设立国家历史名城保护与发展基金，依据历史文物保护级别拨付建设款项。同时鼓励民间资本的投入，如 F 街关帝庙的修复工程就由私人投资承包。

对古城内的产权关系进行梳理并促进合作产权形式的发展。如 J 市古城区内民居以一宅多户为主，产权关系复杂。产权范围不明确会使产权作用失灵，增加拆迁安置过程中的利益纠纷，无法调动古城居民参与重建项目的积极性。可按国有、共有、私有对古城内的产权关系进行梳理，根据不同所有者的情况，通过政府赎买和联合产权的形式，让共有和私有产权发挥作用。在此基础上，还可按照产权的功能，将古城内建筑产权划分为营利产权和非营利产权，促进产权形式的多样化，有利于明确保护、投资、发展和利用的对象。

五　结语

古城的多重利益集合体特性决定了不能将其简单归入公共物品的范畴，但就其历史文化遗产的性质而言，古城又具有准公共物品的特征。古城重建固然是经济利益驱动下的城市建设行为，但同时也是历史文化遗产的保护行动，更是一项重要的民生工程。城市政府拥有强制权、资源控制权、审批权，在制度供给中起主导作用。在利益冲突和博弈的过程中，城市政府的公私双重利益在古城保护发展中最具主导意义，因此城市政府更有责任维护古城的公共性。古城的存在是历史文化延续的结果，是一个城市可永续利用的资产，由此影响甚至塑造了一个城市的历史传统文化和城市特色。因而古城真正的魅力并不在于古城本身，而在于其背后所蕴含的价值。对古城价值的判断，不能单从经济效益来衡量，还要综合社会与环境的效益。

（作者：王佃利，山东大学政治学与公共管理学院教授；冯贵霞，山东大学政治学与公共管理学院博士研究生）

论当代中国行政伦理约束的隐忧与化解

伦理约束包括行政理想、行政态度、行政责任、行政纪律、行政良心、行政荣誉、行政作风等方面的自律（良心）和他律（义务）约束及相关的善恶评价机制。① 一个国家的廉政建设是否上档次、是否得当和持久，重要的标志之一就是看其伦理约束及其外显的行政良心、公平正义、服务精神等。新中国建设初期惩办贪污犯刘青山、张子善时，毛泽东指出："治国就是治吏。礼义廉耻，国之四维，四维不张，国将不国。"② 加强行政伦理约束，应是倡导和践行社会主义核心价值体系的有机组成部分。鉴于此，本文试对当代中国行政伦理约束的隐忧及其化解之策予以探讨，就教于学界同仁。

一　隐忧之析

在中国，行政伦理文化源远流长，历朝历代都重视对官吏的道德素质要求，"敬天保民"、"为政以德"等诸子百家的德治观及其践行一直有着深远影响。这从德字含义的演变由正直到循规蹈矩且不胡作非为即可略见一斑。《尚书》《诗经》《周礼》等古典文献多处提及官德约束。"修身、齐家、治国、平天下"儒家从政文化，其中或隐或显的廉勤理念，通过传播、熏陶、教育等路径，培养了部分官吏忠君报国、仁民爱物、清廉俭朴和勤勉谨慎的素质。中国共产党在建党之初就确立了全心全意为人民服务的政治理念。改革开放以来，关于行政伦理的规定日益规范化和科学化，更多地由"口号式"宣传教育向"具象化"实践创新转变。首先，

---

① 参见王伟等《加强公共行政伦理建设》，《光明日报》2003 年 5 月 6 日。
② 转引自刘智峰《严重的问题是教育干部》，中国社会科学出版社 2000 年版，第 27 页。

中国公务员制度在确定公务员的权利和义务时，充分考虑了公务员的职业道德建设。其次，2010 年 2 月新制定的《中国共产党党员领导干部廉洁从政若干准则》有"52 个不准"及其责任追究，禁止利用职权和职务上的影响谋取不正当利益；禁止私自从事营利性活动；禁止违反公共财物管理和使用的规定，假公济私、化公为私；禁止违反规定选拔任用干部；禁止利用职权和职务上的影响为亲属及身边工作人员谋取利益；禁止讲排场、比阔气、挥霍公款、铺张浪费；禁止违反规定干预和插手市场经济活动，谋取私利；禁止脱离实际，弄虚作假，损害群众利益和党群干群关系。再次，2011 年，中办、国办颁行的《农村基层干部廉洁履行职责若干规定（试行）》，分别对乡镇领导班子成员和基层站所负责人、村党组织领导班子成员和村民委员会成员两类不同主体的行为进行了规范，共有"41 个不准"及其责任追究。最后，开展了廉洁（有别于廉政）文化进机关、进社区、进家庭、进学校、进企业等活动。

应该讲，当代中国行政伦理约束的实践已呈现出四个喜人特征：一是中共和政府不遗余力地维护行政管理领域的优良传统和民主作风，要求公务员公正，廉洁，忠诚，务实，开拓进取，抵制官僚主义和不正之风，慎权、慎欲、慎初、慎趣和慎友，以利于"形成以德修身，以德服众，以德领才，以德润才，德才兼备的用人导向"。[①] 二是生产方式和上层建筑的变革，经济社会的全面进步，以及不断开展的群众性道德（社会公德、职业道德、家庭美德、个人品德）建设活动和经济道德、政治道德、公共道德、生态道德等各个领域的道德建设，营造了良好的行政道德环境，提供了强大的精神支撑和动力。三是在改革开放中，公共管理领域形成了许多进步的新的价值观念及其相应的约束激励机制（如民主、公平正义、和谐包容、生态环保、政务公开、民主参与、民主监督、注重实绩、平等竞争、诚实守信、依法办事以及领导就是服务等），形成了"追求真理、反对谬误，歌颂美善、反对丑恶，崇尚科学、反对愚昧，坚持创新、反对保守的社会主义文明风尚"。四是中央有关部门组织部署和推进了廉政风险防控机制建设，从重点领域、重点部门、重点环节入手，排查廉政风险，健全内控机制，构筑制度防线，形成以

---

① 胡锦涛：《在庆祝建党 90 周年大会发表讲话》，《人民日报》2011 年 7 月 2 日。另习近平在 2011 年 12 月 18 日全国组织部长会议上讲，对干部德的考察，要坚持把个人述职、民主测评、个别谈话、民意调查、实绩分析和年度考核、巡视监督、关键时刻考验等多方面、多渠道的考察有机结合起来，全面、历史、辩证地评价干部的德。

积极防范为核心，以强化管理为手段的科学防控机制。各地区各部门紧紧围绕制约和监督权力运行，重点抓住腐败问题易发多发的环节和领域，排查廉政风险，制定防控措施，形成靠制度管权、管事、管人的有效机制，最大限度地减少了因制度漏洞而出现的各种廉政风险。

但是，封建主义腐朽思想文化（主要指以宗法主义为核心的封建等级、特权思想，专制、宗法、行帮观念和男尊女卑观念，"三纲五常"、"三从四德"的伦理，以及迷信、愚昧、颓废、庸俗的遗风）和资本主义腐朽思想文化（主要指以个人主义为核心的拜金主义、享乐主义和极端个人主义）在公务员中的影响，表现为不仅存在着以权谋私的个人主义，不负责任的官僚主义，有令不行、有禁不止的自由主义，贪位贪权贪钱贪色的享乐主义、拜金主义和官本位观念，而且还存在着不怕小恶小贪心理、侥幸心理、消极攀比心理、从众心理和补偿心理等不良心态，有些道德问题还相当突出，易使人沦为特权的依附或异化为金钱的奴隶，污染社会风气。① 故行政伦理约束隐忧尚存、不容小觑。

第一，道德信念缺失，少数官员"不信马列信鬼神"②。信念认同是道德建设的基础，道德的本质是人们内心的自律。随着若干贪腐案的曝光，贪官们"不信马列信鬼神，不问苍生问鬼神"的现象再次出现在大众面前。某些官员笃信风水，与风水本身关系并不大，问题在于对金钱、权力的欲望不断膨胀，导致理性认知缺失，将升官发财的愿望寄托于神佛庇佑。行政生活中鬼神之说肆虐，容易形成"信念洼地"，导致劳民伤财、邪气盛行，腐蚀社会主义价值体系。

第二，伦理约束刚性不足，腐败现象严重存在。"透明国际"公布的全球清廉指数，2011—2012 年中国清廉指数由 3.6 分升至 3.9 分，排名由 75 位降至第 80 位。仅中共十七大以来，就有 60 多万人被给予党纪政纪处分，2 万多人涉嫌犯罪被移送司法机关。③ 众多案例显示，权钱交易、权色交易、权权交易是官员行政伦理丧失的主要表现。

第三，政治生态"官场病"中的冷漠症、飘浮症、浮夸症、内耗症、

---

① 参见吴潜涛《坚决抵制腐朽思想文化的侵蚀》，《人民日报》2010 年 7 月 6 日。

② 《是谁捧红了王林》，《人民日报》2013 年 7 月 30 日。另程萍"中国县处级公务员科学素养调查"显示，只有不到 1/2 的调查对象表示不信"相面"、"周公解梦"、"星座预测"和"求签"。《求是》评论（2007 年 5 月 11 日）说："一些官员不信马列信鬼神"。

③ 《官方反腐 vs 民间反腐：谁拉下的贪官多?》，搜狐新闻 2012 年 12 月 5 日。

畏难症、僵化症、推诿症、懒惰症、恋旧症、拖拉症、疲沓症、享受症等不仅造成思想贫乏、循规蹈矩、敷衍塞责、八面玲珑、官味十足的庸官在堂①，而且严重影响行政执行力和服务功效。

导致上述隐忧的原因主要有以下三点：

第一，价值观偏失。公务员价值观念偏失具体表现为，在工作生活中为人民服务意识淡薄，极端个人主义和功利主义倾向严重。造成价值观偏失的原因可概括为：首先是历史因素使然，中国自古就存在着金字塔式的集权专制统治，产生了官本位思想、特权思想、三纲五常等封建腐朽思想残余；其次，改革开放后市场经济快速发展，本已脆弱的道德伦理遭遇一切向"钱"看的资本主义思想，出现了享乐主义、拜金主义等不良风气；最后，公务员的"理性经济人"倾向，导致公私利益天平的失衡。一些公务员作为"理性经济人"在快速变化的社会中往往试图使自身利益最大化，而忽视了公共利益的维护。

第二，"熟人社会"潜规则泛滥。熟人社会是由费孝通在《乡土中国》中提出的概念，它体现的是人类自古解不开的人伦情理情节。熟人社会讲究背景和关系，与血缘、宗法和裙带关系有着密切的联系，是一张复杂的社会资本网络。熟人社会表现在行政管理领域就容易出现任人唯亲、结党营私、以权换权、攀权附贵等不良行为。熟人社会潜规则的盛行会践踏法治的尊严，污染社会风气，损害社会公平正义。同时，任人唯亲阻碍了优秀人才的成长之路，导致竞争扭曲、腐败盛行、寻租泛滥，最终

---

① 李宝华把县域"庸官"现象概括为："会"字干部：最高兴的是开常委（肠胃）扩大会，最舒服的是检查研究（烟酒）会，最兴奋的是开切磋麻将会，最潇洒的是进夜总会；"样"字干部：奉承领导像哈巴狗一样，训斥下级像老虎一样，公款吃喝像恶狼一样，干工作像猴子一样，遇困难像泥鳅一样；"头"字干部：听到吹捧喜心头，碰到难题皱眉头，解决问题摇摇头；"法"字干部：总结问题用加法，接受任务用减法，汇报成绩用乘法，谈到问题用除法；"事"字干部：不给好处不办事，给了好处乱办事，送上钱财办大事，送上女人办难事；"子"字干部：坐在家里定盘子，关起门来想点子，走到下面找例子，回到机关写稿子，做形式主义的样子，出主观主义的点子，摆官僚主义的架子；"转"字干部：上午围着车子转，中午围着盘子转，下午围着牌桌转，晚上围着裙子转；"风"字干部：家中枕头风，任人裙带风，办事拖拉风，汇报浮夸风，对上献媚风，对外崇洋风，学习一阵风；"系"字干部：没有关系找关系，找到关系托关系，托到关系拉关系，拉到关系卖关系，难找关系买关系；"话"字干部：对上讲假话，对下讲官话，对同级讲大话，对群众讲空话；"费"字干部：失控的通信费，膨胀的交通费，超额的会务费，惊人的吃喝费，巨额的考察费，高昂的礼品费，大笔的协调费，变相的劳务费；"小"字干部：喝喝小酒，看看小报，开开小会，念念小稿，收收小礼，坐坐小车；"酒"字干部：酒杯一端政策放宽，酒话一说事就联络，酒杯一举承诺许，酒肉一饱事情办妥（人民网—理论频道，2009 年 8 月 11 日。引用时有删减）。

会腐蚀社会、政治、经济基础。

第三，利益冲突模糊化。利益冲突一般被定义为行政人员职位所代表的公共利益与其自身的私人利益之间的冲突。行政工作人员具有双重身份，首先，他是一个普通的公民个体，拥有自己的个人利益和私人权利。其次，他又是一个掌握公共权力、维护公共利益的工作者。当公共利益和私人利益发生冲突时，如果行政人员没有伦理道德的约束，往往会出现为了个人私欲而损害公共利益的行为，长此以往就会导致行政工作效率低下，腐败现象肆虐，降低官员和政府部门在公众中的形象。当今社会行政利益冲突现象日益突出，并且形式日益多样化、模糊化。据《四川日报》2013 年 9 月 11 日报道，中秋临近，有些商家为了给顾客提供"报销方便"，可以为消费者提供"办公用品"发票。这一现象折射出模糊化的利益问题，用公款送礼，以权谋私，使用公款消费不透明，容易使腐败愈演愈烈。德国经济学家阿明·福尔克和诺拉·谢克对"道德与市场"关系进行的试验研究显示，市场机制的强大力量裹挟着人们有意或无意地投入损害他人的活动中。[①]

二　化解之策

笔者认为，改进行政伦理约束的途径不应回归国学、传统的道德或宗教，而应从信仰重塑、利益冲突回避、行政方式改善等方面下工夫。

一是应用胡锦涛倡导的"八荣八耻"教育党员领导干部牢固树立马克思主义的世界观、人生观、价值观和正确的权力观、地位观、利益观，经受住权力、金钱、美色这"三关"的考验，肃清封建主义、资本主义腐朽思想文化的影响，纠正"跑官"、"要官"、"买官"、"卖官"、"贪财"、造假、公款吃喝、铺张浪费等个人劣行。

二是应借鉴中国古代的德治经验和美国政府道德机构（署、办）在道德监督方面依道德法和从政行为准则督导、培训和审查的做法，以利益冲突回避为标杆防范公务员从政伦理失范，防范庸俗文化[②]侵蚀公务员队伍，有效监督公务员的"踩线擦边"行为，注重考察公务员的政治品质和道德品

---

① 陈姝：《实验证据表明市场侵蚀部分人的道德》，《中国社会科学报》2013 年 9 月 2 日。
② 庸俗文化主要指"段子"文化、"圈子"文化、"号子"文化、"杯子"文化、"应酬"文化等。

行，包括限制接受礼品，限制政府公职人员兼职，严禁假公济私和铺张浪费，限制工资以外收入，限制政府公职人员离职后利用原职位的影响获得不正当利益，对公务员在行使公共权力、进行社会管理、提供公共服务等活动的过程中可以做什么、不可以做什么以及应该怎么做作出规定等。为此，应尽快制定"从政道德法""领导干部财产申报法"，明确资产处置、利益冲突、财产申报、行为限制、违法惩戒的底线和边界，警示官员们正确认识权力和正确使用权力，做到"权为民所用，情为民所系，利为民所谋"。

三是将领导干部廉洁从政若干准则、党政领导干部选拔任用工作条例、党纪处分条例等中的相应从政道德规范，与能、勤、绩、廉结合起来全面考核、考察和评议公务员特别是党员领导干部，防范官场公务员队伍中升迁空间小的"天花板官员"变成"官油子"。[①] 中组部下发的《关于加强对干部德的考核意见》，明确要求加强对干部政治品质和道德品行的考核。政治品质考核包括干部在政治方向、政治立场、政治态度、政治纪律、党性原则等方面的表现。道德品行考核主要涉及干部的个人品德、社会公德、职业道德、家庭美德。[②] 对于考德的结果应该应用到公务员选拔、培训、任用、考核、奖惩等各个环节，不使其流于形式。只有坚持考德与问责，不断提高官员修养，才能"形成以德修身，以德服众，以德领才，以德润才，德才兼备的用人导向"，实现"干部清正，政府清廉，政治清明"的目标。

四是加强权力制约监督。行政道德的核心问题是权力，权力过分集中，得不到合理的制约监督就会导致权力滥用，产生腐败行为。权钱交易、权色交易、权权交易就是公务员滥用权力、玩忽职守的结果。为了真正做到权为民所用，中共十七大报告提出了建立健全决策权、执行权、监督权既相互制约又相互协调的权力结构和运行机制。加强权力监督，对于规范权力运行，从源头上防治腐败具有重要意义。

五是拓展廉政建设的社会公众支持。一方面，通过电子政务平台、手机短信、新闻媒体、文体活动、家庭、培训等途径，坚持寓教育于活动之中，广泛开展丰富多彩、生动活泼的廉政文化创建活动，让丰富多彩的活

---

① 2009 年，《人民论坛》专题调查组征求 200 多位党政干部的意见后，根据 12256 名网友的投票结果所列出的"官油子"的主要特征是：对上级阿谀奉承，对下级颐指气使；忙忙碌碌装样子；一团和气，明哲保身，邀功诿过；贪图安逸，奢侈浪费。

② 中组部：《关于加强对干部德的考核意见》，新华网，2011 年 11 月 3 日。

动（比如漫画、扑克、彩铃、保健操、三字经、廉政保证金、廉政灶、书展、格言、警句、演讲、对联、台历、剪纸、条幅、宣传栏、公益广告、歌曲、短信征集和发送、电影电视等）贴近群众，贴近生活，以"敬廉崇洁"为主题推进廉政文化进学校，以"诚信廉洁、依法经营"为主题推进廉政文化进企业，以"树廉洁家风"为主题推进廉政文化进家庭，以"创清风家园"为主题推进廉政文化进社区，以"创清廉村风"为主题推进廉政文化进农村。另一方面，宜完善网络反腐机制。中共十八大以来落马的很多官员来自公众的网络曝光、举报。据新华社报道，在一项"你最愿意用什么渠道参与反腐"的网络调查中，74.6%的参与者选择了"网络曝光"，而选择"信访"方式的只占1.27%；《人民日报》主办的《人民论坛》杂志的一项调查显示，47%的受访官员认为县处级干部最怕网络监督。① 将这两项数据相对照，可得出网络反腐的威慑力不容忽视。因此，有必要将网络问政、网络监督、电子监察、行政公开等结合起来。

三　结束语

近些年来，中国社会的行政伦理的约束状况已经引起社会各界有识人士的普遍担忧。时任总理的温家宝在谈到食品安全问题时感叹道，中国"诚信的缺失、道德的滑坡已经到了何等严重的地步。一个国家，如果没有国民素质的提高和道德的力量，绝不可能成为一个真正强大的国家、一个受人尊敬的国家"。全社会应重新全面审视问题，寻求走出社会伦理困境切实有效的新思路、新途径。在实践中，"为政以德，譬如北辰，居其所而众星共之"。② 行政伦理约束在规范从政者行为、遏制腐败现象蔓延等方面具有导向作用、凝聚作用、辐射作用，有利于促进从政者加强行为自重、自省、自警、自励，淡泊名利，恪守宗旨，勤政为民；有助于净化社会风气，形成激浊扬清、扶正祛邪、弘扬正气的主旋律。从中国实际出发，在上述措施的基础上，笔者认为，中国的行政伦理约束应逐步建立中国特色的伦理架构及其机制（如图1所示），做到有德可循、有德愿循、循德必严、违德必惩。

---

① 《网络反腐　官方民间可共存共赢》，《广州日报》2013年9月5日。

② 《论语·为政》。

图1　中国行政伦理架构示意①

（作者：尤光付，华中师范大学公共管理学院教授；聂翠、李慕芸，华中师范大学公共管理学院硕士研究生）

---

① 参照了1997年经济合作与发展组织行政伦理架构示意图。

维度与限度：中国城市社区
民主发展路径探析

城市社区民主是中国基层民主的一种特殊类型，对于推动中国民主发展的社会化进程具有重要意义。本文从分析中国城市社区民主的功能定位和制约因素入手，统和社区民主发展的维度和限度，对城市社区民主的发展路径进行分析。

一 发展维度：城市社区民主的功能追求

中国城市社区民主具有特定的内涵，作为一种社会民主形态，不直接涉及基层政权建设，而是包含于社会建设范畴之内。中国现在的城市社区管理实践在一定程度上延续了传统的"街居管理"模式，具有一定的路径依赖特征，同时又强化了社区自治的成分，呈现出新的特点。

在传统的"单位制"模式下，大量城市居民主要是作为其所属单位的管理对象。"所谓街居管理，是指通过街道办事处及其所指导的居民委员会组织，对特定区域内的基层社会成员实施的管理。"[①] 之所以在单位制模式下补充街居管理方式，是因为社区内还存在一些不隶属于任何单位的居民，无法依托所属单位进行管理。这种管理模式的痕迹在现在的社区管理中依然存在。

现行的城市社区民主与社区自治从一开始就存在着密切的联系，或者说城市社区民主就是以城市社区自治为主要内容的。国家民政部《关于在全国推进城市社区建设的意见》指出：在社区内实行民主选举、民主

---

① 张丽曼、方涛：《从行政管理性社区到公民自治性社区——论中国城市社区民主治理体系的转型》，《社会科学研究》2008 年第 5 期。

决策、民主管理、民主监督，逐步实现社区居民自我管理、自我教育、自我服务、自我监督。从中可以看出，社区民主基本上是作为社区自治的实现条件和基本路径而存在的。

所以概括起来说，中国城市社区民主主要包括两种实践导向：一是社区治理导向；二是社区自治导向。或者说是以社区自治实现社区治理，即社区居民在社区党组织的领导下，在实行以民主选举、民主决策、民主管理、民主监督为主要形式的社区自治的基础上，实现有效的社区治理的过程。

社区民主自治是新时期执政党和政府为了适应"单位制"解体而选择的新的社会管理方式，目的在于实现社区范围内公民政治参与和有效社会动员的实现、保证社区公共安全和基层社会秩序。概括来说，中国城市社区民主发展的功能主要有三种，这也是进行社区民主建设的基本维度。

（一）实现基层社会权力结构的内部协调

虽然"基层群众自治，目前仍然是我国基层民主的重要形式"①，但是中国单一制的国家结构形式决定了城市社区自治仅是治理意义上的社会自治，基层社会不是独立意义上的自治领域，因此必须明确城市社区自治和民主不涉及基层国家政权领域。

这种自治空间的存在是随着中国国家与社会关系的变迁而出现的。在中国的社会转型过程中，国家和社会出现适度分离，在社会领域特别是基层社会出现了权力结构调整的空间。这个过程实质上是国家向社会让渡权力作用空间的一种表现，是政治权力在基层社会收缩的结果，而不是政治权力本身的让渡。于是在这种空间里出现了权力结构重新调整和配置的需要。

城市社区民主是基层民主的一种实现形式，需要解决党的领导、政府管理和群众自治的有效衔接。其实质是党权、政权和民权（自治权）在城市社区中相互关系的分工和合作问题。在中国基层社会领域，几种权力之间不会发生结构性冲突，即使是社区自治性质的民主选举，"它的基层性和民间性使得即便完全实行公开、平等、自由的竞争性选举，也都不至

---

① 戴桂斌：《基层民主内涵向基层国家政权领域拓展的必要性》，《理论探讨》2012年第5期。

于对整个国家体制构成严重挑战"①，反倒是有利于把基层民主内嵌于社会，实现民主的社会化运转，再由社会反作用于政治，形成民主过程的双向运动，从而推动中国民主化进程的发展。但是几种权力之间可能存在功能性摩擦，如自治权相对弱小而被行政权吸纳或替代，于是在城市社区民主政治建设中就有了协调三种权力关系的必要。

（二）化解基层社会矛盾、实现基层治理

"民主是一种社会管理体制，在该体制中社会成员大体上能直接或间接地参与或可以参与、影响全体成员的决策。"② 从这个意义上说，城市社区民主也是一种新的社会管理体制，通过民主的方式实现诸如自我管理、自我服务、自我监督等。城市社区民主之所以要承担化解社会矛盾、实现社区治理的功能，主要是因为"我国广大民众的直接利益在基层，利益矛盾也主要发生于基层，人们对基层社会生活的和谐有着最为直接的感受和最为强烈的要求"，"一种有效和良好的治理与民主密切相关。没有民主发展，持续的稳定难以实现"③。因此，以社区民主和社区自治实现社会矛盾的社区化解，进而实现社区治理应该是城市社区民主建设的初衷之一。

（三）拓展公民政治参与的领域和空间

亨廷顿指出："发展中国家公民政治参与的要求会随着利益的分化而增长，如果其政治体系无法给个人或团体的政治参与提供渠道，个人和社会群体的政治行为就有可能冲破社会秩序，给社会带来不稳定。"④ 就当代中国而言，当现有的政治体系无法容纳过多的政治参与要求的时候，就需要从不同的领域寻找和拓展政治参与的空间，城市社区民主则提供了这种可能。随着基层民主活动向更宽阔和更深层次领域的拓展，给公民提供了在与自身利益密切相关、容易发生利益冲突领域的政治参与机会，而且

---

① 黄金荣：《民主的监护与自主——基于对三类基层民主的观察》，《学术界》2011 年第 8 期。

② ［美］科恩：《论民主》，商务印书馆 1979 年版，第 10 页。

③ 徐勇：《基层民主发展的治理化和机制化》，《中国社会科学报》2012 年 8 月 31 日第 A07 版。

④ ［美］亨廷顿：《变革社会中的政治秩序》，华夏出版社 1988 年版，第 56 页。

城市社区民主的进一步发展还有可能成为地域性的利益表达载体。

二　发展限度：城市社区民主的制约因素

（一）社区内部的权力结构关系失衡

"社区权力结构指特定社区中行动者之间相对稳定的权力关系，即由谁以及通过什么样的方式实施权力。"[1] 其中最主要的就是行政权和自治权的关系问题。就社区的自治权而言，由于城市社区主要是基于居民居住的地理范围，按照便于行政管理的需要而进行划分的，居民群体内部缺少像农村社区那样的密切联系，更不构成一种独立的经济组织或社会组织，特别是在社区内实现利益分配的需求非常有限，所以涉及的自治领域非常狭窄，直接导致了自治权的有限。而对于各级政府而言，加强社会管理又是实现基层政权建设的有效方式，大量的行政性事务最终都要落实到社区，随之而来的就是社区居委会的行政化。通过选举产生的社区工作人员自身也存在角色冲突，既是自治权的行使者又是行政权的行使者，表现为以自治的身份处理非自治性的工作，特别是大量的行政性工作，但是作为自治组织的居委会又离不开行政权力作为一种强制力的保障，这就产生了行政权对自治权的吸纳问题。加之社会转型期基层社会矛盾的复杂化使基层政府和社区居委会的职能划分难度加大，使权力行使范围的清晰划分更加困难。

（二）陌生人社会中的弱利益相关性

"城市居民社区在大多数情况下仅仅只是城市居民的一个生活和居住的空间。"[2] 城市社区的划分一般不是按照交往关系进行的，因而社区内公共性的社会交往行为相对较少，社区居民缺少必要的联系，更难以形成利益相关性。或者说，城市社区只是一种居住地而不是一种生活共同体，与自身利益密切相关的大多数事务包括各种职业活动和利益交换行为都是在社区以外实现的。这与农村社区存在着极大的不同，农村社区既有地域上的关联性，又有交往关系上的密切性和利益关系上的共通性。这一差异

① 石发勇：《城市社区民主建设与制度性约束——上海市居委会改革个案研究》，《社会》2005 年第 2 期。

② 吴克昌：《我国城市社区民主自治的理论与实践研究》，吉林大学 2005 年博士学位论文。

在社区民主选举上表现得特别明显，农村社区的自治选举一般参与率普遍较高，而就城市社区而言，社区多数居民包括社区选举在内的社区参与行为明显不足。

城市社区民主发展除面临参与不足之外，还面临着参与人群分裂的问题。具有相对较高经济和社会地位的人群更愿意通过人民代表大会或政治协商等渠道参与政治进程和进行利益表达，这使得"社区政治确实只能算作一种草根主实践，它与正式的国家政治体制安排在很大程度上是分离的和割裂的"[①]。如何把有机会有能力在社区范围之外进行利益表达的社会精英们的参与兴趣和热情吸引到社区，也是城市社区民主发展所面临的一个重要问题。

（三）社会结构变化下的社区整合难题

虽然中国目前的城市社区主要是按照地域范围进行划分的，但是仍然可以分成不同的类型，如单位型社区、小区型社区等，不同社区类型反映的是中国社会结构变化的实际。中国社会转型期社会结构的变化既包括横向的社会分化，又包括纵向的社会分层。这两种社会结构的变化表现在社区中，就是社区类型的分化和社区内部人员构成的分层。前者使得不同社区类型不一样，表现为社区间的差异；后者使得社区内部构成不一样，表现为社区内的差异，都为社区整合带来了难度。

斯宾塞认为："现代社会由于社会分化程度较高而造成了异质性个体的普遍存在，任何试图对异质性个体进行控制的尝试都只能导致社会的普遍混乱。"[②] 对于社会整体而言，不同类型的社区是异质性的存在，而在一个社区内部，不同利益要求的个体也是异质性的存在。于是，城市社会面对的是分散化的社区个体，而社区则面对的是分散化的利益个体。

而且，随着中国二元社会结构的变动，大量的农村劳动力进入城市，城乡之间的人员流动更加频繁，使得社区居委会同时面临着管理本社区正式居民和非正式外来居民的难题，大量外来非正式居民的流动性使得这类群体很难纳入制度化的管理轨道。

---

① 李骏：《住房产权与政治参与—中国城市的基层社区民主》，《社会学研究》2009 年第 5 期。

② ［澳］马尔科姆·沃特斯：《现代社会学理论》，华夏出版社 2000 年版，第 317 页。

（四）城市社区民主发展的社会驱动力异化

中国城市社区民主的发展主要来自执政党和各级政府的大力推动，缺少来自基层社会群众的广泛响应和积极参与，这突出表现为城市社区民主的制度化框架相对完善，而民主化实践相对滞后。以社区选举为例，对于社区居民而言，"是否参与社区选举，首要的考量不是公民的权利与义务，而是私人利益与私人关系，社区选举成为私人关系再生产的一个环节"①。对于社区选举的组织者而言，选举变成了一种不得不完成的任务，"在后单位制时期，制度性资源的减少和社会动员能力的弱化，使得街区对于居民的操作策略发生了相应转变，不再纯粹依赖社会动员，而是同时引入非正式的权力策略，将人情、面子因素引入选举过程"②。对武汉市某社区居委会的一项研究也指出，社区选举的高参与率和高当选率是通过行政强制和物质激励机制保证的③。当在城市社区选举中的社会推动力由人情、面子、关系甚至是物质等因素推动时，这种非制度化、非规范化的选举在事实上强化着非民主的过程，因为这种民主过程没有改变原有的社区治理结构，民主变成了一种完全的形式。

三　发展路径：城市社区民主的实践拓展

（一）构建社区民主的复合形式

城市社区民主一般可以分成选举民主和治理民主两个领域，治理民主又包括民主决策、民主监督和民主管理等环节。民主选举只是解决了城市基层社会治理权力的产生问题，而治理权力的运用和行使问题则要通过治理民主加以实现。早在党的十七大报告中就提出要"建立健全决策权、执行权、监督权既相互制约又相互协调的权力结构和运行机制"。这种机制性分权模式也为城市社区民主的制度设计和运行方式提供了调整方向。目前的社区民主建设过于强调选举民主，不能完全解决决策民主、管理民主和

①　熊易寒：《社区选举——在政治冷漠与高投票率之间》，《社会》2008 年第 3 期。

②　张赛林：《差别选票的背后：街区控制与社区选举——以济南市 L 社区居委会换届选举为个案》，《内蒙古社会科学》（汉文版）2009 年第 6 期。

③　参见陈伟东、姚亮《选举行为背后：投机博弈——以武汉市 C 社区居委会直接选举为例》，《华中师范大学学报》2005 年第 3 期。

监督民主的问题。应该强调，"民主本身是一种协商沟通和利益表达机制，以达到整合分化社会的目的。但是，基层民主的实现往往局限于选举模式，成为一种工具和形式，并没有发挥其本质作用"①。特别是当选举主要向着竞争选举模式发展的时候，更不利于利益协商和沟通功能的实现。

城市社区居民大会即使可以行使自治权，也缺少可供决策的自治性事务。社区自治只是体现在选谁来完成行政性的事务上，自治的领域是很狭窄的，选举民主的局限也由此决定。民主的实质意义在于对权力的规范，对于城市社区民主也是如此，自治权力内部也存在规范的问题，这种规范应该表现为一个长期的持续的监督过程，仅由社区居民大会行使监督权，监督可能会存在失效的可能。如果由选举产生的议事机构行使监督权，监督同样由选举产生的社区居委会，就有可能产生两个地位平等的机构之间的冲突和摩擦。

一种比较可行的方式是在城市社区推行代议制的民主方式，统和选举民主和治理民主，即由居民大会选举产生的代表会议来选举产生社区居委会，同时社区代表会议作为一种兼职的常设机构行使监督权和决策权。在选举代表会议的时候可以吸引所在社区的人大代表或政协委员等具有较高参政能力的居民以及其他在本社区长期居住的居民参与，增加监督的时效性和决策的科学性。这样不但有利于解决社区范围过大和居民数量众多的现实限制，又保证了大量的人员流动不会影响社区民主的实施，将城市社区民主的选举过程和治理过程有机结合在一起，有利于实现从选举民主向治理民主的拓展，并最终实现二者的统一。

（二）在社会分化中实现社区公民参与的总体平衡

社会学领域的冲突理论一般认为，社会分层起源于为争夺稀缺资源而发生的冲突，这是造成人类不平等的主要根源②。社会分层产生的不平等恰恰说明了民主的必要，对于基层社区而言，通过民主的方式分配有限的社会资源，对于化解阶层冲突可以起到积极的效果。而且，社会分化能够产生对民主的节制作用，有利于防止运动式民主的发生。但是容易形成民

---

① 陈明、慕良泽：《社会分化、分层与民主——基层民主研究的社会结构视角》，《内蒙古社会科学》（汉文版）2012 年第 3 期。

② 参见毛寿龙《政治社会学：民主制度的政治社会基础》，吉林出版集团有限责任公司2007 年版，第 259—261 页。

主参与过程的不均衡，表现为城市社区民主作为一种基层民主类型，主要是底层群众的参与，而社会精英群体主要是在社区范围之外进行政治参与的。所以，要实现社区公民参与的总体平衡，就要赋予社区更多的利益表达的功能，将一部分精英群体在社区之外的利益表达渠道放置于社区范围内，吸引社区内的精英参与。

同时，作为一种基层社会的利益协调机制，城市社区民主对于流动人口的日常生活也会产生直接的影响，这类群体往往比城市社区常住居民处于更低的社会地位，他们的政治诉求和利益诉求往往缺少有效的表达方式和表达渠道，有可能激发非正式的、体制外的政治参与行为。增加这类群体的社区政治参与，将其纳入社区民主进程，不仅有利于维护基层社会稳定，而且可以大大增加基层民主活力，推动城市社区民主的发展。

（三）围绕城市住宅小区建设开展社区自治

拓展共同利益是提高基层民主政治参与的动力。关于住房产权与政治行为的关系早就引起研究者们的注意，西方马克思主义学派的政治吸纳理论认为，住房所有者比住房租赁者一般会更加积极地参与主流政治活动[1]。随着城市居民居住方式的变化以及住宅商品化的发展，与之相关的在城市房屋拆迁、公用设施建设、生活环境治理等方面的城市居民共同利益增加，为构建社区利益共同体提供了可能。但是也存在另外一个问题，"随着利益意识的觉醒与物业纠纷的增加，业主委员会不断蚕食居委会的权威基础，成为名副其实的业主自治组织"[2]。二者之间如果产生矛盾和对抗，不但不能增加城市社区的利益共融，反而会产生分裂的可能，更加不利于社区内部的利益协调。因此，未来城市社区民主发展必须考虑小区自治对其带来的挑战，如果能够把城市小区业主自治纳入社区民主的框架内，对于提高城市社区民主的参与率、拓展民主自治的领域和范围都将起到积极的促进作用。

结合前面提到的社区代议制民主形式，对于住宅小区建设情况比较完善的社区，以住宅小区为单位的业主选举可以和社区选举合并进行。住宅

---

① 参见 Verberg, "Homeownership and Politics: Testing the Political Incorporation Thesis," *Canadian Journal of Sociology*, No. 25, 2000, pp. 169–195.

② 黄卫平、陈家喜：《十年来基层民主的发展》，《中国社会科学报》2012 年 8 月 31 日第 A07 版。

小区可以作为一种社区民主单元，由业主委员会选举产生的"业委会"负责人可以作为小区居民代表成为社区代议机构的成员。

（四）围绕社区党建强化利益整合和利益表达功能

"由于居委会长期以来的行政化运作，城市居民与社区的利益结构的低度关联，决定了社区自治的动力虽然来自社会发展，但是，不是直接来自居民的推动，而是来自社区中党的基层组织。"[①] 在开展城市社区民主建设中，随着政府从基层社会中的退出，中国共产党始终发挥着主导和推动作用，街道党工委和居民社区党支部一直是社区民主发展过程中重要的推动力量和领导核心。基层政党组织的参与是基层社会实现自治的重要因素，并且社区党建在社区民主发展过程中的作用日益体现，是支撑居委会工作的重要力量，成为均衡基层社会中国家和社会关系的核心。

"垂直到基层的党的组织网络是社区公共权威合法性的重要来源之一，其前提则是党组织有效地整合社会并体现社区公益。"[②] 这对党组织在基层社会中的工作职能提出了新的要求。作为社区中的一种相对独立的政治力量，党的基层组织应该从目前大量的事务性和行政性工作中退出，工作内容主要应该向三个方向拓展：一是完善信息沟通，协调社区内部的公共利益，促进社区交往关系的增加和社区共同体的形成；二是拓展利益表达渠道，有效整合社区居民的利益要求，为居民利益诉求在社区内的实现提供可能；三是作为社区民主的领导核心，主导议事和决策议程，协调社区居委会和其他社区组织的关系，成为连接基层社会和进行基层社会动员的主导力量。

综上所述，中国城市社区民主建设是一个长期发展的过程，应该从把握其功能定位入手，确立发展维度；同时要看到城市社区民主发展所面临的制约性因素，明确其发展的限度。最终走上既符合社区民主发展功能需求，又能有效消解制约因素的城市社区民主的发展路径。

（作者：孙宏伟，东北大学文法学院讲师；张雷，东北大学文法学院教授）

---

① 刘春荣：《中国城市社区选举的想象——从功能阐释到过程分析》，《社会》2005 年第 1 期。

② 刘晔：《公共参与、社区自治与协商民主——对一个城市社区公共交往行为的分析》，《复旦学报》（社会科学版）2003 年第 5 期。

社会结构、生存性体验与当前
中国社会信任问题

　　现代性生存逻辑的出发点就是逃避死亡，获得长期安全的稳定性期待。只有这种安全感得到之后，人际信任才得以形成并延伸到制度和体制中间。自然法学说和契约论在自然状态和达成契约的内在逻辑分析中，都把逃避死亡和安全期待作为这些行为得以可能的根本性驱动力。在阶级学说和现代社会结构理论中安全和利益无不是它们理论逻辑的出发点。因此就当下生存的个体行动者而言，在自我理解和人格结构的构成中安全具有根本性意义，一切人际信任、行为规范、制度机制乃至价值意义的形成和整合都是以此为基础和出发点的。尤其就个体自身而言，生活认知、个体信任和价值归属感都源于此。

一　研究的引入

　　由于阶级理论与暴力革命和斗争的紧密联系，当前社会结构分化的研究者有意回避对其作出探讨，只在意识形态的意义上运用阶级属性和立场本来的含义，他们更多的是在这一背景下，运用阶层理论和职业构成来研究中国的社会变迁。只是当前关于中国社会信任问题的研究，无论是强调群体的整体性的分层理论，还是强调个体的社会网络理论，都将其研究的理论前提（元理论）作为固定不变的条件：要么群体的整体性决定了个体选择和信任的边界，个体的流动性对结构间的整合没有得到应有的重视（尤其是在中国庇护—被庇护的政治文化背景下，下层结构的行动者获得上层个体的庇护是可以得到改变命运的阶层流动的）；要么就是在研究人际信任时直接进入个体社会网络关系中，运用问卷和访谈对微观层面的个体互动关系进行研究，至于个体如何或为什么这样行动的宏观决定性因素则被忽视了（如当前百姓在纠纷调解中借助的是熟人权威而不是法律，不再仅仅是传统习惯使然，更多的是因为对司法的不信任导致的）。

如何将宏观的社会结构分析与微观个体社会网络结合起来，边燕杰和张文宏对此作出了有益的探索。边燕杰通过对个体进行阶层身份定位之后，运用拜年的人际网络关系来研究不同阶层之间以及阶层内部的互动规律。① 他发现，个体的拜年行为与其阶层和职业身份之间有着比较紧密的关联："职业本身对交往有重大影响，因为交往更可能发生在同职业家庭之间。但是阶层也有重要意义。无论同职业者之间互访，还是跨职业的交往，阶层的影响都存在。体力劳动者与其他各类职业之间的互相隔离情况相当明显。在非体力劳动者中，各职业之间也存在着相互隔离。"② 他从个体微观互动的社会网络中发现了阶层和职业属性的典型性特征，也正好印证了孙立平在社会结构研究中所得出的结论：90 年代以来，由于中国资源的重新集聚，"以收入差距形式表现出来的社会两极分化固化为一种社会结构"。"一部分人被甩到社会结构之外"，与其他阶层出现区隔和交往的断裂。③ 边燕杰关于体力劳动者与其他阶层之间的相互隔离与此是一致的。而阶层之间的相互隔离以及阶层内部的交往较多，与孙立平的"阶层之间边界固定化"，流动开始减少也互相支持。

但是边燕杰的这一研究似乎并未完全达到他要研究的目的——"希望演示一种能把理论和现实导向的阶层分析要素加以整合的研究路径"。④ 或者说，他仅仅是从个体社会网络方面印证了社会结构分析的宏观结论，为结构分析提供了微观互动的逻辑证明。至于结构分层和职业身份在营建自我信任的边界时，个体性的社会网络是否或如何在结构性边界中固守或突破既定的范围，没有得到实证性的分析。因为在这种阶层边界呈现为固定化的结构社会中，传统的"庇护—被庇护"关系的个体社会网络是导致结构性流动的重要因素。只有将横向的结构性定位与个体社会网络所导致的纵向的流动进行有机结合，才能对中国社会信任关系和社会流动有一个较为全面的认知。

张文宏通过阶层差异对城市居民的社会网络资本的影响进行了研究，

---

① 边燕杰：《中国城市的职业、阶层和关系网》，《开放时代》2005 年第 4 期。
② 同上。
③ 孙立平：《失衡——断裂社会的运作逻辑》，社会科学文献出版社 2004 年版，第 22 页。
④ 边燕杰：《中国城市的职业、阶层和关系网》，《开放时代》2005 年第 4 期。

指出中国处于不同阶层的个体，其占有的社会网络资本有较大的差异，尤其是专业行政管理阶层和工人阶层之间的差异最大。① 他和边燕杰分别就社会结构和社会网络进行互动性的分析，在此基础上，二者又进行了合作，对经济体制变迁与社会网络分别所起的不同作用进行研究。他们指出，无论是市场经济的信息不对称，还是再分配经济体制中对信息的结构性垄断，都会导致结构洞或体制洞的存在。只要这些结构性的断裂成为社会结构分化的主要特征，社会网络必然会从西方原义上的个体交往的人际信息桥转变为具有中国特色的庇护—被庇护的人情关系网络。而且这种人情性质的社会网络因其庇护关系而具有很强的义务性，导致了人与人之间的私人信任高于组织信任，甚至替代了正式的组织信任原则。② 究其原因，他们指出："正在完善的劳动力市场的信息机制可能比较发达，而劳资双方的信任机制、规范机制、监督机制等存在很大的漏洞，需要人情网络或强关系来补充。所以说，强关系和人情交换的上升证明了体制洞假设的成立。"③

他们的研究给予我们一个重要的启示，就是既定的社会结构与其中的个体社会网络之间有着相互印证和互相补充性的作用。在较为发达的市场经济和民主体制中，社会网络为不同结构、阶层的个体之间起着信息桥的作用，弥补了结构性信息不对称的局限性；而在等级体制的社会结构中，由于信息的结构性垄断的特征，社会网络不仅是信息的传递而且是既定社会人情关系和庇护关系的体现。就当前中国社会信任问题而言，由于社会结构分化呈现为断裂和边界固定化的状况，信息更是体现为结构性的垄断。这种垄断导致了一系列的政治、体制和社会的信任问题，尤其是结构、阶层之间的隔离导致群际之间的沟通阻塞，这就是体制洞或结构洞存在的原因和表现，它致使个体私人之间的社会网络在日常生活的沟通交往中占据主要地位，私人信任替代了体制信任成为当前中国社会信任的主要特征。

为了能够较为全面地揭示中国当前的社会信任问题，本文借助于他们的研究，将社会结构和生存性体验作为分析社会系统信任和个人信任的切

---

① 张文宏：《城市居民社会网络资本的阶层差异》，《社会学研究》2005 年第 4 期。

② 边燕杰、张文宏：《经济体制、社会网络与职业流动》，《中国社会科学》2001 年第 2 期。

③ 同上。

入点。本文认为，社会结构的状态决定或体现了政治体制、社会行动的内在逻辑，也是系统信任体现形式和特征的决定性条件；而社会网络则是个体生活实践的规定性和具体表现形式，所以用个体性生存体验来表现社会网络就更加具体，当然在这里个体生存性体验不是文学领域中人的内在感受和生命体悟，而是个体在信任和其他价值问题上对周围环境、行动者和体制规范的态度，这些态度是个体生存和自我把握的主要表现形式和考察指标。

二　中国社会的系统信任

随着现代化进程的深入，传统、习惯等过去的生活规范逐渐与我们当下生活和未来规划渐行渐远，社会的流动性和陌生化日趋加剧，从而造成了现代性特有的本质——不确定性。当人们离开了自己所熟悉的生活传统来到完全陌生的环境之后，新鲜、好奇的兴奋随着不确定性的加剧而逐渐被不安所代替，因熟悉而产生的信任被复杂多变的社会分化冲散为碎片化的存在。因此，在现代化转型过程中，个人信任因环境的变迁而出现断裂和重建，社会的秩序化需要整个社会系统的有机整合才能得到维持，它一般表现为两个方面：一是强制性的法律和制度；二是政府与社会因需求和互动而产生的具有象征意义的媒介和规范。在本文中系统信任所指对象包含了以上要素，由于中国现代化是在政府主导下进行的，系统信任及其稳定性与政府体系、体制紧密相关，在社会层面，市场机制是主要的，所以在系统信任的论述中，本文主要考察的是政府体系和市场体系这两大系统。

正如前文孙立平的分析所指出的，自90年代以来，中国社会分层呈现为边界固定化，流动机制出现阻塞，社会结构出现断裂。与此相对应的是中国政府系统的信任机制和社会认同也发生了变异和断裂。中国尽管在转变政府职能以及市民社会重建方面有了重大的发展，但全能主义时期所形成的基本政治与组织框架仍然存在，国家控制社会与经济的状况并未发生根本变化。它的主要体现就是行政人事体制的垂直控制，即下级政府及其官员的政绩考核以及奖惩标准来自上级政府制定的可以量化的系列指标。而且这些指标自上而下，层层加码，形成了压力型的行政体制。因此，在现实中就形成了这样一个局面：一方面，国家大力推进市场化进程，市场化和货币化的社会信用体系逐渐形成和建立；但另一方面，国家权力并未像人们所期望的那样逐渐退出市场，反而通过对社会经济再生产体系进行垄断，政府、国有企业成为市场经营的主体同时兼任国家信任的代理人。当压力型体制使政府部门只向上级政府负责，而且又成为市场的经营性主体时，它就具有强烈的自我利益指向，这样，"国家"的各级机构就愈来愈将"国家"的职能即提供公共产品的职能——作为业余职能。如社会公共产品的供给被委托给完全垄断的卖方市场，公共产品成为私人特权服务，政府公共服务能力严重不足。在这种自我利益指向下的政府，其信任体系也就出现了断裂，主要表现在以下几个方面。

一是政策信任的断裂。政府为了获得利益的最大化，利用垄断性地位进行短期的非理性投资，民生政策严重不足。政府通过对不可再生性的市场紧俏资源的买卖博得政治资本而导致百姓生活的困境，尤其是土地财政所导致的房价飞涨一直是这几年来人们关注的核心问题。物价上涨与收入涨幅之间差距的扩大，加剧了人们在生存问题上对政府的失望，同时像医疗、教育、就业和保险这些非营利部门的市场化经营也导致了百姓对政府的信任下降。如在人民网 2008 年、2009 年、2010 年三年的中国互联网舆情分析报告中，政府公信力、社会不公一直是社会关注和舆情质疑的焦点问题。在这三年的舆情问题排行榜中，前 20 位的焦点问题分布情况如下：2008 年舆情关注的前 20 位焦点问题中有 13 件与政府直接相关，占总数的 65%，其中负面效应有 7 件，占与政府直接相关问题的 54%。2009 年舆情关注的前 20 位焦点问题中有 14 件与政府直接相关，占总数的 70%；其中负面效应有 7 件，占与政府直接相关问题的 50%。2010 年舆情关注的前 20 位焦点问题中有 12 件与政府直接相关，占总数的 60%；其中负面效应有 7 件，占与政府直接相关问题的 58%。① 这些数据表明，对政府公信力的质疑已经在社会舆情关注中成为焦点问题，政府重新自我定位和重建政治信任体系迫在眉睫。

二是干群之间信任的断裂。基于政府的利益部门化和自我指向，官员的责任和义务自然就是指向领导和自我，因此"暗箱操作"和腐败也就自然产生了。与此同时，官员们所处位置的垄断性，导致信息在体制内与

① 相关分析和数据处理来自舆情网（http：//yuqing. sjtu. edu. cn/index. php? option = com_ content&view = category&id = 48&Itemid = 78）。

体制外，甚至是部门内外的严重不对称，这就产生了结构洞和体制洞，即结构之间的信息断裂，部门之间的信息断裂，从而使信息垄断者掌控资源而具有社会优势地位。它不仅导致"暗箱操作"，而且是官员脱离群众作风飞扬跋扈的原因所在，也导致了百姓的反感甚至憎恨。正如郑永年、黄彦杰所指出的："特别是在招标、采购、录用和审批过程中以权谋私的权力寻租行为。久而久之，老百姓对此心知肚明，习以为常。最后，一般民众对反腐败和规制化就产生了'改革疲劳症'，不再信任把这些法律和纪检公共制度看成是'我们的'，而是把官员列入'他们的'行列，甚至发展成一种'仇官'心态。"① 在 2008 年、2009 年、2010 年三年社会舆情关注的前 20 位排行中，与官员执法作风、腐败直接相关的事件，2008 年有 7 件，占 35%；2009 年有 12 件，占 60%；2010 年有 9 件，占 45%。而且这些事件大多性质较为恶劣，引起社会的强烈公愤，如拆迁导致的自焚事件，警察执法打人致死等。正义网在 2010 年上半年的舆情报告中指出，在社会关注的政法问题的舆情排行中，执法不公和司法腐败占据前两位。② 这些事件不仅使政府系统信任运作出现断裂，而且导致了百姓将对系统的信任转移到了对个体的信任上，使系统信任虚空化。

三 中国社会的个人信任

由于社会结构性的断裂导致体制洞和结构洞凸显，当政府的法律、制度和政策体系的系统信任不再被认同时，个体就转而在社会内部，尤其是与自己生存紧密相关的环境中寻求信任和安全感。就个体生存环境而言，因对政府的不信任而远离政治生活并不意味着就获得了传统意义上的安宁和自在的田园生活，因为他们很快就发现由于市场化的冲击，社会关系和信任也被货币化了。市场的逻辑就是一切为了利益的最大化，至于道德底线等价值问题都被解体为获利的工具，因此食品安全、操控物价等欺诈行为导致人们的生活安全感急剧下降。当政治信任体系和市场信任体系不再能为人们提供安全感时，人们必然要重新回归自身，因为只有自身的生存

---

① 郑永年、黄彦杰：《中国的社会信任危机》（http：//www. aisixiang. com/data/detail. php？id＝40393）。

② 参见舆情网：（http：//yuqing. sjtu. edu. cn/index. php？option＝com_ content&view＝article&id＝143：2010&catid＝48：2010－10－14－10－43－15&Itemid＝78）。

性体验才是最可靠的，至少在感觉上是这样的。因此对于社会的感受和判断，个体回到了自身生存体验的感受之中，个体通过反思自身的发展经历，总结出属于自己的安全和信任的网络边界。自我这种生存性体验有两种途径：一是先天赋予的社会关系，即血缘亲属关系；二是自我选择交往的朋友关系，这是个体可以突破血缘等结构性的规定性限制，从而获得实现跨结构、跨阶层自身流动的关键所在。以下就个体安全和信任网络的构成和功能进行分析。

　　就安全和信任网络的构成而言，血缘关系依旧占据了重要地位，之所以如此是与系统性信任断裂，现代化生活的流动性和陌生化紧密相关的。因为当"脱域"而具有普遍意义的系统信任体系无法信任时，流动性和陌生化所带来的不安全感是无法克服的，个体的安全和信任又重新回到本已碎片化的熟人空间中，虽然现代化的信息技术在一定程度上弥补了由于距离的空间感而带来的断裂，但是这种"不在场"的信任与安全给个体带来的仍然是与社会的疏离和孤立。而这种疏离和孤立又加剧了个体对熟人空间的依赖。

　　在熟人的信任网络中，他们的亲疏关系如表1所示。①

表1　　　　　　　　　　　　**熟人信任网络中的亲疏关系**

级别/性质	先赋性关系	交往性关系
第一级	家人	密友
第二级	近亲	至交
第三级	族亲	熟人（频繁交往关系）
第四级	远亲	相识（交往略多关系）
第五级	沾亲（更远的远亲）	点头之交（较少交往关系）

　　这种构成仍然是按照血缘关系建立起来的私人网络，个体信任和资源交换都是按照这一框架和内在逻辑进行的。从这种构成中不难看出，个体信任网络源于个体生存性体验而获得的安全边界，而且它的内在逻辑是典型的传统中国人情—面子的关系模式，即在家族、血缘和人缘的基础上建

---

　　①　杨宜音：《关系化还是类别化：中国人"我们"概念形成的社会心理机制探讨》，《中国社会科学》2008年第4期。

立的私人社会网络体系，主要包含以下方面："中国人的交换资源可分为先天和后天两大类，其中再可分成各分类，其先天资源是：血缘、地缘、性别（辈分）、家世等，后天有：联姻、财产、身份、地位、权力、名望、金钱、关系、信息、品质等，这些资源和中国社会文化背景有很密切的关系。交换行为就是充分利用其中的一种或数种资源来实现人际的互惠，而个人拥有这些资源的多寡将决定个人在社会生活中的互惠程度和满足各种生活需要的程度。"[①]

在功能上，这种个人信任网络在中国当前有着重要作用。在个体生活追求和既定理想目标的实现上，它起着关键的作用。在现代化和市场经济已经较为深入的发展阶段，中国的私人信任网络在个体生活中基本上占据了主导地位，而且它的运作逻辑不是西方人际关系中的信息桥作用，而是中国人情—面子的私人运作逻辑，它表明由于中国系统信任体系的断裂，结构和阶层之间的区隔，社会正式的沟通渠道和认同处于无效状态，所以这种私人的人情—面子关系有效地填补了这一空间，出现了公共生活私人化的状况，但它是正常的还是反常的还需要进行深入研究。

当个体的信任网络处于主动地位时，在正式组织工作的行动者的行动逻辑也受这一关系的支配。行动者在利益和认同取向上首先考虑的是私人关系的亲密程度，在工作合作上考虑的是同学、老乡等熟人身份所带来的安全感。因此在行动中人情—面子超越了组织制度，成为组织资源支配、分配的主要方式。与此对应的是居于组织关键位置的领导者不再是结构分工的身份而是家长式的掌控者，组织权威被这种个体权威所替代。这种公私之间的困境一直是中国当前所面临的关键问题，由于结构洞和体制洞的存在，在占据资源支配位置上的个体往往用私人信任网络取代组织和制度的规定及目标，实现自我的利益指向，从而造成寻租和腐败现象的频繁发生。

"中国单位组织中始终解决不了的公私关系问题实际上表现在不同类型的组织资源在流向上被非正式地进行了移动，其原因是中国社会组织在深层结构上的两种不相容的关系格局发生了重叠。这种结构造成的一个社会事实就是每个个体在组织中都可以合理地以自我为中心尽可能地移动组

---

① 翟学伟：《中国人际关系的特质——本土的概念及其模式》，《社会学研究》1993年第4期。

织资源，以追求个人利益最大化。结果是个人在组织中追求个人利益最大化之时，也是组织名义受损、观念淡化、利益最小化之际。"①

（作者：张向东，河南大学哲学与公共管理学院副教授）

---

① 翟学伟：《由公及私：中国组织资源流向探析》，《江苏社会科学》1998 年第 2 期。

网络政治参与：信息时代政治决策的优化大师

政治参与是普通公民通过一定的方式和手段进行的旨在影响政治过程的政治行动，而政治过程的中枢是政治决策，因而政治参与更主要地体现为影响政治决策。政治决策是政治输出的主要形式，政治系统主要通过政治决策的方式实现对社会价值的权威性分配。

政治决策离不开公民参与，公民参与是政治系统运行的必要程序，也是政治决策民主化、科学化与合法性的重要基础。公民政治参与的缺位，极易造成政治决策的失误和决策认同度的低下，进而造成决策执行难度和成本的增加。美国政治学家科恩高度强调政治参与之于政治决策的重要意义，"民主决定于参与——受政策影响的社会成员参与决策"①，"民主过程的本质就是参与决策。民主社会中任何成员都不能保证他在参与的争执中一定稳占上风，但可以肯定（如果是真正的民主）他能公正地享有一份决策权。他可能在表决中失败，但意见还是提出来了"。② 国内学者俞可平认为，对政治过程的控制程度是民主政治实现程度的最重要标识，"民主政治最为重要的是保证公民对政府决策过程和议事日程的最终控制，没有这种控制就没有真正的民主"。③ 学者朱旭峰认为，公民参与具有优化公共决策过程的作用，它可以使公共决策具有更符合公民偏好的价值基础，可以降低公众对政府的不信任，也可以使政府获得更高的公众支持和满意度，从而减少分歧和冲突。④

由于受传统政治文化、政治制度等多种因素的影响，中国政治决策具

---

① ［美］科恩：《论民主》，聂崇信等译，商务印书馆 1988 年版，第 12 页。
② 同上书，第 219 页。
③ 俞可平：《增量民主与善治》，社会科学文献出版社 2005 年版，第 138 页。
④ 朱旭峰：《推动公民有序参与决策》，《人民日报》2011 年 10 月 19 日。

有较大的封闭性①，决策的精英色彩比较浓厚，民众对政治决策的影响较为有限。有论者指出："当代中国的政府过程主要不是以群众性的利益表达和综合作为动力，而是以党政官员走群众路线的方式来综合民意为基础，这是当代中国利益表达、利益综合和政策制定的一个特点。""纵观当代中国政府过程，群众性利益表达以及在此基础上的利益综合对于宏观政策的影响比较小，单纯自发的群众性综合在整个决策中所占的比重不大，更多的利益表达和综合是由权力精英和地方各级地方政府官员进行的。"②"在中国，公共政策是否合意的判断大多是基于事后的满意度和效力，缺乏事前的民意调研和民意基础。政策的合法性来源于事后的'政策收买'而非事前的'意见综合'，这显然是不理性的，因为它一方面忽视了公民平等参与集体决策的权利，又否定了公民影响政治过程的能力。"③ 还有论者不无偏激地指出，中国虽然是目前全世界政策最多的国家，但这些决策基本上都是精英决策，还不是真正意义上的公共政策。④ 这种缺少了公众参与的精英决策，由于受决策信息不完备等客观条件的限制，以及精英自身能力、专业水平、知识结构限制及可能产生的自利倾向等主观条件的制约，难免会偏离公共利益轨道，也难免为民众所抵牾，从而损害了决策的民主性、科学性、合法性与执行的有效性。

　　互联网的出现在很大程度上优化了议程设置模式，提升了决策的透明性，减少甚至避免了政治决策对公意可能的偏离。"相较于传统行政决策的封闭性与神秘化，网络时代的公民从原有的政策、决策的接受者变为决

---

　　① "绿坝事件"就是政府封闭决策的一个典型案例。为净化网络环境，保护广大青少年免受互联网不良信息的毒害，工信部花费巨款采购了"绿坝—花季护航"软件，提供给网民免费下载安装。但是，由于工信部在出台这一决策前并未征询广大网民的意见，这一善举非但没有得到广大网民的支持和拥护，反倒引发了大多数网民强烈的质疑和反对。在广大网民的反对声中，工信部最后取消了这一决定。

　　② 胡伟：《政府过程》，浙江人民出版社1998年版，第208页。

　　③ 吴晓林、左高山：《协商民主理论与中国民主政治发展》，《教学与研究》2009年第4期。

　　④ 香港城市大学的岳经纶教授认为："可能全世界政策最多的国家是中国，但我们有政策，却没有公共政策。为什么有政策而没有公共？因为政策过程是精英决策，不是大众参与的，很多都是注重专家决策。无论是领导决策还是专家决策，实质都是精英决策，而非真正意义上的公共决策。"参见岳经纶《公共政策的价值取向》，《中国审计》2003年第10期。岳经纶教授的说法虽然具有一定的偏激性，但也在很大程度上反映了中国公共政策制定过程中公民参与缺失这一基本事实。

策信息的发布者和决策过程的参与者"①，因而极大地优化了政治决策，网络政治参与也成为信息时代政治决策的优化大师。

一 优化议程设置

（一）议程设置理论概述

议程设置理论是传播学的重要理论，该理论是由美国学者麦库姆斯和肖在 1972 年正式提出的。在议程设置理论形成之前，社会学家帕克对报纸在舆论形成过程中作用的研究，对该理论的形成产生了重要的启示作用。传播学大师李普曼很早就注意到媒体在影响"我们头脑中的图像"过程中的作用，认为大众头脑中充塞的图景不过是传媒的赐予和输送的图像的大杂烩，媒体正是通过影响"我们头脑中的图像"来影响人们对世界的认知，进而达到对社会控制的目的。传播学家科恩明确地揭示了议程设置理论的实质，认为"在多数时间，报界在告诉人们该怎么想时可能并不成功；但它在告诉它的读者该想什么时，却是异常成功"②。

帕克、李普曼和科恩等学者的相关研究成果，对议程设置理论的问世和完善产生了积极而深远的影响。1968 年，麦库姆斯和肖在教堂山对美国选民关于总统投票问题的态度倾向进行了调查，以探讨媒介议程对公众议程的影响。通过实证研究，他们发现，媒介议程和公众议程的相关系数超过 0.967。据此，他们得出了一个重要的结论："在媒介突出强调的各类选举问题和选民对各类选举问题之显著性与重要性的判定之间，存在着非常密切的关系。"③ 1971 年，麦库姆斯和肖又在夏洛特进行了一项关于美国总统选举的实证调查，调查结果再次证明，报纸在影响公众议程方面确实发挥着巨大作用。1972 年，麦库姆斯和肖将上述实证研究成果以《大众传播的议程设置功能》为题发表在《舆论季刊》上，正式提出了议程设置理论。

议程设置理论认为，媒介的优先议题和公众的优先议题之间存在着极高的正相关性，"媒介报道什么，受众便注意什么，媒介越重视什么，受

---

① 胡宗仁：《网络政治参与背景下的政府行政改革之道》，《国家行政学院学报》2009 年第 6 期。

② Bernard Cohen, *The Press and Forein Policy*, (Princeton University Press, 1963), p. 13.

③ ［美］沃纳·赛弗林、小詹姆斯·坦卡德：《传播理论：起源、方法与应用》，华夏出版社 2000 年版，郭镇之等译，上海科学技术出版社 1999 年版，第 247 页。

众便越关心什么，换言之，媒介议程不仅与受众的议程吻合，而且受众的议程就来自于媒体的议程"[1]，大众传播媒介往往通过对某个事件的报道、突出报道以及报道的顺序，来影响受众对事件重要性及周围世界的认知，这就是早期的议程设置理论。

早期的议程设置理论仅仅研究了媒介议程和公众议程之间的关系，研究主题较为简单和褊狭。后来，很多传播学学者对该理论进行了完善，认为媒介"既能影响人们思考什么问题，也能影响人们怎样思考"[2]；并将议程设置研究由过去媒介议程影响公众议程扩展为全方位的议程设置过程，即媒介议程、公众议程和政策议程三者之间的互动共进关系。在这里，媒介议程是指媒介着重报道的问题，公众议程是指公众关注的焦点问题，而政府议程则是指政府极为重视的问题[3]，议程设置理论就是研究这三者之间是如何相互作用、相互影响的。

（二）互联网对中国公共政策议程设置模式的改变

能够影响决策过程固然重要，但是能够影响政策议程也甚为重要，因为政策议程是政府决策的前奏，社会公共问题只有在被提上政策议程的情况下，才能成为公共政策问题，因而影响了政策议程，实际上也就为影响决策奠定了重要基础。

由于传统政治文化、政治制度等多种因素的影响，中国传统的公共决策具有较为浓厚的精英色彩和封闭性，属于典型的"政府主导内输入型"决策模式。传统议程设置的一般模式为：政策议程→媒介议程→公众议程，即政府作出某项决策后，作为政府"喉舌"、宣传工具及政治权力重要组成部分的媒体迅即对政府决策进行宣传报道，以影响民众对政府决策的认知，提高民众对政府决策的认同。传统议程设置的主要表现形式有关门模式、动员模式和内参模式三种，在前两种议程设置模式中，议程是由决策者自身提出的，而在后一种议程设置模式中，议程则是由政府智囊或智库提出的。显然，相对于关门和动员模式，内参模式的民主性和科学性

---

[1]　李彬：《大众传播学》，中央广播电视大学出版社 2000 年版，第 250 页。

[2]　［美］沃纳·赛弗林等著：《传播理论：起源、方法与应用》，郭镇之等译，北京广播学院出版社 2006 年版，第 265 页。

[3]　因为政府的资源和精力是有限的，在有限的资源和精力范围内，政府必须对各种议题的重要性进行排序，分清事情的轻重缓急，有选择地进行应对。这就是所谓的政策议程。

更强，但仍然带有较强的封闭性和精英色彩，民众的参与仍然较为匮乏，公众议程对政策议程的影响也依然有限。

近年来，随着政治事务复杂性的日益增加和民众政治参与热情的日益高涨，科学决策、民主决策的呼声愈来愈高，关门模式和动员模式日渐式微，内参模式成为常态，外压模式频繁出现。[1] 外压模式的一个重要特点就是诉诸民意和舆论的压力，迫使政策议程发生改变，这种压力来自很多方面，其中，互联网就是一个极其重要的来源。

互联网的开放性、互动性、匿名性、平等性、跨时空性、个性化的特点，极大地改变了传统媒体时代少数媒体垄断议程设置和公众很少设置议程的局面，极大地提升了网络媒介议程和公众议程对政策议程的影响力，增加了民意在决策中的分量，而民意则是公共政策民主性、科学性与合法性的重要基础。"网络民意的集合扩散效应推动了社会问题向政策问题的演变，促进问题源流、政策源流与政治源流的耦合，从而打开一扇'政策窗口'。"[2] 互联网的应用和普及，开辟了公众参与的便捷渠道，成为解决公共政策制定过程中大众参与缺位的重要工具，同时也成为媒介议程、公共议程和政策议程之间相互转化的一种有效机制。

互联网兼具媒介和民众表情达意工具的双重属性，因而既可纳入公众议程的范畴，也可纳入媒介议程的范畴；既可以通过媒介议程影响公众议程和政策议程，也可以通过公众议程影响媒介议程和政策议程。

网络媒介议程影响公众议程和政策议程的一般路径是：网络媒介议程→公众议程→政策议程，即网络媒介对某个事件的报道或对传统媒体报道事件的转载引发网民热烈讨论，网民的热烈讨论引发强大的网络舆论，引起政府的高度关注，从而推动政策议程的变动。

互联网作为公众议程影响媒介议程和政策议程的一般路径是：网络公众议程→网络媒介议程→政策议程，即网民通过网络论坛、聊天室和即时通信工具对某个议题的广泛讨论引发传统媒体和网络媒体的关注，传统媒体和网络媒体对网民议程的报道进一步放大了网络舆论，汹涌的网络舆论对政府产生了巨大的影响力，从而引起政策议程的改变。

无论是作为媒介议程还是作为公众议程，互联网都在很大程度上改变

---

① 王绍光：《中国公共政策议程设置的模式》，《中国社会科学》2006 年第 5 期。

② 刘祖华：《网络民意与公共决策》，《党政论坛》2007 年第 5 期。

了传统媒体时代公众只能被动接受政策议程和媒介议程而无法自主设置议程的状况，使过去"沉默的大多数"变为信息时代的大声疾呼者，它所引发的巨大舆论冲击波对现实政治产生了重大而深远的影响，它所产生的巨大压力已经达到了任何部门、机构甚至公众人物都无法忽视的地步，因而对政策议程的改变具有十分重要的意义。近年来，互联网对中国政治生态的影响越来越大，甚至在一定程度上改变了中国的政治运作逻辑，促使事件发生戏剧性的转变。如"孙志刚事件"导致施行多年的收容制度被废止；"孙大午事件"不但戏剧性地改变了民营企业家孙大午及其家人的命运，而且还对中国民营企业的融资环境产生了积极影响；反对京沪高铁使用日本新干线技术的网络签名事件使中国政府最终作出弃用日本新干线技术的决策；各地发生的"乙肝歧视第一案"，推动了公务员录用体检标准的改变①；"佘祥林杀妻案"的曝光推动了死刑案件的审判程序改革；"最牛钉子户事件"为《物权法》的出台与实施创造了一个成功案例；"三聚氰胺乳品事件"促成了《婴幼儿配方乳粉审查细则》的出台；"娄烦溃堤事件"的博客报道，导致该事件由最初谎报的"自然灾害"还原为"重大责任事故"，相关涉事官员也被一一问责；"PX事件"使得厦门市政府最终放弃了将"PX"项目落户厦门的决定，而将该项目改迁漳州古雷；"绿坝事件"导致"绿坝"软件在被强制安装的前夜被工信部紧急叫停；上海"钓鱼执法事件"推动了《上海市行政执法人员执法行为规范》的制定；"开胸验肺"事件促成了新版《尘肺病诊断标准》的出台；贵州"水洞口事件"中天涯社区的一则帖子，在危急关头成功地化解了一触即发的官民冲突②；2011年4月25日，《中华人民共和国个人所得税法修正案》公布之后，在短短的三天时间里，由于网络民意的强烈而使个人所得税起征点由最初的3000元调整为3500元等。

---

①　各地的"乙肝歧视第一案"发生后，浙江、四川、广东等地纷纷取消了关于禁止录用乙肝携带者为公务员的规定，2005年1月20日，国家人事部、卫生部也在新颁布的《公务员录用体检通用标准》中，明确规定乙肝携带者可以被录用为公务员。

②　2009年10月，贵州铜仁地区杨家坳乡下官阡村众多村民，为试图阻止乡政府在该村实行的引水工程，与乡政府产生严重对峙，官民冲突眼看就要升级。在危急关头，互联网上关于该事件的传播与争论，使得一触即发的官民冲突得以及时化解，并使当地重新发生了新的官民良性互动的局面。人民网舆情监测室"排行榜"项目负责人单学刚认为，这是民意通过网络表达并最终得到解决的典型案例。详情参见王俊秀《一起官民冲突是如何通过网络化解的》，《中国青年报》2009年11月4日。

网民对中国的政治生态影响之大，以致很多学者认为网民阶层已经成为中国最大的"压力集团"和"新意见阶层"①，"可以这么说，互联网上的'新意见阶层'已经结成了一个有现实影响力的虚拟'压力集团'，面对贫富冲突、劳资矛盾、城市拆迁、农村土地流转、环境污染、医疗教育、道德失范等问题，特别是政府施政缺失和司法不公，形成巨大舆论压力。网民从自身利益出发评议公共政策，经常能够有效地改变决策方向。"②"这种正如屈服于公众意见而改变议事日程，在过去几乎是天方夜谭的事，但现在却确确实实地出现了。"③

二 提升决策透明度

由于受多种因素影响，中国传统的政治决策带有浓厚的封闭性和精英色彩，因而具有一定的"黑箱操作"、"灰箱操作"的痕迹。网络政治参与的发展，对于打开"决策黑箱"、"决策灰箱"，消除权力的封闭性和神秘色彩，增强公共决策透明度，具有极其重要的意义。

（一）"决策黑箱"理论述略

西方政治系统理论将政治系统与外界环境之间的相互作用分为输入、转换和输出三个阶段，输入和输出是政治系统与外界环境之间的能量转换，政治系统的功能就在于通过转换实现输入与输出之间的平衡。从公共政策制定的角度看，公共政策转化是指将公众诉求转化为公共政策的过程，也即公共政策的制定过程。公共政策转化作为连接政策输入与政策输

---

① "新意见阶层"是由人民网舆情监测室的舆情监测师祝华新、单学刚、胡江春在其撰写的《2008 年中国互联网舆情分析报告》中提出的一个概念，用以指称那些关注新闻时事、在网上表达意见的网民。周瑞金在其撰写的《喜看新意见阶层崛起》一文中对"新意见阶层"的崛起给予了充分肯定，认为"'新意见阶层'的崛起，是新技术革命和改革开放的重大新成果，是我国舆论监督的重要新力量，是深化经济、政治、文化、社会'四位一体'改革，尤其是政治体制改革的重大推动力。一切关心国家命运和社会进步的人，应当欢呼'新意见阶层'的崛起，让'新意见阶层'在建设中国特色社会主义道路上发挥越来越大的作用"。参见周瑞金《喜看"新意见阶层"的崛起》，《南方都市报》2009 年 1 月 3 日。

② 祝华新、单学刚、胡江春：《2009 年中国互联网舆情分析报告》，人民网，2010 年 3 月 29 日。

③ 彭伟步：《从咖啡屋到网络公共空间》，陈卫星编：《网络传播与社会发展》，北京广播学院出版社 2001 年版，第 141 页。

出的中枢，在公共政策制定过程中发挥着至关重要的作用。

　　然而，由于过去政治系统的运行是封闭的、隐蔽的，从政治输入到政治输出到底发生了什么，人们是无从得知的；政治输入究竟是如何转化为政治输出的，人们对之也是不甚了了，因而，公共政治转化过程往往被人们形象地称为"决策黑箱"。"黑箱中到底发生了什么，是政策过程的核心和关键。"①

　　"黑箱"是控制论中的一个重要概念，是指未知的或不透明的区域或系统。与"黑箱"相对的是"白箱"，介于"黑箱"和"白箱"之间的是"灰箱"。从公共政策的角度看，"黑箱"是指公共政策制定过程是不透明、不公开的；而"白箱"则是指公共政策制定过程是公开、透明的，政府官员犹如置身于玻璃箱中的透明人，任人围观和评说；"灰箱"则是指公共政策制定过程虽然也有一定的透明性和公开性，但透明和公开程度还远远不够。显然，"黑箱"、"灰箱"是政治不民主的产物和体现，而"白箱"则是政治民主的产物和表征。从"黑箱"、"灰箱"到"白箱"，体现了政治民主的进步，而在这一转变过程中，媒介和公民的参与则发挥了不可或缺的作用。

　　大众媒介参与公共政策制定过程主要体现为公开公共政策的规划和决策的制定过程，"促使决策程序因公众参与监督而趋于规范，同时也使公共政策因全程公开而获公众信任，从而增强其合法性和权威性"②，而公民参与则是推动政策制定过程公开和全程监督的重要动力。媒介和公民政治参与可以有利于减少"黑箱操作"、"灰箱操作"的空间和民众对政治决策的神秘感，增加政治决策的透明度和公开化，因而对于优化政治决策具有重要的作用。

（二）网络政治参与推动"决策黑箱"、"决策灰箱"向"决策白箱"转变

　　在传统媒体时代，国家主导大众传媒，媒体主要被定位为政府的宣传机器和舆论引导工具，难以有效发挥通达社情民意的作用，因而既不利于

---

　　①　［美］米切尔·黑尧：《现代国家的政策过程》，赵成根译，中国青年出版社2004年版，第22页。

　　②　何志武：《打开决策"黑箱"：大众媒介参与公共决策转化的核心环节》，《新闻大学》2008年第1期。

公民参政议政权利的实现，同时也容易导致政治信息在传送过程中噪声多、损失重、失真大、灵敏度低，极易引发政治决策失误。媒介和公民参与的双重缺席，也容易导致公共政策制定过程中"黑箱操作"、"灰箱操作"的盛行。

"黑箱操作"、"灰箱操作"的盛行，为腐败的滋生蔓延提供了土壤，同时也降低了公共决策的合法性，增加了决策风险。"当政策过程的决策阶段进入'黑箱'，本身就与政策制定的程序正义相冲突。即使未公开的决策构成包含了政府部门体察民情、以人为本、政策法律化等丰富内容，或者说决策中的其他程序都是规范的，仍与程序正义的总则相背离。更何况，公众的参与也是决策程序的必要内容。"① 而信息公开则有利于挤压腐败滋生蔓延的空间，减少民众对政治运行的神秘感；有利于增强政治沟通，促进官民之间的良性互动；同时也有利于提升程序正义，而程序正义则是公共政策制定的最重要的价值基础。美国政治学家、伦理学家约翰·罗尔斯曾高度强调规范的公开对于制度正义的重要意义，认为"当谈到一种制度因而社会的基本结构是一种公开的规范体系时，我的意思是说，每个介入其中的人都知道当这些规范和他对规范规定的活动的参与是一个契约的结果时他所能知道的东西。一个加入一种制度的人知道规范对他及别人提出了什么要求"。②

互联网的出现，对于推动公共政策制定由"决策黑箱"、"决策灰箱"到"决策白箱"的转变，具有极其重要的作用。互联网的开放性、互动性、匿名性、平等性、跨时空性、个性化特点，对于打破信息垄断，促进信息自由流通，减少信息损耗，改变决策者和普通民众之间的信息不对称，增加政治系统的开放性和公共政策制定过程中的透明度，以及克服传统决策中由于信息匮乏和不完整所造成的决策者有限理性，降低决策风险等，都具有极其重要的意义。"与传统媒体相比，互联网最大的特点是人人都是潜在的信息发布者，信息多向（而不是单向）传播，信息传播范围扩大到全世界，信息可以瞬间传遍地球的每一个角落。这些特点使控制信息难上加难，使普通网民拥有了前所未有的话语权，也使公共权力不再

---

① 何志武：《打开决策"黑箱"：大众媒介参与公共决策转化的核心环节》，《新闻大学》2008 年第 1 期。

② ［美］约翰·罗尔斯：《正义论》，何怀宏等译，中国社会科学出版社 1988 年版，第 55 页。

可能完全在暗箱中操作。"① 互联网的特性，也有利于公共领域的形成。借助于网络公共领域，网民可以自由地进行利益表达、思想碰撞、理性批判，也可以自由地展开对公共事务的讨论和对公共权力的监督。这样，一方面促进了网民的政治参与，另一方面也使权力垄断信息成为不可能，网民的强力参与遂成为推动政府公开政治决策和促进权力透明运行的巨大动力。

同时，电子政府建设也为政府决策公开、透明化运作提供了有利的平台。电子政府利用现代信息技术和网络技术，建立了网络化的政府信息系统，并利用这个系统为政府机构、社会组织和公民提供便捷、高效的政府服务和政务信息。政府通过电子平台公开办事制度、公开过程与结果，既扩大了公民的知情权、参与权、监督权，增进了政府和公众之间的沟通，同时也使政府决策更加透明、科学、民主。因此，政府在制定各项政策时，若"通过互联网向社会公众征求意见，由公民广泛自由地讨论，最后由政府信息处理系统归纳正确意见，提供给政府决策系统，再由专家对其进行论证"，就能"形成一个比较满意的公共政策"。②

近年来，中国政府认识到电子政府在加强信息公开、提升政府服务水平、促进民众政治参与方面的积极作用，加大了电子政府建设力度，取得了一定的成绩。2005 年 10 月 1 日，中国政府网开始试运行。在试运行期间，中国政府网公布了大量的政府机构信息，提供了所有部委和省级政府网站的链接，而且还把直播间设进了中南海，对国务院会议进行全程现场直播。③ 此后，随着电子政府建设的逐渐常态化、规范化、制度化，电子政府在促进信息公开和公民参与方面的作用日益凸显。

互联网在促进决策透明化、科学化、民主化方面的巨大作用，得到了各级政府的认同。党的十六届六中全会通过的《中共中央关于构建社会主义和谐社会若干重大问题的决定》强调，要"通过互联网，拓宽社情民意表达渠道，搭建快速广泛的沟通平台"。④ 党的十七大报告强调要

---

① 郭小安：《网络民主的可能及限度》，中国社会科学出版社 2011 年版，第 221 页。

② 杜俊飞：《2009 年中国网络舆情综述》，人民网，2010 年 4 月 19 日。

③ 《中国政府网开通吸引世界目光　专访田聪明》，新华网，2006 年 1 月 4 日。

④ 《中共中央关于构建社会主义和谐社会若干重大问题的决定》，新华网，2006 年 10 月 18 日。

"完善决策信息和智力支持系统，增强决策透明度和公众参与度"。① 2008
年6月20日，胡锦涛与网民进行在线交流，指出"通过互联网来了解民
情、汇聚民智，也是一个重要渠道"②，充分肯定了网络在了解民情、汇
聚民智方面的积极作用。温家宝在2006年中外记者招待会上明确表态：
"中国政府支持互联网的发展和广泛的应用。作为人民的政府，应该接受
群众的民主监督，也包括在网上广泛听取意见。"③ 从2009年开始，温家
宝每年两会期间都要与网民进行线上交流。2012年6月15日，温家宝在
同国务院参事和中央文史研究馆馆员座谈时强调，要发挥网络新媒体在了
解民情、汇聚民智中的积极作用，进一步推进决策民主化科学化④。2010
年7月2日，原广东省委书记汪洋在广东省举行的以"我为广东建设文化
强省建言献策"为主题的网民代表座谈会上开宗明义地指出，广大网友
已经成为党委政府科学决策不可或缺的一支重要力量。⑤ 此外，张春贤、
王金山、强卫等省级政府领导，也积极利用互联网与网民展开互动，充分
发挥网民在推进党委政府科学决策中的作用。此外，其他一些地方政府官
员还开通私人博客、与网民开展面对面的对话。这些思想开放的政治精英
之所以如此高度重视与网民之间的交流与沟通，是因为他们清醒地认识
到，在信息化时代，如果不愿、不会、不善利用网络与民众保持交流，不
愿、不会、不善利用网络信息加强科学决策的话，不但会造成信息资源的
巨大浪费，而且还会闭目塞听、脱离群众、危害决策。

随着互联网的快速普及，公众参政议政的门槛大大降低，网民参政议
政热情高涨，中国共产党正在将"群众路线"这个"传家宝"运用于虚
拟世界⑥，互联网遂成为治国理政、了解社情民意的新平台。从2004年
开始，国务院制定专门的信息机构广泛收集网络民意，定期编辑《互联
网信息摘要》，报送国务院总理等高层领导。"网络舆论成为'公开的内

---

① 胡锦涛：《高举中国特色社会主义伟大旗帜 为夺取全面建设小康社会新胜利而奋斗》，
新华网，2007年9月25日。

② 《唱响奋进凯歌 弘扬民族精神——记胡锦涛总书记在人民日报社考察工作》，新华网，
2008年6月21日。

③ 《政府应在网上听取意见（总理答问）》（下），人民网，2006年3月15日。

④ 《温家宝：发挥网络了解民情、汇聚民智的积极作用》，中国网，2012年6月15日。

⑤ 《网友成党委政府科学决策不可或缺的重要力量》，人民网，2010年7月2日。

⑥ 《"官员开博"成风 把群众路线"传家宝"运用于虚拟世界》，新华网，2011年6月
27日。

参'，民意汇进中南海。"① 人民网于 2008 年设立了舆情监测室，开办舆情频道，并于 2009 年正式创办了《网络舆情》杂志。各级政府出台重大政策前，通过互联网征求意见已成为普遍做法。近年来，对于关系国计民生的重大方针、政策，各级政府都开始在网上征集民意，广泛听取各方意见，让各种意见通过网络进行尽情表达，政府在广泛听取各方意见的基础上，对原有的政策诉求进行取舍、修正，从而使决策更加科学、完善，更加合乎民意。2008 年 10 月 14 日，国务院发布《关于深化医药卫生体制改革的意见（征求意见稿）》，并利用网络向全社会征集意见。截至 11 月 13 日中午，共征集了 25867 条网络意见和建议。从 2009 年 11 月 21 日开始，云南省审计厅公开了 100 个 2010 年专项审计备选项目，供社会公众选择并提出建议。此举引起了社会各界的广泛关注。截至 12 月 10 日公示结束时，网络公示项目访问量达到了 238093 人次，参与投票达到了 19771 人次，提出建议 236 条。同去年相比，网络访问量和投票人数分别增加了 44835 人次和 3163 人次②。2010 年 1 月 29 日，国务院法制办首次公布《国有土地上房屋征收与补偿条例（征求意见稿）》，截至 3 月 3 日，共收到意见和建议 65601 条。国务院法制办在对征求意见汇总、整理的基础上，对相关条款做了修改。12 月 25 日，国务院法制办将《国有土地上房屋征收与补偿条例》修改稿在中国政府法制信息网上公布，再次向全社会征求意见，共收到意见 37898 条。2010 年 11 月 2 日，国家发改委启动了"十二五"规划建言献策活动，得到广大民众的热烈响应，约 2 /3 的民众通过网络渠道建言献策，约 20 %的通过手机留言参与，约10 %的则通过电子邮件参与。③ 为提高规划编制过程中的社会参与度和透明度，提高规划的科学性、民主性和可行性，国土资源部网站开通专栏，邀请社会各界为新一轮土地利用总体规划修编建言献策。2011 年 4 月 25 日，全国人大常委会办公厅在中国人大网全文公布了《中华人民共和国个人所得税法修正案（草案）》，向社会广泛征求意见。网民踊跃参与。在 1 个月内，中国人大网共收到 237684 条网民意见，创下了中国单项立法征求

---

① 《网络舆论成为"公开的内参"，民意汇进中南海》，《半月谈》2004 年 4 月 10 日。

② 《云南省审计厅网络公示项目　民选投票近 2 万人参与》，《春城晚报》2009 年 1 月 20 日。

③ 《网络成"十二五"建言主渠道　民生和社会建设话题最热》，人民网，2010 年 12 月 9 日。

公众意见的最高数量记录。相形之下，1998 年土地管理法草案公开征求意见时，中国互联网刚刚起步，尚未进入官方"纳谏"的视野，立法机关总共才收到 675 封群众来信来函。① 此外，每年全国人民代表大会和中国人民政治协商会议期间，都通过互联网征求公众意见。每年的"两会"期间，新华网、人民网、央视国际等主流网站的"两会专题"频道，纷纷设立了"网民说话"、"两会调查"、"嘉宾访谈"、"网友建言"、"寄语两会"、"网友主持"、"两会论坛"、"网友点题"、"网站调查"等论坛类栏目征求民众意见和提案，网民们作为编外代表和委员，积极建言献策、参政议政，关注代表委员们参政议政的能力。代表和委员利用网络搜集社情民意，征集议案，完善议案，利用电子邮件、博客、微博等渠道加强与民众的互动，全国人大代表周洪宇指出："我提交给全国人大的上百件建议和议案中，有相当多来自网友的建议和启发。"② 网民与代表、委员和政府官员之间的良性互动，对于促进决策公开，增加决策的透明度，都产生了巨大的促进作用。

总之，互联网的出现，极大地优化了议程设置，提升了政治决策透明度，增强了政治决策的民主性、科学性与合法性，因而对优化政治决策具有重要的促进作用。鉴于互联网在政治决策过程中的巨大优势，各级领导干部应切实善待、善用、善管互联网，用好用足网络民意这个巨大的"民间智库"，使其更好地为中国政治决策的民主化、科学化服务。

（作者：郑兴刚，西安工程大学讲师，法学博士）

---

① 《4.8 亿网民组成"民意库"　官方微博"遍地开花"》，人民网，2011 年 6 月 26 日。
② 《网络传播改变传统政治生活》，《人民论坛》2007 年第 14 期。

后　记

　　呈现给读者的这本集子,是在对中国政治学会 2013 年年会暨"社会主义核心价值体系与中国特色社会主义政治建设"学术研讨会的论文进行筛选、编辑基础上形成的,是集体劳动的成果。在集子出版之际,谨向各位论文作者表示感谢,同时向由于篇幅所限而未被收入集子的论文作者表示歉意。

编者